desafios da
gestão universitária
contemporânea

D441　Desafios da gestão universitária contemporânea / Sonia Simões
　　　　Colombo... [et al.]. – Porto Alegre : Artmed, 2011.
　　　　376 p.: il.; 23 cm.

　　　　ISBN 978-85-363-2559-0

　　　　1. Administração – Instituições educacionais. 2. Ensino
　　　　Superior. I. Colombo, Sonia Simões.

　　　　　　　　　　　　　　　　　　　　　　　　CDU 37.07:378

Catalogação na publicação: Ana Paula M. Magnus – CRB 10/2052

SONIA SIMÕES COLOMBO
GABRIEL MARIO RODRIGUES
e colaboradores

desafios da gestão universitária contemporânea

2011

© Artmed Editora, 2011

Capa: *Paola Manica*

Preparação de original: *Márcia Silveira dos Santos*

Leitura final: *Marcelo de Abreu Almeida*

Editora sênior: *Mônica Ballejo Canto*

Editora responsável por esta obra: *Carla Rosa Araujo*

Projeto e editoração: *Techbooks*

Reservados todos os direitos de publicação, em língua portuguesa, à
ARTMED© Editora S.A
Av. Jerônimo de Ornelas, 670 - Santana
90040-340 Porto Alegre RS
Fone (51) 3027-7000   Fax (51) 3027-7070

É proibida a duplicação ou reprodução deste volume, no todo ou em parte, sob quaisquer formas ou por quaisquer meios (eletrônico, mecânico, gravação, fotocópia, distribuição na Web e outros), sem permissão expressa da Editora.

SÃO PAULO
Av. Embaixador Macedo Soares, 10.735 - Pavilhão 5 - Cond. Espace Center
Vila Anastácio 05095-035 São Paulo SP
Fone (11) 3665-1100   Fax (11) 3667-1333

SAC 0800 703-3444

IMPRESSO NO BRASIL
PRINTED IN BRAZIL
Impresso sob demanda na Meta Brasil a pedido de Grupo A Educação.

Autores

Sonia Simões Colombo (org.)

Diretora Executiva da HUMUS. Presidente do Conselho Consultivo do Congresso Brasileiro de Gestão Educacional (GEduc). Presidente da Comissão Julgadora do Prêmio Nacional de Gestão Educacional & Prêmio Gestor Educacional do Ano (PNGE). Tem publicado pela Artmed Editora os livros: *Nos bastidores da educação brasileira: a gestão vista por dentro*, *Gestão educacional: uma nova visão* e *Marketing educacional em ação*.

Gabriel Mario Rodrigues (org.)

Reitor da Universidade Anhembi Morumbi / ISCP, desde 1997. Presidente Eleito da Associação Brasileira de Mantenedoras de Ensino Superior (ABMES). Presidente do Conselho Deliberativo e da Diretoria Executiva do Centro Brasileiro de Desenvolvimento do Ensino Superior (CEBRADE). Membro Fundador e Secretário-Executivo do Fórum das Entidades Representativas do Ensino Superior Particular.

Alexandre Dias

Diretor e Superintendente/CEO da Anhanguera Educacional. Ex-Diretor Geral do Google Brasil. Engenheiro Civil pela Universidade Estadual de Campinas (UNICAMP). Mestre em Administração pela University of California at Los Angeles (UCLA).

Ana Maria Costa de Sousa

Vice-Presidente Acadêmica da Anhanguera Educacional. Doutora em Educação pela Universidade de São Paulo (USP). Especialista em Educação a Distância pela Universidade de Educação a Distância de Madri (UNED). Especialista em Avaliação Educacional pela Cátedra Unesco de Educação a Distância.

Antonio Carbonari Netto

Presidente da Anhanguera Educacional. Mestre em Educação. Diretor da Associação Brasileira de Mantenedoras do Ensino Superior (ABMES). Diretor de Relações Institucionais do Sindicato das Entidades Mantenedoras de Estabelecimentos de Ensino Superior do Estado de São Paulo (SEMESP).

Eduardo Najjar

Fundador e diretor do Instituto Macro Transição – Sustentabilidade de Negócios Familiares. Coordenador do Núcleo de Estudos de Empresas Familiares e Governança Corporativa da Escola Superior de Propaganda e Marketing (ESPM-SP). Graduado em Administração de Empresas pela Faculdade de Economia, Administração e Contabilidade da Universidade de São Paulo (FEAUSP).

Fábio Garcia Reis

Doutor em História Social pela Universidade de São Paulo. Professor de História da América e Diretor de Operações do Centro Universitário Salesiano de São Paulo, Campus de Lorena. Especialista em Tendências em Educação Superior. Supervisor do Curso de Gestão Universitária do Centro Universitário Salesiano de São Paulo (UNISAL).

F. Solano Portela Neto

Diretor de Planejamento e Finanças dos Colégios e da Universidade Presbiteriana Mackenzie. Graduado em Matemática Aplicada. Mestre em Teologia. Membro do Conselho de Curadores da Fundação Educacional Presbiteriana.

Gérman A. Rámirez

Presidente da Laureate Network Products & Services Group (LNPS). Bacharel em Direito pela Los Andes University Law School, Colombia. Doutor e Mestre em Educação pela Harvard University.

Luciano Sathler

Diretor-Adjunto de Educação a Distância da Universidade Anhanguera (UNIDERP). Doutor em Administração pela Faculdade de Economia, Administração e Contabilidade da Universidade de São Paulo (FEAUSP). Mestre em Administração pela Universidade Metodista de São Paulo. Especialista em Gestão Universitária pela Organização Universitária Interamericana. Especialista em Gestão de Marketing pelo Centro de Pós-Graduação e Pesquisa em Administração da Universidade Federal de Minas Gerais (CEPEAD/UFMG). Bacharel em Comunicação Social pela Pontifícia Universidade Católica de Minas Gerais (PUC-MG).

Luiz Rogério Saraiva dos Santos

Profissional de Marketing. Especialista em Inteligência Competitiva, Gestão do Conhecimento e Inovação. Formado em Marketing pela Universidade Presbiteriana Mackenzie. MBA em Marketing de Serviços pela Escola Superior de Propaganda e Marketing (ESPM-SP). MBA em Conhecimento, Tecnologia e Inovação pela FIA-USP.

Maria Elisa Ehrhardt Carbonari

Vice-Presidente de Programas Institucionais da Anhanguera Educacional Participações S.A. Reitora do Centro Universitário Anhanguera (UNIFIAN), Unidades Leme e Pirassununga, São Paulo. Pró-Reitora Acadêmica do Centro Universitário Ibero Americano (UNIBERO). Diretora da Anhanguera Publicações e Comércio de Material Didático Ltda. Doutora em Educação pela Universidade Estadual de Campinas (UNICAMP).

Paulo Alcantara Gomes

Reitor da Universidade Castelo Branco, Rio de Janeiro. Presidente do Conselho Estadual de Educação do Rio de Janeiro. Presidente da Rede de Tecnologia do Rio de Janeiro (RedeTec). Ex-Reitor da Universidade Federal do Rio de Janeiro (UFRJ).

Paulo A. Gomes Cardim

Reitor do Centro Universitário Belas Artes de São Paulo. Presidente da Associação Nacional dos Centros Universitários (ANACEU). Vice-Presidente da Confederação Nacional dos Estabelecimentos de Ensino (CONEFEN).

Paulo Stephan

Diretor Geral de Mídia e Negócios da Talent. Membro do Conselho Superior do Grupo de Mídia/SP, no qual atuou também como presidente. Vencedor do prêmio da Associação dos Profissionais da Propaganda, contribuição profissional na categoria Profissional de Agência/Mídia em 2005. Indicado ao Prêmio Caboré em 1998 e 2003. Membro do júri do Media Lions, Cannes, em 2006.

Renato Casagrande

Pró-Reitor de Graduação da Universidade Positivo. Mestre em Administração pela Fundação Getulio Vargas. Graduado em Administração e Matemática. Especialista em Gestão Educacional e em Recursos Humanos. Consultor de instituições educacionais.

Ronaldo Mota

Secretário Nacional de Desenvolvimento Tecnológico e Inovação do Ministério da Ciência e Tecnologia. Bacharel em Física pela Universidade de São Paulo. Mestre pela Universidade Federal da Bahia, Doutor pela Universidade Federal de Pernambuco e Pós-Doutor pela *University of British Columbia*, Canadá, e pela *University of Utah*, Estados Unidos. Foi Secretário Nacional de Educação Superior, Secretário Nacional de Educação a Distância e Ministro Interino do Ministério da Educação e condecorado pelo Presidente da República Comendador da Ordem Nacional do Mérito Científico.

Sergio Marcus Nogueira Tavares

Controller da Universidade Metodista de São Paulo. Especialista em Gestão Universitária pela Organização Universitária Interamericana, Montreal, Canadá. Mestre em Administração Escolar pela Universidade Metodista de Piracicaba (UNIMEP).

Tório Barbosa

Sócio-Diretor da Agência Educa Comunicação Educacional. Graduado em Administração pela Pontifícia Universidade Católica de Minas Gerais (PUC-MG). MBA em Monitoramento de Mercado e Desenvolvimento de Novos Produtos pela Escola Superior de Propaganda e Marketing (ESPM-RJ). Especialista em Marketing Internacional pela Fundação Luiggi Buconne, Milão. Especialista em Marketing de Relacionamento pela Columbia University, Nova York.

Prefácio

Segundo São Tomás de Aquino, "produzir com objetivo de lucro trai os princípios da Lei Natural... é um pecado tão grave quanto o homicídio". As sinapses de neurônios que formulam essa ideia se revelaram tão duradouras quanto as pedras das igrejas góticas do seu tempo. De fato, ao longo dos séculos, ainda persistem as reverberações dessa opinião anticapitalista, formulada antes mesmo do amadurecimento do sistema de mercado – que se deu durante a Revolução Industrial.

Ao cabo dos séculos, venceu a robustez e o ímpeto criativo do sistema de mercado. Não obstante, alguns grupos ainda percebem o capitalismo como uma criação de Satanás. Apesar de que não há um só exemplo de sobrevivência e sucesso de sistemas alternativos, ainda há quem se persigna quando ouve falar de lucros e mercados.

Obviamente, o sistema de mercado tem os seus defeitos – e não são poucos. Mas conseguimos entendê-los e é possível criar mecanismos e políticas que permitam atenuar os seus mais estrondosos equívocos e injustiças. Não fica perfeito e há tropeços a cada esquina, mas diante da falência das outras propostas, é o melhor que se tem.

Progressivamente, nos damos conta de que, sob o mercado, se produz o péssimo, o bom e o superlativo. Nem há propriamente um óbice à produção de obras primas. Shakespeare escrevia para vender. Van Gogh só não vendeu seus quadros porque ninguém os quis comprar, mas Picasso vendeu milhares. A Rolls-Royce opera com a intenção de gerar lucro, e o mesmo ocorre com os relógios Patek Philippe.

Ao perguntar se um produto é bom, sólido e confiável, não mais se indaga se foi produzido em empresas que têm e declaram objetivos de lucro. Ao contrário disso, se é feito pelo governo, tem-se a suspeita de que seja de má qualidade, como no caso dos automóveis russos.

Contudo, essa progressiva erosão dos preconceitos contra os mercados encontra um reduto em que isso não ocorre no mesmo ritmo: a educação. Ainda se convive com estridentes denúncias de que o mercado conspurca os objetivos sagrados do ensino. Vejamos Groppa Aquino: "O espírito mercantilista, cujo apetite desenfreado deixaria qualquer especulador boquiaberto... [A única alternativa] seria a desapropriação imediata e irrevogável de toda e qualquer escola privada".

Mas os próprios "capitalistas do ensino" cometem seus pecados ao reclamar da concorrência. Eis uma declaração de um dono de faculdade privada: "A abertura indiscriminada de cursos nos últimos anos provoca uma turbulência na área de ensino superior". Ora, o sistema de mercado funciona justamente por criar a competição entre os participantes que querem vender o mais caro possível. Com a competição, ou os preços baixam, ou a qualidade aumenta. Sem ela, há monopólios privados, o que pode ser o mais ineficiente e odioso dos sistemas.

É crença, ainda encontradiça, que lucros e qualidade não andam juntos na educação. Uma viagem pelo mundo nos ensina que isso é pura tolice. Há países como a Colômbia onde as melhores universidades são privadas. No Chile, as melhores e as piores podem ser privadas. Nos Estados Unidos, boa parte das melhores são privadas (sem objetivos de lucro). Já as que declaram buscar lucros são objeto de suspeição. A geografia da qualidade não oferece qualquer previsibilidade quanto à associação entre a natureza jurídica e a qualidade oferecida.

Com tão poucas certezas adquiridas, faz sentido o que estaria acontecendo no Brasil. Afinal, aqui também há duelos entre "privatistas" e os defensores da iniciativa pública. Os defensores dos ideais do ensino privado sem lucro colidem com os "mercadores do ensino".

Provavelmente, em nenhum outro país do mundo é possível obter uma resposta tão confiável quanto a que se obtém no Brasil, porque há um sistema com 2.128 instituições de ensino superior, bem distribuídas entre diferentes categorias. Há também o ENADE, que permite medir a qualidade do ensino superior com mais confiança que qualquer outra alternativa existente no mundo, embora os dados precisem ser previamente trabalhados.

Aldo Giuntini (UFMG) e Luciana Lima (Pitágoras) colaboraram comigo na preparação e na análise dos dados do ENADE. Ele mede o que aprenderam os alunos ao fim de um curso superior. A prova é baseada nos currículos oficiais de cada profissão. Sendo assim, facilmente afirma-se que notas mais elevadas refletem mais aprendizado. Em outras palavras, a qualidade do curso está bem medida pelas provas do ENADE.

Há complicações e equívocos nesse assunto pantanoso das medidas de qualidade. Por exemplo, o Índice Geral de Cursos (IGC) inclui o valor adicionado (IDD) e variáveis de processo, o que é logicamente incorreto. Uma consequência do uso desse índice composto é favorecer indevidamente os cursos públicos. Mas isso não chega a invalidar os resultados finais, embora as diferenças entre públicas e privadas sejam superdimensionadas pelo uso dessa fórmula.

O IGC é a nota dos cursos individuais. Para a avaliação da instituição, o INEP estima o CPC definido como a média dos IGC dos cursos de cada instituição. Naturalmente, é com esse último conceito que trabalhamos.

O primeiro cálculo foi uma comparação das instituições públicas com as privadas. Como seria de se esperar, encontramos uma considerável superioridade para as primeiras, cuja média é de 266 pontos, comparado com 205, 216 e 227 para as diferentes categorias de cursos privados (explicitadas mais adiante). Se fosse calculado apenas com as notas da prova aplicada aos alunos, a diferença deveria ser menor, como mostrava antes o Provão. Ainda assim, tudo indica que persistiria uma diferença nas médias a favor das instituições públicas. Custando três a cinco vezes mais e não cobrando dos alunos, é fácil para as universidades públicas atraírem uma fração preponderante dos melhores candidatos.

Indo além das médias, encontram-se algumas surpresas. Antes de tudo, as duas distribuições têm uma área comum muito grande. Ou seja, há um intervalo de níveis de desempenho compartilhado por um grande número de instituições privadas e públicas. A diferença está apenas na cauda direita das públicas, que é mais "gorda", ou seja, tem mais instituições.

Ouve-se com frequência que o sistema privado é um conjunto de instituições de qualidade variável, em contraste com um desempenho mais homogêneo do público. A comparação das duas distribuições mostra que isso não passa de um mito. De fato, o sistema público é mais heterogêneo que o privado – em termos técnicos, sua variância é maior, com uma assimetria para a direita. Comparado com o privado, há mais instituições com pontuações mais elevadas. Mas as ruins do público são tão ruins quanto as piores privadas.

Não obstante o interesse em documentar de maneira sólida as comparações entre público e privado, os resultados que mais despertam a curiosidade são as comparações entre diferentes categorias de cursos privados. De fato, pouco se tem dito sobre o assunto, porque as bases de dados do INEP não separam as instituições por sua decisão legal de distribuir ou não seus excedentes. Ryon Braga gentilmente ofereceu uma classificação delas, complementada por buscas individuais nos *sites* das instituições faltantes.

Neste assunto, sobrevivem os mitos de uma superioridade daquelas instituições não manchadas pelo desejo de lucro. Ecoando São Tomás de Aquino, não é incomum o menosprezo das instituições confessionais pelas outras que se chafurdam na lama dos lucros e dividendos.

Ainda mais sinistro, agora há instituições que se juntaram aos bancos para lançar nas bolsas de valores suas ações. Como as poucas que fizeram

Initial Public Offering (IPO) compraram outras, existem 23 instituições nesta categoria.

Muitos acreditam que as instituições com fins de lucro (37% do total) terão pior qualidade do que aquelas nas quais todo o excedente precisa ser reinvestido, o que faz sentido. O que os donos levam para casa poderia ser usado para melhorar a qualidade da instituição.

Mais uma vez, os números têm vida própria. Não obedecem aos desejos de quem quer que seja. As mais grandiosas teorias têm que se render à objetividade do mundo real.

Os resultados mostram que as três categorias de instituições privadas têm praticamente a mesma qualidade. O grupo das confessionais, comunitárias e associações sem fins de lucro obtém 215 pontos. Aquelas com fins de lucro obtêm 205 pontos. Já as que fizeram IPO obtêm 227 pontos.

São diferenças muito pequenas que podem ser ignoradas ou consideradas como eco estatístico. Esse é um resultado de grande relevo. Quaisquer que sejam as interpretações que se possam oferecer, no fundo, há uma métrica do mundo real que se impõe. Segundo os números, a presença de um objetivo de lucro não torna uma instituição melhor ou pior. A intenção de lucro não é uma explicação relevante para as diferenças significativas de desempenho observadas entre instituições. Infelizmente para os herdeiros de São Tomás de Aquino, o mundo real não respalda suas ideias. E não há ideologia ou religião que mude essa realidade.

Especula-se por que o lucro não afeta a qualidade do ensino, embora isso não vá mudar esses números. Há várias linhas possíveis de raciocínio.

A seguir, estão listadas diferenças e semelhanças entre uma instituição com e sem fim lucrativo.

1. Ambas precisam obter uma receita, pelo menos, igual aos custos. Sem isso, irão à falência.
2. Ambas têm interesse em aumentar a distância (positiva) entre receitas e custos. É com esse excedente que adquirem área de manobra para crescer, melhorar a qualidade ou resistir à concorrência.
3. Por isso, ambas têm interesse em ser eficientes, pois é o que permite ampliar os excedentes. Contudo, isso não quer dizer que sejam realmente capazes de obter tal eficiência. Sobretudo no caso de instituições mais antigas, cevadas nos períodos das vacas gordas, suas tradições administrativas podem conspirar contra a eficiência e o pragmatismo administrativo.

4. As instituições com fins lucrativos podem decidir se vão reinvestir seu excedente ou se os donos vão embolsá-los, já as outras não podem fazer isso.
5. As instituições sem fins de lucro podem ter missões que entram em conflito com resultados econômicos, levando-as até a praticar subsídios cruzados, ou seja, uma atividade lucrativa compensa as perdas de outra deficitária. Como se supõe que nas instituições com fins lucrativo essa não seja sua principal motivação, será mais limitado o seu interesse em manter linhas de atividades que sejam deficitárias.

Portanto, o cerne da diferença é a possibilidade ou não de levar o lucro para casa e a vontade de operar atividades que não geram suficiente receita para seu sustento. Não é tanta diferença assim.

Em ambos os casos, é preciso atenuar um pouco o impacto de tais diferenças. Em um "mercado de vendedores", a falta de concorrência permite ao dono do negócio levar os lucros para casa, com considerável tranquilidade – pelo menos, no curto prazo. Contudo, diante de um mercado de ensino superior que se revela cada vez mais acirrado, manter ou expandir o *market share* costuma ser um objetivo que obriga a um forte reinvestimento dos excedentes. É o imperativo da sobrevivência, obrigando-as a serem muito avaras nos dividendos. Se embolsar os lucros se torna uma política pouco prudente, aquelas com e sem objetivos de lucro terminam com comportamentos bem parecidos.

Restam as diferenças de vontade de operar algumas linhas com prejuízo. Dentro do razoável, instituições sem objetivos de lucro podem agir dessa forma. Nas que declaram objetivo de lucro, há também atividades deficitárias que precisam ser mantidas, como pós-graduação e pesquisa, para justificar o *status* de universidade. Há investimentos que trazem *status* e prestígio que podem também se justificar, como cultura, museus, teatros e outros. Mas é de se esperar que sejam gastos limitados.

Em suma, diferenças que, a princípio, pareceriam ser um precipício separando os dois tipos de instituições, no fundo são bem menos marcantes.

Em contrapartida, qualquer que seja a explicação, a falta de diferenciação na qualidade medida entre ambas as categorias é o que conta. As especulações mencionadas apenas tentam explicar porque são encontrados tais resultados.

Discutimos diferenças de médias de desempenho acadêmico e suas possíveis razões. Mas há muito mais que podemos aprender olhando para a variância das distribuições, ou seja, o seu formato.

Entre as instituições com e sem fins de lucro, vimos que as médias são muito semelhantes. Quando sobrepostas as distribuições, a similaridade não está apenas nisso. De fato, as distribuições são praticamente iguais. Olhando as duas curvas sobrepostas, há uma quase total coincidência entre elas. Ou seja, não passam de farinha do mesmo saco, com média quase igual e variância idem.

O caso das 23 instituições associadas a grupos que fizeram abertura de capital é algo diferente e não menos curioso. Elas mostraram ainda mais afinidade com as regras e práticas do mercado e se comprometeram a produzir resultados econômicos expressivos e explicitamente definidos. São empresários do ensino, pouco afeitos a lidar com bancos, sendo obrigados a definir metas de crescimento e retorno dos investimentos. Do outro lado, os bancos não sabem muito de educação. Pelo teor de seus relatórios trimestrais, demonstram não parecer interessados em aprender. A impressão que se tem com tais acertos é que levariam a uma busca excessiva por resultados de curto prazo e pouco compromisso com a qualidade.

Por outro lado, o mundo real tem vontade própria e nenhuma boa vontade para confirmar hipóteses de pesquisadores. As instituições que fizeram IPOs mostram resultados ligeiramente superiores. Não obstante, as diferenças são insignificantes. Ainda assim, o mero fato de não serem piores contraria a expectativa comum.

Também curioso é comparar o formato da distribuição. Quando superimpomos a curva dos IPOs sobre as outras instituições privadas, fica patente que são distintas. As instituições que fizeram IPOs têm uma curva com menos variância. Ou seja, é uma curva mais "em pé" ou mais estreita. Há menos instituições boas e menos ruins, ficam todas próximas à média.

Nas outras distribuições, apesar da concentração em torno do valor médio, há sempre algumas instituições muito boas e outras tantas muito ruins. Isso é verdade seja para o privado, seja para o público. Em contraste, na distribuição de desempenho das instituições que fizeram IPOs, não há uma só instituição excelente e nem uma só péssima.

A conclusão, *ex post facto*, é que as instituições com IPO têm administrações muito alertas que definem com clareza o tipo de instituição que querem. Não interessa investir muito para obter resultados excepcionais, mas não permitem tampouco que alguma faculdade do grupo desça de um certo limiar. Definem um perfil padronizado, investem na sua implementação e vigiam cuidadosamente para que não saiam dele. Isso nem acontece com as públicas nem com as outras privadas, pois ambas têm uma variabilidade muito marcada.

Disso tudo, podemos tirar algumas conclusões. Em boa medida, mostramos o mundo real se rebelando contra os mitos e as ideologias.

Os dados confirmam fatos que já se sabia por outras pesquisas: no caso, a média das instituições públicas é consideravelmente mais elevada. Os estudos de valor adicionado levam a supor que isso resulta, principalmente, da qualidade da matéria-prima que conseguem atrair.

Ao contrário do que se pensa, as instituições do setor público têm resultados mais dispersos do que o privado. As boas públicas são mais numerosas do que as privadas de nível equivalente. Mas as públicas ruins – menos numerosas – são tão ruins quanto as piores privadas.

Analisados os dados, tem fim a grande batalha ideológica em que alguns denunciam os efeitos deletérios da busca de lucros, seja na média de rendimentos, seja na dispersão da curva. Na verdade, as com e as sem objetivos de lucro obtêm qualidade equivalente. O lucro não faz nem mal nem bem para a qualidade do ensino. O que quer que a determine, está em outro domínio.

Por fim, consideram-se aquelas instituições que abriram seu capital e que seriam ainda mais culpadas de uma proximidade excessiva ao capitalismo. Surpreendentemente, elas se revelaram iguais às outras do ponto de vista da média de sua qualidade. Porém, trata-se de sistemas muito mais homogêneos em que nem há instituições muito boas nem muito ruins.

A importância do que está dito nesse prefácio é o que dizem números particularmente confiáveis. Pela primeira vez, algo bem concreto é dito sobre o impacto do lucro sobre os resultados escolares.

Nos capítulos que seguem, o leitor encontrará uma bela coleção de ensaios sobre uma grande variedade de aspectos do ensino superior privado. Tenho a impressão de que os resultados aqui alinhados permitem lançar uma âncora sólida na interpretação e contextualização dos escritos contidos no presente livro.

Claudio de Moura Castro

Sumário

Prefácio ix
Claudio de Moura Castro

Apresentação 19
Sonia Simões Colombo e Gabriel Maric Rodrigues

1 Ensino superior no mundo 23
Gérman A. Rámirez

2 Ensino privado: a qualidade e a imagem 43
Gabriel Mario Rodrigues

3 O desenvolvimento brasileiro e a necessidade
de formação de recursos humanos 59
Paulo Alcantara Gomes

4 O papel da inovação na sociedade e na educação 81
Ronaldo Mota

5 Gestão acadêmica atual 97
Ana Maria Costa de Sousa

6 O professor como elo entre a escola e o estudante:
como evitar a evasão 111
Paulo A. Gomes Cardim

7 Liderança e gestão do capital humano
nas instituições de ensino superior 123
Sonia Simões Colombo

8 A revolução das novas tecnologias no setor educacional .. 145
Alexandre Dias

9 Administração estratégica para a educação a distância ... 161
Luciano Sathler

10 Governança no ensino superior privado............. 175
Sergio Marcus Nogueira Tavares

11 O capital estrangeiro e os investimentos
na educação do Brasil........................... 191
Antonio Carbonari Netto

12 Administração familiar *versus* administração
profissional: fatores positivos e negativos............ 207
Eduardo Najjar

13 A avaliação institucional voltada às
perspectivas estratégicas da instituição.............. 219
Renato Casagrande

14 Processos de avaliação e de acreditação do ensino
superior no Brasil: política educacional interventista,
papel do mercado e alternativas a partir da
comparação com outros países.................... 245
Fábio Garcia Reis

15 Inteligência competitiva: tomada de decisão com
menos riscos e mais benefícios para o negócio........ 271
Luiz Rogério Saraiva dos Santos

16 Comunicação para o mercado educacional............ 301
Tório Barbosa

17 Área financeira: o desafio das mudanças
no setor e no papel do gestor..................... 319
F. Solano Portela Neto

18 Gestão da responsabilidade social 337
Maria Elisa Ehrhardt Carbonari

Apêndice 363
Paulo Stephan

Apresentação

A instituição de ensino superior é uma organização ímpar, tendo sobrevivido e acompanhado as alterações da sociedade ao longo dos anos.

Apesar da perenidade, as IES não são simples de serem administradas devido à sua complexidade e às suas peculiaridades, que as diferenciam de outros segmentos da economia. Dessa maneira, necessitam de gestores sintonizados às transformações que estão ocorrendo em todas as partes do mundo, inclusive as que norteiam o mercado de trabalho; de equipes que saibam lidar com a heterogeneidade do perfil dos discentes; do uso sistemático de novas tecnologias para o aperfeiçoamento do processo de ensino-aprendizagem. Somados a todos esses atributos, necessitam, ainda, ter ações para gerar inovações nos processos acadêmicos e administrativos, nos setores de apoio, financeiro e mercadológico na trilogia ensino, pesquisa e extensão.

Neste cenário, a gestão universitária contemporânea vem exigindo novas competências e habilidades de seus líderes a fim de gerar valor para todas as partes interessadas: alunos e clientes, colaboradores, parceiros, mantenedores, acionistas, sociedade, entre outros.

Este livro, com a participação de renomados gestores e consultores de IES, reúne análises profundas sobre os caminhos do *management* universitário, oferecendo grandes contribuições para a modernização educacional.

O Capítulo 1 apresenta uma visão de como a educação superior vem se desenvolvendo no mundo no decorrer do tempo e como a oferta vem crescendo em função do desenvolvimento econômico e demográfico dos países emergentes. O Capítulo 2 analisa a qualidade e a imagem do ensino superior privado, com reflexões sobre o serviço educacional ideal, apresentando ainda um interessante projeto para fortalecer a imagem da educação superior brasileira.

O desenvolvimento brasileiro e sua necessidade de formação de recursos humanos são discutidos no Capítulo 3, com abordagens sobre o papel das políticas públicas na "descentralização do saber" em países de dimensões continentais como o Brasil, na transferência de conhecimentos para a indústria e na geração das culturas de empreendedorismo e de educação continuada.

O Capítulo 4 foca a inovação como instrumento fundamental para o desenvolvimento econômico sustentável, a geração de emprego e renda e a democratização de oportunidades. No âmbito da educação superior, enfatiza a dominância das mídias e de sua adequada apropriação aos processos de ensino e aprendizagem.

O Capítulo 5 aborda o desafio de modificar as práticas de gestão acadêmica e a necessidade de superar as condutas e os modelos conservadores cristalizados de planejamento. O Capítulo 6 discute a transição entre o professor como ator principal no processo ensino-aprendizagem e o estudante como centro da aprendizagem, bem como os reflexos do relacionamento entre docente e discente na manutenção e na evasão do aluno.

A liderança e o desenvolvimento do capital humano nas IES são destacados no Capítulo 7, em que se abordadam as competências e a relevância de se ter uma equipe sintonizada e alinhada com a missão da instituição, além de comprometida com a efetividade dos resultados.

O Capítulo 8 debate que a nova era da informação não apenas exige novos modelos de distribuição da educação, como também cria enormes oportunidades no processo de reciclagem do conhecimento. Dando sequência à análise da revolução das novas tecnologias no setor educacional, o Capítulo 9 apresenta os desafios para a implementação da educação a distância e quais são os caminhos para desenvolver uma gestão integrada.

O Capítulo 10 analisa o conceito de governança e sua aplicação na gestão universitária, fazendo uma revisão da origem desse conceito e as condições de sua implementação nas IES, configuradas em diversos formatos organizacionais e jurídicos. O Capítulo 11 trata a questão do capital estrangeiro e os investimentos na educação do Brasil, discutindo o viés ideológico dos opositores ao tema.

A administração familiar *versus* a administração profissional é analisada em seus aspectos positivos e negativos no Capítulo 12, salientando a importância do entendimento da razão e da emoção para a perenidade do negócio.

Os Capítulos 13 e 14 debatem a avaliação das IES voltada às perspectivas estratégicas das instituições, bem como analisa os processos de avaliação e de acreditação do ensino superior no Brasil, a política educacional intervencionista, o papel do mercado e as alternativas a partir da comparação com outros países.

O Capítulo 15 analisa as mudanças do mercado e a tomada de decisões de *marketing* com menor risco, enfatizando as contribuições da inteligência competitiva.

A relevância da comunicação é estudada no Capítulo 16, discutindo o que leva o aluno a escolher uma determinada instituição de ensino superior, a pertinência das ações de publicidade e *marketing* e a influência das redes sociais reais no complexo processo de escolha.

O Capítulo 17 apresenta o desafio das mudanças na área financeira das IES e no respectivo papel do gestor, o qual deve ser um conhecedor do passado, um analista das tendências e um arquiteto do futuro e interagir com todas as áreas da universidade, especialmente no assessoramento e apoio à gestão maior.

O Capítulo 18 analisa a responsabilidade social nas instituições universitárias no contexto da ética e da cidadania na formação de valores, destacando a sustentabilidade como modelo de gestão. Ao final, apresentamos um Apêndice que traz o resultado de um estudo sobre a classe universitária com o olhar ao novo perfil dos estudantes: como pensam e como encaram o futuro.

Espera-se que a leitura deste livro traga reflexões positivas para a abertura de novos caminhos aos gestores universitários, levando as IES à conquista de elevados patamares em suas performances.

Sonia Simões Colombo
Gabriel Mario Rodrigues

1
Ensino superior no mundo

Gérman A. Rámirez

A pesar das diferenças na forma como o ensino superior opera, é regulado e financiado em todo o mundo, há uma série de tendências e desafios globais que merecem atenção e que serão então analisados a fim de subsidiar as discussões ao longo do livro.

O ensino superior está profundamente ligado ao conceito de uma nova realidade mundial, e suas instituições são objetos e agentes da globalização. Findaram-se os dias das torres de marfim e das universidades enclausuradas em seus domínios, já que as transformações mundiais estão afetando, cultural e economicamente, o panorama do ensino superior. Como afirma Angel Gurria em um relatório recente da Organização para Cooperação e Desenvolvimento Econômico (OCDE, 2010), é urgente a educação superior se reinventar, assim como outros setores já o fizeram, de forma a oferecer serviço de qualidade a seus estudantes e a obter mais investimentos.

Mesmo em meio à globalização, os países ainda são o centro da tomada de decisões. O futuro do ensino superior será moldado nacional e mundialmente pelas ações combinadas dos formadores de políticas publicas, dos organismos reguladores, dos empregadores e das instituições públicas e privadas desse setor. Na vanguarda está a necessidade de articular mecanismos que garantam a eficácia do ensino e da aprendizagem e a administração eficiente dos recursos que levam os alunos aos resultados esperados a um custo viável.

A importância do ensino superior

A demanda por ensino superior de qualidade é grande e crescente, impulsionada por fatores demográficos e sociais. A população jovem se interessa pelo ensino superior como acesso a atividades profissionais bem-remuneradas. Entretanto, a demanda não implica aumento correspondente na oferta, ou seja, infelizmente, frequentar uma universidade para obter um diploma continua a ser um privilégio disponível a poucos.

Há uma correlação entre o ensino superior, os investimentos no setor e o crescimento e o desenvolvimento econômico, esses últimos motivados por uma mudança fundamental na estrutura das economias nacionais – da agricultura até a indústria e os serviços. O crescimento dos serviços requer um investimento expressivo em capital humano, necessitando-se por conta disso de trabalhadores qualificados e especializados para atrair empresas e investidores de forma a manter e a fomentar o crescimento econômico continuado.

Os países desenvolvidos têm experimentado tal mudança econômica. Nos EUA, por exemplo, o crescimento dos serviços foi impulsionado e, ao mesmo tempo, apoiado por um crescimento no sistema de ensino superior. Entre 1960 e 2000, os serviços cresceram de 64% para 81% do PIB, o que foi acompanhado por um sistema educacional que matriculou aproximadamente o mesmo número de alunos no ensino fundamental e médio (12% de crescimento total entre 1960 e 2000); porém, quadruplicou matrículas no ensino superior (mais de 160% entre 1960 e 2000). A mesma mudança econômica está acontecendo atualmente em todo o mundo à medida que cada vez mais as economias percebem o aumento da produtividade agrícola e industrial. Por outro lado, as disparidades entre a oferta e a demanda por formação superior estão limitando o crescimento potencial dos serviços.

Durante as últimas duas décadas, o Banco Mundial e outras organizações multinacionais têm ressaltado a importância fundamental do ensino superior para desenvolver a capacidade de um país em participar de uma economia global baseada no conhecimento. Tal formação contribui para a construção de profissionais capacitados nos países de renda média, o que, por sua vez, se traduz em desenvolvimento social e econômico.

Segundo um relatório da OCDE, os EUA e a Europa Ocidental tiveram a vantagem de poder concentrar investimentos no ensino superior devido ao estado de desenvolvimento dos sistemas de ensino fundamental e médio. Ao contrário disso, em geral, países em desenvolvimento não têm uma base de instituições como opção para o crescente número de alunos que aspiram ao ensino superior. Sua política é continuar a centrar o seu apoio no desenvolvimento dos sistemas de ensino fundamental e médio.

Em contrapartida, países que procuram ampliar o acesso ao ensino superior precisam adotar uma abordagem equilibrada entre os benefícios e as desvantagens das diferentes ações. Devem-se expandir as vagas a preços acessíveis sem perder de vista a qualidade. De acordo com a OCDE, essa estratégia vai além da promoção do crescimento das matrículas: o primordial é a preocupação com o conteúdo relevante e com a aprendizagem eficaz. O mesmo relatório adverte que o crescimento rápido não planejado superará a infraestrutura existente e afetará negativamente a qualidade dos resultados de aprendizagem (Unesco, 2005).

Crescimento do setor de ensino superior

A educação não é apenas um dos fatores mais importantes que contribuem para o desenvolvimento social e econômico das nações, como também um dos maiores setores da economia mundial. A Organização das Nações Unidas para Educação, Ciência e Cultura (Unesco, 2007) estima que o mercado mundial de educação superou 2,7 trilhões de dólares em 2005. O ensino superior representou 900 bilhões de dólares, um aumento de 300 bilhões de dólares em 1997. De acordo com um relatório de 2007 do Banco Mundial, as matrículas nos programas de ensino superior fora da Europa Ocidental e dos EUA aumentaram de 39 milhões de alunos em 1980 para mais de 105 milhões em 2005, representando uma taxa de crescimento anual de 4%. Durante o mesmo período, as matrículas para o nível superior nos EUA aumentaram de 12 milhões para 17 milhões, uma taxa de crescimento anual de 1,4%.

Apesar de o número de matrículas no ensino superior ser três vezes maior do que o dos Estados Unidos, a participação internacional no ensino superior fica significativamente aquém da dos EUA e da Europa Ocidental. Como ilustrado na Figura 1.1, a participação internacional no ensino superior é desigual, mesmo com os progressos notáveis em muitos países. A taxa média de matrícula para os países da OCDE e da União Europeia é de 34%, comparada favoravelmente com a maioria dos países em desenvolvimento (Brasil 16%, México 20%, Turquia 28%, Chile 36%), mas ainda assim inferior aos índices norte-americanos (49%) e coreanos (72%).

Há também uma grande disparidade entre países em termos de escolaridade. Por exemplo, no Canadá, 49% das pessoas de 25 a 64 anos têm nível

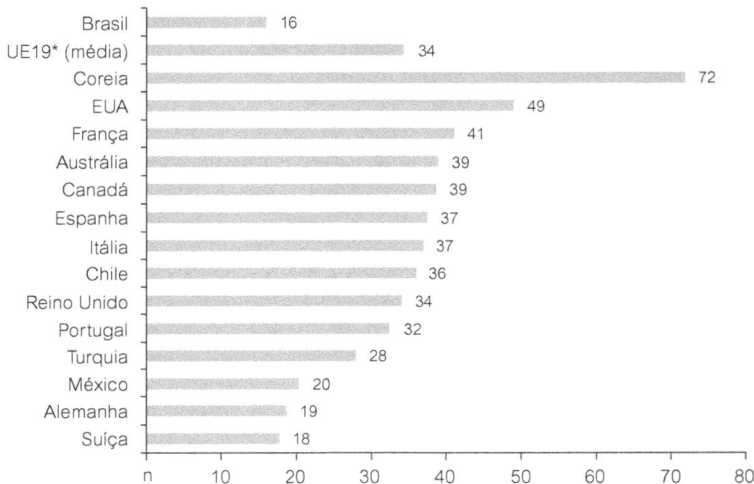

Figura 1.1 Taxa líquida de matrículas em instituições de nível superior para países selecionados, 2008.
Fonte: OCDE, Education at a Glance 2010.

superior contra 40% nos Estados Unidos, 11% na Turquia e 10% no Brasil. A média da OCDE é de 28%, significativamente superior à maioria dos países em desenvolvimento, conforme ilustrado na Figura 1.2.

A expansão do ensino superior provavelmente terá continuidade, e na maioria dos países a proporção de formados na população em geral deve aumentar e contribuir para o bem-estar e para o desenvolvimento social e econômico. As seguintes tendências impulsionarão tal expansão em todo o mundo.

Grande fluxo crescente de potenciais alunos ao ensino superior

Muitos países têm populações jovens em crescimento, o que se traduzem alunos potenciais para o ensino fundamental, médio e, por conseguinte, superior. Os governos, em muitos países em desenvolvimento, continuam concentrando os gastos educacionais em alfabetização e universalização do ensino fundamental e médio. O foco nesse objetivo, apoiado por esforços

---

* N. de R.: UE19 corresponde a todos os países da UE antes da inclusão dos 10 países candidatos em 1º de Maio de 2004, mas os quatro países da Europa Oriental membros da OCDE: República Tcheca, Hungria, Polônia e Eslováquia.

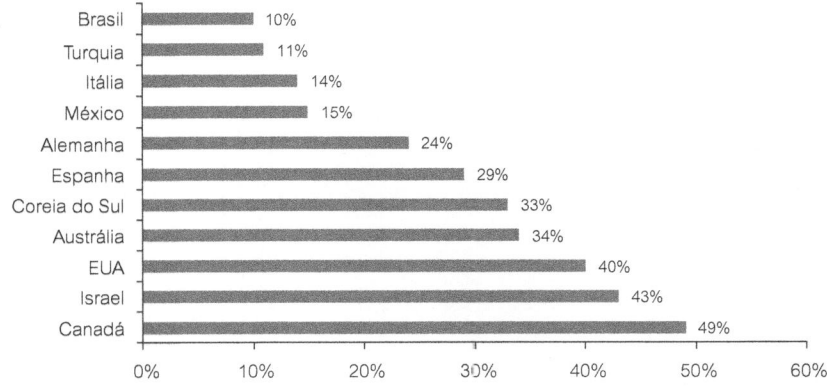

Figura 1.2 Proporção de pessoas de 25 a 64 anos com diploma de nível superior para países selecionados, 2007.
Fonte: OCDE, Education at a glance, 2010.

nacionais e internacionais, pretende fornecer uma estrutura educacional básica. Assim, a procura por ensino superior aumentará à medida que essas escolas de ensino fundamental e médio formarem mais alunos e que o crescimento econômico fomentar a classe média desses países, a qual, conforme estudo da OCDE, está aumentando rapidamente no mundo, podendo chegar a 4,9 bilhões de pessoas nos próximos 20 anos (ver Figura 1.3).

De acordo com um grupo de pesquisa independente no México, o número de alunos concluindo o ensino médio naquele país cresceu de 1,3 milhão em 2000 para mais de 1,7 milhão em 2006. Já na Índia, o ensino fundamental e médio tem mais de 180 milhões de alunos, e há 13 milhões de alunos no ensino superior. O governo pretende dobrar a capacidade do sistema educacional indiano na próxima década.

Mais chances de ingresso no mercado de trabalho e na economia global: classe média com renda disponível

Enquanto a classe média é maioria nos Estados Unidos e na Europa Ocidental, essa fatia da população em todo o mundo continua a crescer. De acordo com o Banco Asiático de Desenvolvimento, a classe média da Ásia subiu de 565 milhões em 1990 para 1,9 bilhão em 2008. Esse grupo crescente está investindo mais em educação para garantir o futuro de seus filhos. Os relatórios indicam que o montante gasto pelos cidadãos mais pobres da Índia (que constituem mais de 40% da população) com a educação cresceu

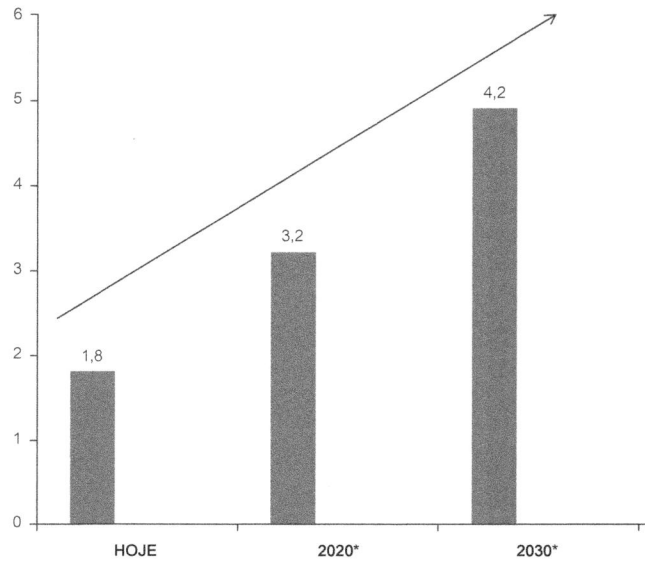

Figura 1.3 O tamanho da classe média mundial.
Fonte: OCDE (Education at aglance, 2010.)
(*) Projeção estimada em bilhões de habitantes

12,4 vezes entre 1983 e 1999. Além disso, é esperado que o número de indianos na faixa de "idade produtiva" cresça quase 200 milhões de pessoas até o ano de 2013.

Ensino superior como aumento de oportunidades no mercado de trabalho, de potencial de renda e conquista de bem-estar

De acordo com o *College Board*, uma pessoa com nível universitário nos EUA ganha 34% a mais do que aquela com nível técnico e 66% a mais do que uma pessoa que concluiu apenas o ensino médio (Baum e Payea, 2010). Segundo a OCDE (2009), uma pessoa com um nível universitário fora dos EUA pode ganhar em média 50 a 100% a mais do que uma pessoa com apenas o ensino médio, dependendo do sexo, do país e da profissão. Já nos países da OCDE (2009), aqueles com diploma de ensino superior têm maiores chances de serem contratados do que aqueles que não têm diploma. Taxas gerais de emprego apontam 25 pontos a mais de chances para aqueles com ensino superior do que para aqueles que não concluíram o ensino universitário. O nível de escolaridade no ensino superior é também positivamente correlacionado com pessoas que afirmaram ter boa saúde, interesse político e confiança interpessoal.

O impacto cumulativo de dados demográficos, socioeconômicos e os claros benefícios que as pessoas com credenciais de ensino superior têm sobre aquelas sem formação universitária continuarão a tornar esse setor ainda maior.

Além dos claros benefícios individuais, associados a uma maior remuneração, há também um incentivo para que políticas públicas visem à expansão dos sistemas de ensino superior, tendo em vista o retorno sobre o investimento total observado. Por exemplo, em média, nos países da OCDE, o retorno total (público e privado) para alguém que conclui o ensino superior excede a 335 mil dólares. Em média, na OCDE, o retorno líquido dos investimentos públicos no ensino superior é de 86 mil dólares quando contabilizados todos os custos e benefícios. Isso é quase três vezes o montante do investimento público no ensino superior, reafirmando o quão atraente é para os governos expandi-lo.

Os níveis de despesas no ensino superior em todo o mundo refletem a atenção que os governos estão dedicando ao setor à medida que a concorrência nos mercados globais aumenta. Por exemplo, a Suécia, a Suíça e os Estados Unidos investem 50% ou mais do PIB *per capita* por aluno do ensino superior. De acordo com a OECD (2010), o Brasil tem a maior proporção entre os países desenvolvidos e em desenvolvimento, investindo 102% do PIB *per capita* (aproximadamente 11 mil dólares ao ano) por aluno do ensino superior.

Os prestadores de serviços de ensino superior desempenham papéis importantes

Na atualidade, instituições de ensino superior têm administrações e organizações diferentes. Há países onde sistemas heterogêneos de instituições coexistem a fim de atender necessidades diversas. Algumas instituições são públicas, com concessões cedidas por autoridades estaduais ou federais, e outras são privadas, são com ou sem fins lucrativos. Existem duas grandes diferenças entre público e privado no que tange ao ensino universitário:

- As instituições públicas, muitas vezes, dependem bastante de governos regionais e federais para apoio financeiro (com algum grau das receitas geradas pelas mensalidades) e estão isentas de impostos.

- As instituições privadas dependem mais das receitas das mensalidades (apesar de algumas serem subsidiadas ou por governos ou por grupos religiosos ou por outras instituições). Enquanto as instituições privadas sem fins lucrativos, geralmente organizadas como fundações, se beneficiam de muitas isenções fiscais, as escolas privadas com fins lucrativos pagam impostos.

O número e a prevalência de tipos alternativos de mantenedores, bem como a flexibilidade que eles têm (tanto em termos de programas oferecidos quanto de mensalidades cobradas), variam de país para país.

Nos Estados Unidos, há instituições públicas e privadas que atendem a um diversificado corpo estudantil (alunos do sexo masculino e feminino de todas as origens religiosas e socioeconômicas). Há instituições privadas muito prestigiadas (como a Universidade de Harvard) e públicas muito importantes (como a Universidade da Califórnia). Há os *community colleges* públicos e privados e institutos técnicos, que oferecem educação de qualidade acessível voltada à preparação para o mercado de trabalho. As instituições privadas, com ou sem fins lucrativos, recebem a maior parte de suas receitas por meio de mensalidades, embora algumas também obtenham receitas por meio de doações de ex-alunos. As instituições públicas historicamente recebiam uma grande parcela de suas receitas do governo; contudo, as mensalidades das públicas cresceram nos últimos anos para compensar orçamentos mais restritos do governo. Mesmo com cortes, elas ainda são, em geral, financeiramente mais acessíveis do que as privadas. Qualquer aluno pode com facilidade ter acesso a empréstimos e subvenções federais para sustentar seus estudos.

Na Europa Ocidental, o ensino público tem sido predominante e ainda matricula mais alunos na maioria dos países, recebe os recursos diretamente do governo e varia entre seletivas para instituições de acesso amplo. Já o ensino privado, que agora está presente em toda a Europa Ocidental, desempenha um papel cada vez mais importante. Embora não haja nenhum sistema de financiamento federal, as instituições públicas permanecem quase gratuitas, e as mensalidades cobradas pelas instituições privadas são substancialmente menores em percentuais do PIB *per capita* do que as nos Estados Unidos.

- Na América Latina e na Ásia, contudo, as instituições públicas foram as pioneiras, e historicamente atendiam a um pequeno subsegmento da população não tendo, na maioria dos casos, os recursos para crescer e satisfazer a crescente demanda. Por exemplo, em

2000, a UNAM do México teve mais de 75 mil inscrições para apenas 7 mil vagas. Em outros países essa disparidade é ainda maior, como a Índia, onde em 2000 mais de 175 mil alunos se inscreveram para 3.500 vagas nas principais instituições de ensino superior. Na Europa Ocidental, as instituições públicas são quase gratuitas, enquanto as privadas cobram mensalidades, mas em custos mais baixos que os cobrados nos Estados Unidos. Em alguns países, como a China, o governo estabelece limites para as mensalidades. Em outros países, como o Brasil e a Malásia, os governos têm criado programas de bolsas e de financiamento visando a facilitar o acesso dos alunos mais desfavorecidos socioeconomicamente às instituições privadas.

Em geral, a predominância pública em todo o mundo diminui à medida que as instituições privadas conquistam espaço. Uma das razões para essa abertura é a demanda reprimida que não foi atendida pelas instituições públicas, que enfrentam dificuldades e não conseguem criar vagas suficientes para atender a todos os alunos. Elas também, em alguns casos, têm sido lentas em adaptar seus currículos para dar conta das mudanças.

A Figura 1.4 mostra a distribuição das matrículas entre instituições públicas e privadas. Enquanto a proporção de alunos nas instituições públicas nos países da União Europeia é, em média, 7%, ela representa 15% nos países da OCDE, 28% nos Estados Unidos e 71% no Brasil.

O financiamento do ensino superior

Não existe um modelo único para o financiamento do ensino superior. A OCDE desenvolveu uma taxonomia baseada em grau de partilha de custos, ou seja, o nível de contribuição exigido do aluno ou de sua família e em subvenções públicas recebidas por alunos e famílias. A seguir, o resumo de tais modelos.

- Países que optam por mensalidades baixas ou por até nem cobrá-las, mas sistemas generosos de apoio ao aluno. Há poucas barreiras financeiras para ingresso e um elevado nível de apoio aos alunos (por exemplo, Dinamarca, Finlândia, Noruega, Suécia).
- Países com altos níveis de mensalidades, sistemas bem desenvolvidos de apoio ao aluno, mas são fornecidos subsídios aos alunos (por exemplo, Austrália, Canadá, Chile, Holanda, Nova Zelândia, Reino Unido e EUA).

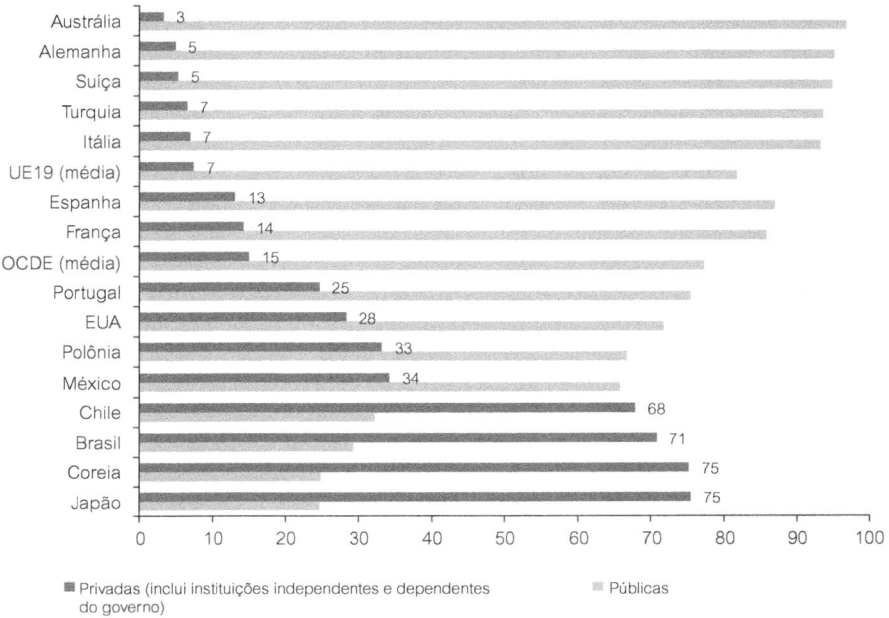

Figura 1.4 Distribuição de matrículas em cursos de nível superior por tipo de instituição.
Fontes: OCDE, Education at a Glance 2010; UNESCO Institute for Statistics, 2010.

- Países com altas mensalidades e com sistemas menos desenvolvidos de apoio ao aluno, havendo uma carga considerável de custos para alunos e famílias (por exemplo, Japão e Coreia)
- Países com mensalidades baixas e sistemas menos desenvolvidos de apoio ao aluno (por exemplo, Áustria, Bélgica, França, Irlanda, Itália, Portugal, Espanha, Brasil e México).

A proporção de financiamento privado do ensino superior, conforme dados da OECD (2010, p. 222) varia entre menos de 5% na Dinamarca, na Finlândia e na Noruega a mais de 40% na Austrália, no Canadá, no Japão, no Reino Unido, nos Estados Unidos, em Israel e na Rússia, e a mais de 75% no Chile e na Coreia.

Entre 1995 e 2007, as despesas públicas com o ensino superior, como porcentagem do PIB, diminuiu na França, na Itália, no Japão, na Espanha e na Suíça, embora tenha aumentado no Chile, no México, no Brasil, na Coreia do Sul e nos Estados Unidos (OECD, 2010, p. 243).

A crise econômica ampliou a discussão sobre financiamento do ensino superior, já que os governos são forçados a reduzir as verbas para as instituições públicas a fim de mitigar os efeitos negativos de uma economia fragilizada. Para alguns, isso é motivo de preocupação, questionando se a redução do financiamento público levará a um setor do ensino superior amplamente dominado por instituições privadas. Talvez não venha a ser o caso: o cenário mais provável no futuro é aquele em que continua a haver um grande número de instituições diversificadas – grandes e pequenas; públicas e privadas; sem e com fins lucrativos; abrangentes e especializadas; nacionais, e atendendo às necessidades de vários segmentos: alunos tradicionais entre 18 e 24 anos, adultos que trabalham, etc.

O setor privado no ensino superior

Com a crescente demanda, os governos estão cada vez mais adaptando a legislação a fim de permitir o funcionamento de universidades privadas. Muitos países têm sido muito bem sucedidos no fomento de matrículas para o ensino superior e nas taxas de participação nesse setor sem aumentar os investimentos públicos.

De acordo com Altbach (2005), o ensino superior privado em todo o mundo é o segmento com crescimento mais rápido. Investimentos privados tiveram forte crescimento com taxas significativamente maiores do que os investimentos públicos entre 2000 e 2007.

A participação privada permitiu que aqueles que não conseguiram acesso às seletas instituições públicas tivessem opções para continuar seus estudos. Independentemente de a educação ser considerada um bem público oferecido gratuitamente ou quase de graça, ou de ela ser vista como um investimento que garantirá maior remuneração no futuro, tanto instituições públicas quanto privadas devem ser avaliadas e responsabilizadas pelos resultados dos alunos. Enquanto é provável que a maioria das instituições públicas continue a se concentrar em pesquisa e educação dos alunos de elite, as privadas continuarão a proporcionar acesso para aqueles alunos que, de outra forma, não poderiam frequentar o ensino superior. Wildavski (2010) destaca o papel cada vez mais importante que elas têm em atingir diferentes segmentos da população e em desenvolver o capital humano, vital para o crescimento econômico. O autor vê as instituições privadas (com sua capacidade de investir e gerenciar com eficiência o ensino superior) como talvez o melhor veículo de acesso maciço ao ensino superior profissionalizante para milhões de alunos que, de outra forma, não teriam essa oportunidade.

Há vários exemplos de como os instituições privadas podem desempenhar um papel vital no crescimento das matrículas no sistema de ensino superior. Em cada caso, as políticas públicas priorizaram os investimentos no ensino fundamental e médio: no México e no Brasil, os sistemas de ensino superior têm sustentando um crescimento superior a 8% ao ano durante os últimos 20 anos, e ainda há espaço suficiente para crescimento contínuo. Já na Turquia e na China, com recursos públicos limitados para apoiar o crescimento, ambas se voltaram para o investimento privado nacional e internacional. Embora sejam excelentes exemplos de fomento e de qualidade do sistema de ensino superior por meio do incentivo ao investimento privado, há vários países em processo de atualização das políticas de investimento educacional. Em ambos os casos, as novas instituições privadas trabalham com as instituições públicas a fim de aumentar as matrículas no ensino superior.

Características das instituições privadas de ensino superior

A diversidade institucional do setor é perceptível e aparente em várias dimensões. Em primeiro lugar, caracteriza-se por instituições de pequeno e médio porte, muitas vezes com metade ou um terço do tamanho de instituições públicas. Por exemplo, nos Estados Unidos, as instituições de ensino superior privadas representam 60% do total, mas têm apenas 25% das matrículas de alunos. Em segundo lugar, as instituições têm ou não têm com fins lucrativos. Atraídos pelo potencial retorno financeiro, um número crescente de fornecedores opera como empresas. O fenômeno não é novo. Brasil, Filipinas, Malásia e África do Sul são países onde a maior parte do segmento de ensino superior privado tem fins lucrativos. Por fim, a diversidade também advém da variedade de perfis institucionais encontrada no setor. As instituições privadas podem ser organizadas e funcionar como universidades, faculdades, escolas profissionalizantes especializadas, centros universitários, institutos de formação profissional técnica, entre outros tipos permitidos em cada país.

As regras do jogo

O crescimento do ensino superior levou a preocupações com a qualidade das instituições e dos programas que oferecem. À medida que isso tem continuidade, cresce a necessidade de uma avaliação independente da qualidade. Diferentes sistemas regulatórios surgiram para garantir que os alunos se formem com as habilidades necessárias para ingressar no mercado de trabalho. Alguns, como na Turquia e na China, são organizados pelo órgão controlador governamental, enquanto outros, como nos EUA e no Chile, são respaldados pelas agências de acreditação, baseada nos pares (*peer-based*). Há também uma série de diferentes sistemas de certificação internacional a que as instituições podem recorrer para comprovar a qualidade de seus programas.

O caso dos Estados Unidos merece um comentário especial. Uma série de circunstâncias decorrentes de práticas agressivas de matrícula de alunos e altos índices de inadimplência têm colocado as instituições com fins lucrativos sob a mira dos órgãos reguladores. Espera-se que o Congresso crie novas regras e restrições mais rígidas, e que elas se concentrem principalmente em garantir que as expectativas dos alunos sejam atendidas por todos os estabelecimentos de ensino superior.

Os órgãos reguladores devem estabelecer padrões elevados e exigir a conformidade a eles. Definir metas mais exigentes garantirá que instituições sérias quanto à prestação de serviços com qualidade possam prosperar e contribuir para as comunidades que atendem. Por conseguinte, padrões mais exigentes serão um desestímulo para os "oportunistas" atraídos para o segmento de ensino superior com a possibilidade de colher benefícios de curto prazo.

O sucesso futuro dos sistemas de ensino superior será medido menos pelo montante investido pelos países e mais pelos resultados educacionais alcançados pelos alunos e o impacto na competitividade econômica. Segundo a OCDE (2010), governo e entidades reguladoras responsáveis pelas políticas públicas devem considerar seriamente as expectativas atuais de cidadãos e empregadores para definir sistemas de ensino superior que:

- Sejam sensíveis e capazes de se adaptar às crescentes exigências por novas habilidades e competências impostas pelas forças da globalização.
- Ofereçam programas eficientes para que as habilidades certas sejam adquiridas no momento certo, por meio dos melhores métodos de entrega, a um custo adequado.
- Proporcionem flexibilidade e usem a tecnologia de forma inteligente para permitir que pessoas aprendam "a qualquer hora e em qualquer lugar".
- Reduzam barreiras ao ingresso e à rigidez institucional que impedem a inclusão.

- Proporcionem ingresso e reingresso, cumprindo a noção de "aprendizagem continuada".
- Desenvolvam abordagens eficientes e sustentáveis para financiamento que conciliem acesso, equidade e acessibilidade.

O ensino superior no século XXI

Várias tendências terão impacto no futuro do ensino superior: as taxas de ingresso continuarão a crescer, sobretudo nos países em desenvolvimento; as mulheres serão maioria; o perfil de alunos será mais variado à medida que mais adultos trabalhem, e mais temporários e alunos internacionais tenham acesso ao sistema; a profissão acadêmica tende a ser mais internacionalmente orientada e flexível; o sistema de ensino superior se afastará aos poucos das expectativas das tradicionais comunidades escolares autônomas, autorreguladas, rumo a um modelo de maior responsabilidade pelos resultados; a tendência à inclusão continuará, permitindo que os menos privilegiados socialmente ingressem no ensino superior; a população terá uma proporção maior de diplomados com implicações positivas no desenvolvimento social e econômico (OECD, 2008).

O impacto das novas tecnologias de informática e comunicações refletirá no ensino e na aprendizagem e deve estar na mira dos reguladores e legisladores à medida que eles forjam o futuro dos sistemas de ensino superior em todo o mundo.

Programas de educação *online* já existem nos Estados Unidos e na Europa Ocidental há décadas, mas ainda são um fenômeno recente em diversos mercados internacionais. Eles apoiam a expansão do ensino superior a alunos em regiões de acesso limitado. Também são usados para complementar o que já existe no *campus* tradicional. De acordo com um recente relatório do Departamento de Educação dos Estados Unidos, "alunos com todas ou parte das aulas *online* tiveram, em média, um desempenho melhor do que aqueles que fizeram o mesmo curso por meio do ensino presencial tradicional" (Bakia et al., 2009). Os benefícios são tangíveis ainda no que se refere à flexibilidade que os programas proporcionam. À medida que as populações nos mercados em desenvolvimento tornam-se mais receptivas à educação *online*, as matrículas continuarão a crescer em todo o mundo.

Um relatório recente de Johnson e colaboradores (2010, p. 3-4), publicado no *New Media Consortium and Educause* identificou quatro tendências como as principais motivadoras da adoção da tecnologia no ensino superior para o período de 2010 a 2015.

1. A disponibilidade quase ilimitada de recursos e relacionamentos por meio da Internet. Nesse cenário, orientar e ajudar os alunos a lidar com as informações é o papel fundamental das instituições de ensino superior.
2. Espera-se que as pessoas sejam capazes de aprender e de estudar onde e quando quiserem. A vida em um mundo cada vez mais conturbado representa desafios para os alunos que precisam conciliar trabalho, família e estudos. Instituições de ensino superior deverão facultar acesso fácil e rápido às redes sociais e de informações, o que será fundamental para o sucesso do aluno.
3. A crescente adoção de tecnologias baseadas em nuvem e na noção de suporte de TI descentralizado. O que importa não é onde reside a informação, e sim sua acessibilidade permanente por meio de diferentes dispositivos.
4. A natureza colaborativa do trabalho do aluno crescerá à medida que as soluções para os problemas na maioria das áreas demandam uma abordagem multidisciplinar.

Além dessa tendências, o relatório também identificou alguns desafios críticos para o setor:

- A onipresença da tecnologia está mudando o papel da comunidade acadêmica, a qual tem que adaptar as práticas de ensino e aprendizagem a fim de atender às expectativas dos alunos, de promover o pensamento crítico e as ferramentas e as habilidades necessárias para ter sucesso em um mercado de trabalho cada vez mais competitivo.
- Novas formas eruditas de criação e publicação que estão surgindo demandarão novos comportamentos. A comunidade acadêmica está atrasada, e há uma lacuna entre aquilo que é possível e o que é academicamente aceitável.
- A crescente importância da educação digital e disciplinas implicará um menor foco nas ferramentas e nas plataformas e maior ênfase nas formas de pensar e articular discursos inteligentes.
- Com o constante foco na eficiência como resultado da pressão financeira sobre o sistema, as tecnologias emergentes podem gerar uma economia de custo se usadas adequadamente. A hospedagem de ser-

vidores e uma dispendiosa infraestrutura de TI fora do *campus*, além da terceirização dos serviços de *e-mail* e *streaming* de mídia, são bons exemplos daquilo que é possível (p. 4-5).

Por fim, duas tecnologias – computação móvel e conteúdo aberto – terão impacto considerável sobre o ensino superior. Com um número cada vez maior de dispositivos de rede capaz de rodar aplicativos propícios à aprendizagem, a computação móvel contribuirá para expandir os cenários nos quais a aprendizagem pode acontecer. Por outro lado, o conteúdo aberto refletirá no modo como os alunos aprendem, tornando esse processo mais flexível e menos dispendioso (p. 5-6).

Sobre a Laureate International Universities e seu papel no desenvolvimento do ensino superior no mundo

A Laureate International Universities é uma rede global de instituições de ensino superior cuja missão é tornar a educação mais acessível e disponível para que mais alunos realizem seus sonhos. Desde 1999, atende *online* ou em *campi* mais de 600 mil alunos matriculados em programas de graduação e pós-graduação em mais de 50 instituições, distribuídas em 24 países e *online*.

A Laureate International Universities (antiga Sylvan International Universities) foi criada pelo Sylvan Learning Systems em 1998 visando ao investimento em instituições de ensino superior em todo o mundo. A criação de uma divisão voltada ao ensino superior foi resultado da visão de liderança e pesquisa de apoio, indicando que havia em todo o mundo, uma grande e crescente disparidade entre procura e oferta de oportunidades de ensino superior com qualidade e com foco em resultados. A empresa acreditou que, à medida que essa lacuna aumentasse, haveria oportunidades para instituições privadas bem administradas atender a essa população em expansão.

O primeiro investimento da empresa na área de ensino superior internacional foi na Universidad Europea de Madrid em 1999, seguindo depois rapidamente para o México, para o Chile e para a Suíça. Seu primeiro investimento em ensino superior *online* ocorreu na Walden University. Em março de 2003, a Sylvan Learning Systems anunciou que se concentraria exclusivamente no ensino superior, vendendo suas unidades de negócios K-12 (ensino pré-escola, fundamental e médio), e escolheu uma nova razão social, a Laureate Education Inc.

Instituições Laureate por País

As instituições que compõem a rede são variadas. Algumas atendem em áreas e programas especializados: arquitetura nos Estados Unidos (New School of Architecture and Design); escolas de *design* na Itália (Nuova Accademia di Belle Arti Milano e Domus Academy); engenharia (Ecole Centrale d'Electronique); escolas de administração de hotelaria na Suíça, na Espanha, na China e na Austrália (Les Roches, Glion, Blue Mountains International Hotel Management School e Australia International Hotel School); negócios internacionais (Ecole Supérieure du Commerce Exterieur).

Outras atendem a diferentes públicos e disciplinas acadêmicas: A Universidad del Valle de Mexico abrange alunos de ensino médio, de graduação tradicional, adultos de graduação e pós-graduação que trabalham (*master*) em arquitetura, negócios, comunicação, *design*, educação, engenharia, ciências da saúde, administração de hotelaria e direito. A Universidade Bilgi, de Istambul, na Turquia, oferece vocacional técnico, graduação e pós-graduação (mestrado e doutorado) em arquitetura, comunicação, *design*, educação, engenharia, ciências da saúde, administração de hotelaria e direito. INTI Grupo Educacional na Malásia atende alunos de graduação e pós-graduação em negócios, comunicação, *design*, educação, engenharia, ciências da saúde, administração de hotelaria e direito.

Algumas escolas Laureate têm mais de 150 anos de história (como a Santa Fe University of Art and Design nos EUA), enquanto outras foram abertas mais recentemente (como a BITS, na Alemanha, fundada em 2000). As instituições Laureate beneficiam-se das fortes reputações acadêmicas, do conhecimento da marca e das histórias operacionais estabelecidas em seus mercados locais. O crescimento é baseado na capacidade de identificar os programas e as oportunidades que transformarão os alunos em futuros diplomados de sucesso. Cada universidade tem um corpo docente flexível e é liderada por uma experiente equipe de gestão local. Embora cada uma das instituições Laureate seja única, elas compartilham um objetivo comum: programas acadêmicos de alta qualidade com foco internacional para alunos de graduação e pós-graduação.

A rede Laureate

Juntas, as universidades no *campus* e *online* da Laureate compreendem uma rede global chamada Laureate International Universities. A rede Laureate é a base do grupo internacional e permite que instituições de ensino superior de todo o mundo tragam suas identidades próprias junto aos principais programas e conteúdos internacionais e às melhores práticas de gestão e programas internacionais. Através dessa rede global, o grupo:

- realiza intercâmbio de alunos e professores;
- compartilha currículos acadêmicos e cria programas de grau duplo;
- desenvolve novos recursos para ajudar instituições a atender alunos;
- desenvolve novos recursos para ajudar funcionários e professores;
- compartilha processos operacionais e de gestão.

A instituição toma decisões locais com base em programas, produtos e serviços que necessitam da rede. Dessa forma, cada uma está contribuindo com conteúdo, programas e conhecimento para a rede; em seguida, aprendem como enriquecer ainda mais seus programas e suas práticas. Conforme a instituição posterior se une à rede, ela se torna ainda mais poderosa. A fim de aproveitar o poder da rede, a liderança da Laureate criou o grupo Laureate Network Products and Services – LNPS (Rede Laureate de Produtos e Serviços) em 2008. A LNPS trabalha com as escolas no intuito de identificar os projetos e os parceiros que serão mais úteis no apoio a seu desenvolvimento contínuo.

O impacto da rede Laureate sobre as instituições associadas

Um exemplo do impacto que a Laureate tem sobre suas instituições associadas é a Universidad del Valle de Mexico (UVM), associada a Laureate International Universities desde 2000. Começando com menos de 32 mil alunos, a UVM cresceu para mais de 100 mil alunos. Novos programas (UVM-Glion, UVM-Walden, intercâmbio, etc.), novo corpo docente (de 3.500 em 2000 para mais de 10 mil em 2009) e novos *campi* (crescimento de 12 em 2000 para 35 em 2009) tornaram possível esse crescimento impressionante. Com o investimento da Laureate, a UVM deixou de ser uma instituição que se concentrava no distrito federal da Cidade do México e passou a ter ampla presença naquele país. O modelo de crescimento adotado pela UVM no México, onde a demanda era mal-atendida, é um modelo adaptável aplicado em outros países da nossa rede.

O crescimento permitiu à UVM levar seus produtos e a inovação a alunos e funcionários em outras regiões mexicanas. Programas inovadores têm ainda colocado as universidades associadas entre as mais respeitadas no México (classificadas recentemente como número sete no geral por uma análise nacional líder) devido, em grande parte, ao valor trazido a elas por meio da Laureate International Universities.

O futuro da Laureate International Universities

Ampliar o acesso ao ensino superior em todo o mundo é uma das metas da Laureate.

- Continuar a aprimorar programas e serviços oferecidos aos alunos em todo o mundo.
- Lançar novos programas acadêmicos e serviços para atrair potenciais alunos nos mercados existentes.
- Criar novas instalações no *campus* para atender mais alunos.
- Identificar e acrescentar, de forma seletiva, novas escolas à rede.
- Identificar parceiros (públicos e privados) para estabelecer novas instituições de ensino superior.

Os pontos relacionados acima são o principal foco de trabalho para o futuro da Laureate.

Referências

ASOCIACIÓN NACIONAL DE UNIVERSIDADES E INSTITUCIONES DE EDUCACIÓN SUPERIOR. *Statistical database*. México, D.F., [20--]. Disponível em: <www.anuies.mx>.

BAKIA, M.; JONES, K.; MEANS, B.; MURPHY, R.; TOYAMA,. Evaluation of evidence-based practice in online learning: a meta-analysis and review of online Learning Studies. US: Department of Education, 2009.

BAUM, S.; MA, J.; PAYEA, K. *Education pays 2010*: the benefits of higher education for individuals and society. College Board Advocacy & Policy Center. Disponível em: <http://trends.collegeboard.org/files/Education_Pays_2010.pdf>. 2010.

EDUCATION TRENDS IN PERSPECTIVE: ANALYSIS OF THE WORLD EDUCATION INDICATORS. Montreal, 2005 Edition, 2005.

INSTITUTO NACIONAL DE ESTUDOS E PESQUISAS EDUCACIONAIS. Brasília, 2011. Disponível em: <http://inep.gov.br>.

JOHNSON, L. et al. *The 2010 horizon report*. Austin: The New Media Consortium, 2010.

LEDERMAN, D. American universities in a global market. *Inside Higher Education*, Aug. 31, 2010. Disponível em: <http://www.insidehighered.com/news/2010/08/31/clotfelter>.

MEANS, B. et al. *Evaluation of evidence-based practices in online learning*: a meta-analysis and review of online learning studies. Washington, D.C.: U.S. Department of Education, 2010. Disponível em: <http://www.ed.gov/rschstat/eval/tech/evidence-based-practices/finalreport.pdf>.

NATIONAL CENTER FOR EDUCATION STATISTICS. Washington, D.C., 2011. Disponível em: <http://nces.ed.gov/>.

ORGANISATION FOR ECONOMIC CO-OPERATION AND DEVELOPMENT. Education at a glance. Paris, 2009, p. 118-150.

ORGANISATION FOR ECONOMIC CO-OPERATION AND DEVELOPMENT. *Education at a glance*. Paris, 2010.

ORGANISATION FOR ECONOMIC CO-OPERATION AND DEVELOPMENT. *Higher education to 2030*. Paris: OECD, 2008. v.1: Demography.

ORGANISATION FOR ECONOMIC CO-OPERATION AND DEVELOPMENT. *Higher education to 2030*. Paris: OECD, 2009. v.2: Globalisation.

SALMI, J. *The challenge of establishing world-class universities*. Washington, D.C.: World Bank, 2009.

SPRING, J. *Globalization of education:* an introduction. New York: Routledge, 2009.

UNESCO. Education trends in perspective: analysis of the World Education indicators. Montreal, 2005.

UNESCO. *Global education digest 2007:* comparing education statistics across the world. Montreal, 2007. Disponível em: <http://www.uis.unesco.org/template/pdf/ged/2007/EN_web2.pdf>.

VELLOOR, R. Asia's middle class to drive growth: ADB. *The Straits Times,* August 20, 2010. Disponível em: <http://www.asianewsnet.net/home/news.php?sec=2&id=13756>.

WILDAVSKY, B. *The great brain race:* how global universities are reshaping the world. Princeton: University Press, 2010.

2

Ensino privado
a qualidade e a imagem

Gabriel Mario Rodrigues

No Brasil, a imagem do ensino superior particular é confusa e difusa. Isso não é bom, mas poderia ser de outra maneira? Seria possível uma excelente imagem do ensino superior particular em um país emergente que também tem uma imagem confusa e difusa dentro e fora de suas fronteiras? As universidades brasileiras poderiam ter uma tradição semelhante à da Universidade de Salamanca, fundada em 1218, da qual Miguel de Unamuno foi reitor várias vezes e na qual estudaram Hernán Cortés, conquistador do México, ou São João da Cruz? É casual a imagem que se tem da Universidade de Coimbra? E o que dizer então de Harvard, de Cambridge, da Universidade de Londres, de Yale, de Columbia, de Oxford, e de tantas outras que têm prestígio mundial e dezenas de Prêmios Nobel ganhos por seus antigos alunos?

As questões de imagem nunca são simples, e no próprio ensino particular brasileiro encontram-se contradições aparentes. No ensino fundamental e no médio, ao contrário do que acontece no superior, o ensino particular tem uma boa imagem, consequência da comunicação intensa e direta entre as escolas e as famílias dos alunos. Nesses níveis, a publicidade não existe ou é muito escassa. Os alunos e as famílias são os transmissores espontâneos da realidade que conhecem perfeitamente e com a qual se sentem identificados, porque foram eles mesmos que a escolheram. E ninguém fala mal do que escolhe, nem do que é ou pensa que é "seu". Porém, no ensino superior particular, a imagem não é tão boa como poderia e deveria ser, porque os universitários não são, por vários motivos, transmissores espontâneos e ativos da realidade que escolheram e que sustentam. Nesse caso, a influência das famílias é mais débil, mais distante e mais indireta. A publicidade comercial, idêntica à de qualquer supermercado, cada vez mais exagerada, abafa o diálogo veraz, substituindo-o por mensagens irreais que pretendem ser *atrativas*. E com mensagens irreais, além de onerosas e permanentemente reinventadas, é impossível construir uma imagem real, estável, definida, definível e defensável.

A imagem do ensino superior particular não é satisfatória porque a comunicação do próprio ensino superior particular não é satisfatória. Além disso, encontra opositores que o criticam com insistência, seja por poder, políticas, por ideologia, seja por falta de informação da própria mídia. No ano de 2009, a pesquisa "Diagnóstico Percepção e Imagem das Instituições Privadas de Ensino Superior do Estado de São Paulo", realizada pela CDN Estudos e Pesquisas, assinalava que os jornalistas, quando questionados de forma espontânea acerca de sua ideia sobre as instituições privadas de ensino superior, pensavam em "falta de qualidade e de tradição", a percepção de um "negócio", a "caça de alunos", além de o "ensino público ser de melhor nível", impressões completamente subjetivas.

Outra questão também delicada é a comparação frequente da imagem do ensino particular com a do ensino público. Independentemente das qualidades respectivas, é evidente que o ensino público também é observado e criticado, mas nunca atacado. Além disso, o ensino público deforma menos sua realidade com excessos publicitários, e a solidariedade que recebe, para o bem e para o mal, costuma ser alta. Em todo caso, a imagem específica do ensino superior particular, que no Brasil é desproporcionada – por difusa e confusa – com a dimensão, com a importância e com a transcendência do setor, não é injusta por ser ele ruim ou deficiente. Se essa fosse a causa objetiva (que não é), o setor não teria cada vez mais alunos.

A imagem não é, nem pode, nem deveria ser uma simples demonstração de força qualitativa. Nem sempre o melhor é o mais querido, admirado e respeitado. Ou seja, a imagem pública do ensino superior particular será cada vez pior no Brasil na medida em que os alunos sejam tratados como "clientes"; na medida em que o academicismo seja a pura, falsa e deformante propaganda; na medida em que não exista compromisso social e participação cívica. No entanto, melhorará na medida em que as universidades sejam parte integrada e consciente dos êxitos e das dificuldades do país.

Para que assim seja, o esforço não será pequeno, ainda que possa ser mais acessível. A imagem (ou a falta dela) do ensino superior particular é esta, porque, como setor, nunca houve um esforço coordenado e profissionalizado para que fosse de outra forma. Ela é o reflexo difuso dos esforços das mantenedoras, os quais, além de imperfeitos e contraditórios, têm sido concebidos e desenvolvidos para concorrer com as instituições do próprio setor, e não para influir na sociedade e nos mercados.

Eis uma das grandes diferenças com o ensino público, que não concorre com ele mesmo e que se comunica de forma monolítica pelas vias oficiais e oficiosas, e não pelos caminhos especulativos da livre iniciativa. Ou o ensino superior particular aprende a lição, ou sua imagem pública será sempre duvidosa, confusa e contraditória.

No Brasil, o ensino superior particular existe, e é importante e transcendente por razões muito sérias e fundamentais:

- um país imperfeito não pode evoluir com um único impulso insuficiente do Estado;
- uma coisa é o Estado unificador; outra é a sociedade diversa, formada por todas as raças e todas as culturas.

O Brasil superará todos os desafios para ser uma nação que orgulha e que oferece qualidade de vida a seus habitantes. Para isso, deve acreditar que a estratégia correta é a boa educação em todos os níveis. Da mesma forma, a sociedade deverá entender que educação é uma só, seja pública ou privada. Ambas possuem o mesmo objetivo: preparar mais e melhor todos os brasileiros, respeitando a realidade nacional, por um lado, e os direitos e as formas de ser de cada um, por outro.

Os cursos superiores nascem tardiamente no Brasil

Comparado a outros países, o ensino superior começa tardiamente no Brasil. Só com a vinda da família imperial portuguesa em 1808 são criados os primeiros cursos de engenharia, medicina, direito e agronomia. Um século depois, em 1922, a Universidade Federal do Rio de Janeiro é fundada às pressas para permitir a entrega do título de *Doutor Honoris Causa* ao rei Alberto da Bélgica. Foi a maneira que o governo arranjou para poder prestar homenagem a sua alteza sem ferir as regras da nova República. Enquanto na América espanhola a universidade se desenvolvia a passos crescentes (a Universidade de São Marcos, em Lima, já existia em 1551), no Brasil tudo caminhava lentamente.

A Universidade de São Paulo foi criada em 1934, e as federais foram se instalando no pós-guerra. Algumas das confessionais que já existiam foram, nas décadas seguintes, transformadas em universidades. O ensino superior particular começa a ganhar força a partir dos anos de 1970 quando as faculdades foram se instalando nas capitais e nas principais cidades do país. Havia na época uma demanda incontida por parte dos estudantes que não conseguiam vagas nas universidades públicas e que questionavam os governos militares pela falta de oportunidades para estudar. Foi atendendo aos excedentes que as faculdades foram se desenvolvendo e se transformando em universidades.

As famílias mais ricas tinham na universidade pública gratuita a oportunidade de formar seus filhos para as profissões tradicionais. Dela eram egressos médicos, engenheiros e advogados, garantindo nas profissões liberais, na administração pública, nas empresas e na esfera da política a eterna liderança das elites. Assim também surgia a distorção do gasto público que persiste até hoje; ou seja, 20% do dispêndio total em educação é destinado ao ensino superior público, criando-se um paradoxo social surpreendente: as famílias com recursos pagam o ensino médio, mas seus filhos vão estudar na universidade gratuita, enquanto as famílias de menos recursos enviam seus filhos para a instituição particular.

Não é por acaso o que Klaus Kleber e Leonardo Trevisan reconhecem em seu livro *Produzindo Capital Humano*: "A atuação positiva da educação superior privada brasileira foi o resultado de um processo consistente de evolução do segmento nas três últimas décadas. O Brasil fez uma clara opção pelo setor privado como principal agente promotor da oferta de ensino superior".

Como consequência disso, o ensino superior privado está distribuído por mais de 2.200 instituições Brasil afora com uma particularidade: 60% dessas instituições não possuem mais de mil alunos, o que demonstra que nas pequenas cidades a faculdade ainda é o melhor caminho para oferecer aos alunos as melhores oportunidades de encontrar emprego, impedindo-os de emigrar para os grandes centros.

A iniciativa particular formou ao longo dos anos mais de seis milhões e meio de profissionais que prestam nas empresas e no âmbito governamental sua colaboração para que o País possa atingir suas metas de desenvolvimento. Com certeza, o Brasil é o que é graças ao capital humano formado nessas instituições particulares. Além disso, se fosse possível ter uma escala de valores, ressaltaria o ensino superior particular como o maior propulsor da inclusão social da juventude brasileira, porque foi o que mais ajudou as classes menos privilegiadas a conhecer melhores dias e o que lhes possibilitou leques de oportunidades. Porém, o espaço do ensino superior privado não é único nem homogêneo. Há instituições diversas que procuram ensinar da melhor forma possível com critérios e recursos nem sempre semelhantes. Por isso, o prestigio institucional do setor está condicionado ao prestigio específico de cada uma dessas organizações.

Uma entrevista com Jô Soares

Há alguns anos, no Programa Observatório de Imprensa, da TV Cultura, o jornalista Alberto Dines perguntava a Jô Soares por que a televisão brasileira era tão ruim. O entrevistado, tranquila e seriamente, respondia que a televisão brasileira é a cara do Brasil e que não poderia ser de outra forma, porque precisa apresentar seus programas para uma população muito diversa. Em contrapartida, a televisão brasileira, segundo Jô Soares, é muito melhor que o Judiciário. Todos conhecem os juízes e seus descontroles com prazos e com a prática do nepotismo; a televisão, ao contrário, tem o

---

Quadro 2.1
Dados do ensino superior particular

- 2.243 instituições de ensino superior – 90% do total
- 3,8 milhões de alunos matriculados – 75% do total
- 2,5 milhões de vagas oferecidas por ano – 88% do total
- 444 mil alunos matriculados em cursos tecnológicos – 82% do total
- 580 mil alunos matriculados em cursos a distância – 81% do total
- 565 mil alunos formados por ano – 74% do total
- 18 mil cursos de graduação – 71% do total
- 934 municípios com oferta de cursos de graduação – 81% do total
- 392 mil professores e administrativos empregados – 62% do total
- 27 mil doutores e 87 mil mestres empregados
- 1% do Produto Interno Bruto por ano
- Investimentos anuais de R$ 2 bilhões em bibliotecas, laboratórios, equipamentos, etc.
- Geração anual de R$ 1 bilhão em renda indireta com alimentação, material escolar, transporte, etc.
- 24 mil projetos sociais beneficiando 20 milhões de pessoas por ano
- 493 programas de mestrado e doutorado
- 9 mil mestres e doutores titulados por ano

Fonte: Sindicato das Entidades Mantenedoras de Estabelecimentos de Ensino Superior no Estado de São Paulo (SEMESP).

compromisso diário de estar no ar, obedecendo a uma grade estipulada. A televisão brasileira, comparativamente, é melhor que todas as Câmaras Legislativas, que não respeitam qualquer compromisso com a população. É ainda infinitamente melhor, acrescenta Jô Soares, que os poderes executivos de todos os graus. Enfim, a televisão brasileira é melhor que a maioria de nossas instituições, o que não deixa de ser uma constatação irrefutável. A entrevista foi realizada há dez anos, e, se fosse hoje, os atuais acontecimentos não reverteriam o que o artista havia falado. Aliás, tendo em vista o que aconteceu nas eleições de 2010, os personagens pioraram.

Sem preocupação alguma em errar, o ensino superior brasileiro é melhor que a televisão pelo simples fato de que está proporcionando educação às pessoas, e de que atende diariamente milhões de universitários – em cursos de graduação, pós-graduação, especialização e extensão.

O ensino superior privado brasileiro ainda não teve valorizada sua importância como agregador econômico. A discussão costuma ficar restrita aos valores subjetivos das avaliações. Nunca houve a preocupação por parte da mídia em analisar o que representam as instalações, as bibliotecas, os laboratórios, os centros hospitalares e o enorme e constante investimento do setor. Diariamente são oferecidas mais de 285 mil aulas, que equivalem a 57 milhões de aulas ao ano.

O ensino brasileiro só pode ter a cara do Brasil

No mundo atual, a educação superior constitui o alvo da família, pois na atualidade esse é o mínimo exigido para enfrentar o mercado de trabalho. O objetivo da família alia-se aos desígnios do Estado para fundamentar a política de formação de recursos humanos para o desenvolvimento. Mas há um esforço conjunto pela educação visando a vencer os desafios que o país tem pela frente.

O Brasil, em relação aos Estados Unidos, está um século atrasado. Só no Governo de Fernando Henrique é que foi atingida a universalização do ensino fundamental.

Monteiro Lobato foi adido cultural nos Estados Unidos no final dos anos de 1920 e retrata em seu livro, *América* (1932), a pujança norte-americana e a realidade da universidade daquela época. Eram então 56 universidades e mais de 700 *colleges*, todos fartamente dotados por recursos de dezenas de milhares de dólares. Era espantosa a concentração de recursos de toda ordem para o ensino universitário. Porém, havia um pensamento único: proporcionar o melhor sistema universitário da época. Citava textualmente:

"O que a América está fazendo em matéria educativa excede o poder da previsão do cérebro humano". Era a estratégia subjacente ao domínio mundial: petróleo, aço e cérebros.

A imagem de uma instituição é fruto de seu posicionamento

Uma boa parte das instituições não sabe que o posicionamento é de importância vital para a viabilização de seus planos de desenvolvimento. Posicionar-se é escolher um segmento do mercado e imprimir na mente das pessoas o tipo de serviço que a instituição deseja oferecer. Em mercados maduros e fortemente competitivos como os das grandes capitais brasileiras, a melhor estratégia é escolher o segmento correto de atuação e fazer tudo para ir ao encontro das expectativas do cliente. E, em matéria de estratégias, Michael Porter (1980) estabeleceu alguns conceitos. "Há três maneiras de competir: oferecer produtos de nicho, ter diferenças de produto perceptíveis ou ter preço baixo. A imagem é determinada pelo posicionamento escolhido". Portanto, os serviços educacionais estarão relacionados ao seu segmento e ao poder de compra de seus estudantes, e cada instituição, de acordo com seus desígnios e com sua estratégia competitiva, abraçará seu segmento de mercado e prestará seus serviços. Os cursos serão diferentes, e as instalações e os professores também, assim como o valor das mensalidades. Em uma Olimpíada, por exemplo, o Brasil, apesar do esforço, nunca chega perto dos vencedores, mas no futebol já foi várias vezes campeão. Na área educacional, só agora a nação está acordando para sua importância e para seu fator desenvolvimentista. Portanto, a imagem do setor será a de um país emergente lutando a fim de superar todos os antagonismos: queiramos ou não, o ensino superior será a cara do Brasil.

Grupo de discussão sobre a imagem do ensino superior

Há muito tempo preocupa a imagem do ensino superior. Isso resultou na discussão do assunto entre um grupo de educadores formado após o 3º Congresso Brasileiro de Educação: fórum-academico@googlegroups.com. Depois de dois meses de troca de informações, chegou-se às seguintes conclusões:

- O ensino superior particular não tem representatividade institucional: há pequenas lideranças com interesses individuais.

- Há muita diversidade de instituições, tanto pelo porte como pela localização e pela tipologia: é impossível ter modelo único de avaliação.
- É necessário definir qualidade e estabelecer critérios a serem aceitos pelo grupo.
- Deve-se estabelecer um sistema de avaliação construído e validado por todos.
- Deve ser criado um instituto de pesquisa sobre a qualidade acadêmica.
- É necessário criar um conselho de autorregulamentação.
- É importante o relacionamento com os conselhos de regulamentação profissional e com os órgãos avaliadores.
- Será necessário encontrar meios para influir na luta pela boa imagem do ensino superior particular.

O objetivo era discutir a imagem do ensino superior; porém, sempre que isso acontece, o assunto direciona-se para temas correlatos. De fato, trocaram-se pouquíssimas ideias sobre imagem. O intercâmbio ficou restrito mais a qualidade e avaliação, abordadas a seguir por tal motivo.

O que é qualidade de ensino?

Da relação anterior, a não ser o primeiro, todas os demais temas estão ligados, de forma direta ou indireta, aos pressupostos de qualidade, de avaliação e de imagem. Aliás, o tema da discussão no grupo era imagem, mas migrou para qualidade, sobre a qual todos opinam e nada explicam. Sempre que qualquer pessoa, autoridade ou jornalista vai falar sobre educação, o termo associado é boa ou má qualidade educacional, sem que esteja apoiado em dado concreto algum. Na maioria das vezes, opina-se sem conhecimento algum da questão. Portanto, a grande dificuldade é conceituar qualidade de educação a fim de fugir da banalização e de conseguir um referencial que possa dar sustentação teórica e prática e que sirva como modelo.

Uma Pesquisa da professora Flávia Feitosa Santana, publicada no livro *A Dinâmica da Aplicação do termo Qualidade na Educação Superior Brasileira* (2007), baseia-se em uma enquete feita com 17 administradores e professores que atuam em instituições brasileiras, aos quais foram feitas as seguintes perguntas:

- O que é qualidade?
- O que é qualidade em educação superior?
- Quais são os determinantes de qualidade?

- Quais são as consequências da qualidade?
- Quais são os obstáculos de conseguir qualidade?
- Como se avalia qualidade?

Das respostas dadas chega-se às seguintes constatações:

- A qualidade está vinculada à satisfação e à motivação;
- A avaliação da qualidade dependerá de quem a aplica, ou seja, uma estratégia de gerenciamento.
- A qualidade pode ser indicada por infraestrutura adequada, por procedimentos administrativos, pela capacitação docente, pela avaliação e atualização constantes.
- A qualidade propicia a formação profissional e crítica, a produção do avanço ao conhecimento, a transformação social, a valorização da pesquisa, do ensino e da extensão.

A qualidade é medida pela capacidade empreendedora, pelo trabalho em grupo, pela competitividade entre alunos e professores e pelo resultado posterior com o ingresso no mercado de trabalho.

Considerações finais: A definição de qualidade é ambígua e polissêmica

O estudo e a reflexão sobre "qualidade" apresentam ambiguidades conceituais que impedem um consenso. As visões a serem assumidas, em especial pelas instituições de ensino superior, permitem que estas sejam avaliadas por diferentes ângulos e pontos de vista. Discute-se a qualidade em um recorte mais humano, social, político ou econômico, mas não se chega a uma única definição, justamente por se tratar de uma "complexidade" de percepções.

Para conciliar os conceitos resumiu-se uma definição entre as expostas no livro, que é a primeira na sequência. Apresentamos uma segunda, do Prof. Walter Antonio Bazzo (2001), e a terceira, ditada pelo bom senso.

Qualidade

- É o conjunto de características que um produto ou serviço deve ter para atender bem às aspirações ou aos interesses dos usuários. Essa definição aplica-se perfeitamente na área educacional, pois impede a posição exclusiva dos professores quanto ao processo de ensino, agora redefinido como um processo de aprendizagem, com muitos outros agentes e meios diversos implicados. (Santana, 2007)

- Não se faz apenas com laboratórios bem equipados, informatização da burocracia universitária, bibliotecas climatizadas, salas de aulas e corredores limpos e gente educada atendendo nos balcões das escolas. É certo que essas são condições que de alguma forma facilitam e ajudam a humanizar o processo de ensino. Mas há muitas outras questões entre o individuo e o conhecimento que os aspectos mais aparentes não podem resolver. "O ensino só pode ser considerado de qualidade quando der oportunidade para a construção do conhecimento por todos os indivíduos envolvidos no processo". (Bazzo, 2001)
- "Propriedade ou conjunto de propriedades inerentes a algo, que permite julgar seu valor". Quem julga é quem paga ou quem compara. E, pagando ou comparando, a ideia que sobra é a de maior ou menor preço, maior ou menor utilidade, maior ou menor prestígio, maior ou menor credibilidade, maior ou menor seriedade, maior ou menor modernidade, etc. Qualidade é o diferencial de uma coisa comparada com outra. Sem comparação ou sem possibilidade de comparar, nada é melhor nem pior.

Como comparar a qualidade

O objetivo não é discutir qualidade, mas sim encontrar caminhos que possam mostrar como percebê-la. Só pela comparação pode-se dizer se algo tem a qualidade desejada ou proclamada. No caso dos cursos oferecidos pelas instituições de ensino superior, só agindo assim será possível saber em que fase estão em função de um perfil desejado. Sabe-se que, para avaliar a qualidade, examinam-se todos os processos que intervêm na criação de um produto ou serviço (é o que o INEP faz), além da receptividade com que as pessoas ou com que o próprio mercado recebe o que foi produzido. No caso das instituições de ensino, poderia haver medida única, porque o que valeria seria quantos alunos de uma determinada escola foram aproveitados pelas empresas. Para isso acontecer, deve-se criar um padrão representativo de curso e de instituição ideais. Pela comparação com um curso avaliado, analisar e obter por um sistema de pontuação sua posição. A medida será feita levando-se em conta todos os elementos que compartilham do processo educacional, um trabalho para especialistas que ainda precisam contextualizar esse entendimento. Porém, apenas como ilustração, seguem os itens que poderiam fazer parte de um processo comparativo:

- o perfil do aluno;
- a estrutura física;
- os serviços oferecidos aos alunos;
- as comodidades e as instalações;
- o projeto pedagógico e os projetos dos cursos;
- as metodologias aplicadas;
- a oferta de cursos;
- o corpo docente/administrativo;
- a vida universitária;
- o relacionamento com a comunidade;
- as condições financeiras;
- o processo seletivo;
- a empregabilidade do egresso;
- os diferenciais de curso;
- as pesquisas e a extensão;
- a imagem da instituição.

Cada instituição, conhecendo sua verdadeira realidade, avalia-se comparando-se ao modelo ideal criado. Como já dissemos, a definição de qualidade é difícil e complexa. Cada pessoa pode ter seu juízo, e, por maior insensatez que pareça, nunca se viu mantenedor ou professor falar que sua escola era de péssima qualidade. Porém, se todos os pré-requisitos da avaliação do modelo ideal forem aprovados pelas instituições, surgirá a semente de um instituto de avaliação do sistema de ensino particular, mais um projeto para as entidades representativas do setor.

A percepção da imagem

A melhor imagem não depende exatamente da melhor qualidade, e sim da percepção que os diversos públicos têm da instituição. De modo geral, o importante é:

- o que o aluno percebe e transmite à família;
- o que os professores e os funcionários comentam;
- o que é falado por amigos, colegas e egressos;
- o que os formadores de opinião pensam e comentam a respeito;
- o que a mídia divulga;
- o que a sociedade vislumbra.

Os valores principais são os percebidos pelo aluno na sala de aula e o que ele transmite à família: o atendimento recebido dos órgãos de apoio e dos professores; o que os estudantes pensam estar aprendendo com suas atividades universitárias; o real valor da aprendizagem: o sentimento de que eles estão participando realmente de um clima universitário e fazendo os relacionamentos que julgam importantes para seu futuro profissional. Cabe destacar a importância das atividades complementares, porque, se bem aproveitadas, elas permitem dinamizar as atividades ligadas à cultura, aos esportes, à ciência, ao lazer e ao turismo. Depois há os valores percebidos pelos professores e pelos funcionários: treinamento, benefícios, plano de carreira, atualizações, políticas de gestão de pessoas. Em seguida há os valores percebidos pelos fornecedores e as relações com o governo. Hoje em dia, as relações com a mídia são de importância vital.

O que as instituições precisam fazer para administrar sua imagem

Os administradores devem gerenciar todos os pontos de contato com seus vários públicos; a entrada do aluno e seu acompanhamento durante o curso; as abordagens pessoais até o atendimento por telefone; a correspondência; internet (*site* e *e-mail*); antigos alunos, etc. E, ainda, monitorar por pesquisas periódicas a satisfação dos alunos, tão fáceis de serem acompanhadas pelas redes sociais da internet. E qual seria a melhor forma de divulgação?

Não há resposta pronta para essa questão tão difícil. Depende do objetivo da divulgação: retorno de matrículas, lançamento de cursos, etc. A publicidade é apenas uma das muitas mídias que, no momento, sofre ajustes. A publicidade utiliza a mídia tradicional e seus principais veículos: televisão, rádio, jornal, revista, *outdoor* e atualmente a internet. Com exceção feita à internet, os demais veículos são muito onerosos e pouco recomendados para as instituições pequenas. A melhor forma de divulgação está determinada pelo perfil do cliente, a cobertura geográfica ou social e a frequência da ação. O relacionamento com a mídia noticiosa é um trabalho sistemático que não se alcança da noite para o dia, ainda mais com o significado mais definido que estão tendo os cursos superiores. Com a democratização do ensino, o produto educacional superior torna-se anseio das famílias de menor poder aquisitivo. É a única maneira de acesso social e de mudança da qualidade de vida. Mas o que precisa ficar claro é que a percepção se consegue por fatos: com ações e realizações; com iniciativa e profissionalização; com inteligência; com método e persistência; com dinheiro bem investido.

A imagem pública do ensino particular deve começar demonstrando que esse ensino é o resultado da consciência, da sensibilidade, da diversidade, do esforço e do compromisso da sociedade, e não uma anomalia mercantil ou institucional. É preciso destruir a crença de que o ensino particular é uma "ponte" falsa, estranha e dispensável entre a sociedade e o Estado.

O ensino particular é, de fato, uma parte essencial da sociedade complexa, diferente e dinâmica que existe e que tem impulsos próprios, livres e democráticos. Isso é transmitir a imagem do que realmente se é: uma parte sensível da sociedade, um setor fundamental, e não só um grupo de mantenedoras com interesses legítimos e específicos. Para transmitir essa verdade é aconselhável reduzir a propaganda falsa e onerosa. Basta assumir algumas iniciativas que a sociedade precisa ou deseja e que não assume diretamente por algum motivo. As possibilidades são infinitas, desde a liderança de movimentos sociais e culturais até a realização dos eventos mais diversos nos âmbitos do esporte, da ciência, da tecnologia, da economia, da globalização, etc.

Solicitou-se aos profissionais de *marketing* e comunicação que trabalham nas instituições de ensino (confraria-marketing@googlegroups.com) que, em conjunto com a Associação Brasileira de Mantenedoras de Ensino Superior (ABMES), planejassem uma campanha coletiva a fim de promover a imagem do setor. Com um trabalho bem feito, é possível diminuir muito o que todos gastam a cada ano só em mídia (rádio, revista, jornal, *outdoor*, internet e TV), que é extraordinariamente alto.

Imagine a repercussão, como setor organizado e influente, nos grandes eventos internacionais que o país vai realizar nos próximos anos. Por que não criar um projeto que envolva o Ministério da Educação e o dos Esportes, além de outros apoiadores, e todas as instituições privadas? É fácil compreender a visibilidade que seria alcançada no mundo.

O diálogo interno entre as muitas e diversas instituições que formam o setor brasileiro do ensino particular tem aumentado e melhorado bastante nos últimos tempos. Graças a isso, tem-se consciência clara da importância da imagem.

Mas ainda não há estratégias para valorizá-la, como fazem as instituições inglesas e americanas que investem pesado em comunicação, inclusive para atrair estudantes do exterior. Conforme o jornal *The Guardian*, informando sobre a importância econômica para a Inglaterra de sua educação superior, os alunos estrangeiros representavam uma entrada anual de divisas de mais de 8 bilhões de libras.

Tabela 2.1 Investimentos em mídia em 2009

Meses	São Paulo (R$)	Brasil (R$)
Janeiro	43.905,18	83.936,67
Fevereiro	29.922,98	58.375,45
Março	10.969,11	35.597,69
Abril	16.687,09	32.884,32
Maio	30.300,42	65.877,30
Junho	38.676,34	84.597,02
Julho	31.181,50	72.038,27
Agosto	17.221,78	43.208,36
Setembro	31.492,54	54.700,38
Outubro	56.925,04	94.569,36
Novembro	56.174,71	112.234,87
Dezembro	31.265,36	57.305,87
Totais	394.722,05	795.325,56

Fonte: Instituto Brasileiro de Opinião Pública e Estatística (IBOPE).

A dificuldade maior está no fato evidente de que cada instituição cria ou não sua própria imagem, competindo com frequência com outras instituições do setor. O livre mercado dificulta a visão unitária. Por outro lado, a visão unitária, se for atingida, contrariaria os princípios da livre iniciativa.

O problema é grande, mas não é novo nem exclusivo do setor do ensino particular. Outros setores já encontraram essa pedra no caminho e conseguiram a solução:

- fortalecendo e profissionalizando seus órgãos representativos nos terrenos da comunicação e das relações públicas;
- implantando códigos de conduta, de ética ou de comportamento, que, sem impedir a livre concorrência, impedem que a imagem de cada instituição prejudique a imagem do conjunto por falta de ética ou de estética.

A estratégia é óbvia: as instituições de ensino produzem realidades necessárias e satisfatórias, e os órgãos representativos (com o poder reforçado do conjunto) produzem credibilidade e desenvolvem a influência geral do setor.

Sem fazer esse duplo esforço, da mesma forma como é feito por outros setores, o ensino particular ou privado não tem motivos para reclamar a simpatia, o apreço e a compreensão da sociedade, da imprensa ou do poder público, como costuma fazer.

É incrível que o ensino particular gaste tanto em propaganda pura e simples para falsear sua respeitável realidade e ainda não tenha um jornal próprio, sério e sólido para divulgar e defender suas verdades.

Pior ainda é não entender o intenso debate interno mantido no setor do ensino particular visando a explicar o que é imagem para entender a importância dela e solucionar a carência de imagem própria, quando é o próprio setor, com sua infinidade de escolas e cursos, que ensina a terceiros país afora como conseguir credibilidade e imagem.

Referências

ASOCIACIÓN NACIONAL DE UNIVERSIDADES E INSTITUCIONES DE EDUCACIÓN SUPERIOR. *Statistical database*. México, D.F., [20--]. Disponível em: <www.anuies.mx>.

BAUM, S.; MA, J.; PAYEA, K. *Education pays 2010*: the benefits of higher education for individuals and society. College Board Advocacy & Policy Center. Disponível em: <http://trends.collegeboard.org/files/Education_Pays_2010.pdf>. 2010.

EDUCATION TRENDS IN PERSPECTIVE: ANALYSIS OF THE WORLD EDUCATION INDICATORS. Montreal, 2005 Edition, 2005.

INSTITUTO NACIONAL DE ESTUDOS E PESQUISAS EDUCACIONAIS. Brasília, 2011. Disponível em: <http://inep.gov.br>.

JOHNSON, L. et al. *The 2010 horizon report*. Austin: The New Media Consortium, 2010.

LEDERMAN, D. American universities in a global market. *Inside Higher Education*, Aug. 31, 2010. Disponível em: <http://www.insidehighered.com/news/2010/08/31/clotfelter>.

MEANS, B. et al. *Evaluation of evidence-based practices in online learning*: a meta-analysis and review of online learning studies. Washington, D.C.: U.S. Department of Education, 2010. Disponível em: <http://www.ed.gov/rschstat/eval/tech/evidence-based-practices/finalreport.pdf>.

NATIONAL CENTER FOR EDUCATION STATISTICS. Washington, D.C., 2011. Disponível em: <http://nces.ed.gov/>.

ORGANISATION FOR ECONOMIC CO-OPERATION AND DEVELOPMENT. *Education at a glance*. Paris, 2010.

ORGANISATION FOR ECONOMIC CO-OPERATION AND DEVELOPMENT. *Higher education to 2030*. Paris: OECD, 2008. v.1: Demography.

ORGANISATION FOR ECONOMIC CO-OPERATION AND DEVELOPMENT. *Higher education to 2030*. Paris: OECD, 2009. v.2: Globalisation.

SALMI, J. *The challenge of establishing world-class universities.* Washington, D.C.: World Bank, 2009.

SPRING, J. *Globalization of education:* an introduction. New York: Routledge, 2009.

UNESCO. *Global education digest 2007:* comparing education statistics across the world. Montreal, 2007. Disponível em: <http://www.uis.unesco.org/template/pdf/ged/2007/EN_web2.pdf>.

VELLOOR, R. Asia's middle class to drive growth: ADB. *The Straits Times,* August 20, 2010. Disponível em: <http://www.asianewsnet.net/home/news.php?sec=2&id=13756>.

WILDAVSKY, B. *The great brain race:* how global universities are reshaping the world. Princeton: University Press, 2010.

3

O desenvolvimento brasileiro e a necessidade de formação de recursos humanos

Paulo Alcantara Gomes

Os novos cenários trazidos pelas mudanças globais

O panorama observado ao longo dos últimos anos no desenvolvimento das nações vem se caracterizando por extraordinárias e cada vez mais rápidas transformações com profundos reflexos sobre a ordem internacional, sobre responsabilidades sociais e desenvolvimento sustentável, sobre a concepção das empresas e sobre o comportamento dos "mercados". Tais transformações devem-se principalmente aos seguintes fatores:

1. O contínuo e cada vez mais acelerado avanço da ciência e da técnica é fator determinante para o surgimento de novas profissões e de novas demandas das empresas. Em consequência disso,
   – no século XXI, as universidades necessitam preparar jovens para profissões que ainda não existem e para tecnologias que ainda não foram geradas;
   – as empresas estão acelerando seus próprios mecanismos de formação e qualificação, com o crescimento dos processos de certificação de pessoas e das universidades corporativas.
2. A passagem da sociedade industrial para a sociedade do conhecimento fez com que os ativos da indústria passassem a ser bens

intangíveis: o capital humano e a capacidade de criar produtos e processos mais eficientes.

- O conhecimento passa a ser visto como o eixo estruturante do desempenho das sociedades, e a vantagem competitiva das nações desloca o eixo anteriormente concentrado nas riquezas naturais, nas matérias-primas e na infraestrutura para a capacidade de inovar e de criar novos produtos e de transferi-los para os sistemas de produção;
- nos anos de 1990, a inovação tecnológica foi responsável por cerca de 70% do crescimento econômico e por aproximadamente 80% dos ganhos de produtividade; e
- o PIB dos países da OCDE baseia-se 50% nos setores intensivos do conhecimento.

3. As mudanças na forma como as nações se relacionam foram causadas, em parte, pela presença crescente de organizações não governamentais internacionais (por exemplo, o Greenpeace), de grupos internacionais de pesquisa (como o Programa Genoma) e de novas formas de solução de problemas comerciais e políticos, nas quais os "Estados-Nação" negociam em organizações específicas (como exemplo, a Organização Mundial do Comércio).

4. O agravamento das disparidades sociais e espaciais pode ser verificado, no caso da América Latina, pela pequena participação das culturas minoritárias, pela ainda incipiente ampliação das oportunidades de acesso aos sistemas de ensino médio, técnico e fundamental, pela dificuldade na solução dos problemas relacionados com a violência e com as drogas, com elevados dispêndios financeiros na tentativa de erradicação da violência (cerca de US$160 bilhões/ano, equivalentes a 14% do PIB regional da AL) e, ainda, pelos altos índices de exclusão digital.

5. O avanço das novas tecnologias da informação e da comunicação (NTIC). Quando foi lançado o primeiro computador, em 1946, o então Presidente da IBM, Thomas J. Watson, declarou: "Penso que existe um mercado global para cerca de cinco computadores". Entretanto, decorridos pouco mais de 60 anos, alguns números demonstram a força das NTIC como efetivo instrumento do progresso:

- em 2009, o Google atingiu cerca de 31 bilhões de buscas mensais;

- atualmente existem cerca de 2 milhões de televisores em banheiros residenciais nos Estados Unidos, substituindo o antigo hábito de *ler o jornal no banheiro;*
- as NTIC promoveram modificações estruturantes nas profissões; um exemplo é o jornalismo, pois, para alcançar uma *audiência* ou utilização de 50 milhões de pessoas, foram necessários:
  - *para o rádio – 38 anos;*
  - *para a televisão – 13 anos;*
  - *para a internet – 4 anos;*
  - *para o Ipod – 3 anos;*
- os livros convencionais vêm dando lugar em crescente velocidade aos "leitores eletrônicos" que, em poucos meses de existência, já ultrapassam a marca de 10 milhões de usuários.
6. A intensa participação das micro e pequenas empresas e, consequentemente, dos Arranjos Produtivos Locais (APL) refletiu-se na economia e no desenvolvimento dos países e das regiões. Segundo José Cassiolato (2008), eles são "aglomerações territoriais de agentes econômicos, políticos e sociais, com foco em determinado segmento da produção" e tornam as cadeias produtivas (tanto de bens como de serviços) e as cadeias de fornecedores mais relevantes e decisivas para o desenvolvimento local. Além disso,
  - com o aumento do número de micro e pequenas empresas e de APL, os empregados começaram a dar lugar a empreendedores. Uma das vantagens competitivas encontrada nos APL é a possibilidade de capacitação orientada e estruturada para contingentes expressivos de trabalhadores. Por isso, a maioria dos APL inclui as organizações voltadas à qualificação e à formação de recursos humanos e, quase sempre, mantém estreita articulação com as instituições de pesquisa e desenvolvimento.

Este novo contexto provocou transformações significativas na atitude das empresas e nos princípios que norteiam seus planos estratégicos. Nos anos de 1980, uma empresa era considerada competitiva quando mostrava-se "capaz de oferecer produtos e serviços de qualidade maior, a custos menores, tornando os seus consumidores mais satisfeitos do que quando servidos por concorrentes".

O avanço da gestão do conhecimento e a rápida obsolescência dos produtos, em decorrência do acelerado progresso da ciência e da tecnologia, acabaram por introduzir novas variáveis na caracterização da competitividade, agora focada no *conhecimento*, na *inovação* e no *empreendedorismo*, gerando o que se entende por *sociedade do conhecimento*. Uma empresa será tão mais competitiva quanto mais conseguir desenvolver produtos inovadores, com alto valor agregado, em consequência da utilização intensiva dos novos conhecimentos e de ações empreendedoras que lhe permitam reagir rapidamente às necessidades do cliente, assegurando uma posição sustentável no mercado.

Dessa forma, para sustentar uma vantagem competitiva, as empresas precisam modificar seu comportamento e modernizar as práticas gerenciais, inovando e melhorarando a definição dos perfis de habilidades e competências de seus quadros. Estes passam a se constituir em parâmetros definidores do êxito das empresas.

Por sua vez, tais perfis de habilidades e competências tornam imperativas as ações de formação e de capacitação profissional que permitam a migração para as novas profissões, a oferta de novas modalidades de diplomas e um forte componente de interdisciplinaridade no processo de formação.

Portanto, sobretudo nas nações em desenvolvimento, a efetiva participação das universidades e escolas técnicas e dos sistemas educacionais em todos os níveis assume notável relevância no processo de desenvolvimento. Tal estratégia concretizada em países como Coreia, Índia e China (os dois últimos pertencentes ao BRIC) tem sido uma das razões principais para o acelerado crescimento.

A formação para a sociedade do conhecimento deve ainda prever a geração de novas culturas capazes de modificar as atitudes dos cidadãos, transformando-os em empreendedores (cultura empreendedora), conscientes de suas responsabilidades sociais e ambientais (compromisso com a cidadania), aptos à realização de ações inovadoras que efetivamente contribuam para o incremento da competitividade em suas empresas.

Ao mesmo tempo, deve assegurar uma educação básica e fundamental, ao lado da formação técnica que permita aos trabalhadores acompanhar os avanços e as mudanças. Um dos mais sérios problemas observados no Brasil encontra-se justamente no atendimento às necessidades de recursos humanos aptos ao atendimento a tais requisitos, na medida em que, em muitas ocasiões, defrontamo-nos com profissionais que adquiriram experiência, mas que não apresentam os níveis de escolaridade mínima para enfrentar as mudanças trazidas por novas tecnologias, por novos equipamentos na indústria e por novos processos. Muitos desses profissionais, acostumados ao trabalho árduo no "chão da fábrica", são incapazes de ler e interpretar manuais e catálogos trazidos pela renovação.

Entretanto, a educação não anda sozinha, e a geração das culturas transformadoras passa a exigir políticas públicas de apoio à microempresa, de incentivo à propriedade intelectual e à comercialização da tecnologia, de apoio à inovação no que concerne a gestão e na identificação de parcerias e oportunidades que possibilitem agregar valor aos produtos. A consecução a bom termo desse processo depende da participação efetiva de vários atores:

- *Na elaboração, na aplicação de políticas públicas e no fomento:* os governos federal, estadual e municipal.
- *Na formação e na qualificação:* as universidades, institutos de pesquisa e escolas técnicas (questão ainda crítica em muitos países).
- *Na identificação de novas oportunidades ou ainda no estabelecimento de articulações entre ofertas e demandas de tecnologias:* os agentes de desenvolvimento local e das redes articuladoras.
- *Na busca pela competitividade:* as empresas nos setores de serviços e comércio, indústria, tecnologia e agronegócios.

O desenvolvimento e o papel da empresa nacional

Naturalmente, um dos motores do desenvolvimento nacional é o sistema de micro e pequenas empresas (MPE), as maiores responsáveis pela oferta de novos postos de trabalho, pelo aumento da competitividade e pela melhor distribuição de renda. Às MPE cabe a tarefa de, por um lado, atender às demandas regionais; por outro, compatibilizar demandas e necessidades com os desafios colocados pela nova empresa.

Hoje em dia, o Brasil conta com cerca de 5 milhões de estabelecimentos formais na dimensão de MPE, que representam

- 48% da produção nacional, correspondente a 21% do Produto Interno Bruto;
- 98,5 % da totalidade de empresas existentes no país;
- 60% da oferta de postos de trabalho.

Existem ainda cerca de 14 milhões de empresas informais que são também responsáveis por significativa quantidade de postos de trabalho.

O fortalecimento das MPE pode ser visto como uma das prioridades para a geração de emprego e renda. Acompanhando modelos já aplicados em outros países, o Brasil vem adotando, desde 2000, as seguintes estratégias de desenvolvimento:

- Liberar a pequena e a microempresa das amarras legais e burocráticas que impedem e desestimulam a legalização e a formalização.
- Contribuir para a garantia da sobrevivência das micro e pequenas empresas, assegurando-lhes o devido acompanhamento e suporte durante o período de consolidação.
- Gerar condições para o incremento da competitividade das empresas tanto do ponto de vista técnico como do ponto de vista das práticas gerenciais.
- Assegurar o aumento das condições de acesso ao crédito e às demais medidas facilitadoras da viabilização econômico-financeira das micro e pequenas empresas.
- Introduzir as micro e as pequenas empresas no fluxo de comércio internacional.

A Lei da Microempresa, sancionada em dezembro de 2006, permitiu modificações sensíveis no panorama atual, modernizando a legislação tributária, prevendo a arrecadação unificada de impostos e tributos, simplificando os procedimentos para a abertura de novas empresas e, dessa forma, contribuindo para a regularização do elevado número de empresas informais. Ao mesmo tempo, a Lei da Microempresa criou mecanismos facilitadores para o financiamento daquelas que pretendam desenvolver novas tecnologias, obrigando agências de fomento governamentais a aplicar 20% dos recursos disponíveis para financiamento ao segmento. A Lei ainda possibilita uma série de simplificações nos negócios, como o tratamento diferenciado em licitações/compras públicas.

Todas as medidas mencionadas passaram a se constituir em razão de novos desafios educacionais, o que tornou obrigatória a mudança nos modelos de oferta da educação técnica e média, e, nos caso dos cursos superiores, buscou garantir maior agilidade na diplomação, um forte componente transdisciplinar e uma articulação mais efetiva entre universidade, em seu conceito mais amplo, e os setores de serviços e comércio, de tecnologia, de indústrias e de agronegócios.

Entretanto, a sociedade do conhecimento não derrubou apenas as fronteiras entre países. Ao gerar a descentralização da produção, inclusive dos bens culturais, acabou por fortalecer as relações entre ciência, tecnologia e inovação, determinando o fim da separação entre universidade e empresa, na medida em que a articulação entre ambas é necessária tanto para geração de conhecimentos que facilitem a prática inovadora como pela formação de quadros que atendam às exigencias do segmento empresarial.

Assim, ao lado das políticas para as MPE, foi necessário fixar estratégias que ampliassem as possibilidades de participação do segmento acadêmico no desenvolvimento nacional, capazes de fortalecer a "marca brasileira", crucial para a inserção das empresas nacionais no novo fluxo de comércio internacional:

- Garantir investimentos contínuos e em montante adequado em pesquisa básica.
- Avançar, por meio das reformas constitucionais, em especial na reforma tributária, no sentido de construir políticas fiscais que estimulem a pesquisa e o desenvolvimento nas empresas.
- Fortalecer os projetos educacionais no sentido de erradicar o analfabetismo e assegurar um grau mais elevado de escolaridade à população.
- Apoiar a implantação de novos programas de mestrado e, principalmente, de doutorado, de modo a viabilizar o aumento do número de pesquisadores.
- Ampliar e assegurar as condições de modernidade à infraestrutura de informação e de comunicação, determinante para a realização dos programas de educação, ciência, tecnologia e inovação.
- Construir uma política de propriedade industrial capaz de assegurar a efetiva competitividade de nossas empresas e de gerar condições mais adequadas para a participação efetiva do Brasil nos acordos de livre comércio.

Consequentemente, graças aos esforços dos últimos governos, foi sancionada, em 2 de dezembro de 2004, a Lei da Inovação, que "estabelece medidas de incentivo à inovação e à pesquisa científica e tecnológica no ambiente produtivo, com vistas à capacitação e ao alcance da autonomia tecnológica e ao desenvolvimento industrial do País." Segundo o Ministério da Ciência e da Tecnologia, a Lei reflete a necessidade de haver dispositivos legais eficientes que contribuam para o delineamento de um cenário favorável ao desenvolvimento científico e tecnológico e ao incentivo à inovação e à propriedade intelectual e comercialização da tecnologia.

Da Lei da Inovação resultou a formulação da política de desenvolvimento produtivo (PDP), conhecida anteriormente como política industrial, tecnológica e de comércio exterior (PITCE), que propunha, entre outros objetivos, melhorar a eficiência de setor produtivo do país de forma a capacitá-lo tecnologicamente para a competição externa, assim como na necessária ampliação de suas exportações, mediante a inserção competitiva de bens e serviços com base em padrões internacionais de qualidade, com maior conteúdo tecnológico e, assim, com maior valor agregado.

Uma vez firmadas as bases de um projeto de incremento da competitividade nas empresas, tornou-se imperativo solucionar um problema crítico em nosso país: a crônica ausência da infraestrutura necessária ao desenvolvimento.

Em 2008, foi lançado o Plano de Aceleração do Crescimento (PAC), que traduz o compromisso do governo com o estabelecimento de ações bem definidas e específicas para os setores de infraestrutura (energia, transportes, habitação e saneamento básico, entre outros), reduzindo a incerteza regulatória e estimulando a participação da iniciativa privada. Um aspecto importante é o do estabelecimento de regras de *parcerias entre o setor público e o setor privado*.

Um exemplo da importância do PAC pode ser verificado no estado do Rio de Janeiro, onde se destacam as seguintes realizações:

- Polo Petroquímico de São Gonçalo.
- Companhia Siderúrgica do Atlântico – CSA – Thyessen.
- Polo Gás-Químico.
- O arco rodoviário.
- A retomada da indústria naval e da construção de plataformas de petróleo.

De fato, todas estas ações acabaram por se refletir novamente sobre universidades, escolas técnicas e sistemas educacionais (estados e municípios), na medida em que são oferecidos cada vez mais empregos técnicos em todos os níveis: desde o "chão da fábrica" até a concepção de novas tecnologias (no caso citado, referente ao estado do Rio de Janeiro, serão ofertados cerca de 300 mil novos postos de trabalho), trazendo desafios e novas oportunidades.

Os desafios impostos às instituições de educação superior e as soluções inovadoras

O Brasil pode ser caracterizado como um país de educação superior tardia, pois, ao contrário do que ocorreu na maioria dos países da América Latina, as primeiras instituições de ensino superior só foram implantadas no final do século XVIII. A primeira universidade somente foi fundada em 1920, pela fusão de três escolas independentes de Medicina, Engenharia e Direito, que se constituíram no núcleo da atual Universidade Federal do Rio de Janeiro, uma das mais expressivas do país.

As políticas de desenvolvimento adotadas e executadas a partir da década de 1950 foram fundamentais para o crescimento do parque industrial do país e acabaram por contribuir bastante para a expansão do ensino superior nacional, que hoje conta com quase 200 universidades e cerca de 2.000 outras organizações não universitárias, igualmente dedicadas à formação superior.

Ao mesmo tempo, com a crescente demanda por técnicos de nível médio, foi construída uma política de ensino profissionalizante que se consolidou em três vertentes distintas: a primeira, financiada pelo governo federal; a segunda, financiada pelos estados; e a última, financiada pelas organizações que congregam os setores de serviços e comércio, indústria e tecnologia e agricultura.

Participam desta última rede, entre outras, a Confederação Nacional da Indústria (CNI), a Confederação Nacional do Comércio, a Confederação Nacional da Agricultura e o Serviço Brasileiro de Apoio a Micro e a Pequenas Empresas (SEBRAE), atuando tanto pela via da educação formal – com cursos profissionalizantes, pós-secundários e superiores – como pela via da educação profissional qualificada – com cursos de capacitação e de atualização, certificando profissionais. A rede, conhecida como "sistema S", vem sendo uma das grandes responsáveis pelo crescente aumento da competitividade da empresa brasileira.

Entretanto, pressionadas pela velocidade verificada na mudança de cenários, as empresas em todo o mundo vêm se lançando na busca de novos modelos de formação e de qualificação, esmagando os modelos convencionais e gerando novos processos de formação e de qualificação. Assim, surgem notáveis desafios para as instituições de ensino, em todos os níveis, que devem responder com agilidade à proposição de soluções capazes de atender às crescentes e cada vez mais exigentes demandas.

Os modelos de formação oferecidos pelas universidades e faculdades isoladas, outrora restritos à educação formal, passaram a ser confrontados com novos modelos, oferecidos em universidades corporativas e em empresas de educação continuada que, aliás, não é um privilégio dos portadores de diploma de nível superior.

Na sociedade industrial, a formação de um técnico ou de um engenheiro poderia ser mais longa. Hoje, em função da rápida obsolescência das tecnologias, dos processos e dos produtos, a agilidade passou a impor modelos diferenciados de formação.

Assim, como dizem os norte-americanos, passou-se da educação *just in time*, que previa a formação de profissionais aptos a utilizar os conhecimentos adquiridos após a sua diplomação, para os modelos *just for you* ou *just in case*, adaptáveis à exigência da rápida utilização das novas tecnologias, como ocorre nos setores da telefonia celular e das telecomunicações, além de fármacos e medicamentos. Dessa forma, passou-se a conviver com várias modalidades de educação, ilustradas na Figura 3.1.

O grande desafio é o de articular ofertas e demandas tradicionais com ofertas e demandas não convencionais, permitindo que as "universidades empresariais" aproximem-se da empresa, ofereçam cursos e programas de qualificação e incluam em seu perfil de atividades a busca de soluções para os problemas trazidos por ela, de forma a contribuir para a produção inovadora e, no outro sentido, a propiciar a seus estudantes a prática profissional.

Por outro lado, como a cada dia existirão "menos empregados e mais empresários", característica da sociedade do conhecimento, a geração de uma cultura empreendedora passou a ser um condicionante do êxito nas

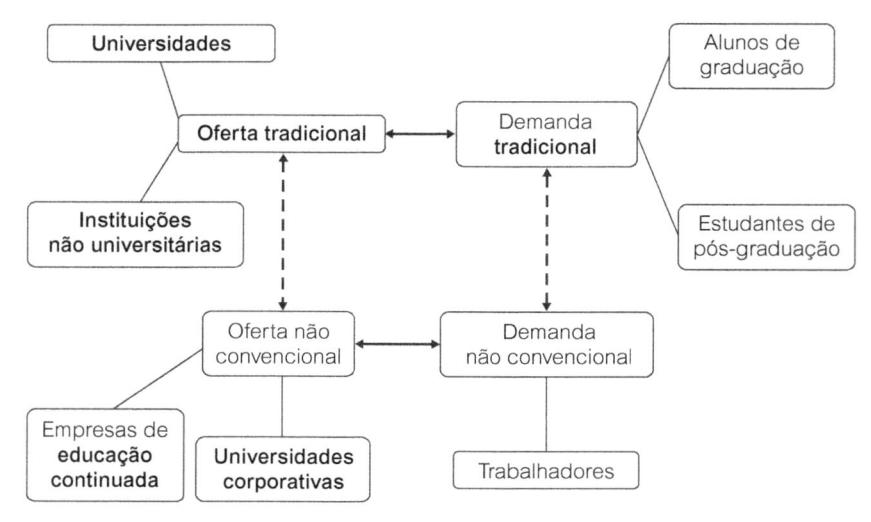

Figura 3.1 As novas articulações.

iniciativas que visem ao desenvolvimento local e ao atendimento às novas demandas da globalização. Espera-se, evidentemente, que os egressos dos cursos superiores tenham uma presença ativa no incremento da competitividade das empresas, com geração de riqueza para o país.

A pós-graduação vem se constituindo em um dos principais mecanismos de formação de quadros para o setor produtivo e em instrumento importante para o avanço da ciência e da técnica e para a inovação tecnológica. Embora hoje tenha sua relevância reconhecida pela sociedade, a pós-graduação somente foi implantada no atual modelo a partir de 1961, com a fundação dos programas de mestrado no Instituto Tecnológico de Aeronáutica (ITA), seguido, em 1963, pela criação da Coordenação dos Programas de Pós-Graduação em Engenharia (COPPE) da Universidade Federal do Rio de Janeiro e, ainda no mesmo ano, pelo início dos primeiros programas de mestrado da Pontifícia Universidade Católica do Rio de Janeiro.

A implantação da pós-graduação gerou novas iniciativas na organização da educação superior brasileira, entre as quais se destacaram: a) a "cultura do tempo integral", b) a indissociabilidade entre ensino, pesquisa e extensão, e c) a exigência da titulação acadêmica (mestrado e doutorado) para progressão na carreira docente.

O significativo crescimento do número de mestres e doutores diplomados ao longo das últimas décadas resultou no aumento da produção nacional de artigos publicados em revistas indexadas, o que colocou o país entre os dez que mais evoluíram no número de artigos publicados em periódicos internacionais. Tal evolução pode ser constatada se comparada à contribuição de aproximadamente 0,8% do total mundial, em 1995, com a de cerca de 2,2% em 2008, o que representa cerca de 50% da produção científica de toda a América Latina.

No entanto, poucos mestres e doutores migraram da atividade científica para as de inovação e de desenvolvimento tecnológico na indústria. Enquanto 80% dos pesquisadores e técnicos que atuam na inovação tecnológica nos Estados Unidos estão localizados na indústria, no Brasil esse percentual não chega a 30% (Tabela 3.1). Verifica-se, portanto, um fraco desempenho na geração de resultados obtidos no âmbito da inovação tecnológica em decorrência também (e não menos importante) das diferenças de linguagem e dos respectivos universos de trabalho observados nos dois ambientes e nas difíceis interpretações, quase sempre contraditórias, nas óticas da universidade e da empresa, em especial nas expectativas da propriedade industrial.

Tabela 3.1 Percentuais de pesquisadores qualificados: Universidades e Indústria

	Universidades	Indústria/Empresa
Brasil	65	27
Austrália	60	24
Espanha	59	24
Reino Unido	58	31
Argentina	49	11
México	49	16
Cingapura	42	51
Itália	39	40
França	35	50
Coréia	31	58
Japão	30	64
Alemanha	26	60
China	22	55
Canadá	17	74
EUA	15	81
Rússia	14	56

Fonte: National Science Indicators (NSI) do Institute for Scientific Information (ISI).
Elaboração: Coordenação de Indicadores – Ministério da Ciência e Tecnologia.

Em parte, tais índices decorrem do modelo de desenvolvimento adotado pelo Brasil ao final dos anos de 1960 que, seguindo a tradição ibérica, identificou nas universidades a principal fonte de desenvolvimento científico e tecnológico.

É claro que existem exceções de grande importância: na agricultura, pela atuação da Empresa Brasileira de Agropecuária (EMBRAPA); no setor de energia, por meio de grandes empresas estatais, como a Petrobrás e a Eletrobrás; no setor aeronáutico, por meio de empresas como a EMBRAER. A instalação física dos centros de pesquisa dessas grandes empresas nos *campi* universitários trouxe grande contribuição à articulação universidade-empresa, na formação de quadros técnicos como na geração de realização de programas de pesquisa e de projetos sob contrato. O exemplo mais significativo é o da relação entre o CENPES, da Petrobrás, localizado na Cidade Universitária da UFRJ, e a COPPE.

Com o intuito de assegurar a participação das IES no apoio ao aumento de competitividade das empresas, torna-se imperioso assegurar que sejam realizadas algumas mudanças estruturantes nos processos de formação e de qualificação e nas formas de aproximação entre universidade e empresa.

1. No que concerne à formação e à qualificação:
    a. Novas práticas pedagógicas, com estruturas curriculares inovadoras, *deslocando o eixo principal do processo pedagógico da informação unidirecional professor-aluno para o ensino participativo*, além do uso intensivo das novas tecnologias de informação e de comunicação, e dos modelos de formação que privilegiem as "culturas do empreendedorismo, da inovação, da propriedade intelectual e da educação continuada".
    b. Introdução de novos perfis de formação profissional que assegurem:
        – sólido conhecimento das matérias de formação básica;
        – capacidade em se apropriar de novos conhecimentos de forma autônoma e independente;
        – compreensão da metodologia científica para acompanhar o desenvolvimento e as inovações no setor profissional para desenvolver soluções originais e criativas;
        – habilidade para trabalhar em equipe e para atuar em grupos multidisciplinares;
        – conhecimento de aspectos legais, administrativos, ambientais, políticos e sociais, e dos princípios éticos que habilitem ao exercício pleno da cidadania;
        – domínio de língua estrangeira (que habilite compreender as informações);
        – percepção de mercado;
        – capacidade de formular novos problemas e de encontrar suas soluções ("se você traz um problema e não apresenta solução, então você se transforma em parte do problema").
    c. Realização de atividades extraclasse, que ganham novos contornos na medida em que a educação empreendedora requer parti-

cipação efetiva do estudante em estreito contato com a empresa. Os projetos acadêmicos centrados em estudos de casos, na solução de problemas e na implantação de *empresas junior* têm sido exitosos na formação para o empreendedorismo da mesma forma que a implantação de incubadoras e parques tecnológicos tem resultado em forte motivação para um maior número de empreendedores originários das bancadas dos laboratórios universitários.
2. No que concerne aos modelos de articulação universidade-empresa:
    a. A conectividade entre as nações vem resultando na acelerada mudança de rumos, de políticas públicas e de cenários econômicos; desse modo, torna-se indispensável estabelecer que a geração de uma cultura empreendedora no ambiente das MPE passou a se constituir em política prioritária para o desenvolvimento local. Assim, foram construídas estratégias compatíveis com as demandas desse sistema, e vêm sendo realizadas ações que possibilitem a sustentabilidade das MPE, de forma a
        – assegurar que parte das empresas de base tecnológica consiga, efetivamente, viabilizar inovações radicais, embora seja relevante que muitas trabalhem com as inovações incrementais e com a apropriação de tecnologias;
        – garantir a formação para o empreendedorismo, na medida em que, em muitos casos, os empreendedores, embora tenham o conteúdo necessário, não trazem a experiência nem os conhecimentos específicos na área que elegeram para empreender. Torna-se particularmente importante definir o conjunto de competências técnicas, estratégicas e comportamentais que tornam os indivíduos aptos ao exercício das funções empreendedoras;
        – oferecer aos empreendedores os meios necessários para que elaborem planos de negócios consistentes com suas propostas, pois, em muitas situações, os empreendimentos são implantados por necessidade, e não por um projeto bem-definido;
        – apoiar fortemente a implantação de mecanismos que permitam assegurar o capital de risco. Atualmente, as empresas de capital de risco somente asseguram financiamento a um número muito pequeno de empreendimentos.

A consecução destes objetivos depende, em parte, do estímulo às iniciativas empreendedoras no meio acadêmico, por intermédio da expansão dos programas de articulação universidade-empresa, a qual pode ocorrer em diversos formatos com níveis de profundidade diferentes.

A Figura 3.2 reflete como tal relação concretiza-se em conformidade com os diferentes tipos de maturidade das empresas e suas demandas, que exigirão ações diferenciadas e que contemplam desde a oferta de informações básicas e de difusão do conhecimento nas empresas do Tipo 1 (cursos e programas de qualificação ou ainda respostas técnicas a consultas variadas, contribuindo assim para a formação de recursos humanos) à realização de serviços metrológicos, de consultoria e de normalização, melhoria de produtos e processos, e realização de inovações incrementais com transferência dos resultados para a empresa no caso dos Tipos 2 e 3. Por fim, no caso das empresas Tipo 4, há a realização de inovações *stricto sensu* e de projetos de pesquisa e desenvolvimento, em que será mais forte a participação das "universidades científicas" e dos institutos de ciência e tecnologia, quase todos vinculados ao Ministério da Ciência e da Tecnologia.

Como mencionado, o espaço para a participação das instituições de educação superior é ilimitado, acontecendo tanto por intermédio de ações

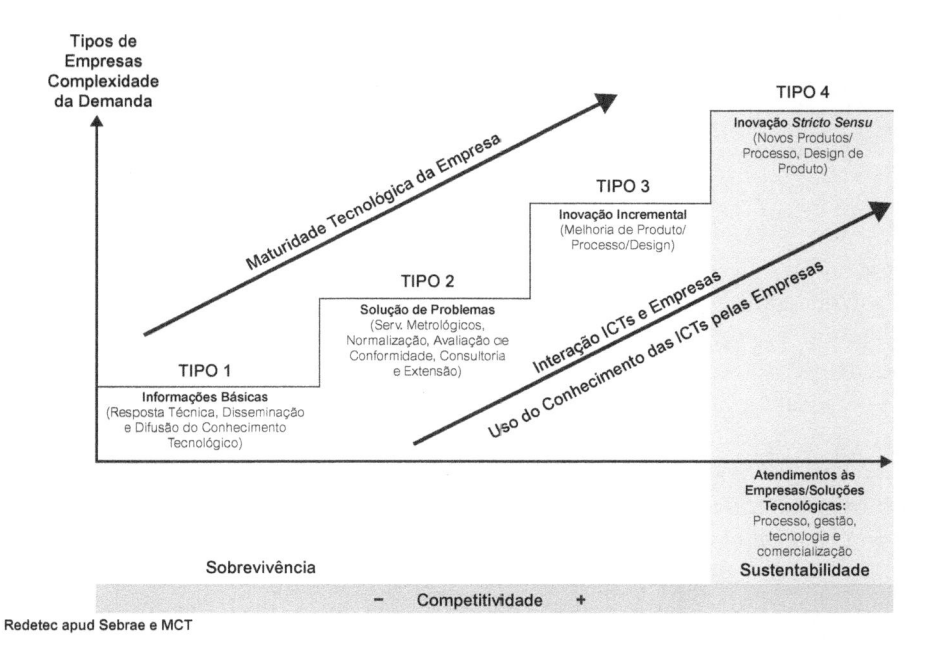

Figura 3.2 Adequação da ação tecnológica x maturidade tecnológica da empresa.

de formação e de qualificação como por projetos de consultoria e de investigação sob contrato, além da oferta de serviços laboratoriais, com a utilização da capacidade nelas instalada.

A articulação entre universidade e empresa vem ocorrendo das seguintes formas:

- Oferta de programas de formação para o empreendedorismo, com a participação do SEBRAE, das federações das indústrias, da agricultura, do comércio e de serviços e das universidades.
- Qualificação de especialistas em gestão da inovação, da propriedade intelectual e da comercialização de tecnologia, muitos deles já vinculados a empresas de base tecnológica e a incubadoras e parques.
- Incremento no número de cursos para graduados, muitas vezes, ministrados pelas IES nas próprias empresas, destinados a acelerar a transferência de tecnologias desenvolvidas no país ou aqui apropriadas.
- Ampliação da oferta de cursos superiores de tecnologia de curta duração (em geral entre dois e três anos), organizados em conformidade com as exigências do desenvolvimento local e regional.
- Estimulo à geração de parques tecnológicos e de incubadoras de empresas nas universidades, objeto de expressivo apoio pelas agências de fomento à ciência, à tecnologia e à inovação, e pelo Sistema SEBRAE. Em consequência, o país conta atualmente com cerca de 500 incubadoras de empresas e 50 parques tecnológicos, dos quais 10 em plena atividade.

Os parques e as incubadoras estão localizados em sua maioria nas regiões Sul e Sudeste do Brasil e, em grande parte, diretamente vinculados a universidades, quase todas públicas. Essa concentração regional acentua-se quando se constata que aproximadamente 70% dos grupos de pesquisa e quase 80% dos estudantes de doutoramento estão localizados nestas regiões.

De fato, o país ainda vive uma situação inusitada, causada pela excessiva *centralização do saber*, que ocorre em duas vertentes distintas: a primeira, da natureza geográfica, refere-se à concentração da atividade científica e de inovação e de pesquisadores nas regiões Sul e Sudeste. A segunda decorre do desequilíbrio verificado na formação de quadros, ao serem analisados por área de conhecimento. Para exemplificar, do total de diplomados nos cursos superiores, menos de 15% estão nas áreas de ciência, tecnologia e engenharia; ainda inexistem professores de nível médio de física e química

em muitas unidades da federação; os índices de evasão do ensino médio podem ser vistos como alarmantes.
Espera-se:

- Realização de projetos de investigação sob contrato, destinados a apoiar ou a complementar as atividades de inovação nas empresas de base tecnológica, com forte presença do Ministério da Ciência e da Tecnologia e suas agências, notadamente CNPq e FINEP.
- Utilização de laboratórios das universidades como centrais analíticas para incubadoras e parques tecnológicos. A formação de redes que incorporem universidades e institutos de pesquisas em torno de grandes temas (como a normalização, a propriedade industrial, a metrologia, o *software*, a química analítica e os materiais) e destinadas a oferecer às empresas de base tecnológica a competitividade necessária.
- Formação de redes que propiciam a identificação de oportunidades e a articulação entre ofertas e demandas de tecnologias, como a Rede de Tecnologia do Rio Janeiro, a qual conta com a participação de 46 organizações, entre universidades, institutos de pesquisa, agências de fomento, governos e associações de classe.
- Ação contra o "apagão de engenheiros", promovendo o incentivo à articulação com as confederações nacionais vinculadas ao setor produtivo, visando à melhoria das condições de oferta de cursos e de programas de formação e de qualificação profissional. Entre eles, cumpre destacar o Programa Inova Engenharia, que conta com o apoio da Confederação Nacional da Indústria e de várias organizações ligadas ao ensino de engenharia, como a Associação Brasileira de Ensino de Engenharia (ABENGE).

O Inova Engenharia visa a promover a articulação das instituições acadêmicas, do poder público e de empresas em torno da valorização da profissão de engenheiro em busca de novos modelos de formação de profissionais tanto no ensino superior como na educação profissional. O programa vem realizando ações que permitem o aprimoramento de professores de ciências exatas e naturais do ensino médio, a formação *de consórcios entre universidades e empresas* para a criação de laboratórios da inovação destinados à pesquisa e ao desenvolvimento de novos produtos, processos e serviços capazes de concretizar a interação entre estudantes de graduação, pós-graduação, pesquisadores, técnicos das universidades e empresas, e ainda a realização de projetos integrados destinados a promover mudanças estruturais em currículos e no processo pedagógico dos cursos de engenharia.

São propostas práticas do Programa Inova Engenharia:

- Apoio ao ensino médio com a implantação de novos paradigmas da educação.
- Incentivo à formação de professores de ciências.
- Implantação de projetos educacionais com métodos modernos que estimulem o *aprender a aprender* e o *aprender a empreender*.
- Conjugar teoria e prática, aproximando a universidade da empresa e apoiando a inovação em projetos de pesquisa colaborativa.
- Conjugar estágios docentes aos estágios discentes.
- Intensificar a educação continuada – "não há férias para o conhecimento".
- Estímulo a projetos com foco na responsabilidade social e no desenvolvimento local e regional.
- Contribuição para novas políticas de governo que estimulem o setor tecnológico e, em especial, a engenharia.
- Pesquisa sobre o papel do engenheiro nas empresas: funções, participação no processo de inovação, entre outros.
- Ampliação da formação de tecnólogos (cursos superiores de curta duração) e de técnicos de nível médio.

Considerações finais

A afirmativa do *The Economist*, "a melhor coisa que os governos podem fazer para incentivar a inovação é sair do caminho" refletiu o pensamento de algumas das correntes mais expressivas na União Europeia sobre os rumos da inovação. Felizmente, quando há alguns anos escrevi sobre o assunto em um jornal do Rio de Janeiro, foi possível verificar que ela não se aplicava a nosso país, onde, há vários anos e sucessivos governos, ciência e tecnologia vêm sendo entendidas como uma questão de Estado, a qual se sobrepõe aos interesses políticos partidários.

A criação dos fundos setoriais, em 1999, seguida da aprovação da Lei da Inovação, em 2004, e da Lei da Micro e da Pequena Empresa, em 2006, demonstram como o assunto integra as agendas econômicas. A ação efetiva do Ministério da Ciência e da Tecnologia permitiu a geração de uma "cultura da inovação". O número de patentes, embora ainda muito abaixo de nossas potencialidades, triplicou na última década.

As incubadoras e os parques tecnológicos têm crescido extraordinariamente. A "subvenção econômica" às empresas afirma-se como instrumento para competitividade. Ao mesmo tempo, o Programa de Aceleração do Crescimento em Ciência e Tecnologia tornou-se decisivo para o fortalecimento das relações entre universidade e empresa, acrescido das ações dos Estados, que se apressaram a lançar suas "leis estaduais das microempresas".

Todavia, há ainda um longo caminho a percorrer, porque, de forma aparentemente surpreendente, continuamos atrás no cenário internacional da inovação. Onde estarão os gargalos? Os indicadores mostram que não respondemos às necessidades de formação de pessoal nos setores de engenharia e de tecnologia, responsáveis por pouco mais de 10% dos doutores diplomados nos últimos 10 anos e menos de 15% dos graduados.

A instalação de novos empreendimentos siderúrgicos e energéticos no Rio de Janeiro, por exemplo, forçou as empresas à "importação" de pessoal qualificado. Para compatibilizar a oferta de cursos com as necessidades do desenvolvimento local de forma a contribuir para a instalação de cadeias produtivas e de fornecedores capacitados a responder com agilidade a essas demandas, deve-se buscar novas políticas indutoras de uma reorientação da atuação no plano dos Estados, das escolas técnicas e das instituições de ensino superior.

No que se refere ao segmento empresarial, sua competitividade depende essencialmente da adoção de melhores e mais modernas práticas gerenciais, da capacidade em inovar, adaptar tecnologias ou em apropriá-las, da utilização de infraestrutura para apoio às suas atividades e, mais importante, da maior qualidade de seus quadros profissionais.

Para que tais desafios sejam vencidos, cumpre assegurar uma maior agilidade na diplomação, permitindo a oferta de novas modalidades de diplomas e a utilização de novas concepções curriculares, capazes de atender aos novos perfis profissionais gerados pela sociedade do conhecimento.

Para tanto, é indispensável flexibilizar o princípio da indissociabilidade entre ensino, pesquisa e extensão. O dilema "universidade de ensino" ou "universidade de pesquisa" já foi há muito resolvido em países industrializados que perceberam poder encontrar nas instituições de ensino superior os meios para atender às crescentes demandas do segmento empresarial, em conformidade com as vocações, com as dimensões e com as peculiaridades regionais e institucionais.

Para se transformarem em efetivos atores do processo de desenvolvimento, as instituições de educação superior devem ainda procurar assegurar a formação empreendedora, comprometida com o desenvolvimento sustentável e com a ética profissional.

Hoje em dia, é evidente o esforço do governo em expandir a atuação das universidades públicas, possibilitando uma distribuição mais equilibrada entre público e privado. Contudo, não se pode esquecer que o Brasil conta com um dos mais pujantes sistemas de educação privada, representado por cerca de 2 mil instituições particulares, confessionais e comunitárias instaladas em todas as regiões. A relevância social dessas instituições já foi demonstrada por sua participação no ProUni, no qual bolsas são concedidas a centenas de milhares de estudantes que não têm acesso às instituições públicas. A união entre o público e o privado será fundamental para o êxito brasileiro.

A importância das instituições particulares poderá ser testemunhada se forem engajadas em programas de formação e de capacitação de técnicos e tecnólogos e engenheiros, sempre em conformidade com as dimensões, peculiaridades e com as respectivas inserções locais.

Referências

CASSIOLATO, J.E.; LASTRES, H.M.M.; STALLIVIERI, F. *Introdução:* políticas estaduais e mobilização de atores políticos em arranjos produtivos e inovativos locais. In: _____. (Org.). *Arranjos produtivos locais*: uma alternativa para o desenvolvimento. Rio de Janeiro: E-papers Serviços Editoriais, 2009. v. 2, p. 9-36.

GOMES, P. A. *Desafio entre a qualidade e a competitividade no ensino superior. Direito Educacional – Aspectos Práticos e Jurídicos.* São Paulo: Quartier Latin do Brasil, 2008. v. 1, p. 288-299 – In: COVAC, J. R.; FELCA, N. A.; MACHADO, D. L.; PEREIRA, A. J. S.; SILVA, C. N. V (Ed.).

GOMES, P.A. *Entrepreneurial activities in Brazil:* fresh challenges for generating an entrepreneurial culture. Budapest: OCDE, 2003.

_____. *Proposta de uma agenda de políticas para a educação superior no Brasil.* ABMES, junho 2002.

GOMES, P. A.; CLEMENTE, A. A. Strategies for support of very small and small companies due to new Brazilian politics of incentive and innovation. *Journal Ideas,* v. 1, p. 32-40, 2007.

HUMPHFREY, J.; SCHMITZ, H. *Trust and inter-firm relations in developing and transition economies.* United Kingdom: IDS-University of Sussex, 1998.

IGLIORI, D. *Economias dos clusters industriais e desenvolvimento.* São Paulo: Iglu-Fapesp, 2001.

INOVA ENGENHARIA. *Propostas para a modernização da educação em engenharia no Brasil.* CNI – Confederação Nacional da Indústria, 2006.

LASTRES, H.M.M.; CASSIOLATO, J.E. *Criação de ambientes produtivos baseados em inovação:* uma discussão sobre a experiência de políticas para sistemas produtivos e inovativos locais no Brasil. In: ENCONTRO REINC, 10., 2008, Rio de Janeiro.

LERNER, G.; LERNER, l.; GOMES, P.A. Brazilian experience in supporting engineering and technological innovation. *Journal Ideas*, v. 1, p. 74-82, 2007.

LÓPEZ, A.G.; LUNGONES, G. Los sistemas locales en el escenario de la globalización. In: CASSIOLATO, J.E.; LASTRES, H.M.M. (Ed.). *Globalização e inovação localizada:* experiências de sistemas locais no Mercosul. Brasília: IBICT, 1999.

MIRANDA, M.L.C. *A organização do conhecimento e seus paradigmas científicos:* uma abordagem epistemológica. *Informare – Cadernos do Programa de Pós-Graduação em Ciência da Informação*, Rio de Janeiro, v.5, n.2, p.64-77, jul.-dez. 1999.

NICOLSKY, R. Inovação tecnológica e desenvolvimento. *Cadernos de Tecnologia*, n.1, p. 107, 2001.

SILVIO, J. *La virtualización de la universidad.* Caracas: IESALC/UNESCO, 2000.

4

O papel da inovação na sociedade e na educação

Ronaldo Mota

No cenário mundial contemporâneo, a inovação é reconhecidamente o instrumento fundamental para o desenvolvimento sustentável, para a geração de emprego e renda e para a democratização de oportunidades. Ela também está presente na formação de profissionais preparados para atender às demandas diversas e complexas da sociedade e de suas empresas. A inovação nas empresas é abordada como elemento essencial para viabilizar um país competitivo, em condições de enfrentar seus desafios internos e de se afirmar soberanamente no conjunto das nações. A educação, particularmente a educação superior no contexto da sociedade atual, é analisada neste capítulo com ênfase na revolução educacional contemporânea representada pelo universo das tecnologias inovadoras, da dominância das mídias e de sua adequada apropriação aos processos de ensino e aprendizagem. Em especial, é apresentada uma abordagem acerca de educação flexível inovadora com ênfase em educação permanente.

Inovação: um novo paradigma

A inovação associa-se a vários elementos absolutamente essenciais, desde os mais primordiais aos mais contemporâneos, entre eles a inovação genética, que permitiu que, ao longo de um processo dinâmico de seleção das espécies, a humanidade tivesse evoluído. As inovações sociais, por sua vez, viabilizaram as tantas civilizações até os dias atuais. A inovação tecnológica, com seu centro na máquina a vapor no século XVIII, propiciou a explosão da Revolução Industrial e com ela as mudanças civilizatórias decorrentes. Enfim, em qualquer esfera, a inovação é reconhecidamente um dos fatores decisivos para o desenvolvimento econômico e social de uma nação.

Na visão clássica de Schumpeter (1926), a inovação compreende: a) a introdução de um novo bem, isto é, um bem com que os consumidores ainda não estejam familiarizados, ou de uma nova qualidade ou funcionalidade de um bem; b) a introdução de um novo método de produção que ainda não tenha sido testado pela experiência, em geral baseado em uma descoberta científica nova, podendo resultar em nova maneira de manejar comercialmente uma mercadoria; c) a abertura de um novo mercado; d) a conquista de uma nova fonte de oferta de matérias-primas ou de bens semimanufaturados.

Sob a ótica do caráter contínuo e cumulativo de certas inovações, Freeman (1982) cunhou posteriormente as expressões "inovações incrementais", referindo-se a inovações que ocorrem mais ou menos de forma contínua em uma indústria, e "inovações radicais", como descobertas de novos conhecimentos voltados a um resultado prático desejado, envolvendo substanciais riscos técnicos, de custo e de tempo.

Em suma, a inovação apresenta um conjunto amplo de definições e abordagens, mas sempre tendo em comum um forte contato com o atendimento de demandas, de público consumidor e de conhecimento a serviço de implementação de novos produtos, de novos processos ou de novas funcionalidades que deem conta do mercado, o qual, por sua vez, reflete a nova e extraordinária escala dos tempos atuais.

Assim, o conhecimento científico-tecnológico, bem como a inovação por ele engendrada, são patrimônios sociais que permitem gerar desenvolvimento sustentável, ampliando a produtividade e a competitividade do país, além de contribuir para a melhoria da qualidade de vida, para a aceleração da criação e qualificação de empregos e para a geração de novas oportunidades. O conceito de inovação, em geral, é correlacionado com pesquisa e desenvolvimento (P&D), mas distinto e mais amplo, estando necessariamente associado à aplicação do conhecimento tendo em vista o atendimento de demandas.

A inovação implica tecnologia, máquinas e equipamentos, produtos e processos, mas vai além, contemplando também, como ressaltado anteriormente, mudanças incrementais, novas funcionalidades, bem como melhorias na gestão ou novos modelos de negócios, associados à conquista ou criação de novos mercados.

As conexões entre ciência e tecnologia com inovação tecnológica têm uma face mais evidente no que diz respeito ao mundo das indústrias de manufatura. No entanto, deve-se considerar que atualmente de metade até três quartos da riqueza produzida no planeta é criada não pela produção de coisas físicas (produtos), mas pela prestação de serviços.

Um ambiente que favorece a inovação nas empresas é induzido pela existência no país de ciência avançada e pela capacidade regional de formar recursos humanos de ponta, mesmo que essas últimas atividades tenham seus centros de atividades na academia. Favorecer inovação não significa que seja suficiente ter boa ciência e formação de recursos humanos. Boa ciência é imprescindível; só não é suficiente. O estímulo às atividades de risco faz parte do jogo que conecta a inovação com a oferta de produtos, processos e novas funcionalidades ao mercado. Viabilizar bons ambientes de negócios demanda adicionalmente um conjunto complexo de condições favoráveis em vários setores.

Inovação nas empresas

Assim entendida a inovação, indicadores de crescimento atuais demonstram que ela contribui com mais da metade do Produto Interno Bruto (PIB) dos países, segundo os dados da Organização para a Cooperação e o Desenvolvimento Econômico (OCDE). No Brasil, a Política de Desenvolvimento Produtivo (PDP) e o Plano de Ciência, Tecnologia e Inovação para o Desenvolvimento Nacional 2007-2010 (PACTI) consideram a inovação um dos fatores centrais para o fortalecimento sustentável da posição do Brasil no cenário internacional.

A perspectiva empresarial de Ciência, Tecnologia e Inovação (C,T&I) como fonte de riqueza econômica é crucial para que as demandas de tecnologia e da inovação tenham seus processos de indução, adaptação e implementação agilizados e contribuam para que a ciência produzida tenha também como horizonte suas aplicações potenciais, sejam elas decorrentes de demandas empresariais ou da necessidade para execução de políticas públicas. É necessário integrar cada vez mais a política de C,T&I à política industrial para que as empresas sejam estimuladas a incorporar a inovação em seu processo produtivo, forma mais eficiente de aumentar sua competitividade global.

Atendendo a essa perspectiva, a PDP, lançada em maio de 2008, tem o objetivo de fornecer sustentabilidade ao atual ciclo de expansão econômica. Entre os desafios apresentados por essa política, incluem-se o de elevar a capacidade de inovação do setor produtivo e o de especialmente fortalecer as micro e pequenas empresas (MPE).

Esses desafios estão diretamente articulados com os compromissos de promoção da inovação tecnológica nas empresas, contribuindo para o aprimoramento da estrutura produtiva, comercial e tecnológica da indústria brasileira e, consequentemente, para o aumento de sua competitividade. Tal contribuição se dá mediante o apoio financeiro às atividades de PD&I, a cooperação entre empresas e instituições de ciência e tecnologia, a capacitação de recursos humanos para a inovação e mediante o incentivo à criação e à consolidação de empresas intensivas em tecnologia.

Parte do relativo sucesso do incremento recente de investimentos privados em P&D decorre de um conjunto de instrumentos de fomento ofertando recursos para crédito, subvenção e investimentos reembolsáveis e não reembolsáveis, conforme possibilidades abertas pela Lei de Inovação, de dezembro de 2004, e pela Lei do Bem, de novembro de 2005, além da Lei de Informática, entre outras iniciativas. Ampliou-se assim o escopo das ações mais tradicionais e, em decorrência disso, o leque de opções de acesso para todos os tipos de empresas.

A subvenção, prevista na Lei de Inovação, administrada pela Financiadora de Estudos e Projetos (FINEP), agência de inovação do Ministério da Ciência e Tecnologia (MCT), permitiu que nas áreas selecionadas uma subvenção não reembolsável de mais de R$ 1,5 bilhão tenha sido contemplada às empresas inovadoras nos últimos quatro anos. Valor esse complementado por vários outros investimentos de maior monta, especialmente reembolsáveis, acessíveis às empresas que inovam, em inúmeras outras modalidades operadas pela FINEP e pelo Banco Nacional de Desenvolvimento Econômico e Social (BNDES).

Para atingir o objetivo conjunto do PACTI e da PDP de elevar a competitividade das MPE, em 2009, 77,1% dos recursos (cerca de R$ 360 milhões) do edital nacional da subvenção econômica foram destinados a projetos apresentados por elas. Tal resultado evidencia um aumento na participação percentual dessas empresas no número de projetos aprovados de 62,7% em 2006 para 80,8% em 2009.

O Pappe Subvenção prevê o aporte de recursos financeiros para as MPE, com implementação descentralizada, por meio da operação com parceiros locais, estaduais ou regionais, responsáveis por garantir a capilaridade, a abrangência do instrumento e o acesso das MPE a recursos para o desenvolvimento de atividades de inovação. Os editais do Pappe são independentes, e a alocação de recursos obedece às prioridades e às características de desenvolvimento regional. Até abril de 2010, 14 unidades da federação (Amazonas, Bahia, Ceará, Distrito Federal, Espírito Santo, Maranhão, Minas Gerais, Paraná, Pernambuco, Rio de Janeiro, Rio Grande do Norte, Rio Grande do Sul, Santa Catarina e São Paulo) lançaram edital para contratação de projetos, com a consequente seleção de 404 empresas.

O programa PRIME (Primeira Empresa Inovadora), que entrou em operação no início de 2009, é um novo programa de apoio ao processo de criação e desenvolvimento de empresas inovadoras, no qual recursos não reembolsáveis, na forma de subvenção econômica, serão contratados diretamente por incubadoras credenciadas pela FINEP. Na primeira etapa, as empresas selecionadas recebem recursos da subvenção econômica, e na segunda são liberados recursos oriundos do programa Juro Zero.

O objetivo do PRIME é criar condições financeiras favoráveis para que um conjunto significativo de empresas nascentes de alto valor agregado possa consolidar com sucesso a fase inicial de desenvolvimento de seus empreendimentos. O Programa apoia a empresa na fase crítica de nascimento, possibilitando aos empreendedores dedicar-se integralmente ao desenvolvimento dos produtos e processos inovadores originais e à construção de uma estratégia vencedora de inserção no mercado. A operacionalização do PRIME é feita em parceria com 17 Incubadoras de Empresas-Âncora/Redes e já conta com 1.381 empresas contratadas por meio de 17 editais regionais. Cada uma das empresas contratadas recebeu R$ 120 mil em 2009 pela subvenção econômica, totalizando um aporte de R$166 milhões.

Por sua vez, a Lei do Bem concede incentivos fiscais para empresas que realizem atividades de pesquisa tecnológica e desenvolvimento de inovação tecnológica. Relativo ao ano de 2006, 130 empresas declararam investimentos em pesquisa e desenvolvimento de aproximadamente R$ 2,2 bilhões. Já em 2007 saltaram para 300 empresas declarando mais de R$ 5,1 bilhões. Em 2008, o número de empresas saltou para 460, e os investimentos atingiram cerca de R$ 8,8 bilhões. Ou seja, em apenas três anos, o incremento do número de empresas é da ordem de 240%, e o aumento de valores de 300%. Em 2009, 635 empresas se apresentaram, garantindo a manutenção do ritmo de crescimento e atestando que a crise mundial não desestimulou o empresariado nacional a continuar ampliando seus investimentos em inovação. Somente nesse item, os investimentos das empresas em pesquisa e desenvolvimento em relação ao PIB brasileiro saltaram de 0,09% em 2006 para 0,19% em 2007, atingiram 0,30% do PIB em 2008 e um pouco além desse patamar em 2009.

Além das iniciativas anteriores, alternativas têm sido buscadas para apoio às empresas na articulação de suas fontes de financiamento, a exemplo dos Fundos Setoriais, com os instrumentos de financiamento do BNDES e da PDP para ampliar a capacidade de investimento voltado ao setor. A FINEP concede apoio à inovação nas empresas por meio de operações reembolsáveis: Inova Brasil e Juro Zero. Substituindo o antigo Pró-Inovação, o Inova Brasil (programa de incentivo à inovação nas empresas brasileiras) constitui-se em financiamento com encargos reduzidos para a realização de projetos de pesquisa, de desenvolvimento e de inovação nas empresas brasileiras, como suporte à PDP. Desde 2007, já foram apoiados 166 projetos, com recursos que totalizaram R$ 2,8 bilhões, passando de R$ 557,8 milhões em 2007 para R$ 1,7 bilhão em 2009.

Por considerar a inovação uma prioridade estratégica, o BNDES atua como parceiro do PACTI na execução de ações de financiamento à inovação no ambiente empresarial. O BNDES busca financiar projetos de investimento associados à formação de capacitações e ambientes inovadores, tendo como finalidade a melhoria do patamar competitivo das empresas. Para isso, foram desenvolvidas linhas de financiamento à inovação, com programas para apoio à inovação, e um produto para melhorar esse apoio, a saber, o Cartão BNDES. Além disso, o BNDES também concede financiamento à aquisição de bens de capital para as MPE.

Por sua vez, a construção do Sistema Brasileiro de Tecnologia (SIBRATEC) pelo MCT (http://www.mct.gov.br/sibratec) é fruto de uma visão de inovação que incorpora serviços tecnológicos e extensão como ingredientes a serem conjugados com inovação, tal que todas as dimensões sejam atendidas adequadamente. Sem metrologia de qualidade e laboratórios disponíveis capazes de confiavelmente avaliar a conformidade de produtos e processos, não há inovação que vigore no complexo campo das disputas comerciais. Assim, hoje em dia, há 56 redes articuladas nacionalmente, sendo 20 de serviços tecnológicos, 22 de extensão, arranjadas estadualmente, e 14 redes de centros de inovação, as quais estabelecem pontes entre a excelência acadêmica e a efetiva demanda empresarial.

Educação no contexto da inovação

A educação é outro campo que foi objeto de muitos inovações e com elas conviveu e se transformou, ajudando a gerar outros tantos empreendimentos inovadores.

Ao longo de sua história (Mota, 2003), a educação teve pelo menos três etapas cruciais, começando pelas iniciativas na Grécia Antiga, no século V a.C., período de Sócrates, Platão e Aristóteles, quando as pioneiras escolas, Academia e Liceu, inovaram na forma de os homens se relacionarem, especialmente em ensinar, em construir instituições e em estabelecer relações inéditas entre mestres e aprendizes. Posteriormente, um novo marco inovador deu-se a partir da invenção da imprensa com Gutenberg, ao final da Idade Média no século XV. Por fim, e não menos importante, a transformação educacional contemporânea, a terceira grande revolução, representada pelo universo das tecnologias educacionais inovadoras, da dominância de mídias e de sua adequada apropriação aos processos de ensino e aprendizagem.

Sócrates não escrevia e evitava usar as mãos. Seus ensinamentos eram diretos e demandavam necessariamente a presença no mesmo espaço físico do mestre e de seus aprendizes. Platão, seu mais importante discípulo, ao escrever, e bem, oportunizou que seus pensamentos, assim como os de Sócrates, fossem disponibilizados de forma muito mais ampla, mesmo na ausência do pensador. Aristóteles, por sua vez, ao contrapor-se à visão platônica de homem como corpo impuro que aprisiona a alma pura que tudo sabe, traduz em seus escritos uma visão de homem racional que aprende com observação e lógica, fazendo uso, quando necessário, do corpo como oportunidade de aprendizagem. De qualquer forma, com suas diferenças, esses três filósofos e suas escolas na Grécia Antiga, no Período Clássico, representaram uma grande primeira revolução na forma de ensinar e aprender.

Passados quase dois milênios daqueles filósofos gregos, Gutenberg, com a invenção da imprensa, imprimiu uma nova escala na popularização de textos escritos com consequências igualmente impactantes nas formas educacionais, em seus métodos e nas abordagens ensino-aprendizagem. O livro tornou-se muito mais acessível, e, de novo, a figura do professor demandava um redimensionamento de seu papel, bem como do papel da escola e de suas configurações e funcionalidades. Era a segunda grande revolução educacional que se expressaria no mundo ocidental nas nascentes universidades europeias.

Passados mais de 500 anos após Gutenberg, o mundo contemporâneo depara-se com a terceira grande revolução educacional, movida por novas práticas resultantes de meios inovadores; no caso atual, pelas novas mídias, como a internet, e pelas redes mundiais de relacionamentos, agora em níveis de intensidade sem precedentes, gerando oportunidades antes impensáveis e permitindo cenários extraordinários a serem ainda explorados.

Mesmo assim, não deixa de ser curioso observar que, mesmo vivendo em período atual de intensa inovação na sociedade, a área específica da educação tem resistido a inovar-se no mesmo ritmo que as demais, sendo provavelmente uma das derradeiras a ser fortemente impactada pela rede mundial de computadores, entre outras inovações. A percepção e a compreensão acerca das implicações das oportunidades advindas das novas mídias, embora presentes, ainda aparecem de forma rara e pouco intensa nos processos educacionais, sendo quase sempre pontuais.

Mesmo com os procedimentos educacionais tendo se alterado de forma frágil e pouco intensa, o mundo ao redor alterou-se de forma radical. Fato é que em décadas anteriores a graduação nas diversas carreiras do ensino superior consistia basicamente em preparar os futuros formandos para um conjunto razoavelmente bem definido de conhecimentos específicos próprios de cada profissão. Tais conhecimentos contemplavam uma série de técnicas, métodos e procedimentos, além de uma formação geral associada a elementos específicos de cada área. Esses profissionais, assim preparados, enfrentavam, com relativo sucesso, os desafios de um mundo do trabalho em algum nível previsível e programável.

O início deste novo milênio apresenta uma dinâmica acentuada, com ênfase predominante em inovação, gerando mudanças impressionantes em prazos muito curtos, com fortes impactos no mundo do trabalho, e demandando um repensar urgente e profundo na concepção do que significa formar alguém para o mundo contemporâneo. A área de formação de recursos humanos é, entre todos os setores, a mais atingida por tais alterações. Mesmo assim, na prática, as mudanças, ainda que já presentes em nosso cenário educacional, têm sido ainda tímidas, incipientes, localizadas e demoradas, em especial nos processos típicos de ensino-aprendizagem (Mota e Martins, 2008).

Na visão antiga, o bom aluno referia-se àquele capaz de, a partir do que foi ministrado em sala de aula pelo professor, estudar em casa e preparar-se para demonstrar esse conhecimento posteriormente. No enfoque que visa a atender as exigências atuais, a partir de material referente ao conteúdo disponibilizado com antecedência, os momentos das aulas assumem outra dimensão, propiciando aprofundamento dos temas em uma dinâmica bastante distinta do copiar para estudar depois, refletindo sim o estudado antes para aprofundar durante a aula.

Além disso, na visão antiga, priorizava-se o desempenho individual; na atual, o trabalho em grupo, formando pessoas capazes de trabalhar em equipe e de desenvolver-se coletivamente. Nos dois casos não deve haver simetria entre professor e estudante. Todavia, no ensino tradicional, o professor reduz-se à transmissão e à cobrança de um conhecimento limitado; no segundo caso, a dimensão do mestre se dá na seleção dos melhores conteúdos e no encaminhamento de um processo formativo capaz de preparar futuros profissionais, aptos a repetirem tais procedimentos em quaisquer circunstâncias, quando assim forem exigidos no trato de conhecimentos em expansão acelerada e acessível ilimitadamente (Mota e Chaves, 2005).

O estudante que chega à universidade, cada vez mais, não é somente aquele jovem, quase adolescente, que recentemente completou o ensino médio e quase precocemente escolheu por esta ou aquela futura profissão. Majoritariamente há estudantes trabalhadores que abandonaram a escola há anos, casaram-se, tiveram filhos e perceberam que as possibilidades de sucesso, em todas as dimensões dessa palavra, estão associadas ao estudo permanente.

Fato é que o sistema de educação superior brasileiro, como regra, conserva ainda modelos de formação acadêmica e profissional superados em muitos aspectos, tendo prevalecido em tais modelos uma concepção fragmentada do conhecimento. Especialmente no nível da graduação do ensino superior, há um sistema de títulos e denominações correlatas, caracterizado por inconsistências e níveis inadequados de padronização. Os modelos acadêmicos vigentes, salvo exceções, incorporam currículos de graduação estreitos e rígidos, ainda calcados no viés dominantemente disciplinar, caracterizado, em geral, por uma não integração entre a graduação e a pós-graduação e por um divórcio entre produção e transmissão do conhecimento.

Atualmente estão em curso várias iniciativas visando a construir inovadoras estruturas acadêmicas que favoreçam e estimulem a integração de competências específicas, incluindo profissionais cujos treinos sejam aprimorados pelo rigor de disciplinas formais, cientistas empíricos cuja educação resultará do intenso uso de novas ferramentas tecnológicas e, por fim, artistas que manipularão ferramentas com a habilidade daqueles que incorporam materiais inovadores em seus trabalhos.

A produção de conhecimentos, por sua vez, é também um fruto da conjugação dos ofícios e das artes. Isoladamente, há muita dificuldade em produzir conhecimentos e inovações realmente originais e de impacto no sistema produtivo do mundo contemporâneo. Como já afirmado anteriormente, um país cresce quando é capaz de absorver conhecimentos, mas se torna forte, de verdade, quando é capaz de produzir e aplicar conhecimentos. É a partir da adoção dessas novas concepções, seja na transmissão, seja na produção e na aplicação do conhecimento, que se permitirá ao país uma inserção competitiva e soberana no mundo.

De fato, no que concerne às aulas tradicionais, muito pouco tem se alterado ao longo de décadas. O mundo extraeducação tem se alterado com rapidez e profundidade absurdas, enquanto as metodologias educacionais adotadas têm se mantido essencialmente as mesmas. O que esperar de um profissional, egresso de um curso superior, é tudo menos o mesmo, se compararmos décadas atrás com os tempos atuais. Um grande complicador é que o que se espera atualmente, em termos de competências, inclui os requisitos de ontem, demandando novos atributos sem abrir mão dos anteriores.

A radicalidade das mudanças necessárias invade todos os aspectos e ambientes, incluindo o espaço físico. No entanto, a sala de aula é sempre a mesma e reproduz e reforça o padrão do bom comportamento desejável do estudante calado, sentado em fileiras, invariavelmente bem separadas e organizadas tal que, dispostos um atrás do outro, todos estejam maximamente distanciados, preparados para copiar a fala do professor e estudar depois, tal como previsto e apregoado. O espaço organiza a não interação, o não discurso entre os pares, em total não sintonia com o mundo do trabalho em que os estudantes, no futuro, estarão imersos em suas vidas profissionais.

O aspecto comportamental é absolutamente crucial quando um profissional depara-se com um problema inédito, um tema inovador ou tecnologias recentes. Se, ao longo do período escolar, essas emoções, que preparam para enfrentar desafios, não forem trabalhadas, esse cidadão, ainda que domine as técnicas convencionais, terá enorme chance de fracasso.

Não é mais aceitável que a preparação para ambientes tão distintos, o do passado e o do futuro, seja a mesma. No entanto, em que pesem boas iniciativas recentes, em boa parte das práticas educacionais, os processos avaliativos ainda se baseiam em relações simples e singulares entre um educando isolado e um problema discreto e dissociado.

A partir destas reflexões, é possível compreender o estreito vínculo entre educação e ações de inovação nas empresas. Isso pode ser exemplificado pela questão da formação de engenheiros, uma demanda urgente tanto em termos quantitativos quanto qualitativos no Brasil de hoje. Parece haver um descompasso entre políticas efetivas de indução de cursos em áreas estratégicas – além de um planejamento de oferta regional menos assimétrica – e possibilidades de currículos inovadores, com passarelas entre a academia e o mundo do trabalho que possam ligar a formação universitária e as demandas de desenvolvimento.

A preocupação com o baixo número de egressos em engenharia pode ser confirmada em estudos recentes, como o documento "Indicadores de Ciência e Tecnologia", publicado pela *National Science Foundation*, e o documento "A formação de engenheiros no Brasil: desafio ao crescimento e à inovação", publicado pelo Instituto de Estudos para o Desenvolvimento Industrial (IEDE), ambos de 2010.

A competência de liderança dos estudantes, a capacidade de assumir iniciativas, o espírito empreendedor, a desenvoltura em práticas de laboratório, a habilidade gerencial e a valorização do potencial criativo e da sensibilidade quanto ao ambiente em que estão imersos são atributos que raramente estão presentes nas avaliações, tanto de ingresso como de saída, dos estudantes de graduação (Kolb, 1984).

Educação flexível e inovadora

O desafio de substituir os métodos e os procedimentos tradicionais não nos isenta de incorporar os avanços indiscutíveis que eles promoveram até aqui ao longo da história. Ou seja, mesmo o cenário atual demandando inéditas abordagens, há que se destacar que permanece imprescindível contemplar a permanência da necessidade do profundo conhecimento dos aspectos técnicos específicos. Os estímulos às novas competências não menospreza o conhecimento tradicional nem os procedimentos padronizados de avaliação.

Não se trata de substituir, mas de agregar. Ensinar não ficou mais simples, transformou-se em mais complexo, como a vida e o mundo do trabalho que nos cerca. Enfim, assentado que nós sabíamos fazer antes, é preciso ousar em direção a uma educação flexível e inovadora, compatível com nosso tempo.

A título de exemplo, a Lei de Diretrizes e Bases da Educação Nacional (LDB, Lei nº 9394, de 20 de dezembro de 1996) apresentou uma inovação em seu artigo 80, abrindo oportunidades do ensino a distância em todos os níveis de ensino. A partir daí, corroborado por decretos e portarias sucessivos, cada vez se cristalizou um cenário de duas modalidades distintas e, à vezes, antagônicas: presencial e a distância. De fato, seria pouco razoável esperar que a LDB de 1996, debatida à exaustão ao longo dos anos anteriores, fosse capaz de antever os avanços e os níveis de acessibilidade das tecnologias inovadoras hoje disponíveis.

Assim, emerge no cenário atual uma tendência denominada educação flexível, que inova ao incorporar as duas modalidades e muito mais. Essa tendência surge em contraposição à caracterização geral que acredita nas duas modalidades como coisas separáveis, distintas e até mesmo antagônicas.

Enquanto se compararem presencial e a distância como duas modalidades sem pontos de superposição, não haverá respostas boas, dado que as perguntas serão sempre equivocadas. A pergunta a ser respondida diz respeito às ferramentas a serem utilizadas para propiciar uma educação compatível com o mundo contemporâneo. Assim, não há resposta que se exima de contemplar e incluir os bons instrumentos presentes nas duas modalidades (Mota, 2008).

O mundo do trabalho exige profissionais mais bem formados do que simplesmente informados, em que capacidade de trabalhar em equipe e a preparação para educação permanente ao longo da vida estejam presentes. Enfim, são habilidades e competências capazes de fazer com que o profissional não tema o novo e esteja preparado para desafios, sejam eles quais forem. Tais ingredientes serão definidores do sucesso ou insucesso das empreitadas.

Assentado nos argumentos dos mecanismos autoinstrutivos tradicionais (Knowles, 1984), buscando compatibilidade com os perfis dos estudantes atuais e com os futuros profissionais que se pretende formar, as considerações apresentadas valem indistintamente para a modalidade presencial ou a distância.

As atividades propostas aos estudantes que precedem os momentos presenciais não têm a intenção de substituí-los, mas de prepará-los para uma nova dinâmica de sala de aula. As tecnologias inovadoras que puderem ser incorporadas são essenciais, ainda que ferramentas do processo, viabilizando que o conteúdo das disciplinas, bem como seus cronogramas e outras funcionalidades, estejam acessíveis aos estudantes desde os primeiros momentos da relação professor-estudante.

A educação flexível permitirá em um cenário próximo (de existência limitada no presente) que cada estudante ao início do calendário letivo possa, por exemplo, escolher algumas disciplinas com características mais presenciais e outras a distância. Aquelas atualmente chamadas presenciais farão uso de muitas ferramentas associadas com a modalidade a distância. Por sua vez, as disciplinas ditas a distância incorporarão cada vez mais atributos da presencialidade, trabalhos em equipe com seus colegas, laboratórios etc., originalmente características associadas com a modalidade presencial.

No que se refere à necessária flexibilidade da educação superior, cabe ressaltar a recente discussão presente no estudo "Formação de Recursos Humanos em Áreas Estratégicas", do Centro de Gestão e Estudos Estratégicos (CGEE, 2010), que elenca os desafios ainda presentes na organização da educação superior, que permanece atrelada a fundamentos ideológicos e pedagógicos que não serão capazes de enfrentar as exigências colocadas a seus egressos por um mercado de trabalho cada vez mais diversificado e tecnologicamente sofisticado.

Assim a universidade e o Ministério da Educação (MEC) deveriam definir estratégias integradas com as demandas e políticas definidas pelo PACTI, pela PDP e pelas análises de cenários internacionais de competitividade. Isso resultaria em ações de indução e valorização da diversidade institucional e de percursos curriculares inovadores, em educação ao longo da vida, em formações combinadas de curta e longa duração, em articulação da pesquisa com a graduação, em ênfase em mestrados profissionais ligados ao mundo empresarial, em ampliação da oferta de cursos técnicos e tecnológicos, em aproximação da academia com as universidades corporativas e em estímulo às metodologias de EAD.

Com isso, o binômio educação-inovação se elevaria a um novo patamar em que a academia estaria efetivamente integrada aos demais atores, como MEC, CNPq, MCT, CAPES, SENAI, SETEC/MEC, universidades corporativas e SEBRAE, respondendo às suas responsabilidades sociais.

Outro aspecto substancial de inovação na educação está associado a pensar mais em termos de andragogia do que em pedagogia. Andragogia (Knowles et al., 1984; Tennant, 1996) está associada à necessidade de repensar as metodologias educacionais à luz do fato que boa parte dos estudantes da educação superior brasileira está alterando rapidamente seu perfil de faixa etária, origem socioeconômica e suas expectativas.

Os dados recentes do Instituto de Estudos e Pesquisas do Ministério da Educação (INEP) (ver http://www.inep.gov.br) apontam que já são mais de 40% das matrículas no ensino superior de estudantes com mais de 25 anos. No setor privado, essa já é a maioria, e, com a expansão nas universidades federais, especialmente de cursos noturnos, a próxima década terá a maioria dos estudantes nesse novo perfil. Seria inaceitável se as estruturas curriculares e os métodos de ensino-aprendizagem continuassem replicando as metodologias do ensino básico, as quais mesmo para aquele nível são questionáveis.

Ainda assim, por incrível que pareça, a pedagogia (de *paidós*, criança em grego) permanece sendo a abordagem absolutamente dominante, independente e indistintamente de estarmos lidando com crianças, jovens, adultos ou população mais idosa. Andragogia (derivado de *andros*, de "homem", genericamente, "adulto") não é conceito recente, mas a apropriação de suas ideias ocupa um espaço ainda tão ínfimo que educação de adultos chega a constituir-se em nicho de estudo de especialistas e obcecados, como se fosse uma excepcionalidade, o que não é mais no mundo contemporâneo. Assim, a massa de adultos estudantes é macro, mas a percepção desse fenômeno que gere efetiva ação, compatível com o tamanho do fato, é desproporcionalmente pequena.

Na verdade, andragogia é um conceito educacional diferenciado, especialmente voltado à educação de adultos, permitindo oportunizar experiências educacionais inovadoras. Nessas abordagens, os estudantes têm um papel mais ativo em seus processos de aprendizagem, em coerência com as perspectivas de formação continuada e ao longo da vida, superando o período de educação escolar tradicional.

O centro do processo ensino-aprendizagem tradicional está na atuação do professor e calcado na concepção de transferência simples de conhecimento. Abordagens educacionais baseadas em inovadoras metodologias buscam centrar na aprendizagem do estudante e nas relações que ele estabelece entre seu entorno e suas experiências com a natureza que o cerca.

Por fim, ainda há um longo caminho a ser percorrido. Mesmo assim, com relação à inovação na sociedade brasileira, nas empresas e na educação, é certo que passos importantes têm sido dados na direção correta, e existem sinalizações claras de que os cidadãos, os empresários e os educadores vêm gradativamente incorporando o conceito de inovação em suas agendas de empreendimentos.

Considerações finais

Desenvolver esforços para entender o mundo contemporâneo é crucial para pensar os cenários futuros e o papel específico da inovação neles. Com relação à sociedade brasileira, os tempos atuais apontam para uma fase de crescimento econômico e de avanços sociais. No entanto, se esse desenvolvimento será sustentável dependerá de vários aspectos, sendo inovação um dos pilares mais relevantes.

Sociedades sem apreço por inovação tendem a inibir terminalmente o surgimento de empresas inovadoras. Por sua vez, existência de sociedade com gosto por inovação não é condição plenamente suficiente para fazer brotar espontaneamente empresas inovadoras. Em suma, sociedade com propensão à inovação é condição necessária, ainda que insuficiente. Assim, é preciso conjugar política pública consistente e persistente para que um meio social propenso à adoção de inovação, como é o caso da sociedade brasileira, de fato colha os frutos da presença de empresas inovadoras em seu desenvolvimento sustentável.

No que diz respeito à educação, vivencia-se o início da terceira grande revolução educacional, a qual é impulsionada, uma vez mais, pela diversificação dos meios de comunicação. Assim ocorreu na primeira, com o surgimento das escolas pioneiras na Grécia Antiga; na segunda revolução, com a invenção da imprensa por Gutenberg; e, finalmente, nos tempos atuais, com a proliferação das mídias, propiciando um nível de acessibilidade ao conhecimento inimaginável há pouco tempo.

Como lidar com o conhecimento em um cenário onde ele está praticamente disponível, em sua integralidade e em tempo real, é talvez o maior desafio para os educadores de todos os tempos. Uma consequência advinda dessa nova realidade é a emergência de uma educação flexível ao longo da vida que contemple o papel essencial da inovação como conjugação de elementos de criatividade, empreendedorismo, disciplina e firmeza de propósitos.

Enfim, a inovação na sociedade, nas empresas e na educação tende a ser cada vez mais um item fundamental para medir o atual estágio de cada país ou região, sendo especialmente útil para apontar possibilidades futuras e potenciais efetivos de desenvolvimento.

Referências

CENTRO DE GESTÃO E ESTUDOS ESTRATÉGICOS. *Formação de recursos humanos em áreas estratégicas de ciência, tecnologia e inovação*. Brasília, 2010.

FREEMAN, C. *The economics of industrial innovation*. Cambridge: MIT Press, 1982.

INSTITUTO DE ESTUDOS PARA O DESENVOLVIMENTO INDUSTRIAL. *A formação de engenheiros no Brasil:* desafio ao crescimento e à inovação. São Paulo, 2010. Disponível em: <http://www.iedi.org.br/admin_ori/pdf/20100723_engenharia.pdf>.

KNOWLES, M. *The adult learner:* a neglected species. 3rd ed. Houston: Gulf, 1984.

KNOWLES, M. et al. *Andragogy in action:* applying modern principles of adult education. San Francisco: Jossey-Bass, 1984.

KOLB, D.A. *Experiential learning.* Englewood Cliffs: Prentice Hall, 1984.

MOTA, R. A universidade aberta do Brasil. In: LITTO, F.M.; FORMIGA, M. (Org.). *Educação a distância:* o estado da arte. São Paulo: Pearson Education do Brasil, 2008. cap.40, p.290-296.

MOTA, R.; CHAVES FILHO, H. Educação transformadora e inclusiva. *Inclusão Social*, Brasília, v.1, n.1, p. 47, 2005.

MOTA, R.; MARTINS, R. As políticas do MEC para educação superior e o ensino de engenharia no Brasil. *Revista de Ensino de Engenharia*, São Paulo, v.27, n.3, p.61-68, 2008.

MOTA, R. et al. *Método científico & fronteiras do conhecimento.* Santa Maria: CESMA, 2003.

NATIONAL SCIENCE FOUNDATION. *Key science and engineering indicators:* 2010 digest. Arlington, 2010. Disponível em: <http://www.inovacao.unicamp.br/report/inte-ind_cienciaeengenharia100628.pdf>.

SCHUMPETER, J.A. *The theory of economic development.* Cambridge: Harvard University Press, 1934. Trad. R. Opie da 2ª ed. alemã.

TENNANT, M. An evaluation of Knowles's theory of adult learning. *International Journal of Lifelong Education*, Lewes, v.5, n.2, p. 113-122, 1996.

5

Gestão acadêmica atual

Ana Maria Costa de Sousa

A preocupação dos responsáveis pela gestão acadêmica durante muitos anos restringiu-se à organização dos currículos, à capacitação dos professores e ao acompanhamento rotineiro das atividades. O trabalho voltava-se aos aspectos pedagógicos, e os gestores não se envolviam nas demais questões que constituem o universo de uma instituição de educação superior, como os aspectos financeiros, de planejamento e de organização administrativa.

Atualmente, os profissionais que fazem gestão acadêmica de instituições de educação superior (IES) devem assumir novos compromissos, entre eles a responsabilidade de identificar que as práticas atuais devem atender a inúmeros desafios enfrentados pelas IES onde atuam: a necessidade de sobrevivência, de novos caminhos e de crescimento, enfrentando o aparecimento dos grandes grupos formados a partir de fusões e aquisições; a necessidade de superar as condutas e os modelos conservadores e ultrapassados de planejamento para enfrentar a grande concorrência e para acompanhar as exigências do mundo do trabalho; a necessidade de criar mecanismos eficientes nos programas institucionais que garantam a aprendizagem e a permanência, sobretudo dos alunos das classes C e D que chegam ao ensino superior; o acompanhamento da rápida evolução das políticas de governo voltadas a esse nível de ensino, em especial àquelas referentes à avaliação, cujas métricas têm sido consideradas como único parâmetro de qualidade.

Atender a estes desafios significa aceitar mudanças, e um primeiro aspecto a ser explicitado diz respeito à dificuldade de promovê-las nas IES. Além da tradição estabelecida para manter as relações de poder extensamente discutidas ao longo dos anos, e mesmo das turbulências que sinalizam a necessidade de enfrentar novos desafios, essas instituições mantêm culturalmente uma grande resistência a alterar suas condutas e seus modelos cristalizados.

Segundo Christensen (2003, p. 217), "quando os membros de uma organização trabalham e decidem com base em presunções, em vez de por meio de avaliações conscientes, os processos e os valores passam a constituir a cultura organizacional", o que dificulta em grande medida a execução de qualquer alteração em suas práticas.

Portanto, são inúmeros os desafios a serem enfrentados, os quais requerem de cada IES a capacidade de encontrar o conjunto de fatores que definam seu potencial e, a partir daí, desenhar seus processos, (re)definir seus recursos e analisar se os resultados previstos estão de acordo com os valores organizacionais.

É preciso que as instituições tracem novas estratégias para evitar sua atrofia e para atuar de forma inovadora e criativa; isto é, devem aprender os processos que promovam mudanças e programar e difundir, entre os que compõem suas equipes, novas ideias capazes de impulsionar o crescimento permanente. E, de fato, as IES têm inovado; no entanto, é mais fácil encontrar inovações que utilizam sempre o contexto conhecido, sustentado por dogmas e paradigmas existentes.

Apesar de reconhecer que a inovação mantenedora é responsável pelo sucesso de muitas circunstâncias em uma IES, a proposta é superá-la, realizando uma inovação disruptiva na gestão acadêmica, aquela que promove uma verdadeira uma revisão profunda de paradigmas, trazendo a verdadeira transformação.

O termo "disrupção" é apresentado por Christensen (2003) em seu livro *O crescimento pela inovação* e seu uso muito discutido por Clemente Nóbrega (2004) em *A ciência da gestão*, no qual defende a ideia de que um gestor pode realizar seu trabalho de duas maneiras: na forma em que sua empresa já está estruturada para tal – o que se chama gestor mantenedor –, ou criar uma nova forma de atuação, rompendo com os paradigmas até então existentes – o gestor disruptivo.

Sem dúvida, não é fácil executar ações disruptivas em instituições de educação, pois a tendência de gestores e professores é a de proteger seus modelos, que consideram confortáveis; todavia, essas ações são indispensáveis para promover mudanças drásticas na estrutura da gestão e organizar a instituição para o enfrentamento dos desafios atuais.

Formato da gestão acadêmica

O formato de gestão de uma IES é definido a partir das políticas institucionais assumidas, isto é, seu padrão de atuação é organizado de acordo com a missão, com as crenças e com os valores estabelecidos pelos líderes responsáveis, especialmente aqueles que a idealizaram e deram início a seu funcionamento.

As crenças e os valores definidos contemplam o que deve ser prioridade na IES e tornam-se consolidados quando são observados na prática dos profissionais, sejam eles gestores, professores ou colaboradores.

A concretização de uma proposta de gestão acadêmica inovadora requer, muitas vezes, uma revisão das políticas da instituição para que se permita o atendimento de três exigências. Uma delas é a necessária integração entre os líderes da área acadêmica e os gestores das áreas administrativa, financeira, de planejamento, *marketing*, TI e recursos humanos para, juntas, organizarem um plano de ação. Outra é a promoção de um crescente nível de transparência em suas relações; a terceira é a consciência de que garantir práticas inovadoras exige ter ideias antecipadas, o que por sua vez requer a habilidade de previsão estratégica.

As pessoas que compõem as equipes de gestores são parte dos recursos de uma IES, complementados por equipamentos, recursos financeiros e tecnológicos, entre outros. Tratar-se-á nesse momento especificamente de pessoas, pois elas constituem o bem mais valioso de qualquer organização que pretende ser bem-sucedida.

A escolha acertada dos líderes de qualquer setor ou projeto já aponta fortemente para seu sucesso. Os responsáveis pela área de recursos humanos (RH) têm, especialmente nesse aspecto, uma difícil missão: a de auxiliar na captação de profissionais que devem traduzir em suas ações o cumprimento dos valores institucionais.

Com o mesmo empenho, o RH deve apoiar, de forma consistente, o projeto institucional quando este seleciona profissionais para atuarem na instituição e organiza as capacitações para torná-los, cada vez mais, parte do processo de sua construção ou reconstrução e, se for o caso, da adoção de uma proposta de inovação disruptiva.

Uma vez compostas as equipes de liderança das diferentes áreas, o próximo passo é a organização dos processos, isto é, a descrição exata da forma e dos métodos utilizados como rotinas que conduzem a comportamentos eficazes; se bem-sucedidos, transformam-se em uma grande vantagem competitiva.

Um exemplo de entrosamento entre as equipes, como consequência do desenho dos processos, pode ser a abertura de um novo curso, que compreende

- pesquisas de mercado para verificar sua adequação e posterior divulgação de seus diferenciais para potenciais alunos, feitas pela equipe de *marketing*. É importante ressaltar que o atual papel do *marketing*, de acordo com Kotler (2010, p. 4), não é tarefa simples, pois os consumidores são bem informados, exigentes e estão em busca de satisfação com os valores, isto é, "cada vez mais, os consumidores estão em busca de soluções para satisfazer seu anseio de transformar o mundo globalizado em um mundo melhor". Essa visão já representa uma quebra de paradigmas, considerando que o *marketing* até o momento não se preocupou tanto em chegar ao coração e à mente do consumidor.
- a elaboração do projeto pedagógico do curso e as medidas que dele decorrem, como a seleção de professores e sua capacitação (trabalho a ser desenvolvido pelos responsáveis acadêmicos com o apoio do setor de RH), e a organização e o acompanhamento dos processos de avaliação: da autorização junto ao MEC, quando se tratar de faculdades, ao posterior pedido de reconhecimento na época exigida, além da autoavaliação. Deve ser ressaltado que a definição do currículo do curso é feita após intensos debates pelo setor de engenharia e inovação pedagógica para que ele possa estar afinado com as DCN, com as crenças institucionais e com as necessidades do mundo do trabalho.
- as projeções financeiras e os orçamentos realizados pelo planejamento, cujas planilhas pretendem garantir os investimentos que deverão ser feitos, o recebimento das mensalidades, a previsão das inadimplências, o pagamento de professores e coordenadores e a projeção do número de alunos ao longo do curso.
- a organização e a instalação da infraestrutura da IES e do curso pela equipe administrativa, que incluem os laboratórios necessários e a biblioteca específica.

Enfim, todos devem envolver-se a partir do momento em que o curso é projetado, e o desenho dos processos deve acompanhar cada etapa da implantação, do acompanhamento até a análise avaliativa no período de sua integralização. Um erro em qualquer momento do processo poderá trazer um resultado desastroso, o que significa um grande prejuízo para a IES.

Pode parecer simples atuar assim caso se deseje melhorar apenas alguns componentes da estrutura organizacional, mas, quando há a necessidade de uma total reconfiguração, isto é, modificar a estrutura compartimentada que caracteriza as instituições de ensino, o processo torna-se bem complexo.

Para garantir um resultado positivo, é de extrema importância que a equipe defina indicadores que possibilitem o acompanhamento detalhado de cada etapa do trabalho, os quais, organizados como metas a serem atingidas, transformam-se na mais eficiente forma de controle da eficácia das ações.

O que garante a efetividade da equipe multiprofissional, sobretudo quando a organização tem alto grau de complexidade, como os grupos que comportam muitas IES, por exemplo, é a capacitação de todos os líderes que nela atuam (diretores, gerentes, professores, coordenadores) em tomarem decisões compatíveis com o plano estratégico e com o modelo de negócio definido pela IES. Este é o momento da organização compreender os valores institucionais e colocá-los em prática.

O formato de gestão defendido está baseado em novos paradigmas. Quando se pensa em captar novos alunos, em promover a retenção dos antigos, em organizar a proposta curricular, em orientar diretores, coordenadores e professores, pensa-se em exercer a gestão de uma forma inovadora e disruptiva.

Atuação do gestor acadêmico

Após a definição do formato da gestão acadêmica considerada como inovação disruptiva, é preciso analisar a atuação do gestor na elaboração e no desenvolvimento das ações acadêmicas que envolvem todas as atividades do planejamento curricular. Considera-se planejamento curricular todas as experiências oferecidas ao aluno pela instituição que estejam vinculadas ao curso por ele frequentado, superando assm a concepção tradicional de currículo como conjunto de disciplinas, programas e objetivos característicos da organização acadêmica das IES e que ainda faz parte da prática de muitas delas.

Espera-se um processo educacional cujo resultado possa fazer diferença na formação dos alunos, dando-lhes as condições para que enfrentem os desafios impostos pela sociedade e pelo mundo do trabalho. A equipe responsável por sua organização, com base nas políticas institucionais, contemplará dois passos essenciais para sua adequada constituição:

- a definição dos padrões de qualidade no momento de organizar o modelo de currículo mais adequado para atender às exigências legais e cumprir sua missão institucional;
- a definição do formato de desenvolvimento dos conteúdos, o tipo de atuação do professor e a visão a respeito da aprendizagem do aluno.

Discutir padrões de qualidade não é uma tarefa simples, pois qualidade é um conceito multidimensional, isto é, engloba um conjunto de valores não redutíveis uns aos outros. Considera-se que as diferentes dimensões de qualidade resultam das preocupações e dos interesses dos diversos setores que participam da atividade educativa.

As Diretrizes Curriculares Nacionais (DCN) definem as regras de qualidade a serem observadas pelas instituições de ensino superior em sua organização curricular, e o MEC define seus padrões nos processos de avaliação e de regulação, fazendo parte deles a composição do Conceito Preliminar de Cursos (CPC) e o Índice Geral de Cursos (IGC) e seus desdobramentos, entre outros, o Núcleo Docente Estruturante (NDE), a titulação e o regime de trabalho dos docentes.

A definição da qualidade de atuação de uma IES envolve também a compreensão de sua missão e suas finalidades, verificando se seu projeto atende às expectativas dos envolvidos, sobretudo às dos alunos que pretendem, com o ensino superior, chegar mais próximos de realizar seu projeto de vida.

O Ministério da Educação deveria considerar a amplitude e a diversidade do sistema educacional e tornar suas exigências compatíveis com a realidade específica dos grupos de instituições e de suas categorias administrativas e organizações acadêmicas. O respeito a essa diversidade está contemplado inclusive na Lei 10.861/2004, que instituiu o Sistema Nacional de Avaliação da Educação Superior (SINAES), tendo-o como um de seus princípios.

Seria necessário diferenciar, por exemplo, os critérios pensados para uma grande universidade tradicional de pesquisa, que conta com docentes titulados, laboratórios e biblioteca adequados, e os pensados para uma pequena faculdade regional que, mesmo não tendo iguais condições, realiza seu projeto com competência e com forte enraizamento em seu contexto social.

Para que uma IES consiga concretizar um planejamento curricular coerente e efetivo, é necessário que os gestores acadêmicos, além da análise criteriosa de tais considerações, reflitam sobre os aspectos listados a seguir, buscando transformar os questionamentos em elementos de composição do currículo.

Como elaborar um currículo capaz de desenvolver no estudante as competências e as habilidades exigidas pelo mundo do trabalho e definidas nas Diretrizes Curriculares Nacionais (DCN), como flexibilidade, adaptabilidade, capacidade de trabalho em equipe, criatividade, ética, espírito de liderança, iniciativa e espírito empreendedor?

Como elaborar uma proposta de currículo que, ao mesmo tempo, prepare os estudantes para ampliar suas experiências nas novas tecnologias da informação e da comunicação e para incorporar em sua vida e em seu exercício profissional os valores da cidadania e o respeito ao meio ambiente?

Como organizar o currículo levando em consideração a necessidade de garantir a aprendizagem dos alunos advindos das classes C e D (muitos com dificuldades de sua formação anterior) cujo fluxo aumenta a cada dia?

Como elaborar um currículo que, ao mesmo tempo, atenda aos impasses e possibilite à IES manter seu fluxo de caixa, indispensável à sua sobrevivência? Esse questionamento decorre da constatação de que, muitas vezes, a instituição faz cortes indiscriminados de disciplinas e carga horária no currículo para diminuir custos e, como consequência, oferece um currículo desarticulado, sem qualidade e que, às vezes, sequer reduz gastos. Como promover o necessário equilíbrio?

Nem sempre os gestores acadêmicos e os professores tiveram a liberdade para definir a arquitetura curricular considerada mais efetiva para a instituição, que expresse os conceitos, metodologias, conteúdos e atividades que levem em consideração inclusive as crenças institucionais.

Até 1996, os cursos eram obrigatoriamente organizados de acordo com os currículos mínimos fixados, isto é, de acordo com um conjunto de disciplinas/matérias fixadas por legislação própria, a fim de promover uma formação acadêmica em todo o território nacional, "homogeneizando" a formação dos alunos e, consequentemente, desrespeitando as diversidades e as características locais.

A Lei de Diretrizes e Bases (9394/1996) extinguiu os currículos mínimos, e os cursos de graduação puderam ser reestruturados. A sociedade civil e a acadêmica mobilizaram-se para a elaboração e posterior adoção das Diretrizes Curriculares Nacionais (DCN) em cada curso. Esses documentos têm sido de significativa importância, pois preconizam uma nova maneira de formar o cidadão: mais dinâmica, menos ortodoxa, voltada para o preparo do aluno empreendedor e autônomo.

A partir da flexibilidade permitida pelas DCN tornou-se possível a organização de currículos cuja arquitetura pode ser construída não apenas para atender às exigências legais, mas para contemplar as questões que compõem os questionamentos feitos anteriormente.

Assim, os novos formatos de organização curricular passam a valorizar outros espaços de aprendizagem além da sala de aula. O Parecer do Conselho Nacional de Educação, CNE/CES 67, de 11/03/2003, ao definir os princípios básicos das DCN, ressalta alguns desses princípios que são indispensáveis para dar suporte ao pensamento inovador de um currículo de qualidade.

Toma-se como exemplo: "Estimular práticas de estudos independentes, visando a uma progressiva autonomia profissional e intelectual do aluno". É preciso reconhecer que uma atividade acadêmica não é apenas a aula ministrada pelo professor na sala de aula, e a sala de aula não é o único espaço de aprendizagem. Muitas atividades permitem ao aluno momentos de estudos e de investigação sem a presença do professor, em diferentes ambientes de aprendizagem, como biblioteca, laboratórios, etc.

Não se pode entender estudos independentes apenas como atividades de educação a distância ou sem controle regular do professor. Um estudo de caso é um bom exemplo de estudos independentes quando envolve em suas etapas uma pesquisa bibliográfica sobre o tema; o levantamento de informações em documentos, com pessoas ou locais externos; a discussão com estudantes da mesma classe, do mesmo curso ou de outras graduações; a apresentação do resultado. Nesse caso e em outros semelhantes, o principal papel do professor é o de oferecer subsídios para desencadear o estudo e apresentar uma síntese.

Outros princípios das DCN, constantes do Parecer CNE/CES 67, de 11/03/2003, como "fortalecer a articulação da teoria com a prática, valorizando a pesquisa individual e coletiva, e a participação em atividades de extensão, podendo ser incluídas como parte da carga horária"; "competência para capacidade criativa e para propor soluções inovadoras"; "o curso tem como perfil do egresso o profissional com formação humanista, crítica e reflexiva, estimulando sua atuação crítica e sua criativa na identificação e resolução de problemas", levam à conclusão de que a aprovação dessas DCN induziu a construção de currículos mais inovadores na composição de conteúdos que abordam a formação humanista e na proposição de uma metodologia dinâmica de enfrentamento de desafios.

Além disso, é evidente que o papel do professor deverá ser outro, pois ele deixa de ser o transmissor de conteúdos para atuar como orientador das atividades do aluno, criando situações-problema que desafiem a busca de soluções por meio da investigação, seja individual, seja coletiva. Consequentemente, muda a concepção de aprendizagem, que toma o lugar de foco principal.

Portanto, centrar o foco do professor na aprendizagem implica lidar com alunos concretos, com subjetividades, características pessoais e contextos sociais; com conhecimentos organizados e significativos que possam dar respostas às situações e aos desafios que a vida lhes oferece. Mais do que isso, exige professores capazes de despertar o interesse e o envolvimento do aluno que tenham a competência de fazer a transposição didática do conhecimento científico, selecionando o que é relevante e estabelecendo estratégias para alcançar, como resultado, a aprendizagem.

Aprender é tomar para si. É um processo pelo qual uma nova informação se integra a um aspecto relevante da estrutura cognitiva do sujeito. Tal ideia apoia-se na teoria cognitivista de aprendizagem, desenvolvida por Ausubel (1980), que também introduz o conceito de aprendizagem significativa ao tratar da nova informação. Ela adquire significado para o educando por uma espécie de ancoragem em aspectos relevantes preexistentes na sua estrutura cognitiva, os quais detenham determinado grau de clareza, estabilidade e diferenciação. Esses aspectos servem de alicerce ou ancoradouro para a nova informação.

Não se quer discutir conceitos de aprendizagem, mas é indispensável à tese defendida (na forma significativa pela qual o conhecimento vai sendo construído) demonstrar a coerência do conceito de aprendizagem com a nova forma de ensinar. Aprender significativamente é atribuir significados, e eles têm sempre componentes pessoais, isto é, o aluno é tomado não no sentido abstrato e universal, mas no de um sujeito social e concreto em um contexto localizado e datado, compreendido em sua totalidade, tendo seu desenvolvimento e seu bem-estar respeitados, e seu interesse, sua ludicidade e sua curiosidade igualmente estimulados e atendidos. Por outro lado, aprender requer também disciplina e esforço, pois é um processo complexo de apropriação de conhecimentos e de ferramentas do saber para a solução de problemas.

O filósofo e educador da Universidade de Harvard, Alfred North Whitehead, endossa a crença de que o conhecimento deve auxiliar os estudantes a superar os obstáculos encontrados vida afora quando afirma em seu texto "conhecimento bom é conhecimento útil" (Whitehead, 1960, p.14).

Para que as novas aprendizagens sejam favorecidas e a probabilidade de êxito aumentada, a intervenção precisa e orientada do professor é fundamental. É importante que ele compreenda como seus alunos aprendem e saiba buscar meios para tal, como, por exemplo, favorecer a cooperação entre os alunos, já que aprender também é um processo compartilhado.

Em resumo, trata-se de um processo pleno de responsabilidades por parte dos alunos, dos professores e dos gestores.

Enfim, resta responder a pergunta sempre inquietante: se, historicamente, comprova-se a resistência do professor a mudanças, será possível organizar um planejamento curricular contando com seu compromisso nessas premissas tão distantes, muitas vezes, de sua prática cotidiana?

A resposta a este questionamento é o grande desafio para uma atuação inovadora e disruptiva no planejamento curricular de uma IES.

Analisando a literatura, encontra-se este clamor por novos paradigmas desde a época socrática, na qual se via a necessidade de garantir processos intrínsecos de aprendizagem, e este deve ser o maior argumento contra o instrucionismo que domina a prática dos professores.

Para Pedro Demo (2005), o conhecimento é dinâmico, desconstrutivo e reconstrutivo; se for apenas reproduzido, se constitui em simples informação. Ao analisar a necessidade que o Brasil tem de ampliar o acesso à educação, sobretudo das camadas mais pobres, afirma o empenho de melhorar a aprendizagem na educação superior, na qual impera o instrucionismo mais flagrante:

> Os alunos, quase sempre, passam quatro anos escutando aulas, tomando nota e fazendo prova. Nega-se uma das dinâmicas mais profundas da aprendizagem e da vida, que é o processo de reconstrução de dentro para fora. Parte considerável das aulas são reprodutivas, baseadas no conceito obsoleto da transmissão de conhecimento, desconhecendo sua própria dinâmica. O que interessa ao aluno é uma coisa só: desenvolver a potencialidade disruptiva do conhecimento, participando ativamente da engrenagem reconstrutiva. (2005, p. 68)

Em contrapartida, não é fácil obter atitudes livres de preconceitos, abertura e disposição a novos problemas e novas ideias. Em muitos casos, o perfil docente desejado, bem como o formato da aprendizagem e os novos espaços onde ela pode ocorrer, está indicado nos projetos pedagógicos dos cursos quando traçam os objetivos e o perfil esperado dos alunos. Na realidade, o texto escrito raramente se concretiza nas práticas realizadas.

Pode-se afirmar que são três as razões para isso.

A primeira é a grande dificuldade dos profissionais da educação superior em lidar com mudanças. Nóvoa (1991, p. 188) define os motivos:

O sistema de ensino herdou do passado o fechamento à diversidade, o elitismo, a submissão aos formalismos sociais e acadêmicos, o sentido da tradição e da continuidade. Adapta-se mal à modernidade, à necessidade de alargar e generalizar a formação de todos, de aceitar e de gerir novos saberes.

De acordo com Nóvoa, precisa-se ainda da criatividade e da inovação para lidar com a ineficácia e com o conformismo. As pessoas criativas são curiosas, inventivas, flexíveis e adaptáveis, e os tempos modernos estimulam a diversidade. Este é, portanto, o momento não apenas de romper com o passado, como também de desenvolver a capacidade de previsão para saber qual o novo formato de currículo possível daqui a três ou cinco anos, considerando que tanto a sociedade como o mundo do trabalho passarão certamente por profundas mudanças. Que novas competências precisaremos desenvolver ou mesmo adquirir para atender o mundo em constante e rápida mutação?

Antes de tudo, é preciso garantir o sucesso competitivo deste empenho. Para tal, deve-se garantir a capacidade de execução do planejamento curricular por profissionais que sejam altamente preparados e desligados de crenças ultrapassadas. Pelo histórico das IES, será necessário um desaprendizado de seus gestores e professores. Como explicam Prahalad e Hamel, a existência uma "organização voltada para o aprendizado (*learning organization*) é apenas metade da solução. Igualmente importante é a criação de uma organização voltada para o desaprendizado" (1995, p. 69).

Sabe-se que aprender é mais fácil, mas é necessário desaprender parte do passado e dos hábitos que entravam o sucesso no futuro.

A segunda dificuldade é encontrada pelas equipes acadêmicas para elaborar um currículo que contemple os desafios dos tempos atuais; que trate das questões humanistas de forma crítica e reflexiva; que crie condições para o aluno desenvolver as competências exigidas pelo mundo do trabalho; que valorize a investigação realizada individual e coletivamente; que integre as atividades de extensão às necessidades da comunidade; que contenha dinâmicas voltadas para a aprendizagem de alunos que chegam ao ensino superior sem as habilidades exigidas por esse nível de ensino; que proporcione condições de o aluno desenvolver o espírito crítico preparando-o para resolver problemas.

Portanto, as equipes acadêmicas têm a responsabilidade de oferecer um currículo que, ao mesmo tempo, atenda aos desafios elencados e às exigências do Ministério da Educação e que possibilite à IES manter seu fluxo de caixa, indispensável à sobrevivência em momentos de crise.

A terceira é atender ao que exigem, muitas vezes, os avaliadores do MEC. Muitos deles, apesar do título de doutor, vivenciaram até o momento apenas a experiência de pesquisadores de grandes universidades. Suas referências são as de um currículo mais conservador, com muitas disciplinas, considerado por eles como a única realidade de qualidade possível.

As instituições de educação superior precisam de líderes que tenham a capacidade de argumentar com as comissões do Ministério da Educação no momento de reconhecimento dos cursos, defendendo fortemente suas propostas, caso sejam contestadas por algum de seus especialistas.

Estamos hoje em dia muito distantes do tempo em que a educação superior era limitada a uma pequena elite concentrada nas universidades; ampliaram-se as faculdades e os centros universitários, e as instituições têm uma organização administrativa diferente, nelas estudando milhares de alunos oriundos das classes C e D. A afirmativa de Schwartzman (2008, p. 11) mostra que:

> No Brasil, ainda prevalece a ideia de que o ensino superior deve ser dado em universidades públicas, que os professores devem ser pesquisadores e trabalhar em regime de tempo integral e que os estudantes devem também se dedicar primordialmente ao estudo e ser avaliados pelos critérios das instituições mais privilegiadas.

O autor conclui dizendo que "a maioria das instituições pertence ao segmento privado; a maioria dos professores só pratica o ensino; a maioria dos alunos estuda à noite e trabalha durante o dia".

Logo, os argumentos demonstram que, talvez, seja o momento de o Ministério da Educação rever seus paradigmas e suas crenças.

Considerações finais

O maior desafio das instituições de educação superior, isoladas ou agregadas nos grandes grupos que se fortalecem gradativamente, é a definição do *formato* e da *atuação* de sua gestão acadêmica.

A IES precisa de líderes preparados para promover mudanças estratégicas, estruturais, financeiras e operacionais que exigem planejamento integrado entre as equipes com base na transparência do fluxo de informações.

Além disso, as equipes devem ter a capacidade de inspirar as pessoas e transformar o medo das turbulências em confiança para enfrentá-las, incentivando o desenvolvimento da flexibilidade e do alto nível de sincronização, responsáveis pelo senso de urgência tão importante nos momentos de decisão.

Quanto ao sucesso da forma de atuação da equipe acadêmica, a base está na definição de um currículo que atenda às exigências legais e que contemple ainda os valores e as crenças da organização. É necessário que coordenadores e professores defendam fortemente suas propostas e reconheçam que o valor da aprendizagem significativa do aluno depende literalmente da experiência cada vez mais inovadora do professor.

O currículo defendido preconiza o conhecimento não como sinônimo de informação, mas como uma reunião de conteúdos que possibilitem ao indivíduo inclusive fazer uma completa revisão de suas crenças, de seus valores e de seus paradigmas, o que exige plasticidade e flexibilidade para mudanças. Deve permitir ver também que o mundo do emprego, das profissões e da empregabilidade mudou.

O grande desafio de todos os que atuam nas IES é entender que o modelo arraigado há tanto tempo requer uma revisão. É preciso ampliar a qualificação do corpo docente para além da titulação e do regime de trabalho, estimulando o professor a ver o ensino como planejamento e seleção de experiências de aprendizagem que permitam ao aluno reorganizar seus esquemas mentais e ser capaz de estabelecer relações entre o conhecimento que possui e os novos, chegando a novos significados. A aprendizagem deve ser um processo dinâmico que requer do aluno a mobilização de suas atividades mentais para compreender a realidade, analisá-la e agir sobre ela, modificando-a.

Dessa forma, o professor passa a ser importante agente de mudança, despertando no aluno atitudes e comportamentos questionadores, tornando-o apto a repensar sempre o desenvolvimento de sua profissão e sua participação social. Os educadores devem também ajudar a desenvolver seu pensamento crítico e habilidades para enfrentar situações mutantes, utilizando conhecimentos necessários para a resolução de problemas com responsabilidade e sabedoria.

Os responsáveis pela gestão acadêmica devem continuar com o desafio de promover uma verdadeira reflexão para que todos os que atuam na instituição possam desaprender os muitos dogmas que durante muitos anos foram seguidos de forma inquestionável.

Certa vez, ouvimos o geógrafo e grande pensador Milton Santos dizer que se deve valorizar o que ainda não foi feito, o desconhecido, o que só poderá ser concebido com imaginação, e não com certezas. Mais do que nunca é preciso ser criativo para experimentar e realizar algo que ainda não tenha sido tentado. E a inovação disruptiva, no mundo de hoje, é a diferença entre sobrevivência e extinção.

Referências

AUSUBEL, D.P.; NOVAK, J.D.; HANASIAN, H. *Psicologia educacional.* Rio de Janeiro: Interamericana, 1980.

CRISTENSEN, C.; RAYNOR, M. *O crescimento pela inovação.* Rio de Janeiro: Campus, 2003.

DEMO, P. *A educação do futuro e o futuro da educação.* Campinas: Autores Associados, 2005.

HAMEL, G.; PRAHALAD, C.K. *Competindo pelo futuro:* estratégias inovadoras para obter o controle do seu setor e criar os mercados de amanhã. Rio de Janeiro: Campus, 1995.

KOTLER, P.; CASLIONE, J.A. *Vencer no caos.* Rio de Janeiro: Campus, 2009.

KOTLER, P. et al. *O marketing 3.0.* Rio de Janeiro: Campus, 2010.

NÓBREGA, C. *A ciência da gestão:* marketing, inovação, estratégia. Rio de Janeiro: Senac/RJ, 2004.

NÓVOA, A. (Org.). *Profissão professor.* Portugal: Porto Ed., 1991.

SCHWARTZMAN, S. O "conceito preliminar" e as boas práticas de avaliação do ensino superior. *Revista da Associação Brasileira de Mantenedoras de Ensino Superior,* Brasília, n.38, p.9-32, dez. 2008.

WHITEHEAD, A.N. *The aims of education.* New York: Mentor Books, 1960.

6

O professor como elo entre a escola e o estudante
como evitar a evasão

Paulo A. Gomes Cardim

> *Mestre não é quem sempre ensina,*
> *mas quem de repente aprende.*
>
> Guimarães Rosa

O atendimento ao estudante, em qualquer tipo de escola e de nível de ensino, tem no professor a peça fundamental. Ele é o contato mais denso e duradouro com o educando ao longo do processo educacional. Com os demais setores de uma instituição de educação superior (IES) – recepção, central de atendimento, processo seletivo, matrícula, registro acadêmico, coordenadoria de curso, gestores – o aluno tem contatos esporádicos ou periódicos. Mas com o professor não: é na rotina do processo de aprendizagem que a imagem da IES é construída por seus docentes junto aos estudantes. A captação e a manutenção do estudante na IES estão intimamente ligadas à qualidade da ação pedagógica do professor e de seu relacionamento em sala de aula e fora dela.

Ensino *versus* aprendizagem

Tradicionalmente, o professor recebia formação para ser o centro do processo ensino-aprendizagem, sendo o senhor absoluto na sala de aula, tendo esta como único ambiente para o desenvolvimento do trabalho acadêmico, onde ele fala, o estudante escuta e é avaliado em períodos predeterminados, de acordo com o calendário acadêmico. Se o discente não aprendeu e foi reprovado, é porque não estudou, não compreendeu, não foi competente o bastante para entender o mestre.

Ao final do século XX, esta postura inflexível começou a ser contestada, e surgiram experiências exitosas, nas quais a aprendizagem passou a ter resultados mais satisfatórios. Passou-se do processo ensino-aprendizagem, no qual o professor era o centro, para o processo de aprendizagem, no qual o educando é o ator principal. Ao lado de metodologias de ensino mais democráticas, flexíveis, inovadoras e criativas, começam a ter influência também os recursos das tecnologias da informação e da comunicação (TIC). A *Geração Y* e, no início do século XXI, a *Geração Z* começam a provocar um desconforto na "sala de aula". O estudante passa a obter a informação, às vezes, antes que o professor. O professor-informador vê seu mundo cair e não alcança o sentido de seu verdadeiro papel nesse complexo processo em que o discente não é mais coadjuvante. A sala de aula ficou "chata". Outros ambientes passam a ser mais atraentes, como a biblioteca, as áreas de convivência, os terminais de computação e informática, com acesso rápido às redes eletrônicas e sociais. As *Gerações Y e Z* de estudantes não encontram uma geração similar de professores. Esse conflito ainda não foi percebido pela maioria dos professores e, pior ainda, pela esmagadora maioria dos gestores das IES.

A transição entre o professor como o ator principal no processo ensino-aprendizagem e o estudante como centro do processo de aprendizagem está sendo longa e dolorosa para todos os atores envolvidos: discentes, docentes e IES. Poucas IES e escassos professores se deram conta dessa transformação. Esse hiato gera um descompasso imenso no processo de aprendizagem, escancarado à sociedade pelos contestados ou contraditórios exames nacionais, como o Enem e o Enade.

Relacionamento inter e intrapessoal

O relacionamento inter e intrapessoal entre docente e discente parece ser um dos pontos mais importantes nessa fase de transição. Poucos professores abrem mão de ser o ator principal. O relacionamento intrapessoal é mais conflitante que o interpessoal. Em seu íntimo, o professor continua a se ver como a peça fundamental do processo. Vê o educando como um aprendiz dependente, incapaz de se conduzir com autonomia, tendo o professor como facilitador, orientador estimulador de sua aprendizagem e não mais o *magister*, o "dono da verdade". No relacionamento com o discente, o mestre é ainda distante, inacessível, autoritário na maioria dos casos, provedor da informação e do conhecimento. O autoritarismo docente é observado em grande parte das IES. Há um fosso entre esses atores importantes no processo educacional.

A doutora em educação e educadora, Dora Incontri (1998, p. 44), afirma, com propriedade, que

> o professor deve descer de seu pedestal de dono da porta do conhecimento para deixar que o aluno possua a chave. A escola tem de proporcionar ao educando a faculdade de questionar, pesquisar e chegar ao conhecimento, e não meia dúzia de fórmulas e conceitos que, depois de algum tempo, a memória não consegue reter.

Ensinar dialogando requer humildade, paciência, criatividade. Humildade para se colocar ao lado e não acima do aluno, paciência para ouvi-lo e criatividade para inventar sempre novas e diferentes maneiras de buscar o fio condutor do diálogo.

O educador deve ter consciência de que não ensina, mas de que desperta e conduz de dentro para fora as potencialidades intrínsecas do ser. Segundo Pestalozzi (1985), educar é extrair de dentro:

> Educar é orientar na direção do bem. Muito mais do que ensinar nomes, datas, fórmulas e equações, a educação é um processo de mergulho interior para que haja um autoconhecimento e, ao mesmo tempo, para que a criatura encontre sua essência sagrada, a luz divina, que está em todos. No retorno do grande mergulho, a criatura passará a viver como um ser útil, vibrante, acolhedor e construtivo.

> Um grande sábio da antiguidade dizia que o ser humano não é um balde onde se derramam conhecimentos. É, antes, uma lareira, com fogo próprio. Educar é levar gravetos da humildade, da modéstia, da tolerância, da solidariedade, para o interior da lareira humana. O foguinho interior fará com que tais gravetos, crepitando, transformem o ser. Aí, a criatura, por onde andar, levará luz e calor.

A comunicação entre educador e educando tem sido difícil talvez por ainda ser uma relação mestre-aluno, e não educador-educando. O mestre vê o aluno como sendo "sem luz", em uma equivocada interpretação do significado e da origem do termo "aluno", repetida erroneamente por respeitáveis educadores e intelectuais.

A interação professor e aluno, segundo Masetto (2003), é peça fundamental no processo de aprendizagem "e manifesta-se na atitude de *mediação pedagógica* por parte do professor, na atitude de *parceria e corresponsabilidade* pelo processo de aprendizagem entre aluno e professor e na aceitação de *uma relação entre adultos* assumida por professor e aluno" (grifos do autor). Sobre a mediação pedagógica, Masetto (2003) é bastante explícito, oferecendo um roteiro seguro para o educador do século XXI:

> São características da mediação pedagógica: dialogar permanentemente de acordo com o que acontece no momento; trocar experiências; debater dúvidas, questões ou problemas; apresentar perguntas orientadoras; auxiliar nas carências e dificuldades técnicas ou de conhecimento quando o aprendiz não consegue se conduzir sozinho; garantir a dinâmica do processo de aprendizagem; propor situações-problema e desafios; desencadear e incentivar reflexões; criar intercâmbio entre a aprendizagem e a sociedade real onde nos encontramos, nos mais diferentes aspectos; colaborar para estabelecer conexões entre o conhecimento adquirido e novos conceitos, fazendo a ponte com outras situações análogas; colocar o aprendiz frente a frente com questões éticas, sociais, profissionais, conflituosas, por vezes; colaborar para desenvolver crítica com relação à quantidade e validade das informações obtidas; cooperar para que o aprendiz use e comande as novas tecnologias para aprendizagem e não seja comandado por elas ou por quem as tenha programado; colaborar para que se aprenda a comunicar conhecimentos, seja por intermédio de meios convencionais, seja por novas tecnologias.

O domínio das características da mediação pedagógica e a autoeducação do educador na comunicação entre educador e educando e em todo o processo de aprendizagem são pontos mais relevantes para a transformação que se deseja nesse ator importante, mas não o centro ou o ator principal nesse complexo processo: o professor.

Pontos fortes *versus* pontos fracos

O professor, desde a educação infantil, foi treinado a focar os pontos fracos dos estudantes. "Reprovar" é, às vezes, uma palavra corriqueira nas conversas da sala do professor. Uma frase bastante frequente nesse ambiente: "Vou ferrar essa turma, porque os alunos não conseguem me acompanhar". O relevo nos pontos fortes é ação isolada de poucos educadores. Drucker (1999) afirma que:

> A realização tem que ser baseada nos pontos fortes do estudante – como sabem, há milênios, todos os professores de artistas, todos os treinadores

de atletas, todos os mentores. Na verdade, encontrar os pontos fortes do estudante e focalizá-los na realização é a melhor definição de professor e de ensinar. É a definição que está no "Diálogo do Professor", escrito por um dos maiores professores da tradição ocidental, Santo Agostinho de Hipona (354-430). É claro que as escolas e seus professores sabem disso. Mas eles raramente puderam focalizar os pontos fortes dos estudantes e desafiá-los. Em vez disso, eles sempre tiveram que focalizar os pontos fracos. Quase todo o tempo, nas salas de aula tradicionais do Ocidente – pelo menos até o curso de graduação na universidade – é gasto na correção de pontos fracos. É gasto na produção de mediocridade respeitável.

O foco nos "pontos fracos" do educando tem sido o "calcanhar de Aquiles" de muitos educadores e um dos motivos de fraca aprendizagem, desempenho discente medíocre ou evasão escolar.

Aulas desinteressantes e professores despreparados ou desmotivados afetam profundamente o processo ensinar-aprender e, por consequência, a permanência do estudante no processo. Esse é um dos motivos da evasão e até da inadimplência.

Competências e habilidades

São desafios constantes para o professor a motivação e o desenvolvimento de competências e habilidades de seus alunos. Dar aulas "é coisa do passado". Desenvolver competências e habilidades deve ser a meta principal e insubstituível de IES e de educadores no século XXI.

Para Perrenoud (1999 "competência em educação é a faculdade de mobilizar um conjunto de recursos cognitivos – como saberes, habilidades e informações – para solucionar com pertinência e eficácia uma série de situações". A partir dessa definição, IES e professores devem promover profundas alterações na arquitetura curricular, nos planos de ensino e nas metodologias de aprendizagem.

Ao final do século XX, o Relatório Delors, da Comissão Internacional sobre a Educação para o Século XXI, sob o título *Educação: um tesouro a descobrir*, na conferência da Unesco, realizada em Paris, delineou estratégias concisas e claras para essa transformação. Os quatro pilares da educação – *aprender a conhecer, aprender a fazer, aprender a viver juntos, e aprender a ser* – sinalizam ações objetivas para o desenvolvimento de competências e habilidades no educando.

Em *aprender a conhecer*, o Relatório Delors afirma que:

Aprender para conhecer supõe, antes de tudo, aprender a aprender, exercitando a atenção, a memória e o pensamento. Desde a infância, sobretudo nas sociedades dominadas pela imagem televisiva, o jovem deve aprender a prestar atenção às coisas e às pessoas. A sucessão muito rápida de informações midiatizadas, o *zapping* tão frequente, prejudicam de fato o processo de descoberta, que implica duração e aprofundamento da apreensão. Essa aprendizagem da atenção pode revestir formas diversas e tirar partido de várias ocasiões da vida (jogos, estágios em empresas, viagens, trabalhos práticos de ciências).

Já em *aprender a fazer*, o desafio é como formar o aluno para praticar os conhecimentos e como adaptar a educação ao trabalho. Assim, "aprender a fazer não pode continuar a ter o significado simples de preparar alguém para um tarefa material bem determinada, para fazê-lo participar no fabrico de alguma coisa". O Relatório Delors enfatiza que

> os empregadores substituem, cada vez mais, a exigência de uma qualificação ainda muito ligada, a seu ver, à ideia de competência material, pela exigência de uma competência que se apresenta como uma espécie de coquetel individual, combinando a qualificação, em sentido estrito, adquirida pela formação técnica e profissional, o comportamento social, a aptidão para o trabalho em equipe, a capacidade de iniciativa, o gosto pelo risco. (...)
> Qualidades como a capacidade de comunicar, de trabalhar com os outros, de gerir e de resolver conflitos tornam-se cada vez mais importantes. E essa tendência torna-se ainda mais forte devido ao desenvolvimento do setor de serviços.

O desenvolvimento da competência de *aprender a viver juntos*, a conviver com os outros, é um dos maiores desafios para educadores e gestores universitários em todos os níveis no processo educacional deste século. Em um mundo globalizado, de conflitos complexos, seculares ou esporádicos, será que é possível conceber uma educação "capaz de evitar os conflitos ou de resolvê-los de maneira pacífica, desenvolvendo o conhecimento dos outros, de suas culturas, de sua espiritualidade"? Aprender a viver juntos pressupõe o desenvolvimento da compreensão do outro e a percepção das interdependências. Os professores, por exemplo, podem contribuir para o desenvolvimento dessa competência, como deixa claro o Relatório Delors:

> Os professores que, por dogmatismo, matam a curiosidade ou o espírito crítico de seus alunos, em vez de os desenvolver, podem ser mais prejudi-

ciais do que úteis. Esquecendo que funcionam como modelos, com essa sua atitude arriscam-se a enfraquecer por toda a vida nos alunos a capacidade de abertura à alteridade e de enfrentar as inevitáveis tensões entre pessoas, grupos e nações. O confronto através do diálogo e da troca de argumentos é um dos instrumentos indispensáveis à educação do século XXI.

Em *aprender a ser*, o Relatório afirma, de forma enérgica, um princípio fundamental: "A educação deve contribuir para o desenvolvimento total de – espírito e corpo, inteligência, sensibilidade, sentido estético, responsabilidade pessoal, espiritualidade". Não há como negligenciar o desenvolvimento das potencialidades do educando: memória, raciocínio, sentido estético, capacidades físicas, aptidão para comunicar-se, valores humanos e éticos. Os postulados do *aprender a ser* podem, assim, ser resumidos:

> O desenvolvimento (do *aprender a ser*) tem por objeto a realização completa do homem, em toda a sua riqueza e na complexidade de suas expressões e de seus compromissos: indivíduo, membro de uma família e de uma coletividade, cidadão e produtor, inventor de técnicas e criador de sonhos.

O desenvolvimento de competências e habilidades tem nas tecnologias da informação e da comunicação (TIC) instrumentos valiosos para o êxito do professor como mediador da aprendizagem. Todavia, o uso dessas ferramentas exige capacitação e treinamento contínuo do educador, tendo em vista as mudanças vertiginosas que ocorrem com as TIC. A velocidade das transformações tecnológicas tem sido um dos obstáculos para a atualização do professor, um profissional acomodado, ao longo das décadas dos últimos séculos, na repetição de lições e fórmulas. Este é mais um desafio para o professor neste século do conhecimento ou da sociedade digital.

O ritmo frenético das transformações, segundo Neves (2007), deixa a maioria das pessoas atordoadas:

> Os jovens dos tempos da transição para a Sociedade Digital sofrem sobretudo pela falta de referência de receitas prontas do que deve ser feito para ganhar qualificação e atingir a plenitude da vida adulta. Sofrimento agravado fundamentalmente pela falta de perspectiva de disponibilidade de empregos que eram tradicionais no século XX. Porém, por sua vez, os adultos com mais de 30 anos sofrem com a sobrecarga cognitiva que vai se tornando cada vez mais epidêmica e com a dificuldade de manter o passo atualizado com as mudanças, em especial as de natureza tecnológica.

Os professores necessitam de capacitação em competências e habilidades próprias para o novo cenário de aprendizagem, particularmente para o desenvolvimento no educando dos quatro pilares da educação para o século XXI: *aprender a conhecer, aprender a fazer, aprender a viver juntos* e *aprender a ser.*

A pedagogia do afeto

A afetividade não tem permeado a relação entre professor e aluno ao longo dos séculos. A professora Maria de Lourdes Sobral, em pesquisa sobre a influência da afetividade no ambiente pedagógico[1], diz que "na sala de aula, muitas vezes, alguns professores têm privilegiado os conteúdos escolares, esquecendo-se de que ali estão seres humanos em busca de um espaço ou de um olhar que possibilite a construção de uma aprendizagem". E conclui:

> O diálogo estabelecido entre professor e aluno é fator importante no processo de aprendizagem, visto que forma elos afetivos que despertam o interesse e a motivação, levando os alunos a executarem suas tarefas com boa vontade. Codo e Gazzotti (2002) ainda dizem que o ato de educar só terá sucesso se houver uma relação afetiva entre professor e aluno; caso contrário, a aprendizagem não será significativa e não preparará o indivíduo para uma vida futura, deixando lacunas no processo ensino-aprendizagem.
>
> Elemento essencial na efetivação da aprendizagem é uma autoestima positiva, pois todo indivíduo precisa sentir-se capaz de pensar e agir, e ver-se como merecedor de felicidade. A autoestima, diz Claret (1995), é uma necessidade humana, que contribui essencialmente para o processo vital.
>
> Constatamos ainda que existe algo que impede alguns professores de colocarem, em sua ação pedagógica, um pouco de afeto, e de acolher os sentimentos do aluno, de uma forma que leve, esse aluno, a sentir que a escola é realmente uma extensão do lar.
>
> É importante lembrar que o comportamento intelectual é motivado pelas implicações afetivas, visto que a afetividade norteia o processo de aprendizagem.
>
> Portanto, nosso sistema educacional carece de uma "Pedagogia do Afeto", que construa homens e mulheres capazes de viver intensamente.

A prática da pedagogia do afeto é passo primordial para a melhoria contínua da qualidade do processo de aprendizagem.

---

[1] http://veterinariosnodiva.com.br/books/afetividade-ambiente-pedagogico.pdf – acesso em 2/9/2010.

A relação docente/discente, repetência e evasão

As causas da evasão e da repetência na educação superior brasileira ainda não foram investigadas seriamente com a adoção de critérios científicos para a aferição do fenômeno.

Para a evasão, nas IES privadas, as questões relativas à capacidade de pagamento das mensalidades escolares pelos estudantes, pais ou responsáveis são apontadas como as principais causas. As abundantes fontes de financiamento estudantil, a partir do Programa de Financiamento Estudantil (Fies), das bolsas do Prouni (Programa Universidade para Todos) e da participação de instituições financeiras, em parcerias com entidades mantenedoras, reduziram substancialmente essas causas.

A repetência, sobretudo nos primeiros semestres letivos dos cursos superiores, é também apontada como uma das causas da evasão no ensino superior. Esse tipo de repetência tem por fundamento principal a falta de base educacional dos concluintes do ensino médio, fortemente ofertado pelo poder público, de reconhecida incompetência gerencial para todas as questões, particularmente a educacional.

Questões menores podem ainda ser levantadas, como o atendimento precário ou desatencioso dado pela maioria das IES privadas a seus discentes ou clientes.

Entretanto, um outro ponto tem sido relegado a plano secundário: o atendimento docente em sala de aula e nas demais atividades acadêmicas.

A relação entre professor e aluno é a mais intensa e duradoura durante todo o processo educacional, do ingresso à diplomação. Nessa trajetória, muitos estudantes ficam desestimulados ou abandonam os estudos como resultado do mau relacionamento com o professor ou da incompetência gerencial docente nesse complexo processo. O autoritarismo docente e a falta de alteridade têm conduzido esse relacionamento a consequências danosas para todos. O conflito tem se mostrado mais agudo a partir do perfil discente das IES privadas, identificado no início deste século com uma comunidade estudantil volumosa, acima da faixa etária dos 24 anos.

De acordo com estimativas do Observatório Universitário[2], em 2010, estarão matriculados no ensino superior brasileiro 6.183.979 alunos. De acordo com estimativas do IBGE[3], o Brasil apresentava, em 2010, uma po-

---

[2] http://www.observatoriouniversitario.org.br/pdf_documentos_de_trabalho/documentos_de_trabalho_26.pdf – acesso em 2/9/2010.

[3] http://www.mundoeducacao.com.br/geografia/populacao-atual-brasil.htm – acesso em 2/9/2010.

pulação total de 192.304.735 habitantes. Da população na faixa etária dos 18 aos 24 anos, 12,2%[4] estavam matriculados no ensino superior. Logo, mais de um milhão e meio de estudantes das IES estava acima dos 24 anos. São adultos que retornam aos estudos para uma segunda ou terceira graduação, ou que estão recuperando, por vários motivos, a oportunidade perdida na faixa etária correspondente.

O professor, especialmente nos cursos noturnos, tem, assim, uma comunidade estudantil complexa, com faixas etárias cada vez mais avançadas em idade, requisitando níveis de atenção mais sofisticados, com perfis psicológicos bastante diferenciados. A grande maioria é composta por trabalhadores-alunos.

A mediação pedagógica em uma comunidade de alunos com tanta diversidade etária, além das diversidades culturais, exige do educador capacitação e treinamento contínuos para o desempenho ao menos satisfatório de suas funções de magistério. A relação entre docente e discente há que merecer de professores e gestores universitários atenção especial nas próximas décadas, com o objetivo de aprimorá-la desenvolvendo continuamente o *aprender a viver juntos*.

Como evitar a evasão

Com pesquisas científicas, as causas da evasão podem ser identificadas, guardando aspectos peculiares de uma IES para outra, em uma mesma região metropolitana ou em unidades diversas da Federação. Todas as causas devem ser trabalhadas seriamente pelas IES. Uma não será mais importante do que a outra; todavia, não importando o nível de influência entre as possíveis causas da evasão no ensino superior, a relação entre docente e discente e a mediação pedagógica devem ocupar, nas próximas décadas, posição de destaque nos objetivos e nas ações referentes aos planos de desenvolvimento institucional das IES e respectivos projetos pedagógicos de cursos superiores.

Os programas de mestrado e doutorado brasileiros não conduzem o professor, pelos conteúdos trabalhados, ao exercício do magistério superior. Nesses programas, as competências e as habilidades para a docência são totalmente ignoradas, embora o Ministério da Educação coloque nesses títulos, sobretudo nos doutorados, a responsabilidade pela qualidade na educação superior.

---

[4] http://www.fapesp.br/indct/tab/tab/ta0201.pdf – acesso em 2/9/2010.

É oportuno lembrar que, na formulação do Conceito Preliminar de Curso (CPC), a existência de menos de 20% de doutores, em qualquer curso de graduação, pode conduzi-lo a uma avaliação negativa, inferior a 3, em uma escala de conceitos de 1 a 5. Ajém disso, composição do polêmico Núcleo Docente Estruturante (NDE), criado de forma autoritária pelo MEC na estrutura acadêmico-administrativa das IES, deve contemplar 100% de professores com mestrados e doutorados.

Cabe, portanto, a cada IES desenvolver seus programas de capacitação, de aperfeiçoamento e de atualização docente nos aspectos mais específicos da relação docente-discente e na mediação pedagógica, além de treinamento nas tecnologias da informação e da comunicação, de forma contínua, para todo o seu corpo docente.

Não há "receita de bolo", mas há pistas que podem ser analisadas e testadas na busca permanente da qualidade da educação superior, missão inalienável das instituições privadas que atuam nessa área do ensino.

Referências

CARVALHO, M.M. *Projeção da matrícula no ensino superior no Brasil, por dependência administrativa*: um exercício preliminar. Rio de Janeiro, 2004. Disponível em: <http://www.observatoriouniversitario.org.br/pdf_documentos_de_trabalho/documentos_de_trabalho_26.pdf>. Acesso em 2 set. 2010.

DELORS, J. et al. *Educação:* um tesouro a descobrir: relatório para a Unesco da Comissão Internacional sobre educação para o século XXI. São Paulo: Cortez, 2006.

DRUCKER, P. *Sociedade pós-capitalista*. São Paulo: Pioneira, 1999.

INCONTRI, D. *A educação da nova era*. São Paulo: Comenius, 1998.

INSTITUTO BRASILEIRO DE GEOGRAFIA E ESTATÍSTICA. *Porcentual da população em idade escolar, por faixa etária – estado de São Paulo, regiões e Brasil, 2000-2010*. [2010]. Disponível em: <http://www.fapesp.br/indct/tab/tab/ta0201.pdf>. Acesso em 2 set. 2010.

LOPES, L. *Pestalozzi e a educação contemporânea*. Duque de Caxias: AFE/Unigranrio, 1985.

MASETTO, M.T. *Competência pedagógica do professor universitário*. São Paulo: Summus, 2003.

MUNDO EDUCAÇÃO. *População atual do Brasil*. 2010. Disponível em: <http://www.mundoeducacao.com.br/geografia/populacao-atual-brasil.htm>. Acesso em 2 set. 2010.

NEVES, R. *O novo mundo digital*: você já está nele. Rio de Janeiro: Relume Dumará, 2007.

PERRENOUD, P. *Construir as competências desde a escola*. Porto Alegre: Artmed, 1999.

SOBRAL, M.L. A influência da afetividade no ambiente pedagógico. *Interface de Saberes*, v.7, n.2, 2007. Disponível em: <http://interfacesdesaberes.fafica.com/seer/ojs/include/getdoc.php?id=194&article=99&mode=pdf>. Acesso em 2 set. 2010.

7

Liderança e gestão do capital humano nas instituições de ensino superior

Sonia Simões Colombo

O termo liderança remonta à época de Platão, em que se pode observar em suas obras as considerações a respeito da preparação dos líderes políticos. Outros filósofos, sucessores de Platão, também abordaram o tema na busca do líder ideal.

O exercício, a natureza e a formação de lideranças tornaram-se objeto de estudo de acadêmicos e pesquisadores ao longo da história, pois não tem sido uma tarefa fácil compreender as virtudes que compõem os atributos de um líder por meio de resultados alcançados nas empresas. Há conceitos ilusórios, muitos mitos e diversas lacunas envolvendo a formação e a prática da liderança.

A pesquisa científica nesta temática, fora da área da filosofia e da história, teve início depois de 1930, com algumas contribuições para o entendimento das características das personalidades e dos comportamentos do ser humano no exercício da liderança. No período de 1940, as pessoas nas organizações eram vistas como passivas, resultando em análises e conceitos focados nos estilos de liderança orientados exclusivamente para o empregado. A partir de 1950, houve uma mudança de paradigma no tocante à concepção e ao desenvolvimento da liderança, deixando de ser considerada exclusivamente como inata e passando a ser compreendida como uma habilidade passível de ser desenvolvida por programas de treinamento.

Entretanto, a maioria das pesquisas apresentava um escopo restrito e não uniforme, com abordagem mais dos comportamentos dos líderes em relação aos membros de suas equipes do que do desempenho funcional integrado aos resultados das contribuições da liderança às organizações.

Os estudos direcionados mais aos aspectos sociais, centrados na pessoa do líder, a seus traços peculiares e a seu caráter apresentaram contribuições menores, voltadas apenas para a distinção dos comportamentos existentes entre um verdadeiro líder e os demais indivíduos, pois, ao se prestar menos atenção à liderança organizacional, comprometia-se a análise do contexto holístico e do impacto das ações provenientes do líder no ambiente empresarial.

Colins e Porras, na década de 1990, após uma longa pesquisa com as principais empresas dos EUA, em que o objeto do estudo era a análise das características e dos princípios comuns das organizações visionárias, diferenciando-as das demais, derrubaram um mito sobre a liderança.

Chegaram à conclusão de que as empresas visionárias não necessitavam de um grande líder carismático para garantir sua longevidade. O importante era que a liderança fosse distribuída em todos os níveis da organização, dando as ferramentas ao exercício das atividades em vez de impor as soluções. Portanto, o carisma do líder não foi considerado como um fator preponderante para o sucesso dessas organizações.

Desenvolver líderes eficazes faz parte dos anseios dos empresários e dos gestores de pessoas da atualidade, que sabem da relevância do papel da liderança para a excelência e competitividade de seus produtos e, consequentemente, para o sucesso da organização.

No contexto das IES, a liderança vem sendo estudada com interesse em diversos cursos, seja no interior das salas de aulas, seja nas pesquisas acadêmicas; porém, não se encontra a mesma preocupação e atenção com as estratégias e ferramentas de lideranças para aplicação na própria instituição como organização empresarial.

O exercício da liderança

Como ponto de partida, compreende-se o conceito de líder nas organizações como aquele que consegue obter os resultados almejados por meio da gestão do capital humano constituído por membros de sua equipe, da identificação de anseios e expectativas e do alinhamento dos objetivos de todas as partes interessadas. Nas IES, as interessadas estão envolvidas direta ou indiretamente com a instituição: investidores, empregados, clientes/alunos, fornecedores, comunidades locais, governo e sociedade.

Cabe ao líder viabilizar e estreitar a comunicação com esse público, garantindo o engajamento nas atividades da universidade. Logo, suas responsabilidades englobam formar e desenvolver alianças estratégicas, relacionar-se com as várias esferas da comunidade, identificar e criar oportunidades que possam agregar valor para todos os participantes. Entretanto, lidar com inúmeros atores e com necessidades e interesses distintos e nem sempre convergentes em um palco complexo em movimento acelerado pelas mudanças do mercado não é tarefa simples.

Especificamente com relação a seus colaboradores (funcionários e professores), o líder deve favorecer as relações entre as pessoas e o trabalho, difundindo a cultura organizacional, fortalecendo-a e estabelecendo princípios que promovam a excelência em um ambiente saudável que privilegie e respeite a diversidade de ideias. Ao valorizar o capital humano como o ativo mais importante da IES, ele estará um passo à frente para ter uma equipe preparada e motivada a fim de superar os desafios.

O líder, sintonizado com a atualidade, em alinhamento às estratégias da IES, precisa assegurar a utilização plena do potencial de sua equipe, pois é díspar a diferença entre a prática da liderança do passado e da atualidade:

- O líder do passado vivia fechado em seu próprio mundo e não ouvia os membros de sua equipe. Hoje em dia, a participação de todos os membros da equipe é fundamental para o surgimento de novas ideias e soluções, bem como para a tomada de decisões, muitas vezes, realizada em conjunto. Além disso, nessa forma de gestão, as pessoas sentem-se importantes e inseridas, propiciando ambiente favorável e motivador.

- O líder usava da autoridade e do comando, mas atualmente precisa valorizar as pessoas e suas ideias ao engajar a equipe para que se comprometa com o trabalho. Para tanto, necessita conduzir os que estão a seus cuidados, dando significado ao trabalho desenvolvido por eles, estimulando-os à criatividade na busca de soluções e propiciando que tomem decisões e sejam responsáveis por elas; assim, irão sentir-se incentivados a lutar por uma causa.

- O líder de outrora era autocrático; atualmente, em um ambiente democrático e de rápidas mudanças, suscetível a sugestões e a críticas, isso é inconcebível.

No contexto atual, as IES necessitam de líderes que possam se posicionar de maneira firme na sociedade em relação às mudanças descabidas que o Ministério da Educação frequentemente instaura, o que prejudica a gestão da educação superior brasileira. Os líderes também devem agir de maneira segura e contundente diante das visitas das comissões do MEC em suas instituições, argumentando e defendendo suas propostas.

Com capacidade de estimular de forma entusiástica as pessoas que estão a seu redor, instigando a criatividade, o comprometimento e o sentimento de contribuir e pertencer a algo significativo, os líderes potencializam fatores fundamentais e relevantes para o desenvolvimento de IES sólidas e perenes. Aspectos essenciais, como saber ouvir, delegar poder, ser imparcial, ter flexibilidade, compreender as situações e as pessoas de maneira ampla e sem preconceitos, assumir riscos maduros e cumprir o prometido favorecem o desenvolvimento de uma liderança eficaz e focada em resultados. Nesse contexto, Bernardinho, técnico da seleção brasileira de voleibol masculino, reconhecido por suas estratégias de liderança, afirmou durante uma entrevista: "O líder potencializa as habilidades de cada membro de sua equipe, busca a alta performance fazendo aquilo que é certo, e não aquilo que lhe é conveniente".

Como gestor de talentos, a atenção precisa estar voltada a obter o máximo e o melhor de seus colaboradores ao influenciar e inspirar pessoas para a ação, gerando condições positivas no ambiente de trabalho e oferecendo recursos condizentes para a otimização dos processos. É perfeitamente possível conciliar as ações de delegar e controlar, dar liberdade e obter alta performance, pois quando há nas IES comunhão entre os líderes e liderados, com alinhamento nos propósitos, os resultados são excepcionais. A forma de se trabalhar precisa estar atrelada aos valores da organização, e nada melhor do que o líder ser o canal para a disseminação e para o fortalecimento dessa mensagem.

As pessoas precisam sentir-se compreendidas e aceitas para que seus talentos possam ser expressos. Abraham Lincoln, em um de seus discursos, visando a ressaltar o poder de um líder, declarou: "A maior habilidade de um líder é desenvolver habilidades extraordinárias em pessoas comuns".

Ao desenvolver o capital humano, o líder estará potencializando as competências necessárias que a organização necessita e necessitará para o futuro. Fazer os planos saírem do papel é parte dos vários desafios dos bons líderes, pois eles entendem que o sucesso é o resultado da força conjunta de uma equipe que sabe aproveitar as oportunidades que surgem.

Desenvolvendo o capital humano das IES

Todo o sucesso de uma empresa é construído *com* e *pelas* pessoas. Esse fato não pode ser ignorado pelos líderes, independentemente do tipo de atividade que realizam e do ambiente no qual estão inseridos.

As IES dependem das competências e da performance de suas equipes. Prosperam quando profissionais talentosos desenvolvem processos e produtos eficazes, mais competitivos, que estejam alinhados às necessidades do mercado e de seus clientes. Por outro lado, podem sucumbir quando há lideranças e equipes ineficazes.

Os caminhos para o sucesso mudam com o tempo, de acordo com os movimentos da sociedade em termos de pressões econômicas, alterações nos modelos da gestão, transformações das estratégias para atender às novas demandas, entre outros; mas é certo que, independentemente dos cenários nos quais as IES possam estar inseridas, sempre precisarão de pessoas talentosas e capacitadas para fortalecer processos que favoreçam o crescimento da instituição.

É possível manter profissionais talentosos, competentes, comprometidos e produtivos? Para se obter uma resposta, cabe refletirmos inicialmente sobre o que é talento e sobre a composição do capital humano.

A palavra "talento" teve surgimento na Antiguidade, mensurando a quantidade de prata e ouro nas negociações. Hoje, assim como no passado, ter talento significa possuir algo valioso, uma habilidade, um dom ou uma vocação para uma determinada atividade.

Já o termo "capital humano" surgiu mais recentemente, na década de 1960, por meio dos estudos de Theodore Schultz, que recebeu o prêmio Nobel de Economia de 1979, compartilhado com Arthur Lewis. Esse conceito foi popularizado por um outro grande economista, Gary Stanley Becker (prêmio Nobel de Economia de 1992), que expandiu a análise microeconômica para o comportamento e para a interação humana. O conceito de capital humano, centrado no talento, na educação, nas competências e na saúde, deriva do entendimento do capital fixo (equipamentos e tecnologias) e capital variável (salários). Portanto, o capital humano é a força de trabalho de uma empresa, composta por pessoas que agregam valor e geram retornos financeiros.

Essas definições oriundas de economistas devem-se ao entendimento de que um dos componentes para a desigualdade do desenvolvimento econômico de um país está relacionado às diferenças e às peculiaridades das competências das pessoas. Relacionando a aplicação desse conceito com as empresas, há vários opositores humanistas que relutaram inicialmente em usar a palavra "capital" para seres humanos, em uma tentativa de evitar a transformação das pessoas em valor econômico para as corporações empresariais.

Nos dias atuais, o conceito e sua aplicabilidade são usados largamente na maioria das organizações, já que a base de sustentação dos processos, das inovações, das estratégias e da performance de alto desempenho encontra-se alicerçada em um bem mais precioso: seu capital humano.

Logo, o capital humano é o conjunto de habilidades, competências, experiências, qualificações e conexões sociais que determinam, em um dado momento, as ações do indivíduo.

As empresas de classe mundial não veem os colaboradores como recursos organizacionais padronizados; ao contrário, têm a visão de que o capital humano é seu grande diferencial, e por isso criam ambientes e espaços com condições para que os talentos se desenvolvam e realizem-se profissional e pessoalmente. Isso, sem dúvida alguma, é revertido para a organização em forma de comprometimento, respeito e motivação por parte de seus recursos humanos.

Já nas IES, com raras exceções, não há uma política interna para desenvolvimento dos próprios talentos, uma realidade na contramão das tendências de outras empresas pertencentes a diversos segmentos da economia que buscam constantemente o aperfeiçoamento e a capacitação de seus profissionais. Esse fato é um contrassenso, pois uma instituição de ensino superior tem no cerne de sua missão a formação e o desenvolvimento de profissionais para a sociedade e para o mercado de trabalho, mas não promove, em sua grande totalidade, a capacitação do seu próprio corpo de colaboradores. Produzem capital humano para a sociedade, mas não zelam por seus talentos internos.

Para que possam utilizar plenamente todo o potencial de contribuição da força de trabalho, as IES devem proporcionar programas de desenvolvimento tanto para os profissionais que ingressam na instituição quanto para os que já são integrantes, visando às melhorias em seus desempenhos ou preparando-os para ocuparem outras posições funcionais. Portanto, o foco na capacitação e no aperfeiçoamento contínuo dos membros da equipe deveria ser a tônica de atenção de líderes e gestores da IES como forma de fortalecer os processos, as metodologias e os resultados de suas respectivas áreas. Ao formar equipes de alto desempenho, obterão, consequentemente, resultados superiores ao esperado.

Atualmente, as características mais valorizadas em um profissional estão relacionadas às competências, ao comprometimento, à inovação, à qualidade e à cooperação. Ao desenvolver essas habilidades, o colaborador estará, com certeza, dando um passo à frente para encarar as diversidades e os desafios inerentes ao ambiente corporativo.

É relevante que as ações de desenvolvimento do quadro funcional de uma instituição de ensino superior sejam precedidas por uma identificação pela análise de suas necessidades operacionais e estratégicas. Para tanto, há várias maneiras de se verificar as reais necessidades de treinamentos com diagnóstico das lacunas ou falhas no desempenho. Destacam-se as seguintes sistemáticas:

- levantamento anual ou semestral junto a cada gestor para identificar lacunas que estejam dificultando o desempenho esperado dos componentes de sua equipe. Entrevistas com os colaboradores também fortalecem essa sistemática, pois podem fornecer dados não vislumbrados pelo líder imediato;
- pesquisa de clima organizacional, o que possibilita identificar fatores de motivação e desmotivação;
- avaliação de performance dos colaboradores, analisando as razões pelas quais determinados objetivos não tenham sido alcançados ou desempenhos estejam abaixo do esperado;
- verificação de mudanças nos processos, exigindo novas competências das pessoas que os executarão;
- existência de erros e não conformidades cujas causas são provenientes de falhas de desempenho dos profissionais;
- demandas advindas dos planos estratégicos, apontando necessidades de novas habilidades ou novos conhecimentos.

Como resultado deste levantamento, é interessante que a área de recursos humanos da IES elabore um plano de aperfeiçoamento profissional desenhado para cada colaborador. Após a devida participação em um determinado programa, deve-se acompanhar o respectivo desempenho, oferecendo as condições propícias para que os conhecimentos adquiridos sejam implementados no dia a dia de trabalho.

É crucial a cada líder educacional considerar que são as pessoas que compõem a força motriz dos processos, e que, por esse motivo, são fundamentais para o desenvolvimento da instituição de ensino. Como resultado, ao investir nos atributos das competências que realmente farão a diferença, o líder e a instituição certamente obterão um ganho relacionado à qualidade do serviço oferecido, à produtividade de seus colaboradores e à satisfação de seus clientes.

Cada vez mais, constata-se que o capital humano, junto aos processos organizacionais, é o principal responsável na fidelização e na captação dos clientes; assim, o sucesso de uma IES está diretamente relacionado às competências de seu capital humano, o que garante sua longevidade e competitividade.

As IES podem e devem ter líderes em todos os níveis, considerando prioritário o desenvolvimento de novos gestores. Ao desenvolver cada talento, é necessário ter também um olhar apurado para identificar as pessoas com aptidões para liderança, preparando-as para assumirem no futuro posições de gestores. Dessa maneira, o desenvolvimento da liderança inicia-se antes mesmo de um colaborador tornar-se um gestor.

Em paralelo, não se pode negligenciar os profissionais que já estão em postos de comando, investindo no aperfeiçoamento constante de suas competências técnicas, humanas e sociais. Portanto, no tocante ao desenvolvimento das lideranças, dois direcionamentos são relevantes: fortalecer os líderes atuais e preparar os líderes do futuro.

Na época atual, é interessante ultrapassar os tradicionais conceitos de hierarquia por meio de métodos indiretos de liderança que permitam maior liberdade, gerando espaços para que os empregados, com conhecimentos especializados e espíritos empreendedores, exerçam influência sobre os demais em prol da realização de objetivos e metas organizacionais.

É estratégico investir em *coaching*, pois essa sistemática contempla várias ferramentas que um profissional necessita para obter duradouras conquistas tanto na vida profissional como pessoal. Sua essência está alicerçada no alcance de resultados e envolve várias situações e motivações para obtenção de objetivos, metas e resultados. Como um processo de aperfeiçoamento humano, encontra-se entre as 10 estratégias mais relevantes para uma pessoa obter aquilo que deseja em uma determinada situação ou em um determinado momento.

Desenvolver as pessoas, identificando os conhecimentos necessários a longo prazo, tornou-se um diferencial para as IES que desejam conquistar melhores posições no mercado. Cabe ao líder também incentivar os membros de sua equipe, independentemente dos recursos oferecidos pela organização para investirem em si mesmos, e projetar seu crescimento na aquisição de novas competências e no aprimoramento de seu desempenho.

O profissional que planeja sua carreira não deve ficar à espera de que a organização invista em sua capacitação técnica, gerencial e comportamental. É um caminho de mão dupla: as empresas criam oportunidades de desenvolvimento e o profissional também busca alternativas próprias para seu aprimoramento, agindo para a incorporação de novos conhecimentos, implementando-os em suas atividades, procurando inovar e melhorando sua maneira de atuar. A conscientização desse duplo caminho deve fazer parte das orientações provenientes de um líder comprometido e preocupado com os resultados das IES e de seus colaboradores.

Para assegurar agilidade e flexibilidade, além de ter uma força de trabalho capacitada, é relevante considerar a composição e a autonomia das pessoas na estrutura empresarial do negócio "escola", suas responsabilidades e interações. Ao dar autonomia proporcional às capacidades das pessoas, o líder permitirá que elas tomem decisões corretas no momento em que necessitarem, o que aumenta a satisfação pelo trabalho realizado e favorece a conquista dos objetivos. A junção das experiências com as competências, somadas à busca constante por novos conhecimentos, é fator fundamental para se alcançarem resultados estratégicos superiores às expectativas.

Outro fator geralmente negligenciado nas IES refere-se à avaliação das ações de treinamento e desenvolvimento disponibilizadas aos empregados. As instituições de ensino superior precisam assegurar que todos os seus programas de capacitação disponibilizados a seus empregados sejam utilizados de forma eficaz. Isso provoca as mudanças pretendidas pela organização, assim criando e fortalecendo uma cultura de excelência. Claro que a promoção de uma cultura de excelência está atrelada a uma série de princípios e diretrizes que envolvem holisticamente a instituição, sendo que a correta identificação das necessidades educacionais, a oferta dos programas de desenvolvimento e a respectiva avaliação de sua implementação nos processos organizacionais contemplam essas ações.

Após a participação de um funcionário em um treinamento, é importante avaliar os seguintes fatores:

- reação – a opinião do treinado sobre o treinamento;
- aprendizagem – testes aplicados antes e depois do aprendizado;
- nível de mudança de comportamento – em formato de *check list*, listar todo conteúdo programático e ações/comportamento que se espera do funcionário;
- eficácia – análise dos resultados após o treinamento.

A avaliação da eficácia pode ser feita após três ou seis meses da capacitação, dependendo da complexidade e do tempo necessário para a efetiva implementação dos novos conhecimentos adquiridos. Geralmente, ouve-se o gestor imediato, o qual analisará a ocorrência ou não de aperfeiçoamentos no desempenho do profissional treinado. Se não houver mudanças positivas, é necessário buscar as respectivas causas, identificando a fonte do problema. A avaliação apontará se a falha foi da escolha inadequada do programa, se o colaborador não absorveu todo o conteúdo, se a IES não ofereceu os recursos necessários para a implementação dos novos conhecimentos, ou se o gestor não disponibilizou as condições propícias. Essa análise também gerará oportunidades de retroalimentação, com melhorias em todo o processo de capacitação e desenvolvimento, bem como a maximização dos investimentos.

Seleção e contratação de profissionais qualificados

Com a concorrência acirrada, com o foco em resultados e com o avanço tecnológico, os processos e os métodos relacionados à gestão de pessoas estão se tornando mais sofisticados nas empresas brasileiras, alinhados às grandes tendências mundiais de valorização do ser humano que compete em um mercado globalizado. Esses diferenciais iniciam-se no momento da procura e do ingresso do novo colaborador.

Acompanhando estas tendências, toda instituição educacional, independentemente de porte e nível de rotatividade da força de trabalho, precisa contar com processos de seleção apurados e compatíveis com suas necessidades para garantir a perfeita captação de profissionais qualificados e competentes, bem como para atender às novas demandas no caso de ampliação e crescimento do quadro funcional.

Para o alcance deste objetivo, a prática da seleção de profissionais pode ser terceirizada para empresas especializadas; nesse caso, o ideal é ou contratar os serviços de empresas que atuem e conheçam a realidade do segmento educacional ou realizar a seleção por profissional próprio, desde que ele esteja preparado e devidamente capacitado para identificar o perfil desejado. É recomendável que se leve em consideração os requisitos de desempenho desejados, como as atividades a serem executadas, as responsabilidades e os deveres, além das necessidades relacionadas aos aspectos comportamentais e técnicos relativos aos fatores intelectuais, de aptidões e de personalidade.

Antes de optar por um recrutamento externo, é interessante que a IES analise a possibilidade de aproveitar no próprio quadro funcional algum colaborador que tenha o perfil desejado para ocupar a vaga em aberto, pois, dessa maneira, estará criando oportunidades de ascensão na carreira, fator altamente motivador e valorizado junto aos profissionais que almejam novos desafios e reconhecimentos. O desconhecimento da essência de seus profissionais poderá resultar na perda de preciosas oportunidades.

Ao direcionar o olhar para seus colaboradores, dando mais atenção às suas habilidades e competências, os gestores encontrarão o que a empresa necessita sem despender de recursos extras, além da vantagem de reter talentos que comungam com sua cultura e com suas crenças. A seleção interna também é mais rápida e menos onerosa, obtendo informações mais precisas.

Outros aspectos impulsores para o uso do recrutamento interno são a geração de um clima organizacional positivo, a retenção do capital humano e a elevação do moral e da motivação dos profissionais envolvidos no processo. Quando uma vaga é aproveitada por um colaborador interno, cria-se uma cadeia de várias oportunidades e gera-se movimentação de cargos e outras promoções.

É importante, no processo de recrutamento interno, que os critérios adotados sejam alicerçados na transparência e nos requisitos de igualdade e justiça perante todos os profissionais que compõem a força de trabalho da organização, pois, caso contrário, se estará dando margem para desconfianças e surgimento de desmotivações nas equipes, prejudicando o clima organizacional. A discriminação em virtude de raça, sexo, cor, origem, condição social, etnia, idade, nacionalidade, religião, doença não contagiosa, deficiência física, orientação sexual e outros motivos que nada têm a ver com os requisitos necessários para o desempenho da função, além de ser considerado crime pela legislação brasileira, não combina com uma adequada política de gestão de pessoas. Dessa maneira, é recomendável ter uma diretriz formalizada, internalizada e compartilhada, com igualdade nas oportunidades e com parâmetros técnicos, administrativos e éticos para participação, seleção e escolha dos profissionais mais aptos e preparados para ocuparem uma nova função.

Apesar de existirem inúmeros fatores positivos para a adoção da prática de aproveitamento interno de colaboradores, não se pode excluir o fato de que a entrada de um profissional vindo do mercado é fator de captação de novos conhecimentos, novos métodos de trabalho e novas experiências, o que fortalece e inova as atividades organizacionais. Portanto, ao se conciliar as duas maneiras, estará se gerando valor para todas as partes interessadas.

Tanto no recrutamento interno como no externo, após a análise dos requisitos do cargo, é recomendável a adoção de técnicas de seleção baseadas em avaliações psicológicas, testes específicos (que deem dados do profissional relativos aos aspectos intelectuais e às aptidões), provas situacionais, de conhecimentos gerais e específicos, dinâmicas de grupo e entrevistas técnicas com o gestor imediato.

Neste processo, também se faz necessário responder às seguintes indagações sobre as pessoas que são alvo da contratação: O que pensam? O que as motiva? Quais são seus princípios e valores? O que mais valorizam? Em que acreditam? O que as faz felizes? Quais são suas competências? Essas competências estão alinhadas com as necessidades organizacionais? Quais são suas principais habilidades? Haverá necessidade de programas de treinamento para suprir algum hiato entre as competências requeridas e as apresentadas?

É perfeitamente possível desenvolver e cultivar talentos. Às vezes, o colaborador tem o perfil requerido, mas ainda não tem todas as competências desenvolvidas. Nesse caso, as IES devem oferecer as condições para que essas competências desabrochem.

As instituições de ensino superior necessitam seguir as tendências que várias empresas do mercado estão adotando em seus processos seletivos, avaliando os candidatos em 360°. Nessa metodologia, os profissionais são analisados de modo circular por pessoas que possuem ou possuirão interação com o profissional. Assim, um comitê formado por supervisor imediato, por pessoas indicadas pela área requisitante (clientes e ou fornecedoras internos) e representante do RH emite um parecer sobre o candidato.

Após a seleção, é necessário integrar os novos membros da força de trabalho à organização.

Apesar de ser extremamente simples implementar um processo de integração de novos colaboradores e de ser adotado por grande parte das empresas de todos os segmentos da economia, não se encontra essa prática na maioria das instituições de ensino superior.

Os novos colaboradores, quando ingressam na instituição, precisam ter um entendimento e uma compreensão do negócio da corporação, de sua cultura, de seu contexto, de seus processos-chave, dos objetivos, da missão, da filosofia, dos valores, da visão de futuro e das diretrizes éticas. Necessitam também saber quais serão as áreas de clientes e de fornecedores, bem como as relações de interdependência entre os diversos atores do sistema.

A integração visa ainda a criar um ambiente de trabalho favorável, junto a colegas e gestores, para início de sua vida na organização.

Todo líder deve assegurar que o novo colaborador tenha as informações mínimas necessárias para iniciar suas atividades, zelando para que receba, além dos dados abrangentes da empresa, os dados específicos da área na qual atuará, como os procedimentos, o fluxo dos processos e dos sistemas de trabalho.

Avaliação do desempenho para elevar a performance profissional e organizacional

O líder deve desejar, buscar, incentivar, trabalhar arduamente e exigir o desempenho máximo dos membros de sua equipe.

A gestão da avaliação de desempenho é um fator crítico para o sucesso de uma organização e de seus profissionais, pois exige uma atenção especial por parte das lideranças. Para que a avaliação possa existir e ter sentido, é fundamentalmente relevante que o gestor declare desde o início a seus funcionários quais são as expectativas com relação ao desempenho deles, inclusive antes do período dessa atividade. Segundo Peter Drucker (1974, p.436), "todo gestor, do 'chefe' ao supervisor, deve expor claramente seus objetivos com base nas metas da empresa e do departamento".

Os itens que compõem um instrumento de avaliação e as formas como o desempenho é medido também fornecem parâmetros para que as pessoas saibam o que a empresa espera de seu desempenho. Entretanto, apesar de sua relevância, como atividade sistêmica, são poucas as IES que adotam essa ferramenta em suas gestões de pessoas.

Realizada anual ou semestralmente, de acordo com a política desejada pela instituição de ensino superior, um sistema de avaliação, além de examinar a performance profissional tendo como base os critérios traçados pela organização, é recomendável que também contemple as metas a serem alcançadas pelos indivíduos e pelas equipes.

Cabe ao líder da área definir, junto a cada membro de sua equipe, quais as metas a serem atingidas em um determinado período. Elas precisam ser planejadas e acordadas previamente entre líder e liderado, devem ser reais, claras e possíveis de se atingir, montando-se um plano de ação e analisando-se se há a necessidade de fornecer algum recurso extra para auxiliar o profissional no alcance do desempenho desejado. Esses recursos podem estar relacionados a capacitações técnicas ou comportamentais, à aquisição de novos equipamentos ou *softwares*, etc.

Ao final do período, o desempenho real precisa ser comparado com a meta traçada e, de acordo com o resultado apresentado, devem-se traçar novos objetivos. Geralmente, havendo um resultado positivo, como recompensa e estímulo ao bom desempenho, há a concessão de bônus relacionado à meritocracia, assunto a ser comentado no próximo tópico deste capítulo.

São vários os aspectos positivos advindos de um instrumento de avaliação de *performance*, mas, de todos, o mais importante é o que está relacionado ao *feedback* existente entre o gestor e seu funcionário. O momento da entrevista alcança o ápice dessa relevante prática, pois é por meio dela que o líder apresentará as considerações sobre o desempenho do colaborador, orientará, aconselhará e oferecerá a oportunidade para que o profissional avaliado se posicione e, caso necessário, elabore um plano de ação contendo medidas corretivas visando à melhoria de sua *performance*, conciliando medidas corretivas visando à melhoria de sua *performance*, os interesses da organização e seus objetivos. Nesse contexto, é inadmissível ter um sistema de avaliação que não valorize o principal interessado no resultado, pois o colaborador precisa e tem o direito de conhecer seus pontos positivos, bem como os fatores que precisam de melhorias.

É recomendável também que os funcionários tenham a oportunidade de fazer autoavaliações antes da entrevista, seguindo o mesmo instrumento utilizado pelo seu supervisor imediato.

A adoção do modelo de avaliação 360° já em uso com sucesso por inúmeras empresas ainda se encontra em fase embrionária nas IES, com raras ações nesse parâmetro. Assim, como já citado, a avaliação de 360° leva em consideração a participação de vários atores para a composição de um resultado de desempenho, como a visão sobre si do próprio funcionário, a de seus clientes internos e a da supervisão imediata.

Esta ferramenta também oferece dados interessantes relacionados às necessidades de treinamento, identificando falhas nas habilidades e nas competências técnicas ou comportamentais. Esses *gaps*, ao serem supridos pela aquisição de novos conhecimentos, fortalecem a *performance* e criam oportunidades de desenvolvimento das carreiras.

Para estimular o alto desempenho, é importante que os instrumentos de avaliação sejam elaborados de acordo com a realidade de cada grupo de cargos, contendo os respectivos itens de desempenho considerados mais valiosos para a organização. Para as IES, recomendam-se instrumentos específicos, no mínimo, para diretores, coordenadores de cursos, docentes, profissionais administrativos e operacionais.

O comprometimento, a iniciativa, o relacionamento interpessoal, a inovação, a criatividade, a abertura a mudanças, a cooperação, o comprometimento, o conhecimento do trabalho, o interesse pelo aperfeiçoamento, a visão holística, a qualidade das atividades, o controle dos custos, a produtividade e o foco em resultados são aspectos relevantes para comporem os instrumentos de avaliação das instituições de ensino superior.

O gerenciamento do desempenho, além de estimular a conquista de metas de alta performance, favorece a manutenção dos talentos na instituição e privilegia uma cultura de excelência e o incentivo ao desenvolvimento dos colaboradores.

Outro fator tão importante quanto as comunicações em avaliações de desempenho é o *feedback* pontual e constante, dado pelo gestor a seu funcionário, elogiando ações positivas ou corrigindo ações inadequadas, para que no futuro se deem de forma correta.

Reconhecimento, remuneração e incentivos

A adoção do termo "meritocracia" tem seus registros na ciência da administração, e seu uso é atribuído a Max Weber, autor da teoria da burocracia, publicada em 1904. No início, essa teoria não foi compreendida devido ao mau uso, causando inclusive aversão entre os estudiosos. Em 1958, Michael Young, em seu livro *The Rise of the Meritocracy*, abordou o contexto da sociedade futura na adoção da meritocracia e os esforços das pessoas para conquistá-la, mas seu enfoque foi pejorativo, diferente do contexto utilizado atualmente. Entretanto, apesar de as obras iniciais não terem feito uma abordagem positiva à meritocracia, são inquestionáveis as contribuições que deram para a criação de um modelo de gestão de pessoas que busca resultados excepcionais para a organização, sintonizada e integrada com a satisfação dos profissionais pelo trabalho realizado.

Com a implementação de remuneração *pay for skills* pela Procter e Gamble Co. nos Estados Unidos nos anos de 1960, outras empresas começaram a adotar esse modelo a partir da década de 1970 a fim de alinhar objetivos, estratégias e metas organizacionais às políticas de incentivo e recompensa pela *performance* de cada empregado. Em 1979, a Petroquímica Shell, no Canadá, após implantar a meritocracia na gestão de pessoas, serviu de *benchmarking* para inúmeras organizações, contribuindo ainda mais para o crescimento desse sistema no mundo todo.

No Brasil, o estudo da meritocracia começou a ser abordado nas universidades somente na década de 1990, e as empresas pioneiras na implantação dessa sistemática foram a DuPont e a Copesul em 1994.

Ao adotar a meritocracia, utiliza-se um modelo de gestão que tem como diretriz recompensar cada colaborador de acordo com os próprios méritos, o que mobiliza as pessoas qualificar a sua performance e buscar a excelência. Isto significa ir além da remuneração relacionada ao salário e aos benefícios, adicionando-se um bônus pelas contribuições significativas de seu desempenho para o alcance de resultados extraordinários.

Apesar de ser um conceito extremamente simples, é complexo para ser implementado, pois é necessário ter programas e processos estruturados, bem como tipos de recompensas alinhadas às estratégias do negócio para, assim, garantir um retorno efetivo do investimento alocado para os recursos humanos e produzir resultados duradouros para a IES. As instituições precisam instalar sistemas que tratem as pessoas como investimento, e não como despesa.

Geralmente a adoção da meritocracia e as práticas de reconhecimento e incentivos estão integradas à avaliação de *performance*, servindo de estímulo para mudanças positivas e para a preservação do capital humano.

No Guia "As 150 Melhores Empresas para Você Trabalhar", de 2010, publicada pela Você S/A – Exame, da Editora Abril, a campeã do ano, a Whirlpool (que fabrica as linhas Brastemp, Consul e Kitchen Aid), destaca que há um grande estímulo à meritocracia como política de gestão de pessoas, o que favorece os excelentes resultados obtidos pela empresa nos últimos anos.

É possível motivar a equipe?

Várias pesquisas apontam que a produtividade de um colaborador motivado pode ser até 30% superior à de outro sem motivação.

A motivação significa uma razão para prosseguir, um motivo para a ação. Entretanto, ninguém tem o poder de motivar o outro, pois este é um fator intrínseco e próprio de cada ser humano.

Um líder pode criar um ambiente favorável para que a motivação flua, mas não tem o poder de fazer com que alguém se motive. Em contrapartida, um líder despreparado pode desmotivar as pessoas que estão a seu redor.

Os caminhos para elevar a motivação e a implementação de ações de trabalho eficazes desses profissionais, embora não sejam enigmas indecifráveis, exigem habilidades de liderança e de gestão. Cabe aos líderes, em um esforço contínuo, identificar quais são os fatores que afetam o bem-estar, a motivação e a satisfação dos membros de sua equipe, oferecendo condições favoráveis de trabalho para que as pessoas estejam sintonizadas e alinhadas com a missão da instituição e comprometidas com a efetividade nos resultados. Deve contemplar propósitos para que as pessoas sintam-se parte de algo importante e relevante.

Um ambiente propício à participação e ao desenvolvimento, com certeza, gerará bem-estar à força de trabalho e criará caminhos para que a motivação aflore.

O líder precisa conhecer e entender a hierarquia das necessidades de cada membro de sua equipe para atuar em um contexto em que consiga oferecer as situações para satisfazê-las, mantendo, assim, o entusiasmo e o ânimo de sua equipe. Um ponto relevante é compreender que as pessoas precisam ser envolvidas e valorizadas nas decisões importantes da empresa, e não apenas serem comunicadas. Não se pode esquecer que a felicidade no trabalho e a rentabilidade caminham juntas.

A IES deve preocupar-se em oferecer e conservar as condições ideais para a realização das atividades e obter, assim, uma ótima *performance*. O colaborador, ao usufruir dessas condições, terá como retorno a realização profissional. Ao manter profissionais talentosos, a empresa estará usufruindo de todo o investimento alocado para a captação e para o desenvolvimento de seu capital humano, além de obter ganhos na produtividade e na competitividade, bem como o alcance de resultados inestimáveis. Por outro lado, com a saída de colaboradores (perda de talentos para o mercado), estará deixando de obter retornos positivos, perdendo, por conseguinte, recursos financeiros.

Para que o colaborador trabalhe motivado, é preciso combinar uma série de fatores a fim de que as pessoas estejam envolvidas com o que fazem, compartilhem da cultura existente, valorizem a organização e lutem pelos ideais dela.

A paixão pelo trabalho proporciona energia, foco e alta *performance*. Dessa maneira, os aspectos relacionados à motivação, à felicidade e ao bem-estar fazem parte das atenções dos líderes das empresas consideradas de vanguarda em gestão de pessoas. Para ilustrar essa tendência, um dos fatores mensurado no guia "As 150 Melhores Empresas para Você Trabalhar", citado anteriormente, refere-se ao Índice de Felicidade no Trabalho.

A satisfação e a motivação são asseguradas não só com as ações relacionadas à qualidade de vida no trabalho, como também com outros direcionamentos que visam à melhoria da qualidade de vida fora do ambiente empresarial.

Dessa forma, os gestores que estão atentos às necessidades de seus funcionários e que os veem além do lado profissional, compartilhando de suas vidas, ouvindo-os sempre que solicitados e auxiliando-os quando possível contribuem com a qualidade de vida externa dos funcionários e favorecem uma construção sólida de respeito mútuo, de admiração e de comprometimento com a empresa.

A sinergias nas equipes

Michael Jordan, ex-jogador de basquete norte-americano e reconhecido por especialistas como um dos melhores atletas dos últimos tempos, afirmou, sobre a relevância do trabalho em conjunto, que "com talento ganhamos partidas; com trabalho em equipe e inteligência, ganhamos campeonatos".

Mesmo com o avanço acelerado das tecnologias, cada vez mais as pessoas dependerão do trabalho rápido e eficaz em equipe, principalmente para resolver problemas específicos de difícil solução. A cooperação mútua e o estímulo para uma comunicação frequente e transparente criam estruturas organizacionais flexíveis e sólidas.

O mercado está ficando cada vez mais volátil, não sendo mais interessante adotar um caminho linear. As vivências e experiências de equipes multidisciplinares possibilitam explorar alternativas e soluções que dificilmente seriam apresentadas por uma pessoa de forma isolada.

A liderança estrutura a qualidade dos lucros atuais e futuros, bem como a satisfação das equipes, articulando caminhos de longo prazo para a empresa e para os membros que compõem a força de trabalho.

O mercado corporativo apresenta um cenário com uma grande quantidade de redes em cima de redes, integrando relações formais e informais, com conexões nunca antes presentes. Apesar de as IES não serem instituições hiperconectadas, não podem ficar à margem dessa tendência, mas devem preparar suas equipes para a realidade atual.

Dessa maneira, além de os profissionais participarem de uma determinada equipe funcional, também poderão fazer parte de times virtuais, como vem sendo implementado em várias empresas. Um time virtual é constituído a partir do surgimento de uma determinada necessidade, seja estratégica, seja de demandas operacionais. Geralmente é constituído por membros de várias áreas da organização, com competências diversas, mas com interesses organizacionais congruentes para a busca de alternativas e soluções inovadoras para um determinado projeto ou processo. Trabalham em conjunto, com autonomia e flexibilidade para sugerirem mudanças no rumo das ações.

A força de trabalho existente em uma IES, formada por funcionários, professores, autônomos, estagiários e terceiros, é o que realmente contribui para a consecução dos objetivos, das estratégias e das metas institucionais. Sem dúvida, as decisões de uma equipe são mais consistentes, maduras e eficazes do que aquelas originadas por um único indivíduo.

O diálogo aberto, constante, sem receios ou constrangimentos, é primazia na relação entre a gerência de recursos humanos, a IES e a força de trabalho. As interações transparentes entre capital e trabalho favorecem incontestavelmente o bom clima organizacional, o surgimento e a manutenção das motivações dos empregados, bem como controla e influencia diretamente os passivos trabalhistas. Assim, a utilização de ferramentas para levantamento de dados junto ao corpo de colaboradores, como pesquisas de "Satisfação do Cliente Interno" e "Clima, Compromisso e Engajamento" devem abranger os meios de comunicação entre as partes. Esses instrumentos geram informações importantes para se avaliar os avanços na gestão de pessoas, bem como servem para detectar possíveis "ameaças" ao capital humano. Portanto, deve-se permitir que o empregado opine não só sobre o nível de satisfação, como também sobre a importância dos aspectos que afetam sua motivação e seu bem-estar, pois esses fatores têm impacto no desempenho da instituição.

Usando a metáfora de acender o fósforo, primeiro é necessário fazer fricção para acendê-lo, mas, após aceso, sua chama conseguirá acender outros palitos. Assim é com os membros de uma equipe: uma vez acesa a chama do entusiasmo, ela poderá contaminar positivamente os demais profissionais.

Considerações finais

O novo capital das IES é o capital intelectual de sua força de trabalho, pois são as pessoas que fazem as instituições acontecerem, sendo fator determinante para o fracasso ou para o sucesso delas. Portanto, os gestores de RH precisam viabilizar políticas relacionadas à gestão de pessoas que estejam inseridas nas estratégias organizacionais.

A instituição precisa ser capaz de atrair e reter talentos para suas necessidades operacionais e estratégicas, bem como oferecer estruturas e condições de trabalho em um clima organizacional que instigue os profissionais a explorarem o máximo de sua potencialidade, assegurando, assim, a alta *performance* e a inovação.

Um ótimo caminho para o líder construir mudanças na empresa educacional é desenvolver uma política sistemática de renovação e inovação. Isto faz com que toda a organização veja a mudança como uma oportunidade, e não uma ameaça, sendo um sábio caminho para se chegar aos objetivos e superar os obstáculos. Inserir seus colaboradores no processo de decisão é outro caminho de sucesso, pois fará com que eles se sintam importantes e corresponsáveis.

Dessa maneira, a gestão de pessoas em uma IES precisa ser arrojada, e não conservadora. Quando conservadora e centralizada, geralmente a tendência é disciplinar e punir, onde se destaca o "poder sobre", e não o *empowerment* na empresa. Ao ser arrojada e descentralizada, prioriza as pessoas, suas criatividades, suas performances em equipe e suas capacidades para ir além dos objetivos traçados – incentivam a autonomia, levam a resultados excepcionais e premiam os altos desempenhos.

Os líderes são agentes de transformação que precisam ter uma visão de futuro positiva e inspiradora para delinear metas estratégicas audaciosas. Ao engajar os colaboradores no processo de transformação, conseguirão um quadro funcional motivado para levar a organização rumo a patamares superiores e inimagináveis. Ao proporem e implementarem mudanças, os líderes estarão um passo à frente de encontrarem soluções proativas aos problemas organizacionais.

As IES estão muito preocupadas com a evasão de alunos, mas não apresentam a mesma preocupação com absenteísmo, rotatividade ou perda de seu capital humano para o mercado ou para a concorrência.

Esta realidade precisa mudar, pois tanto os clientes externos como os clientes internos são quem sustenta a instituição. O grande desafio das IES da atualidade é atrair e reter pessoas talentosas, competentes, que compartilhem da cultura, que defendam os mesmos objetivos e que agreguem valor aos propósitos organizacionais.

As pessoas são os principais ativos das IES, e o sucesso da aplicação plena das competências dos colaboradores depende das oportunidades que lhes são oferecidas. Os resultados superiores vêm da implementação de estratégias diferenciadas que se destacam no mercado e na concorrência.

Os líderes, ao apostarem na captação, no desenvolvimento e na retenção do capital humano, conseguirão obter o investimento mais rentável e duradouro das IES. Com esse paradigma, o valor para o acionista tornar-se-á um fator secundário advindo de vitórias no mercado e no ambiente de trabalho.

Referências

ARÁOZ, C.F. *Grandes decisões sobre pessoas:* por que são tão importantes, por que são tão difíceis e como você pode dominá-las a fundo. São Paulo: DVS, 2009.

BASS, B. Concepts of leadership. In: VECCHIO, R.P. (Ed.). *Leadership:* understanding the dynamics of power and influence in organizations. 2nd ed. Notre Dame: University of Notre Dame, 2007.

BERGAMINI, C.W. *Motivação nas organizações.* São Paulo: Atlas, 2008.

CHRISTENSEN, C.; RAYNOR, M. *O crescimento pela inovação.* Rio de Janeiro: Campus, 2003.

COLLINS, J. *Empresas feitas para vencer:* por que apenas algumas empresas brilham. Rio de Janeiro: Campus, 2001.

COLLINS, J.; PORRAS, J. *Feitas para durar:* práticas bem-sucedidas de empresas visionárias. Rio de Janeiro: Rocco, 1998.

COLOMBO, S.S. *Escolas de sucesso.* São Paulo: STS, 2002.

_____. Gestão de pessoas por competências. In: PROJETO linha direta 10 anos: em benefício da educação. Vila Velha: Hoper, 2006.

COLOMBO, S.S. et al. *Gestão educacional:* uma nova visão. Porto Alegre: Artmed, 2004.

COLOMBO, S.S. et al. *Nos bastidores da educação brasileira:* a gestão vista por dentro. Porto Alegre: Artmed, 2010.

DRUCKER, P. How to make people decisions. *Harvard Business Review,* p.27, jul./ago. 1985.

_____. *Management:* tasks, responsibilities, practices. New York: Harper Collins, 1974.

_____. *Management challenges for the 21st century.* New York: HarperBusiness, 2001.

DUTRA, J.S. *Competências:* conceitos e instrumentos para a gestão de pessoas na empresa moderna. São Paulo: Atlas, 2007.

FUNDAÇÃO NACIONAL DA QUALIDADE. 2010. Disponível em: <www.fnq.org.br>. Acesso em: 30 set. 2010.

GUIA "150 melhores empresas para você trabalhar". São Paulo: Abril, 2010.

LOMBARDO, M.M.; EICHINGER, R.W. *FYI:* for your improvement: a guide for development and coaching. Minneapolis: Lominger International, 2004.

MASCARENHAS, A.O. *Gestão estratégica de pessoas:* evolução, teoria e crítica. São Paulo: Cengage Learning, 2009.

SPENCER, L.M.; SPENCER, S.M. *Competence at work:* models for superior performance. New York: John Wiley & Sons, 1993.

8

A revolução das novas tecnologias no setor educacional

Alexandre Dias

Evolução tecnológica

Ao longo da história da humanidade, a combinação entre aprendizado e domínio de técnicas, seguido pela transmissão de conhecimento e pelo aperfeiçoamento tecnológico, sempre teve um papel fundamental na evolução da espécie e na melhoria dos padrões e da qualidade de vida, na redução de distâncias e no impulso a novos avanços. Não se pretende aqui fazer uma digressão, mas se fossem posicionados os principais episódios tecnológicos da humanidade em uma imaginária régua do tempo, ela hoje estaria muito distante do domínio do fogo ou da invenção da roda.

Segundo Mello e Amad (1995),

> a tecnologia tem seus princípios na pré-história, época que abrangeu 98% da vida do homem sobre a Terra. No período *paleolítico*, o homem pré-histórico se agrupou em hordas nômades e fabricou instrumentos de pedra lascada destinados à caça de animais e à coleta de frutos e raízes. No *neolítico*, fez instrumentos de pedra polida, desenvolveu a agricultura e domesticou os animais, organizando-se em clãs e aldeias. Na *idade dos metais*, o desenvolvimento da metalúrgica, o surgimento do Estado e a invenção da escrita possibilitaram ao homem a passagem para os tempos históricos.

Usando essa mesma escala, a humanidade não estaria tão distante assim do ciclo das grandes navegações, que resultou na ocupação das Américas e na criação do Brasil. Mas pode-se dizer com segurança que se assiste há poucos anos ao surgimento das telecomunicações, da computação, da internet e mais recentemente da comunicação celular móvel.

Ou seja, quanto mais se avança nessa régua imaginária, maiores ficam os saltos tecnológicos. Segue-se em grandes pulos, um após o outro, como em uma cama elástica que impulsiona cada vez a um patamar novo, sempre mais elevado do que o anterior. Para aqueles com raciocínio matemático, não é difícil perceber que a evolução segue exponencialmente, tanto é que a inovação acontece em intervalos cada vez menores, e a adoção de novas tecnologias se torna cada vez mais rápida, enquanto a abrangência e o impacto são mais amplos.

Uma breve análise da evolução das sociedades ocidentais, dos chamados países desenvolvidos, ilustra a medida certa dessa espiral evolutiva. Por exemplo, a vida na maioria das capitais europeias na virada do século XIX para o XX, em termos de qualidade de vida, não era muito diferente do que fora 100 anos antes. Houve melhorias significativas, é claro, assim como também houve avanço tecnológico considerável, impulsionado pela segunda revolução industrial do século XIX, mas nada comparável ao salto testemunhado 100 anos depois. De fato, muitas dessas mesmas capitais eram assoladas por profundos problemas sociais e econômicos no início do século XX, que foi marcado por grandes correntes migratórias para os países do novo e novíssimo mundo. Entretanto, na medida em que o século avançou e a Europa se viu palco central dos maiores conflitos que a humanidade já testemunhou, a tecnologia aplicada na guerra tornou-se ponto central, e a própria noção de tecnologia transformou-se a partir de então.

Na Europa, após a Segunda Guerra Mundial, o termo "tecnologia" passou a ser aplicado para designar conjunto de técnicas modernas e de origem científica, em oposição às técnicas utilizadas até então pelos artesãos. No Brasil, o termo também começou a ser difundido depois da Segunda Guerra Mundial, segundo Gama (1987), citado por Grinspun (1999). No entanto, por aqui a tecnologia teria vindo como uma substituição à palavra "técnica", termo proveniente do vocábulo grego *techné*, que significa o método, a maneira de fazer eficaz para atingir um determinado objetivo e resultado. Para Vargas (1994), a técnica é uma habilidade humana de fabricar, construir e utilizar instrumentos.

Do mesmo modo, o aprendizado é uma habilidade intrínseca do ser humano. A transferência de conhecimento do mais para o menos experiente, do mestre ao aprendiz ou entre pares se dá independentemente do fato de haver ou não uma escola. A escola, como conhecida hoje em dia, é uma formalização, e de certa forma tem sido um acelerador desse processo. Mas, da origem da escola na Grécia antiga aos dias de hoje, pouca coisa mudou. É verdade que técnicas e métodos pedagógicos se transformaram bastante, mas é inegável que o princípio da escola permanece essencialmente o mesmo: ainda temos o mestre em sala de aula a transferir conhecimento para seus pupilos.

No final do século XX e início do XXI, a educação passou a ser encarada como uma indústria como outra qualquer, ou seja, um mercado de compra e venda de conhecimento. O mesmo ocorre com o conhecimento tecnológico, segundo Vargas, em sua obra *Para uma filosofia da tecnologia*, em que o grande problema foi a confusão entre tecnologia e mercadoria, que se compra quando não se tem ou que se vende quando se tem. Há um momento, diz Vargas (1994), "da aquisição do conhecimento tecnológico e outro momento relacionado ao campo econômico-industrial da introdução no mercado de um novo instrumento ou de um novo processo decorrente do saber tecnológico".

Segundo a pesquisadora Liamara Comassetto (2004)

> se a educação, por um lado, tem um compromisso com a transmissão do saber sistematizado, por outro, ela deve conduzir à formação do educando, fazendo-o capaz de viver e conviver na sociedade, participar de sua vida na relação com o outro. Não podemos, então, separar a tecnologia do homem, no sentido de possuir conhecimentos e saberes tanto para produzi-la como para saber se a tecnologia pode e vai influenciar em sua subjetividade. O que dificulta ainda mais esse papel na educação é que este saber não mais existe de forma linear e hierárquica, mas se produz em redes de conhecimento que estão disponíveis dentro e fora da escola, onde sistematicamente ocorre a educação.

Nicholas Negroponte, em seu livro *A Vida Digital*, narra um diálogo com um xeque árabe que defende a valorização de malhas sociais finas e solidárias na transmissão de conhecimento, princípio também explorado por Pierre Lévy e Michel Althier em *As Árvores de Conhecimentos*. Segundo os autores, as arvores são uma hipótese de democracia que se encaixariam na sociedade contemporânea e estariam voltadas para a informação e para a comunicação rápida. Seriam também um plano para o futuro a ser implantado a longo prazo, à medida também que o acesso aos novos meios tecnológicos torne-se mais amplo.

Atualmente, a aquisição de conhecimentos se dá tão intensamente fora da escola quanto dentro, se não mais. A abundância de informação trazida pelos meios de comunicação, pela internet e pela interação com o outro, sobretudo nos grandes centros, é tão rica quanto a informação trabalhada em sala de aula. Sem dúvida o conhecimento acadêmico é mais estruturado e, supostamente, de maior valor. Mas como desprezar a infinidade de novos conhecimentos com os quais se entra em contato a cada segundo?

Ao ler este texto, muitos educadores ficarão atônitos, mas a Wikipédia é um bom exemplo de conhecimento coletivo compartilhado. Não será julgado o mérito da precisão ou da originalidade da informação. Sabe-se que há ainda muitos alunos que limitam suas pesquisas acadêmicas ao exercício de copiar e colar os conteúdos encontrados na enciclopédia coletiva Wiki. Mas esse aluno sempre existiu, e copiava verbetes inteiros de enciclopédias *offline* como a Barsa ou a Conhecer. Também é verdade que ainda há muito o que se fazer do ponto de vista tecnológico, de processos e de rigor acadêmico para dar o mesmo padrão de qualidade ao seu conteúdo dessa enciclopédia, coletiva. Ainda assim, é inegável que, graças à capilarização da internet e à popularização do processo produtivo da Wikipédia é possível reunir em um só lugar conhecimentos tão amplos. Como foi dito, esse ainda é um exercício coletivo em uma fase inicial e, por isso, não plenamente confiável.

Não se defende aqui o abandono dos esforços e dos investimentos no campo da educação formal em favor do aprendizado coletivo e colaborativo da sociedade. Se criarem o que Negroponte (1995) chamou de "moleques de rua da superestrada da informação", "na internet, as crianças vão ler e escrever para se comunicar, e não apenas para completar algum exercício abstrato e artificial". Ao contrário disso, defende-se a combinação dos dois e da incorporação da tecnologia no processo educacional estruturado. A educação tem sido o principal vetor de desenvolvimento da sociedade. Vejam-se os exemplos de nações como a Coreia do Sul, que nos últimos 40 anos priorizou a educação e conquistou notável melhoria dos padrões de vida.

Após intervenção norte-americana, que se encerrou em 1960, a Coreia do Sul deu início a um intenso processo de modernização de sua sociedade, até então essencialmente agrária. Não obstante o prejuízo à democracia, foi sob a batuta de um Estado autoritário, comandado pelas forças armadas sul-coreanas e financiada pelos Estados Unidos, que se deu início a um período de desenvolvimento industrial de forma metódica e nacionalista. Seguindo o modelo japonês, baseado em grandes conglomerados nacionais, o

Estado teve papel fundamental de financiar e fomentar a indústria, do mesmo modo que ocorreu com Cingapura anos antes e como testemunhado hoje em dia na China; em menor escala no primeiro e em escala estratosférica no último. Em comum, esses modelos têm, além da presença maciça do Estado no setor produtivo, o foco em modernizar e democratizar a educação como forma de gerar as condições necessárias para o crescimento.

No início do século XXI, seguindo caminhos e modos diferentes, diversos países do mundo alcançaram elevados níveis de desenvolvimento econômico e bem-estar social, mesmo depois de séculos de subdesenvolvimento, graças a investimentos em educação e tecnologia. O mundo ficou menos injusto, mas ainda se convive com níveis elevados de pobreza que reúnem assustadores 1 bilhão de pessoas. As razões para esse fosso social são muitas, desde a falta de recursos naturais, passando por instabilidade política e social, até a falta de projetos de desenvolvimento que deem conta dos desafios que muitos desses países enfrentam.

Em contrapartida, novos avanços tecnológicos fazem acreditar que ainda serão vivenciadas grandes melhorias devido ao uso de novas tecnologias na distribuição e no acesso de conhecimento e na criação de novos padrões de educação. No entanto, quando se fala de melhoria dos padrões de vida, é de grande importância mencionar que, além do efeito tangível do maior acesso a uma infraestrutura básica de saneamento, transporte e moradia – avanços notáveis pelo mundo inteiro –, vive-se uma nova fronteira desse contínuo avanço, proporcionado por uma nova revolução tecnológica, mais especificamente a internet, em sua definição ampla de plataforma de desenvolvimento de *software*/código, de comunicação e de comercialização.

O desenvolvimento da internet

Após as primeiras experiências "laboratoriais" do que atualmente se chama *web* – ainda na década de 1960 –, a internet avançou com muita rapidez para uma utilidade cada vez mais impactante e comercial na vida das pessoas. Na década de 1990, a internet encontrou no Vale do Silício o ambiente convergente entre capital, empreendedores e mão de obra qualificada (além, é claro, de todas as conhecidas salvaguardas estabelecidas em um forte marco regulatório da economia americana) que fez florescer inúmeras empresas que exploravam diversas aplicações comerciais dessa nova tecnologia. Em maior escala, a internet começou como uma ferramenta de comunicação em que *e-mail* e *chats* dominavam o repertório de aplicativos.

Após algumas tentativas, já no final da década de 1990, a internet encontrou uma nova fronteira, a qual expandiu enormemente seu número de usuários, chamada *e-commerce*. Uma onda de inovação e semiprofecias pregavam a rápida virtualização de toda a experiência – até então apenas física – de compra e venda de um produto ou serviço. Ainda que negativamente impactada pelo estouro da internet, caracterizada pela brusca perda de valor do índice NASDAQ nos EUA, tal etapa não conseguiu concretizar todas as expectativas de seus arautos. No entanto, lançou bases importantes de como o mundo virtual poderia e pode trazer experiências muito eficazes a seus usuários. Nasciam preocupações e avanços importantes com as interfaces gráficas (*user experience*) que buscavam simular ou mesmo superar as experiências vividas na vida real com doses de realidade que agregavam inteligência a uma navegação bastante intuitiva e mais prazerosa e eficaz que a ida a uma loja física, por exemplo. Recentemente muito se evoluiu nesse campo, no qual o principal exemplo a se emular foi e continua sendo a *Amazon* e suas dezenas de lojas virtuais, as quais já vão muito além do primeiros livros vendidos.

Junto ao rompimento da barreira de 500 milhões de usuários, a internet ingressou em uma etapa conhecida como *web* 2.0, graças especialmente à popularização do acesso de banda larga, que possibilitou a oferta de produtos e serviços facilitadores da publicação e do compartilhamento de conteúdos. Inicia-se um posicionamento radicalmente colaborativo e participativo, fazendo com que seu crescimento fosse ainda mais revolucionário. As pessoas podiam agora experimentar níveis de colaboração e expressão antes restritos a grupos de profissionais especializados. Jornalistas, médicos, professores e tantas outras profissões viram suas teses sendo debatidas, questionadas e, muitas vezes, distorcidas devido a uma interação maciça e sem fronteiras, refletindo um grande embate entre diferentes níveis de conhecimento que começavam então seu processo de "democratização". De um ponto de vista mais técnico, o grande avanço foi a flexibilização dos códigos (mais bem representados por linguagens como HTML e javascript) que permitem uma atualização constante de conteúdo de forma muito mais ágil e eficiente que até então haviam sido utilizadas.

Vive-se intensamente esta etapa da internet, mesmo que já se discuta fortemente o nascimento de uma etapa ainda mais nova, 3.0, na qual os aplicativos, com suas utilidades superespecializadas, possuem um papel importante e intensificam suas interações em nossas vidas, a ponto que potencialmente não poderemos mais viver sem eles. A colaboração já não é mais estática – representada pela troca de arquivos – mas sim em tempo real e *online*. Ela também integra vídeo, voz e dados em plataformas cada vez mais intuitivas e amigáveis, facilitando assim sua adoção e projetando que em algum momento, ainda em 2011 ou 2012, haverá mais de 2 bilhões de usuários. É importante lembrar que, há apenas 10 anos, eram apenas 70 milhões de pessoas conectadas.

Fatores para o crescimento da internet

O crescimento da internet é revolucionário e cercado por números nunca vistos em nenhuma revolução tecnológica. Ao limitarmos esse lapso de tempo aos últimos 20 ou 30 anos, nos deparamos com números ainda mais impressionantes. Em uma análise mais cuidadosa desse crescimento, encontra-se uma espécie de matriz caótica de fatores que misturam uma onda de inovação em conceitos e aplicativos nunca antes permitida, na qual o sucesso ou o fracasso é determinado por métricas muito menos subjetivas: número de usuários, agora não mais limitado às fronteiras de um país ou de uma região.

Para permitir o crescimento exponencial em sua adoção, alguns elementos foram fundamentais e continuam revolucionando as aplicações da internet nas indústrias e nos setores.

Conectividade

Hoje em dia já são mais de 1,5 bilhão de pessoas conectadas à internet, com 200 a 300 milhões de pessoas ingressando anualmente. Três macrocategorias distinguem claramente a etapa de conectividade dos países:

- mercados desenvolvidos: com níveis de penetração superior a 70%, sendo Japão, Europa Ocidental e EUA seus principais exemplos;
- mercados em desenvolvimento: com níveis de penetração ao redor de 50%, sendo Ásia e parte da Europa seus principais exemplos;
- mercados em alto crescimento: com níveis de penetração entre 20 a 30%, sendo Brasil, Índia, China e Rússia seus principais ícones.

É certo que a qualidade do acesso varia imensamente mesmo entre regiões ou estados dentro destas fronteiras. O debate de acesso com qualidade por meio de tecnologias de banda larga já é uma forte realidade em todo o mundo. Os EUA vêm questionando fortemente o papel de seu governo no suporte ao ambiente tecnológico ainda mais moderno, inovador e democrático, e já discutem formas de acelerar a implantação em escala nacional de redes de acesso de alta velocidade. Países escandinavos já imprimem em suas leis e em seus marcos regulatórios fundamentais a obrigatoriedade de o Estado fornecer acesso a todos os cidadãos a velocidades de 100 Mbps – caso da Finlândia, que estabeleceu esse objetivo até o ano de 2015.

Armanezamento

Análogo à famosa Lei de Moore, aplicável ao poder de processamento dos computadores, a Lei de Kryders, aplicável às tecnologias de armazenamento, estabelece que, para a mesma unidade de custo, a capacidade de armazenamento dobra a cada 13 meses, ou aumenta 1000 vezes em 10 anos. Essa "lei" segue infalível desde 1964 e permite extrapolar cenários onde em 2015 um iPod de 160 Gb conterá todas – isso mesmo, todas – as música já comercialmente produzidas. Ou – se você preferir esperar mais um pouco-, em 2019, o mesmo iPod poderá conter 85 anos de vídeo contínuo. Atualmente já são consumidos 34 Gb ao dia, (equivalente a 7 DVDs) por pessoa, no mundo.

Capacidade de armazenamento é crucial para a escala da internet e principalmente para o desenvolvimento de novas tecnologias em terrenos da inteligência artificial, com enormes aplicações em diversas indústrias e em diferentes setores. Nesse sentido, ferramentas como o *Google* em seus aplicativos de tradução e reconhecimento de voz já fazem uso extenso de tais conceitos, além de, obviamente, em seus algoritmos de busca.

Dispositivos

Já são mais de 4 bilhões de aparelhos celulares no mundo todo. A maioria já conta com funcionalidades que vão muito além de simplesmente efetuar uma chamada de voz. A proliferação de aparelhos eletrônicos, incluindo câmeras digitais, iPods e celulares, além dos mais novos *e-readers* e *tablets*, trouxeram uma escala de produção e distribuição gigantesca, o que permitiu precificações mais acessíveis e incorporação de novas tecnologias de maneira muito mais rápida. O resultado é visto todos os dias em bombardeios publicitários de novas tecnologias cada vez mais acessíveis e úteis às tarefas diárias. O consumidor de distintos níveis sociais e educacionais já reconhece tal utilidade e adota incessantemente esses aparelhos, trazendo um ciclo de vida cada vez mais curto aos lançamentos e estimulando uma cadeia de inovação sem precedentes na história da humanidade.

Ainda que alvo de críticas de um consumismo excessivo e/ou de meras distrações, a relevância destes dispositivos está relacionada de modo direto a utilidades absolutamente tangíveis e reais dadas pelos próprios consumidores ou usuários. Em uma pesquisa junto a seus clientes, a China Telecom descobriu que mais de 90% deles não se distanciam mais de 1 metro de seus celulares durante o dia.

Conteúdo gerado pelo usuário (UGC)

O *user generated content* (UGC) é o resultado mais tangível do acesso tecnológico ao público em geral com enorme produção de conteúdo. Para se ter uma ideia, em meados de 2010, a cada minuto, mais de 24 horas de vídeo eram colocados só no *YouTube*, e esse número não para de crescer. Eram 20 horas no início desse mesmo ano e apenas 10 horas em meados de 2008. As fronteiras do conteúdo amador e profissional ficam cada vez menos definidas, dado os grandes níveis de audiência alcançado por ambas produções, ainda que seus *economics* sejam completamente distintos. Os custos de produção daquilo que é apreciado por grandes massas ou mesmo nichos de audiências foram praticamente reduzidos a zero. Tecnologias cada vez mais intuitivas eliminam a necessidades de manuais ou conhecimentos técnicos muito especializados, dando vazão assim a um enorme fluxo de expressão e criatividade que vem alterando o cotidiano das pessoas, e não apenas suas esparsas horas de lazer ou entretenimento.

Lei de Moore

Formulada por Gordon Moore (cofundador da Intel) em 1965, a Lei tem sido constantemente corroborada no mundo da tecnologia. Em linhas gerais, ela afirma que o poder de processamento computacional segue uma crescente exponencial, e por isso seu custo unitário é reduzido na mesma proporção. Assim, um computador fica 100 vezes mais poderoso a cada 10 anos. Isto significa que seu *notebook* hoje é cerca de 100 vezes mais poderoso que seu *desktop* do ano 2000.

A comparação de um *Mac* em 1987 e um *Nexus One* em 2010 serve como uma boa ilustração da força desta Lei na tecnologia que toca nossas vidas.

Todos os elementos estruturais descritos vêm alterando drasticamente a relação de consumo em vários mercados: da indústria de música à de jornais e livros; do varejo tradicional à distribuição de *software*; das telecomunicações aos classificados. Vários setores vêm se debatendo com a necessidade de adaptar seu modelo de negócio a uma tecnologia tão disruptiva como a internet. Ao redefinir essas relações de consumo, a internet redefine leis microeconômicas e inverte a lógica de ser rentável até então dominante em uma sociedade mais industrial. Monetizar um serviço não é mais uma necessidade urgente no ambiente *online*. Agregar tráfego, *eye-*

Olá, sou um Mac!   Olá, sou um Nexus One!

- lançado em 1987 por aproximadamente US$ 4 mil
- 20 Mb de disco rígido
- 1 Mb de memória
- cerca de 8 Kg de peso

- lançado em 2010 por aproximadamente US$ 200
- 4 Gb de cartão de armazenagem
- 1 Gb de memória
- cerca de 130g de peso

Figura 8.1 A lei de Moore em nossas vidas.

balls e volume é o que indica o potencial do negócio e a real possibilidade de lucro. O mundo *online* "virtual" reflete apenas uma face mais visível de transformações profundas que vêm impactando praticamente todos os setores do mercado e toda sociedade.

Conteúdo digitalizado

Ao longo da última década, uma grande transformação na distribuição de conteúdo vem ocorrendo. Primeiramente a Internet possibilitou que vários tipos de conteúdo fossem digitalizados, e a partir disso muitos já nasceram apenas digitalizados. De vídeos a classificados, passando por áudio e notícias, a internet permitiu uma maior interatividade e agilidade na distribuição de informação, alterando assim cadeias de valor já consolidadas há décadas em indústrias como a de música, notícias e mais recentemente a de livros e vídeo. Hoje em dia, o conteúdo produzido não enfrenta as mesmas barreiras de custo de antigamente; além disso, consegue acessar seu público-alvo muito mais rapidamente, cortando de maneira muito disruptiva vários integrantes da antiga cadeia de valor estabelecida. Seguramente este é um fenômeno que não dá sinais de arrefecimento, e alguns analistas chegam a prever que, na próxima década, 50% do conteúdo consumido será distribuído pela internet.

Algumas das transformações foram aceleradas pela implementação de novos modelos de negócios, muitos deles baseados no conceito de "micropagamentos" (permitido pelo novo empacotamento de serviços) ou no de publicidade *online*. No caso da indústria de música, o aparecimento de artistas revelados diretamente na *web*, junto aos modelos de venda de música digital dos chamados *peer-to-peer* (P2P), tomou de assalto a indústria e a redesenhou em um espaço de alguns anos apenas. Atualmente, a compra de músicas separadas (no lugar de álbuns) e o *streaming* aportado por publicidade já dão um novo desenho a toda a indústria, incluindo novas formas de as empresas – nesse caso, estúdios/gravadoras – serem rentáveis. Um exemplo interessante está na conhecida fórmula de popularização de músicas de artistas *online* com o objetivo de apontar melhores preços em turnês e *shows* ao vivo. A internet exige um produto ou um conteúdo mais customizado e único, que por sua vez exige uma constante renovação por parte do artista. No entanto, esse conteúdo alcança cada vez mais pessoas e uma forma bastante diferenciada e única.

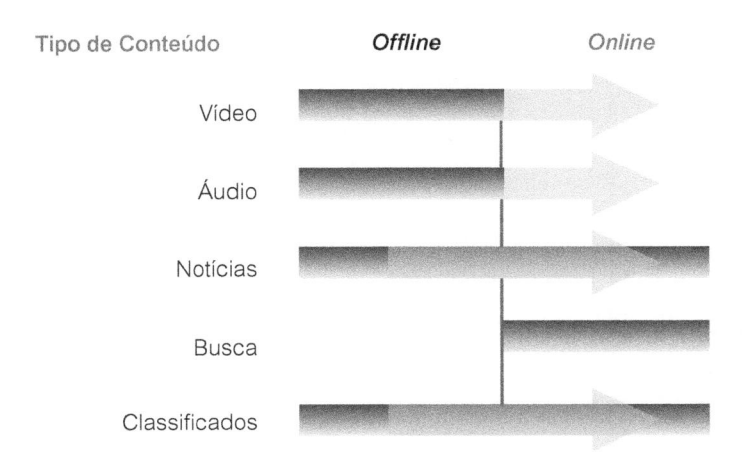

Figura 8.2 Distribuição digital.

Para jornais e revistas, a mesma transformação segue seu curso acelerado. Com a produção de conteúdo ao alcance de todo o internauta, vê-se uma explosão de notícias que, apesar da falta de um apelo editorial requintado, trazia a informação da notícia em primeira mão. A explosão do conteúdo reduziu a atração dos formatos tradicionais; portanto, impactou a importante receita de assinatura desses meios. A tentativa de substituição da receita por publicidade *online* segue em crescimento, mas a fragmentação das audiências e a pulverização do conteúdo tornam tal responsabilidade mais difícil, forçando empresas a reagirem ainda mais rapidamente que a indústria de música reage.

Explosão da produção de conteúdo, fragmentação de audiências, conteúdo colaborativo, distribuição pela *web* e navegação *online* representam alguns dos fenômenos mais tangíveis já vistos impactando a educação hoje em dia. No entanto, a proposta de valor ao estudante precisa ser mais bem pensada e refinada. Por trás de tudo estão a própria evolução do ensino e as primeiras conclusões da sociedade do conhecimento, que são o retrato deste século.

Impacto na educação

No setor educacional, o desafio torna-se ainda maior devido a uma acelerada desintermediação no acesso e na produção de conhecimento. O "quadro-negro" ou mesmo os "estudos de caso" são desafiados por um mundo de constante evolução *online*, no qual novos fatos desfazem conclusões já tomadas e redesenham novos paradigmas arriscados a sobreviverem cada vez menos tempo. A nova era da informação não apenas exige novos modelos de distribuição da educação, como também cria enormes oportunidades no processo de reciclagem do conhecimento, e suas aplicações para várias gerações e para inúmeros setores reconfiguram-se na formação de uma economia moderna muito diferente da vivenciada até então.

Muitos autores que tratam da questão da tecnologia na educação abordam-na sob o pondo de vista da introdução do computador na sala de aula. O próprio Nicholas Negroponte empenha-se em criar as bases para uma iniciativa global em favor da tecnologia na educação. Ele, por exemplo, é um dos propositores da iniciativa "Um Computador por Criança" (OLPC, sigla em Inglês), que visa a equipar cada estudante com um *laptop* de baixo custo e com capacidade de conexão em rede. Aliás, Negroponte também está por trás da proposta do computador de US$ 100,00.

Seymour Papert (*apud* Negroponte)

conta uma história sobre um cirurgião de meados do século XIX transportado por mágica para uma moderna sala de operação. Ele não reconheceria coisa alguma, não saberia o que fazer ou como ajudar. A tecnologia moderna teria transformado por completo a prática da medicina cirúrgica, tornando-o incapaz de reconhecê-la. Mas se um professor do ensino fundamental fosse transportado pela mesma máquina do tempo para uma sala de aula atual, ele poderia dar prosseguimento às aulas do ponto em que seu colega do final do século XX e início do XIX as houvesse deixado, a não ser por um ou outro detalhe no conteúdo das matérias. Há poucas diferenças fundamentais entre a maneira como ensinamos hoje e aquela como o fazíamos há 150 anos. O emprego da tecnologia encontra-se quase no mesmo nível.

Menos de dez anos após ser lançado, o OLPC já apresenta sinais de obsolescência, provando o quão desafiador é prever os caminhos que a tecnologia vai seguir. Essa missão tem sido mais bem perseguida por empresas com profundo conhecimento de seus usuários e com uma forte sintonia com a comunidade de desenvolvimento global (a *Apple* e o próprio *Google*, por exemplo). No entanto, a própria dinâmica do mercado de informática, sob a (até o momento) inexorável Lei de Moore, acaba por subverter essas iniciativas. Negroponte, no início dos anos 2000, lançou um desafio para a academia e para a indústria: seria possível obter um *laptop* por cerca de US$100,00? Por volta de 2006, a Intel duvidava da viabilidade desse projeto e lançava seu computador *Classmate* por cerca de três vezes o valor inicialmente proposto por Nicholas.

Já no ensino superior ou profissionalizante, as iniciativas de maior intensidade apontam na direção de digitalizar os conteúdos e facilitar o acesso ao estudante. Aqui a barreira à educação não é mais necessariamente o meio de acesso em si, mas a escassez de tempo. As obrigações com o trabalho, bem como o próprio interesse do estudante mais maduro, já lhe impõem uma rotina em que não há mais tanto tempo para dedicar a uma sala de aula. Iniciativas como as do MIT nos EUA, cujos cursos são disponibilizados em vídeo na internet, muitos deles gratuitamente, já provocam grandes discussões no meio acadêmico, e que seguramente serão rupturas mais contundentes no atual modelo de ensino em um futuro mais próximo.

Como era de se esperar, o cenário mudou muito desde então. Nos últimos anos da primeira década do século XXI, despontou no horizonte o conceito de computação na nuvem, uma maneira de chamar a complexa capacidade de processamento que os muitos servidores *web* conectados possuem. Com o gigantesco parque de servidores de empresas como *Amazon.com* e *Google*, por exemplo, tornou-se possível oferecer serviços de hospedagem de conteúdo e processamento a um preço próximo de zero. Surgiram os *netbooks*, computadores superportáteis com pouca capacidade de disco e com conexão à internet (que seria uma extensão da capacidade de processamento desses aparelhos).

No futuro, a interação com a rede e com o resto do mundo não será necessariamente mediada por computadores, pelo menos não como conhecidos hoje em dia. Alinhados a esse mesmo princípio da computação nas nuvens, celulares poderosos, *tablets* e todos os dispositivos citados e os que ainda estão por vir terão papel central, uma vez que unem, ao mesmo tempo, o poder computacional à mobilidade.

O desafio à educação

A exemplo de outros setores ditos de conteúdo ou mesmo de mídia, o setor educacional sofrerá fortes impactos da tecnologia catalisados pela experiência dos usuários, que cada vez mais apoia novas formas de interação com o conhecimento e com a informação. A análise a ser feita concentra-se em quais elementos de aprendizagem foram também impactados e quais respostas serão dadas para acelerar o processo ou ao menos torná-lo mais eficiente. Praticamente tudo mudou, ao menos suas principais variáveis já estão claras. O poder de processamento e armazenamento computacional, as redes abertas e livres por onde trafega o mundo de informação e conhecimento e agora uma nova fronteira de inovação mais próxima ao consumidor final criam um novo cenário onde os educadores precisarão de muita agilidade para corresponder a este grande desequilíbrio entre oferta de ensino em um formato tradicional e a demanda por ele em um ambiente dominado pela tecnologia.

A expectativa é que daqui em diante, impactados por iPads, iPods, *e-readers* e outros aparatos eletrônicos, o sistema de aprendizagem reaja e assuma maiores riscos na tentativa de atender às expectativas do aprendiz. As últimas décadas foram intensas e de muito risco na transformação tecnológica, e novos modelos começam a se estabelecer e certamente desafiarão as estruturas já postas em vários setores, afetando a perspectiva sobre o processo de aprendizagem. Ele precisará de respostas mais rápidas em sua atualização, de formas mais criativas em sua transmissão e até mesmo de uma capacidade de atração – porque não dizer – mais entretenedora. Mas para que isso funcione na devida escala absorvendo conhecimento e técnica criados e disponibilizados a todo momento, quase que instantaneamente fortes investimentos terão de ser feitos já em uma nova equação econômica em que o público e o privado desempenhem papéis mais alinhados com seu próprio potencial.

A necessidade e o desejo de aprender continuarão impondo pressões para as transformações, e uma nova dinâmica precisará ser imposta ao tripé aluno, professor e mercado de trabalho, de maneira a garantir uma maior harmonia entre os elementos fundamentais para o desenvolvimento social.

A configuração "final" desta organização é de difícil determinação e aproxima-se de um exercício de adivinhação. No entanto, não resta dúvida de que o processo irá se acelerar; assim, deve-se ter a coragem e a visão de inovar e buscar novas fronteiras, com os típicos sobressaltos de transformações dessa natureza, para que efetivamente seja possível dar um salto de conhecimento e solucionar enormes problemas que a ciência ainda não consegue resolver na mesma escala. A oportunidade de participação e de descoberta deve seguramente estar ao alcance de qualquer cidadão, dado que indubitavelmente esse processo necessitará de sua colaboração. A educação não será a única a ser desafiada nesta nova realidade, mas talvez do resultado disso dependa toda a civilização. A imaginária régua do tempo certamente mostra uma aceleração de eventos impactantes e reveladores que não dão sinal de trégua.

Referências

CASTELLS, M. *Fim de milênio*. São Paulo: Paz e Terra, 1999.

_____. *Sociedade em rede*. São Paulo: Paz e Terra, 1999.

COMASSETTO, L. *Tecnologia e educação*. Santa Catarina: Revista Linha Virtual, 2004.

GAMA, R. *História da técnica e da tecnologia:* textos básicos. São Paulo: Ed. Unesp, 1991.

GRINSPUN, M.P.S. (Org.). *Educação e tecnologia:* desafios e perspectivas. São Paulo: Cortez, 1999.

LÉVY, P. *A inteligência coletiva:* por uma antropologia do ciberespaço. São Paulo: Loyola, 1998.

LÉVY, P.; AUTHIER, M. *As árvores de conhecimento*. São Paulo: Escuta, 2000.

MORAN, J.M.; MASETTO, M.T.; BEHRENS, M.A. *Novas tecnologias e mediação pedagógica*. Campinas: Papirus, 2001.

MELLO, L.I.A.; COSTA, L.C.A. *História antiga e medieval:* da comunidade primitiva ao estado moderno. 3. ed. São Paulo: Scipione, 1995.

NEGROPONTE, N. *A vida digital.* São Paulo: Companhia das Letras, 1995.

VARGAS, M. *Para uma filosofia da tecnologia.* São Paulo: Alfa-Ômega, 1994.

VELLOSO, J.P.R. *Inovação e sociedade:* uma estratégia de desenvolvimento com eqüidade para o Brasil. Rio de Janeiro: J. Olympio, 1994.

VIRILIO, P. *A arte do motor.* São Paulo: Estação Liberdade, 1996.

9

Administração estratégica para a educação a distância

Luciano Sathler

Não é fácil reconhecer o fracasso em instituições de ensino superior (IES), especialmente quando se fala em educação a distância (EAD). Os mantenedores começam a desconfiar quando o número de novos alunos interessados na modalidade é decepcionante, apesar dos fortes investimentos realizados. Entre os que se matriculam, a evasão permanece muito mais alta do que o esperado. É o oposto do comportamento do segmento, que tem crescido de forma exponencial no Brasil e no mundo.

Mais complicado ainda é perceber que alguns dos gestores de EAD parecem se comunicar em outra linguagem, inescrutável aos leigos, muitas vezes eivada de termos tecnológicos ou pedagógicos restritos aos iniciados. Não há como fugir: quanto mais esse profissional se expressa de forma complicada, mais raramente seu trabalho se reverte em resultados palpáveis, apesar da multiplicidade de artigos e livros que possa ter escrito ou de palestras que tenha ministrado a respeito.

Cabe aos gestores educacionais, mantenedores, pesquisadores e formuladores de políticas públicas avaliar alguns dos principais aspectos relacionados à gestão IES interessadas em atuar ou que já oferecem EAD.

Aqui se apontam caminhos para aprofundamentos quanto à *administração estratégica de EAD*, um campo em seus primórdios de construção e disseminação das melhores práticas. O objetivo é colaborar com o avanço da qualidade na modalidade, sendo a EAD o principal caminho vislumbrado até o presente pela Unesco para universalizar a educação superior, segundo os *Objetivos do Milênio* promulgados pela ONU.

A EAD é um universo complexo que pode custar muito dinheiro e esforço sem retorno se não for bem administrado. É preciso ter bem claro se a estratégia institucional para essa área é uma das seguintes ou a combinação de algumas delas:

- tecnologia aplicada à educação, apenas complementar ao presencial;
- expansão territorial;
- criação de barreiras de entrada;
- gestão de portfólio de cursos.

Em 2009, a EAD tinha cerca de 16% do total de alunos em cursos de graduação no Brasil, pouco mais de um milhão de estudantes. Metade desse corpo discente estava matriculada em menos de 20 instituições. Para alguns, as competências desenvolvidas por essas IES podem ser ameaçadoras.

A mudança que ora se vislumbra na educação superior tem a ver com a transformação vivenciada pela chamada *sociedade da informação*, quando a informação é produzida, distribuída, armazenada, organizada e recriada em uma velocidade e em quantidade inéditas na história da humanidade. O que se acelera desde a introdução do telégrafo foi aprofundado com a massificação da informática, culminando na chamada *convergência digital*, quando novas tecnologias de informação e comunicação (TIC) são incorporadas à maioria dos objetos e dos espaços, abrindo-lhes acesso às redes privadas ou públicas, tais como a internet.

Essa possibilidade de acesso à *informação* praticamente ilimitada e à *comunicação* em uma escala mundial muda as pessoas e as organizações.

A *informação* pode ser antiga, nova, confiável, inverídica, científica, religiosa, em português ou chinês, de variadas categorias e fontes. Mas o fato de estar disponível, inclusive a iletrados, altera a forma como governos, empresas e instituições sem fins lucrativos se articulam interna e externamente para atuar ou sobreviver.

A *comunicação* aberta a diferentes agentes, de várias partes do mundo, altera a percepção da realidade e do imaginário, desafiando convenções e práticas mais tradicionais. Pode ser instantânea, assíncrona, por *broadcast*, microblogs ou *Twitter*. O meio pode tornar-se a mensagem. O certo é que diminuem as barreiras que impediam o diálogo entre culturas e povos, tribos ou indivíduos. As reações a essas mudanças podem ser violentas e repressoras, mas o simples fato de existirem resistências gritantes demonstra o alvorecer de uma nova ordem.

O *mundo do trabalho* é profundamente marcado pelas transformações trazidas pela *sociedade da informação* e pela *convergência digital*. Antes o valor da informação derivava de sua raridade, da capacidade de limitar temporariamente sua difusão e tentar-se regulamentar o acesso a ela para assim manter em poucas mãos o poder econômico, político e simbólico. Nos tempos de *capitalismo cognitivo, capitalismo digital* ou *capital imaterial* (Gorz, 2005), o essencial passa a ser contar com pessoas capazes de inovar, pois se torna praticamente impossível manter uma posição competitiva baseada no segredo ou no encobrimento.

O fundamento ético que deveria permear a chamada *sociedade da informação* é a ampliação da capacidade de selecionar, produzir, alterar, distribuir e utilizar a informação para fazer avançar o desenvolvimento humano e a sustentabilidade socioambiental. Trata-se de privilegiar a autonomia englobando as noções de pluralidade, solidariedade e participação. Dois novos paradigmas se impõem nessa chamada *Terceira Revolução Industrial*, o do *imaterial* e as chamadas *redes* (Benkler, 2006).

A crescente substituição do trabalho humano por máquinas, o crescimento da área de serviços e a *convergência digital* valorizaram o domínio do *imaterial* como forma de alcançar vantagens estratégicas, seja como indivíduo, empresa, ou país.

Ao mesmo tempo, a multiplicação da velocidade e do volume de informação transmitida, somada à mundialização econômica e cultural, amplia a trama das *redes* às quais as pessoas se conectam, sejam elas de cunho familiar, étnico, profissional, social, religioso ou político.

Levando-se em consideração que a *informação* está sendo criada e recriada a uma velocidade e a um volume jamais vistos, bem como a comunicação que se estabelece ao redor do globo, não é mais possível fugir à necessidade de aprender sempre e de forma cada vez mais autônoma.

O trabalhador, assim como a organização que dirige ou onde é empregado, torna-se um aprendente vitalício. A educação continuada é atividade obrigatória, seja por iniciativa individual, por articulação institucional; seja na informalidade ou na educação formal.

As pessoas aprendem de forma diferente em tempos de *convergência digital*. A informação disponível, abundante e de variadas fontes, altera os caminhos que indivíduos assumem como válidos para buscar fontes confiáveis para a construção de seu conhecimento.

Alunos de variadas idades e classes sociais exigem maior flexibilidade de tempo, espaço e ritmo para estudarem. Aumenta a demanda por relações de ensino e aprendizagem mais personalizadas. A autonomia e o pensamento crítico são competências mais importantes que o acúmulo enciclopédico de conhecimento, mesmo porque novas informações podem alterar rápida e profundamente o que se sabe ou é preciso saber.

```
┌─────────────────┐
│  Sociedade da   │──┐
│   informação    │  │
└─────────────────┘  │
                     ▼
              ┌─────────────────┐
              │   Convergência  │──┐
              │      digital    │  │
              └─────────────────┘  │
                                   ▼
                            ┌─────────────────┐
                            │ Mundo do trabalho│
                            └─────────────────┘
```

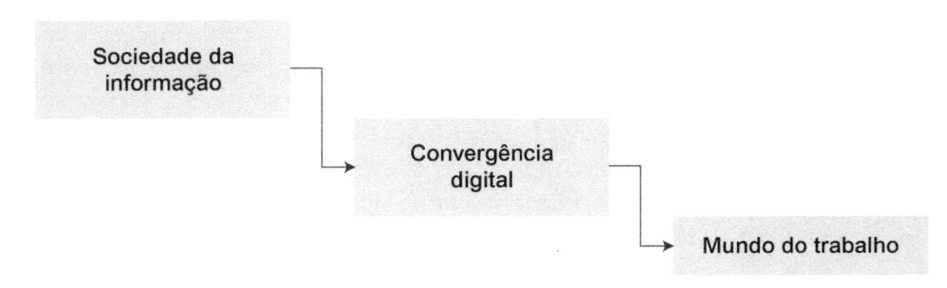

Figura 9.1 O mundo do trabalho se altera na Sociedade da Informação.

Os atuais modelos organizacionais e metodologias para a oferta de cursos superiores na modalidade EAD são apenas o início da trajetória que se faz urgente. O *blended learning* é uma tendência que torna difícil identificar separadamente o que é EAD e o que é ensino presencial pela adoção crescente de tecnologias no contexto da sala de aula. Trata-se de um movimento de *inovação disruptiva*, que pede novos modelos mentais e muita atenção na formulação da estratégia funcional.

Administração estratégica em EAD

É comum encontrar mantenedores interessados na EAD com dificuldade em dar os passos estratégicos e operacionais necessários para implementar a modalidade em sua IES, apesar de contarem com recursos financeiros suficientes. Os caminhos iniciais divergem um pouco, mas é comum serem contratados consultores de renome que custam caro, alguns mas sem a experiência prática em larga escala. Também é usual encontrar instituições que realizam vultosos gastos com tecnologia e *marketing*, com resultados pouco expressivos em números de matriculados.

A seguir, serão sugeridas nove etapas estratégicas para implementação da EAD, com ênfase em cursos de graduação e pós-graduação a distância, que são os níveis regulados e supervisionados pelo Ministério da Educação (MEC).

A *análise competitiva externa* é o olhar para fora, é localizar-se em relação à concorrência, às demandas da sociedade, ao marco regulatório e às tendências de comportamento.

A *análise de recursos e vantagens competitivas organizacionais* é o olhar para dentro, é perceber o que há de mais forte e de mais frágil na IES, identificando-se o que é possível potencializar e o que deve ser enfrentado para diminuir impactos negativos.

Desafios da Gestão Universitária Contemporânea 165

1. Análise competitiva externa

2. Análise de recursos e vantagens competitivas organizacionais

3. Definição da proposta de valor, segmentação (públicos e lugares) e posicionamento estratégico

4. Definições didático-pedagógicas

5. Seleção e capacitação de pessoas

6. Estruturação de uma unidade de negócios e acadêmica de EAD

7. Definições operacionais: jurídico, TI, comunicação e *marketing*, finanças, gestão de pessoas, secretaria acadêmica e infraestrutura

8. Estabelecimento de parcerias educacionais (polos de apoio presencial)

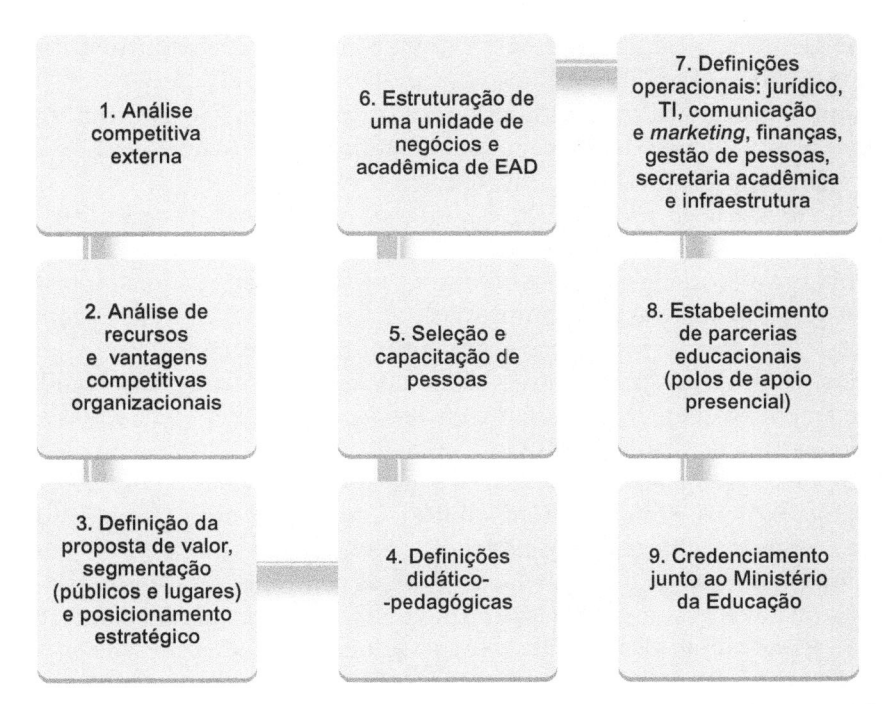

9. Credenciamento junto ao Ministério da Educação

Figura 9.2 Etapas estratégicas para implementação da graduação na modalidade a distância em uma IES.

A *definição da proposta de valor, da segmentação e do posicionamento estratégico* é pensar o futuro a partir do presente, investir em públicos-alvo selecionados e desenvolver os atributos institucionais valorizados por essas pessoas. A comunicação só dá conta desse trabalho se estiver fundamentada na realidade; ou seja, não basta anunciar, é preciso realmente cumprir as promessas embutidas na marca. O *endomarketing* é tão ou mais importante que as demais estratégias comunicacionais para uma proposição valorizada de marca.

Quanto à *seleção e capacitação*, o segredo está nas pessoas, e não nas máquinas. É fácil se encantar com os equipamentos e *softwares* que alguns apresentam como panaceia, ainda mais por ser difícil à maioria compreender plenamente o sentido da linguagem no campo da tecnologia. Porém, é essencial contar com uma equipe multidisciplinar que trabalhe de forma participativa e democrática. Estas são condições prévias ao ambiente da criatividade.

Sempre que slguém tentar tentar argumentar que é necessário gastar uma fortuna com tecnologia antes sequer de começar um curso na modalidade a distância, deve-se interromper a conversa e separar metade do valor solicitado para investir nas pessoas. Depois de seis meses, com profissionais capacitados para EAD e vindos de várias áreas do conhecimento, reinicia-se a discussão orçamentária incluindo a todos, o que será não apenas mais econômico, como também mais gratificante.

A *estruturação de uma unidade de negócios e acadêmica de EAD* é fundamental para garantir algum futuro à EAD na IES. Se o assunto é entregue a uma pró-reitoria já existente ou outra estrutura organizacional que atua com o ensino presencial, os problemas rotineiros tendem a tomar conta da pauta e inviabilizar a inovação. É importante serem estabelecidas as definições de governança e os níveis de autonomia para a área, vinculando-a diretamente a quem realmente manda (casualmente quem tem autoridade sobre os recursos financeiros).

O *estabelecimento de parcerias e convênios educacionais* com polos de apoio presencial é um assunto complexo, que pede aportes das áreas jurídica, comercial, financeira, logística, entre outras. Trata-se de um quesito dinâmico, pois, além do estabelecimento dos contratos, faz-se necessária a constante avaliação e supervisão para verificar se as cláusulas contratuais estão sendo cumpridas a contento e se os alunos permanecem satisfeitos.

Quanto ao *credenciamento junto ao MEC*[1], há várias orientações disponibilizadas pelo próprio Ministério, tanto para o credenciamento institucional quanto para o reconhecimento de cursos.

O presente capítulo concentra-se apenas em alguns dos principais aspectos relacionados às "definições didático-pedagógicas", relacionando-os com as "definições operacionais" necessárias para que uma IES possa alcançar sucesso na EAD.[2]

Uma IES só deve investir na EAD se suas lideranças compreenderem os benefícios que as TIC podem trazer para a instituição e para seus alunos, tais como:

- maior oferta de serviços educacionais à medida que diminui a necessidade de construção de novas salas de aula e infraestruturas, a não

---

[1] Maiores detalhes sobre os procedimentos junto ao MEC podem ser encontrados em <http://seed.mec.gov.br>. Ver também do autor "Referenciais de qualidade para a educação superior: desafios de uma caminhada regulatória", Revista Colabora, da Comunidade Virtual de Aprendizagem da Rede de Instituições Católicas de Ensino Superior, v.5, n. 17, julho de 2008, disponível em <http://www.ricesu.com.br/colabora/n1/artigos> acesso em 25/08/2010.

[2] Para aprofundamento sobre o tema de planejamento para a EAD, ver "Planejamento de sistemas de educação a distância: um manual para decisores", publicação da *Commonwealth of Learning*, traduzida ao português e disponibilizada pela Associação Brasileira de Educação a Distância em <http://www.abed.org.br/col/planejamentosistemas.pdf> acesso em 25/08/2010.

ser a expansão de redes digitais e outros recursos computacionais, além da contratação de mais professores e tutores;
- materiais didáticos digitais são fáceis de serem atualizados, estando disponíveis as novas versões aos alunos em momento imediatamente posterior à sua disponibilização eletrônica;
- o mesmo material didático pode ser acessado por alunos de diferentes lugares;
- os estudantes podem completar seus estudos em diferentes locais, desde que tenham acesso aos materiais didáticos e à tutoria, presencial ou a distância;
- os alunos podem definir qual o melhor horário e o melhor dia para estudar, além de estabelecer seu ritmo de estudos com maior autonomia;
- a EAD pede uma abordagem didático-pedagógica mais centrada no aluno, o que permite maior personalização da relação de ensino--aprendizagem e motivação dos estudantes;
- as TIC ampliam a possibilidade de a aprendizagem ser integrada ao cotidiano do aluno, seja por meio da internet, seja por *mobile learning*[3].

A escalabilidade é um fator fundamental a ser levado em consideração em uma época em que há forte demanda das classes mais empobrecidas quanto ao acesso aos sistemas educacionais formais no Brasil. Trata-se de um novo perfil socioeconômico dos estudantes brasileiros, que aprendem de forma diferente e desafiam o elitismo que sempre marcou a educação superior.

A seguir, são listadas algumas características desse estudante não tradicional quando consegue chegar à educação superior:
- matricula-se tardiamente na educação superior, não no mesmo ano em que se forma no ensino médio;
- não consegue dedicar o dia inteiro à IES, concentrando seus estudos no período noturno;
- é um trabalhador de tempo parcial ou integral;
- tem independência financeira ou participação expressiva na renda familiar;
- conta com dependentes (esposos, filhos e outros parentes);
- há elevada ocorrência de mães solteiras, com uma ou mais crianças dependentes;

---

[3] Adaptado de Ally, 2008.

- tem conhecimentos desenvolvidos na educação básica inferiores aos do estudante universitário tradicional, havendo, inclusive, casos de analfabetos funcionais;
- é mais velho, jovem adulto ou adulto;
- busca objetivos claros, como melhores salários ou mudança de carreira profissional.

O fato de o acesso dos mais empobrecidos à educação formal crescer forte e rapidamente impõe desafios enormes aos educadores. Muitos saem de contextos diferenciados, onde não raro tiveram pouco estímulo à leitura, foram privados de alimentação adequada na infância, conviveram em ambientes de violência extrema e sofreram com o preconceito. Em termos educacionais, essa população exige novas estratégias pedagógicas e diferentes arranjos organizacionais. Nesse sentido, a EAD também pode dar uma colaboração fundamental.

Definições estratégicas

É recomendável selecionar e capacitar um pequeno grupo multidisciplinar de profissionais para preparar um *plano de ação* com vistas à implementação da EAD. O *Plano de Desenvolvimento Institucional (PDI)* e o *Projeto Pedagógico Institucional (PPI)* são dois documentos que devem ser revistos para que possam contemplar a EAD.

No mundo universitário, é comum confundir gestão participativa e democrática com a defesa de interesses corporativos cristalizados, especialmente em IES confessionais ou públicas. A participação da comunidade é recomendável na fase de planejamento da EAD, mesmo que em momentos intercalados pelo trabalho propositivo do grupo de trabalho designado, mas sempre tomando-se o cuidado para demonstrar que o interesse institucional garantirá o pleno desenvolvimento das atividades na nova modalidade educacional.

Em geral, uma unidade de EAD, seja uma diretoria, pró-reitoria ou uma coordenação, só conseguirá ser bem-sucedida se estiver ligada diretamente ao gestor que autoriza investimentos, ou seja, quem realmente tem poder de decisão.

Caso a opção seja buscar o credenciamento para cursos de graduação em EAD, há obrigatoriedade de se contar com *polos de apoio presencial* com estrutura e com funcionamento de acordo com a legislação vigente.

Nesse modelo, são exigidos momentos presenciais obrigatórios, inclusive para realização de avaliações de aprendizagem. No entanto, por mais que pareça demasiadamente restritivo para alguns, as IES com maior número de alunos na modalidade EAD conseguiram transformar os encontros periódicos em facilitadores para fortalecimento dos laços sociais entre alunos, o que diminui sensivelmente os índices de evasão.

As propostas de credenciamento institucional para a oferta de graduação EAD devem contemplar e descrever o papel pretendido aos seguintes perfis profissionais: professores na sede da IES; coordenadores de curso; coordenadores de polos de apoio presencial; tutores a distância; tutores presenciais; equipes de suporte e atendimento aos alunos.

Os processos de avaliação de aprendizagem devem estar bem descritos, sendo cumulativos e continuados, conservando-se a maior parte da nota da disciplina ou módulo para a prova presencial e, nesse instrumento, o maior peso ser reservado às questões dissertativas.

A infraestrutura na sede e nos polos de apoio presencial deve estar de acordo com o número de cursos, de profissionais e de alunos envolvidos.

Para definir qual infraestrutura deve contar com investimentos, é preciso ter bastante clareza quanto à atuação da equipe multidisciplinar (docentes e funcionários técnico-administrativos), qual o modelo de aula e tutoria a ser adotado, quais materiais didáticos serão desenvolvidos e por quem, qual o ambiente virtual de aprendizagem escolhido e quais serviços serão compartilhados com os cursos presenciais da IES.

A Figura 9.3 destaca os principais decisões a serem considerados quando da implementação e desenvolvimento da EAD.

A produção de materiais didáticos impressos em plena era da internet pode parecer anacrônica para alguns; no entanto, é um forte elemento de tangibilização do curso para os alunos. Para evitar uma abordagem centrada no conteúdo, é preciso cuidar para que os livros sejam realmente didáticos, em permanente diálogo com o disposto no ambiente virtual de aprendizagem e com a avaliação discente. As leituras mais aprofundadas devem ser adotadas como uma segunda camada do conhecimento, indicadas aos que se interessarem no aprofundamento de alguma questão. Na EAD é importante sempre deixar caminhos alternativos a seguir para que os estudantes definam novos percursos de aprendizagem conforme seus interesses ou suas necessidades.

A produção de materiais didáticos digitais é mais valorizada e enriquecida se incluídos os alunos como colaboradores dentro de uma abordagem WEB 2.0. Ou seja, professores, tutores e demais conteudistas somam-se aos discentes para disponibilizar múltiplos objetos de aprendizagem que possam ser intercambiados entre cursos, turmas e disciplinas. Para tanto, é preciso definir

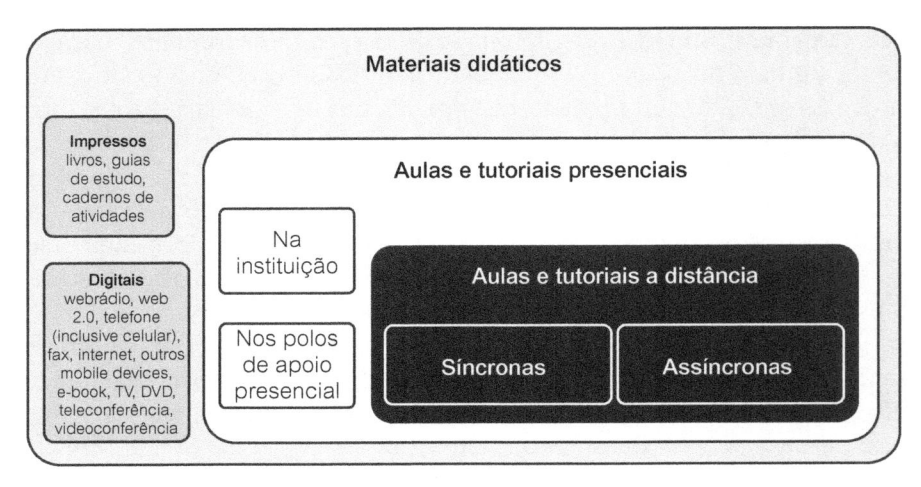

```
┌─────────────────────────────────────────────────────────────┐
│                      Materiais didáticos                    │
│  ┌──────────┐                                               │
│  │Impressos │                                               │
│  │livros,   │        Aulas e tutoriais presenciais          │
│  │guias de  │                                               │
│  │estudo,   │                                               │
│  │cadernos  │   ┌──────────┐                                │
│  │de        │   │   Na     │                                │
│  │atividades│   │instituição│                               │
│  └──────────┘   └──────────┘  Aulas e tutoriais a distância │
│  ┌──────────┐                                               │
│  │ Digitais │                                               │
│  │webrádio, │   ┌──────────┐                                │
│  │web 2.0,  │   │Nos polos │  ┌──────────┐ ┌──────────┐    │
│  │telefone  │   │ de apoio │  │Síncronas │ │Assíncronas│   │
│  │(inclusive│   │presencial│  └──────────┘ └──────────┘    │
│  │celular), │   └──────────┘                                │
│  │fax,      │                                               │
│  │internet, │                                               │
│  │outros    │                                               │
│  │mobile    │                                               │
│  │devices,  │                                               │
│  │e-book,TV,│                                               │
│  │DVD,      │                                               │
│  │telecon-  │                                               │
│  │ferência, │                                               │
│  │videocon- │                                               │
│  │ferência  │                                               │
│  └──────────┘                                               │
└─────────────────────────────────────────────────────────────┘
```

Figura 9.3 Aspectos fundamentais ao modelo de EAD.

uma política e as diretrizes claras a respeito dos direitos autorais, preferencialmente de acordo com o preconizado pelo movimento *Creative Commons*[4].

A filosofia dos *Recursos Educacionais Abertos* (sigla em inglês OER: *Open Educational Resources*) segue a lógica de que, no mundo da convergência digital, é quase impossível, além de caro, preservar textos, imagens, áudio ou vídeo de terem cópias não autorizadas realizadas; as vezes, em larga escala. Além disso, com a quantidade de informações disponíveis, raramente uma IES vai produzir algo com tanta relevância e qualidade que possa superar redes comerciais de TV, veículos de imprensa ou grandes editoras.

Nesse sentido, é melhor estabelecer acordos com empresas cuja atividade-fim seja a produção de conteúdo e considerar os recursos que docentes e discentes oferecem como prioritariamente pertencentes aos autores. No caso de concordância, podem ser partilhados, sem alteração, com citação da fonte, apenas quando disponibilizados no ambiente virtual de aprendizagem institucional.

Uma falha muito comum dos gestores de EAD é não levar em consideração a diversidade do Brasil, país ao mesmo tempo dos mais modernos e conectados e que mantém muitas regiões absolutamente carentes da infra-estrutura necessária à internet. Outro importante fator que alguns não levam em consideração é a cultura de aprendizagem (ainda refratária a interagir

---

[4] Ver os tipos de licenças disponíveis em <http://www.creativecommons.org.br/>.

apenas com uma tela)ter apenas aulas assíncronas e conteúdos que não permitem interação *online*. A ideia da EAD como ensino tutorial demonstrou-se equivocada, a não ser em alguns cursos livres de imediata aplicação.

Gente gosta de interagir com gente, mesmo que ao vivo e mediado pela TV ou por uma tela de computador e seus *softwares* de comunicação instantânea. Por isso, o modelo de tutoria presencial e a distância é da maior importância, tanto para a qualidade do curso quanto para que se analise seu peso nas variáveis de custo.O Quadro 9.1 apresenta algumas principais variáveis de custo na EAD.

Ao se planejar o investimento em EAD, é preciso identificar e quantificar os custos fixos e variáveis. Além disso, lembrar que existem as fases de desenvolvimento (antes da oferta do primeiro curso), a oferta (quando no primeiro ano após o início dos cursos se ajustam as partes dentro de uma curva de aprendizagem organizacional) e a administração (após estabilizados os processos).

Os controles contratuais são elementos algumas vezes esquecidos e que podem causar forte impacto financeiro se não administrados de forma correta. Assim como a estruturação de um departamento jurídico que seja capaz de responder nas diferentes áreas, como direito comercial, direito civil, direito trabalhista e direito tributário. A presença em vários estados pede uma gestão eficiente de recursos e prepostos, além de bancas de advogados associados capazes de acompanhar as causas em diferentes localidades.

O mesmo se passa com o Exame Nacional de Desempenho de Estudantes (ENADE), a avaliação institucional, a participação dos discentes em colegiados, os estágios obrigatórios e os trabalhos de conclusão de curso (TCC). Cada um desses processos tem sua gestão diferenciada quando se trata da EAD, levando-se em consideração a dispersão geográfica dos alunos.

Em suma, foram apresentadas algumas das principais áreas e decisões que devem ser contempladas por gestores de IES interessados em implementar ou melhorar a administração de seus programas de EAD. Não há uma receita única; por isso, é preciso respeitar o contexto interno e a história da instituição sob pena de importar modelos que acabem por gerar grandes despesas e poucos resultados. Porém, em tempos de transição, é aconselhável investir na EAD como uma possibilidade séria de atuação para não correr o risco de ser ultrapassado por outras organizações mais adaptadas às mudanças ora em andamento.

Nas próximas décadas, a educação superior vai se expandir ainda mais em países na busca de maior desenvolvimento. Para sobreviver e fazer diferença, as IES devem realizar economias de escala, visando aos grandes nú-

Quadro 9.1
Modelo de custos em educação a distância[1]

	Desenvolvimento	Oferta	Administração
Variáveis de custos			

Estudantes
- Capacitação
- Avaliação institucional
- Tecnologia

Docentes
- Capacitação
- Professores EAD
- Professores – tutores a distância
- Tutores presenciais

Projeto pedagógico
- Assessoria pedagógica
- Criação e revisão coletiva

Conteúdo
- Planejamento
- Criação, produção e revisão
- Distribuição
- Acervo bibliográfico (sede e polos)

Equipes de apoio didático
- Capacitação
- Mediação didático-pedagógica
- Assessoria psicopedagógica
- *Web designer* e produção multimídia

(continua)

Quadro 9.1 (*continuação*)
Modelo de custos em educação a distância

Variáveis de custos	Desenvolvimento	Oferta	Administração
Serviços de suporte administrativo e acadêmico aos alunos e polos o Capacitação o Acadêmicos, inclusive estágios o Financeiros, técnicos, contábeis, jurídicos o Comunicação e *marketing* o Logística			
Infraestrutura o Espaço físico o Polos de apoio presencial o Auditoria de polos o Mobiliário e materiais de expediente			
Tecnologia o Polos de apoio presencial o Produção o Comunicação (interação, redes e entrega) o Segurança o CRM o Serviços administrativos			

[1] Adaptado de Meyer, 2006.

meros de pessoas na base da pirâmide, e não apenas às elites. Isto significa mais cursos EAD, que, inclusive, ultrapassem fronteiras geográficas.

Aumentar o acesso a recursos educacionais abertos pode acelerar a capacidade de produzir e a qualidade dos objetos de aprendizagem disponíveis. A EAD favorece o espírito de inovação, confrontando os alunos e os professores com diferentes perspectivas e obrigando-os a elaborar novas formas de relacionamento entre:

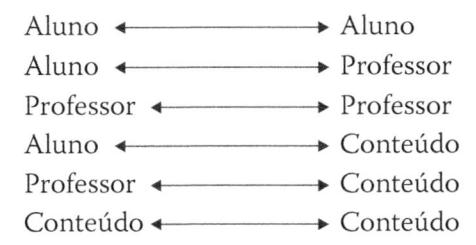

Aluno ←——————→ Aluno
Aluno ←——————→ Professor
Professor ←——————→ Professor
Aluno ←——————→ Conteúdo
Professor ←——————→ Conteúdo
Conteúdo ←——————→ Conteúdo

Como lembra Daniel (2007), a ampliação do acesso é o princípio da inovação educacional. A abordagem de trabalho em equipe, em geral adotada para a EAD, facilita a transformação em várias maneiras. Isso torna o ensino mais sistemático e participativo, de modo que os objetivos explícitos de aprendizagem são mais prováveis de serem alcançados. Também, os alunos dessa modalidade usualmente são mais autônomos e motivados do que os discentes tradicionais, aptos a construir seus conhecimentos de uma forma mais ativa.

Flexibilidade de tempo, flexibilidade de espaço, flexibilidade de ritmo e personalização da relação de ensino e aprendizagem: eis as veredas abertas pela EAD que a administração estratégica deve contribuir para o pleno desenvolvimento, de maneira sustentável e inovadora.

Referências

ALLY, M. The impact of technology on education. In: COMMONWEALTH OF LEARNING. *Education for a digital world:* advice, guidelines, and effective practice from around the globe. Vancouver, 2008.

BENKLER, Y. *The wealth of networks:* how social production transforms markets and freedom. New Haven: Yale University Press, 2006.

DANIEL, J.; KANWAR, A.; UVALIĆ-TRUMBIĆ, S. *Human development for innovation:* changing the profile of global higher education. 2007. Disponível em: <http://www.col.org/resources/speeches/2007presentations/Pages/2007-03-02.aspx>. Acesso em: 22 out. 2010.

GORZ, A. *O imaterial:* conhecimento, valor e capital. São Paulo: Annablume, 2005.

MEYER, K.A. Cost-efficiencies in online learning. *ASHE Higher Education Report*, San Francisco, v.32, n.1, p.1-115, 2006.

10

Governança no ensino superior privado

Sergio Marcus Nogueira Tavares

A universidade brasileira acabou por se tornar um movimento tardio, pelo menos em comparação com o surgimento das universidades nos países latino-americanos de colonização espanhola. Alguns desses tiveram suas primeiras universidades no século XVII, enquanto a primeira universidade brasileira, a Universidade do Rio de Janeiro, foi fundada em 1920 pelo Decreto nº 14.343.

No campo do ensino privado, a primeira universidade foi confessional, a Universidade Católica do Rio de Janeiro, reconhecida oficialmente pelo Decreto nº 8.681/46, com prerrogativas de Pontifícia, em 1946, a partir do Instituto Católico de Estudos Superiores, que já atuava desde 1932. Somente a partir da metade do século XX é que outras universidades foram surgindo, em especial as confessionais. Em 1946, além da Católica do Rio de Janeiro, surgiu a Pontifícia Universidade Católica de São Paulo; em 1948, a Católica do Rio Grande do Sul; em 1952, a Universidade Mackenzie; em 1955, a Católica de Campinas; em 1958, a Católica de Minas Gerais; e, em 1959, a Católica do Paraná.

Na década de 1970, surgiram novas universidades confessionais e outras comunitárias, não vinculadas a entidades confessionais, sem fins lucrativos, o que permitiu, mais tarde, o surgimento da categoria universidades comunitárias, que passaram a se organizar na Associação Brasileira das Universidades Comunitárias (ABRUC) em 1995.

Com as reformas implementadas na década de 1990, ocorreu forte expansão do segmento privado da educação superior no país, sobretudo após o reconhecimento legal das instituições educacionais com fins lucrativos. A abertura ao segmento empresarial proporcionou veloz impulso ao setor, o que permitiu forte crescimento das matrículas por meio da abertura de *campi*, significativa ampliação do número de cursos e interiorização da oferta; enfim, um novo movimento de ocupação de um espaço antes destinado predominantemente ao público e ao privado confessional e/ou comunitário.

O rápido crescimento desse segmento, com uma nova tipologia que passou a ser denominado setor privado na educação superior, acirrou a concorrência, antes quase inexistente, entre as instituições de ensino superior (IES). O setor passou a focar o gerenciamento de resultados, ficando a atuação governamental restrita ao campo da avaliação como alternativa de regulação do novo setor, configurado graças a um processo controlado de autorização de funcionamento de *campi* e de cursos pelo Ministério da Educação.

Assim, o cenário da educação superior no Brasil passou a acomodar, além das instituições públicas, as universidades particulares, estas últimas resultantes do agrupamento de atores com diferentes formatos jurídicos e finalidades econômicas, compondo um conjunto bastante diversificado e diferenciado em seus fins e na própria concepção de universidade. Tudo isso aconteceu com evidentes diferenças no modelo de governança adotado pelas instituições, com reflexos na forma de administração acadêmica, nas relações com o alunado e com o corpo docente e técnico-administrativo, bem como na forma de inserção dessas universidades no meio social onde atuam.

Neste contexto, o propósito deste capítulo é identificar, a partir das reformas da educação superior ocorridas na década de 1990 que resultaram na ascensão das instituições com fins lucrativos, os reflexos na concepção de governança que vêm se estabelecendo no segmento universitário privado. Tudo isso tendo clareza de sua heterogeneidade e de sua importância e grandeza, que já é responsável por mais de 70% das matrículas no ensino superior brasileiro.

Na análise da categoria governança, uma das questões que se impõem no debate é: que concepção de governança é compatível com a universidade? O termo "governança" tem sido utilizado em diferentes campos com sentidos variados. Um deles vem da administração de empresas privadas, com o sentido de governança corporativa. Representa o conjunto de práticas e de relacionamentos entre os acionistas/cotistas, o conselho de administração e os demais órgãos da organização.

No caso da universidade, a questão é: de que forma se pode extrair dessa concepção teórica a condição de se atingir metas, levando em conta que governar exige lidar com relações necessariamente conflituosas que frequentemente opõem interesses de diferentes agentes? Tudo isso sob o tempero da escassez de recursos para atender demandas potencialmente superiores à capacidade de financiamento em um país ainda com limitações para investimento em educação superior.

As reformas da educação superior na década de 1990 e as implicações à gestão universitária

A década de 1990 foi marcada por diversas reformas implementadas no ensino superior brasileiro a partir do reconhecimento do Estado de sua impossibilidade de dar conta da expansão do setor com recursos públicos. Abriu-se espaço para a expansão do segmento das universidades particulares, admitindo-se a categoria de instituições com fins lucrativos.

A crise do estado de bem-estar social alcançou o Brasil em um cenário econômico agravado com elevado déficit fiscal, dívida pública em alta e inflação em descontrole, ficando sem resposta o anseio da sociedade de ampliação do sistema de ensino superior, cuja demanda cresceu com a carência de pessoal qualificado para atender ao setor produtivo no cenário da globalização.

As reformas da educação superior realizadas na década de 1990, a partir do governo Fernando Henrique Cardoso (FHC), tiveram como eixo central um novo paradigma de Estado, agora sob uma postura de regulador e avaliador do sistema de educação superior, e não mais de um Estado executor. Um dos autores que estudou tais reformas ocorridas no Brasil e na Argentina, Luiz Enrique Aguilar, denominou esse movimento de afastamento, de transferência de responsabilidade da tarefa de execução e de atuação mínima, de *Estado desertor*.

No sistema federal, o Estado passou a implementar ações voltadas à racionalidade econômica, ao gerenciamento por resultados e à otimização dos recursos já existentes no sistema, sem maior ampliação. O princípio da racionalidade legal, burocrática e econômica voltada ao desenvolvimento e à modernização do sistema fundamentou o projeto de reforma do ensino superior.

O novo modelo adotado para a expansão do sistema universitário brasileiro priorizou a participação da iniciativa privada sob o regramento da economia de mercado sem uma evolução de comprometimento do fundo público por meio das instituições estatais (federais, estaduais e municipais), cujo crescimento foi significativamente inferior ao da iniciativa privada no período 1990-2006, segundo dados do INEP.

A reforma do ensino superior concebida na década de 1990 foi regida pela racionalização organizacional e pela busca de novos padrões de gestão na administração pública, que passou a ser orientada por resultados, pela descentralização, pela flexibilização, pela competitividade e por um direcionamento estratégico. Nesse sentido, a reforma educacional nada mais foi que uma reestruturação gerencial, fundamentada na revisão das concepções de gestão, planejamento e avaliação, com vistas à expansão do ensino superior no Brasil.

A reforma gerencial abordada nos documentos oficiais partiu do pressuposto de que o mundo estaria em processo de modernização produtiva, isto é, que estaríamos diante de inovações tecnológicas nunca vistas, resultantes da globalização, que permitiram a abertura dos mercados à concorrência internacional, o que estaria a exigir do Estado e das instituições sociais adequações e igual modernização.

O Ministro Luiz Carlos Bresser Pereira, titular do Ministério da Administração e Reforma do Estado em 1995, foi um dos atores fundamentais no governo FHC para empreender os novos paradigmas na administração pública. Seu objetivo seria substituir o modelo de administração pública de caráter burocrático, com influências de práticas clientelistas e patrimonialistas, por um novo padrão de administração gerencial, que adotaria os princípios da nova gestão pública *(new public management)*. Era necessário, para Bresser Pereira, conceber um novo formato de administração pública, capaz de enfrentar os desafios do ajuste fiscal e de reduzir a máquina administrativa sem deixar, entretanto, de atender às crescentes demandas sociais.

Inspirado na obra de Osborne e Gaebler, *Reinventando o governo*, e nas concepções ali apresentadas, e após uma viagem à Inglaterra em 1995, quando teve contato com a experiência recente de países da OCDE, sobretudo no Reino Unido, Bresser concluiu:

> (...) se implantava a segunda grande reforma administrativa da história do capitalismo: depois da reforma burocrática do século passado, a reforma gerencial do final deste século. (Pereira, 2002, p. 22)

As novas ideias estavam em plena formação; surgia no Reino Unido uma nova disciplina, a *new public management*, que, embora influenciada por ideias neoliberais, de fato não podia ser confundida com as ideias da direita. Muitos países social-democratas estavam na Europa envolvidos no processo da reforma e de implantação de novas práticas administrativas. "O Brasil tinha a oportunidade de participar desse grande movimento de reforma e constituir-se no primeiro país em desenvolvimento a fazê-lo." (Pereira, 2002, p. 22).

Assim, o *Plano Diretor da Reforma do Aparelho do Estado* elaborado no primeiro semestre de 1995 seguiu o quadro teórico das reformas gerenciais implementadas desde a década de 1980 em alguns países da OCDE. Em seus pressupostos, encontra-se o eixo central facilitador da abertura da educação à iniciativa privada e à tentativa de o Estado se desonerar do financiamento da necessária expansão do ensino superior brasileiro.

Este cenário político sucintamente descrito é o início de um novo paradigma de governança na administração pública brasileira, eixo central sobre o qual se desenvolvem políticas públicas voltadas à educação superior que irão afetar o setor privado e seu modelo de governança, que é o que se quer aqui analisar.

A partir da reforma do Estado brasileiro, as reformas da educação superior empreendidas na década de 1990 foram uma tentativa de promover esse movimento no cenário da educação superior, reorganizando seus processos de trabalho e de gerenciamento, criando novos parâmetros para a expansão e o desenvolvimento do sistema.

No plano legal, os principais instrumentos que materializam a reforma foram editados após a aprovação da Lei de Diretrizes e Bases da Educação – Lei nº 9.394/96 – pelo Congresso Nacional em 17 de dezembro de 2006, denominada Lei Darcy Ribeiro. No período entre abril e agosto de 1997, vários dispositivos legais, oriundos do Ministério da Educação e de seus órgãos executivos, foram publicados e voltados à regulação do ensino superior.

Dois desses dispositivos foram de relevante importância para o ensino superior, no que aqui será abordado: o Decreto nº 2.207, de 15/04/1997, e o Decreto nº 2.306, de 19/08/1997. O primeiro inova na organização do sistema de ensino superior – com a introdução das modalidades universidade especializada e centro universitário – e na natureza institucional dos estabelecimentos que compõem o sistema. Essas modalidades trazem certa autonomia e flexibilidade ao setor privado, que atuava em estabelecimentos isolados em determinados nichos do ensino superior, e que, com esses novos formatos, amplia suas possibilidades. O segundo refere-se à natureza jurídica e econômica dos estabelecimentos privados de ensino superior, permitindo-lhes promover alterações estatutárias que possam contemplar a natureza civil ou comercial, o que abre a possibilidade ao setor educacional de operar sobre o regramento de entidades com fins econômicos.

É a partir deste marco legal que se dá o surgimento da 'universidade empresarial', como vários autores passarão a reconhecer esse novo ator do setor universitário. Como mencionou Helena Sampaio (2000), surge o "outro", referindo-se ao setor privado, que foge ao *script* definido no campo do ensino superior: público, gratuito, fora do modelo de mercado, uma concepção que acabou por não dar conta daquele momento e da necessidade de expansão da oferta de ensino superior no país.

Este é um passo fundamental para a concepção de governança universitária neste segmento emergente que passa a atuar no ensino superior brasileiro.

Conceito de governança

A expressão *governance* ou governança teria sido utilizada, no sentido que hoje se adota, nos documentos do Banco Mundial com a finalidade de estabelecer ações que garantissem a eficiência estatal. Trata-se de uma extensão para o campo da ação estatal, da racionalidade formal econômica para as dimensões sociais e políticas, elemento norteador na formulação de políticas públicas.

Para tanto, as formas como as estruturas exercem o poder e os resultados de tais ações do Estado deveriam ser avaliados. A partir da década de 1980, o conceito de governança apareceu nos documentos do Banco Mundial e passou ser empregado por outras agências de cooperação internacional, como o Fundo Monetário Internacional (FMI) e o Programa das Nações Unidas para o Desenvolvimento (PNUD).

Em um documento denominado *Governance and Development* (1992), os responsáveis por sua redação, em nome do Banco Mundial, definem a governança como a "maneira pela qual o poder é exercido na administração dos recursos sociais e econômicos de um país visando ao desenvolvimento." Isso implicaria uma capacidade dos governos de planejar, formular, implantar políticas e cumprir funções. De uma forma geral, poder-se-ia dizer que governança é a capacidade de um determinado Estado exercer o poder.

Para isso, o ambiente da governança teria de ser o das relações formais e o dos mecanismos informais que constituem as relações entre as organizações e seus públicos interessados (*stakeholders*). A boa governança, nesse contexto, é a capacidade que o Estado tem de reduzir sua dimensão pública, impondo sua minimização na condução das políticas públicas, as quais passam a depender do mercado, na dinâmica própria da esfera do privado.

Observa-se que, em sua origem, o conceito de governança é oriundo da administração pública. Entre o conceito de governança, focalizado na *performance* dos atores e em sua capacidade de realização no exercício da autoridade política, e o de *governabilidade*, relativo à arquitetura institucional ou às condições sistêmicas sob as quais se dá a governança, Maria Helena Castro Santos (2009) sugere a adoção, para fins analíticos, do termo *capacidade governativa*.

Para ela, a *capacidade governativa* é a de um sistema político de produzir políticas públicas voltadas à solução das questões imediatas da sociedade, ou simplesmente a possibilidade de ação efetiva para solucionar problemas, transformando o potencial político em capacidade de definir políticas para realizar ações concretas na sociedade. Essa capacidade se expressa por meio da agenda política, da infraestrutura voltada à elaboração, à discussão e à implementação das políticas públicas.

No caso da governança pública, nas relações formais resultantes dos processos institucionais e legais que se estabelecem para o exercício do poder entre o governo e a sociedade, outro conceito que surge é o dos mecanismos estabelecidos para a responsabilização (*accountability*). Essa expressão, traduzida para o português, indica as relações que se estabelecem formalmente na capacidade da sociedade de acompanhar e fiscalizar os agentes que exercem o poder público e a máquina burocrática estatal como um todo, e se, de fato, atendem aos fins propostos ou se desviam deles.

Referindo-se à governança na escola pública portuguesa, Almerindo Janela Afonso (2010, p. 23) reconhece a categoria *accountability* como um processo inevitável de integração da avaliação, prestação de contas e responsabilização dos gestores educacionais. Para esse autor, o modelo de gestão que se impõe recentemente vem suprir a necessidade de uma cultura nova em que a responsabilidade é partilhada com a comunidade educativa na tentativa de se conciliar democracia com "exigências de estabilidade, eficiência e de responsabilidade".

As categorias governança, governabilidade, capacidade governativa e *accountability* surgem, *a priori*, a partir de políticas públicas implementadas na educação superior e, portanto, sob o aspecto da universidade. Em um primeiro enfoque, são variáveis que trazem um componente externo forte com reflexos no governo da universidade, alcançando o segmento privado.

Governança corporativa

Com a expansão das entidades educacionais com fins lucrativos no campo universitário e com o advento do conceito de governança corporativa no meio empresarial na década de 1990, essa concepção passou a fazer parte do vocabulário dos mantenedores dos estabelecimentos de ensino que, de um lado, apresentavam boa *performance* de resultados financeiros, rápido crescimento de matrículas, cursos e *campi*, perspectivas para expansão e abertura de novas unidades universitárias, mas que, por outro, passaram a se preocupar com os riscos do *negócio* e com a necessidade de assegurar sustentabilidade e retorno sobre o capital investido em uma perspectiva de longo prazo.

Segundo Luiz Marcatti (apud Bonventti, 2008, p. 29), sócio e diretor da área de gestão da Mesa *Corporate Governance*,

> [...] governança corporativa é uma estrutura de regras, um conjunto eficiente de mecanismos de como se deve governar uma empresa ou uma instituição de ensino. Ela garante que o comportamento de seu principal executivo, ou, no caso das instituições de ensino, seu reitor, vai atuar sempre alinhado com o interesse dos acionistas. Ela está acima da gestão.

A partir dos princípios da transparência, equidade, prestação de contas e responsabilidade corporativa, a governança corporativa seria uma estrutura institucional de regras e práticas que deveria garantir a continuidade institucional, assegurar sua imagem e reputação e garantir posicionamento adequado no setor que tornasse a organização atrativa a investidores, bem qualificada no mercado e segura para seus proprietários.

Disto resulta que as relações com os agentes internos e externos à instituição a tornariam capaz de atingir as expectativas gerais da sociedade quanto à sua existência e continuidade.

Ao compreender a governança corporativa de forma bem abrangente e entendê-la como categoria possível no setor universitário, Marcatti (apud Bonventti, 2008, p. 30) a traduz em profissionalização:

> Profissionalizar é discutir quais as reais competências que essa instituição precisa cumprir e, é claro, começar a partir do momento que fica claro para quem estava no comando que ele vai ter de abrir mão do poder que tinha até então.

A ideia de profissionalização é interessante para a identificação das competências específicas, porém necessárias à organização universitária privada para cumprir suas funções sociais de modo competente, relevante e autossustentável, sob a perspectiva de organização que busque vida longa.

Posto assim, a questão seria como qualificar as relações corporativas de uma organização com porte, complexidade e qualidade institucional para que atenda parâmetros de governança compatíveis à sua especificidade como instituição científica, responsável pela produção e difusão do conhecimento.

Um exemplo de governança corporativa universitária vem da reforma do ensino superior realizada na Ásia, com a privatização da educação superior e seu financiamento por recursos privados, atuando o Estado com fundos para bolsas de estudos.

O pesquisador da Universidade de Hong Kong, Ka Ho Mok, quando esteve no Brasil em 2008, afirmou em entrevista à Revista Ensino Superior que as mudanças na administração universitária na Ásia "têm se aproximado cada vez mais da gestão corporativa". Segundo ele, as universidades "são geridas como corporações" e, mesmo tendo que buscar diversas fontes de recursos para seu financiamento, são viáveis e têm alcançado excelência e reconhecimento público.

Governança nas instituições do terceiro setor

A categoria governança passa a ser referencial teórico igualmente para as organizações do chamado terceiro setor, que ganhou força no contexto da reforma do Estado desertor.

O terceiro setor tem se caracterizado por suas especificidades, inserido entre o público e o privado, com foco predominante no atendimento de demandas sociais do país. Dada esta natureza, requer necessidades próprias de governança. Segundo Barros e Guimarães (2006, p. 13):

> Na governança de organizações do terceiro setor há complexidade na articulação dos interesses diversificados, entre doadores, financiadores, mantenedores, voluntários, funcionários, beneficiários e comunidades. Há necessidade que os conselhos de administração desses empreendimentos tenham uma participação pró-ativa, não só no monitoramento e avaliação, mas também no planejamento estratégico.

Mesmo que muitos dos desafios presentes nas organizações em geral sejam válidos para o terceiro setor (como a questão da transparência, equidade e perenidade institucional), a forma de governança e, quem sabe, as características e peculiaridades da governabilidade nessas instituições requerem uma tipologia organizacional atenta aos fins, à participação dos diversos agentes e à qualidade dos processos. A forma de governança universitária não deve aviltar essas organizações com valores e práticas incompatíveis a seus fins e a sua missão.

As organizações do terceiro setor, como expressões organizadas de legítimas demandas da sociedade civil, ao interagir com os demais agentes sociais, como órgãos públicos, empresas, pessoas físicas cooperantes, voluntários ou doadores, enfim, com todos aqueles que com elas se identificam, acabam por construir um modo próprio de governança. Elas formatam algo peculiar, não necessariamente tendo como referentes os modelos anteriores da governança pública ou da governança corporativa.

Esta distinção se faz necessária uma vez que o chamado segmento privado do ensino superior abriga "diversos recortes", como identificou Helena Sampaio, e vários formatos jurídicos e organizacionais, entre os quais incluem as instituições confessionais, comunitárias e filantrópicas (universidades, centros universitários ou faculdades isoladas). Nessas instituições, a estrutura de governo compõe, em geral, entes privados e públicos, e seu financiamento resulta de um misto de recursos advindos de anuidades escolares e outras fontes, privadas ou públicas.

Para o terceiro setor, como parte das reformas antes descritas, foram definidos benefícios ao denominado público não estatal, outra categoria utilizada para identificar as organizações sociais que surgiram ou cresceram a partir disso. A regulamentação da imunidade, as chamadas isenções e as condições de destinação de recursos do fundo público a esse segmento, tem mobilizado a sociedade e, da mesma forma, afeta a modelagem de governança em construção no segmento.

Atributos da governança universitária

Estamos diante de conceitos relativamente novos que permeiam o campo da gestão universitária, em um tempo em que ocorrem profundas transformações na sociedade, avanços extremamente rápidos na produção e na difusão do conhecimento. São questões com as quais a universidade tem de lidar.

Assim, como assinala Ester Buffa (2005, p. 50), "as relações sociais conflituosas entre o ensino público e o privado que marcam toda a nossa história republicana continuam atuais, apesar das muitas mudanças ocorridas".

No caso das entidades que operam como mantenedoras das universidades brasileiras, não há como falar em governança sem se distinguir conceitualmente em que tipo de empreendimento se está falando (público ou privado; se público: federal, estadual ou municipal; se privado: com ou sem fins econômicos; nesse caso, se confessional, comunitário, filantrópico).

Buffa (2005, p. 51), atenta à necessária distinção conceitual, assinala: "É assim que são feitas distinções entre o público (o que é destinado ao conjunto da população), estatal (o que é mantido pelo Estado), o privado, regido pela lógica do lucro e o privado confessional, filantrópico, comunitário".

Tendo em vista tal distinção mínima ou os diversos recortes, o fato é que as universidades privadas brasileiras constituem-se em um segmento com características específicas de identidade, finalidade, ação histórica e missão; enfim, são agentes históricos cuja governança precisa ser construída em meio a esse contexto.

Se não lhes forem aplicáveis as premissas da governança das instituições públicas –, de fato não são públicas, pois não são mantidas pelo fundo público – a questão que se coloca para as do segmento lucrativo é: o que significa aplicar as premissas da governança corporativa, já que essas instituições atuam como empresas, visam ao lucro, fazem dessa prestação de serviço um *business* como qualquer outro existente na sociedade capitalista e devem proporcionar retorno sobre o capital investido a seus investidores?

Construir esta modelagem é, sem dúvida, uma experiência recente no campo do ensino superior brasileiro, uma vez que muitas novas universidades vivenciam ainda poucos anos de trajetória, em um cenário concorrencial complexo, tendo que atrair estudantes, manter condições de trabalho, qualidade nos serviços e na sua infraestrutura. O desafio é ser universidade em seu sentido amplo, tanto quanto as instituições universitárias públicas, independentemente de sua natureza jurídica.

É de se presumir que seu modelo de governança ainda se encontra em construção, não sendo aplicável nem a governança da administração pública nem mesmo a governança corporativa e do terceiro setor, sem que se considerem suas especificidades e o contexto educacional e social do país.

Nesse sentido, algumas questões permeiam as relações de poder, a influência e a atuação do governo da universidade merecem melhor aprofundamento do tema na tentativa de se formatar referências para um modelo de governança compatível com o campo do ensino superior privado no Brasil:

a. Processo decisório e forma de participação

A participação no processo decisório, sua ocorrência por meio de colegiados representativos dos segmentos da universidade e a construção de meios de informação e canais de participação que assegurem um processo decisório não centralizado são condições para uma boa governança.

Encontrar os mecanismos adequados que possam assegurar equilíbrio entre poder e responsabilidade, autonomia e gerenciamento de risco e de resultados, burocracia e agilidade, força da comunidade interna, da mantenedora e mediação da comunidade externa são alguns dos desafios a serem desenvolvidos na formatação da governança universitária adequada.

b. Autonomia universitária

Para Maria de Lourdes Albuquerque Fávero (1983, p. 33),

> a autonomia universitária não deve ser compreendida como uma concessão do Estado ou da mantenedora, mas decorrência lógica de seus objetivos e de sua missão na sociedade.

Portanto, mais que um problema legal, é uma condição efetiva para que se "constitua em instância de reflexão crítica, centro produtor e difusor do saber e cultura a serviço da coletividade" (Fávero, 1983, p. 33).

A autonomia resulta do estágio de desenvolvimento alcançado, o que depende do poder e das forças que o sustentam, como, por exemplo, os subsídios do Estado e o apoio de grupos hegemônicos. A universidade vive uma tensão constante entre a busca de sua autonomia, mesmo que relativa, e o controle exercido pelo Estado e sua mantenedora: é uma contradição inevitável.

No caso da iniciativa privada, se de um lado o Estado se comportou como desertor em relação ao financiamento, por outro aumentou seu controle regulador sobre as universidades, o que tem sido objeto constante de questionamentos pelo setor.

c. Dimensão política da universidade

A universidade não é uma organização como outra qualquer, mas tem leis próprias de funcionamento e forças específicas que se mobilizam para realizar ou reagir a mudanças.

O "fenômeno" universitário precisa ser compreendido em sua totalidade e em sua historicidade, como parte de uma problemática mais ampla. Compreender como ela se faz, como se movem seus atores, é parte da tarefa de uma governança universitária.

d. *Performance* institucional

A universidade deve responder com agilidade às demandas efetivas da sociedade no tempo em que se vive, sem se descuidar de suas funções próprias, em um diálogo criativo, que mesmo acomodando diferenças e conflitos inevitáveis lhe permita a vivência plena de sua academia.

Manter clima propício ao debate de ideias e ir além da visão gerencial de performance é condição de governança em uma instituição que precisa dessa condição como oxigênio de vida institucional. O pesquisador Carlos Benedito Martins (2008, p. 29), em entrevista à *Revista Ensino Superior*, define este desafio como o de construir "um novo pacto acadêmico" em que o sistema de ensino superior opere com sinergia, o setor privado não perca de vista as necessidades e as demandas do país, e as universidades públicas tornem-se mais dinâmicas.

e. Controle institucional e social

Como instituição de direito privado, que expõe sua entidade mantenedora ao risco econômico, é inevitável prestar contas a ela, lhe proporcionar o retorno sobre o investimento realizado e gerenciar o risco da atividade.

Não obstante, ela deve prestar contas também à sociedade e criar mecanismos para que isso se torne efetivo, por meio da atuação de seus colegiados e órgãos consultivos e deliberativos, em que representantes de entidades sociais devem participar tanto quanto os de sua entidade mantenedora. Dito de outra forma, a universidade deve manter intensa responsabilidade social aferida por agentes legítimos.

f. Indicadores qualitativos e quantitativos

A avaliação e a transparência de seus dados, relatórios e realizações são instrumentos de governança que devem fazer parte de seu cotidiano e ser disponibilizados aos que com ela se relacionam.

Igualmente importante é a construção de indicadores referenciais que levem em conta as especificidades do segmento, e não somente os parâmetros empresariais convencionais de rentabilidade, liquidez e endividamento do negócio. Ou seja, a universidade precisa divulgar seu balanço social além dos seus relatórios contábeis e ser avaliada não somente pelos indicadores econômico-financeiros, mas também por indicadores sociais e de produção acadêmica.

g. Financiamento
Se as universidades privadas são viabilizadas predominantemente pelas anuidades escolares, é evidente que devem buscar a diversificação de suas fontes de financiamento. Elas devem criar condições para permitir o acesso de estudantes menos favorecidos, que, no cenário brasileiro do ensino superior, nem sempre conseguem ter acesso a universidades mantidas pelo fundo público e que têm, nesse segmento, a esperança de alcançar o diploma universitário.

Observa-se que as universidades privadas cumprem papel fundamental na democratização das condições de acesso ao ensino superior brasileiro de camada social até então excluída dos bancos universitários. As parcerias com outros agentes econômicos devem avançar nos próximos anos para que mais brasileiros das classes D e E realizem o sonho universitário no segmento privado.

h. Perspectiva de longo prazo
Não se mover pelo imediatismo e pela busca de resultados de curto prazo, premissa essa que determina o fechamento de organizações ou sua mudança de *business*, mas que não se coaduna com o espírito universitário de uma instituição secular, embora de recente experiência no solo brasileiro.

A governança universitária precisa construir parâmetros de sustentabilidade e gestão de risco para médio e longo prazo.

i. Indissociabilidade
Associar, em sua ação estratégica, o administrativo ao acadêmico. Além de lidar com a indissociabilidade entre o ensino, a pesquisa e a extensão, estes devem se articular à gestão de modo que a governança resulte de um equilíbrio mínimo entre essas vertentes.

j. Diferença e diversidade
Deve-se admitir como suposto a não homogeneidade, a existência da diferença e da diversidade que resultam em conflitos. A universidade é um *locus* de conflito, pois a produção do saber exige o cultivo de ideias que transitem entre a dúvida e o dogma.

Esta natureza peculiar afeta as condições que possibilitam sua governança, certamente mais complexa do que as organizações empresariais do chamado setor produtivo em geral, regidas pela orientação de um poder central inquestionável.

k. Formação de gestores universitários

Ter a consciência de que não existem profissionais prontos e plenamente habilitados para os desafios atuais de construção da ainda jovem universidade privada brasileira.

É um grande desafio formar quadros para a gestão universitária neste ambiente, desde os membros dos conselhos de administração até mesmo lideranças acadêmicas e administrativas que compreendam o cotidiano universitário e tenham competência acadêmica e científica, bem como habilidade política, técnica e relacional para o desempenho de funções importantes na articulação dos propósitos da governança para o desenvolvimento institucional.

É nesta mesma esteira de especificidades que ocorre a escolha de seus dirigentes e de suas lideranças. Trata-se de uma tarefa de governança das mais complexas, que deve sintetizar os diversos atributos da universidade: o acadêmico, o político, o econômico, o administrativo e o social.

Considerações finais

A universidade é uma obra em permanente construção, nunca acabada, em movimento e em constante questionamento de sua identidade e de sua efetividade. No caso brasileiro, com existência ainda recente, muito tem a caminhar.

As universidades do segmento privado, como parte desta história, vêm conquistando seu espaço de atuação e têm na governabilidade um dos seus principais desafios neste início do século XXI, em meio ao recente processo concorrencial instalado e com diferentes formatos jurídicos, organizacionais e societários.

Sua consolidação como segmento forte, atuante e reconhecido pela sociedade brasileira passa pelo caminho da edificação de paradigmas de governança que respeitem sua trajetória histórica, sem transposição de modelos que aviltem sua condição própria, mas que considerem seus objetivos, eventualmente antagônicos, presentes em sua trajetória.

Sua existência e sua relevância no presente e no futuro dependem da competência dos seus agentes em realizar esta obra e da sociedade de reconhecer seu lugar e seu papel na democratização de acesso à educação superior para milhões de brasileiros.

Referências

AFONSO, A.J. Gestão, autonomia e accountability na escola pública portuguesa: breve diacronia. *Revista Brasileira de Política e Administração da Educação*, Porto Alegre, v.26, n.1, p.13-30, jan./abr. 2010.

AGUILAR, L.E. *Estado desertor:* Brasil – Argentina nos anos de 1982-1992. Campinas: FE/UNICAMP, 2000.

BARROS, D.F.; GUIMARÃES, L.S.R. Governança e rede metodista de educação. *Revista de Educação do COGEIME*, São Paulo, ano 15, n.28, p.9-27, jun. 2006.

BONVENTTI, R.C. Força e transparência. *Ensino Superior*, São Paulo, ano 10, n. 118, jul. 2008.

BUFFA, E. O público e o privado como categoria de análise da educação. In: LOMBARDI, J.C.; JACOMELI, M.R.M.; SILVA, T.M.T. (Org.). *O público e o privado na história da educação:* concepções e práticas educativas. São Paulo: Autores Associados, 2005. p.41-58.

FÁVERO, M.L.A. Universidade: poder e participação. *Educação & Sociedade*, São Paulo, n.16, dez. 1983.

GADOTTI, M. Universidade estatal universidade comunitária: dois perfis em construção da universidade brasileira. *Revista Ceciliana*, Santos, n.7, p. 87-108, 1997.

HOLANDA, J. Olhos para o Ocidente. *Ensino Superior*, São Paulo, ano 10, n. 120, set. 2008.

LODI, J.B. *Governança corporativa:* o governo da empresa e o conselho de administração. Rio de Janeiro: Campus, 2000.

PEREIRA, L.C.B. *A reforma do Estado dos anos 90:* lógica e mecanismos de controle. Brasília: Ministério da Administração Federal e Reforma do Estado, 1997. Disponível em: <http://www.preac.unicamp.br/arquivo/materiais/bresser_reforma_do_estado.pdf>. Acesso em: 21 jan. 2009.

SAMPAIO, H.M.S. *O ensino superior no Brasil:* o setor privado. São Paulo: Hucitec, 2000.

SANTOS, M.H.C. Governabilidade, governança e democracia: criação de capacidade governativa e relações executivo-legislativo no Brasil pós constituinte. *Dados*, Rio de Janeiro, v.40, n.3, 1997. Disponível em: <www.scielo.br/scielo.php?script=sci_arttext&pid=S0011-52581997000300003>. Acesso em: 19 jan. 2009.

TOMMASI, L.; WARDE, M.J.; HADDAD, S. (Org.). *O Banco Mundial e as políticas educacionais*. São Paulo: Cortez, 1996.

11

O capital estrangeiro e os investimentos na educação do Brasil

Antonio Carbonari Netto

Nos últimos anos, principalmente nas duas últimas décadas, o ensino superior privado vem marcando presença de forma substancial, respondendo por mais de 75% das matrículas desse nível de ensino. Com mais de 80% de instituições particulares, a iniciativa privada fixou, de vez, sua presença como marco referencial da educação superior no Brasil.

As instituições estatais (federais, estaduais e municipais) atendem atualmente, em conjunto, menos de 25% dos alunos matriculados em cursos superiores, e são menos de 20% do universo das instituições. Por que então alguns de seus membros ou representantes querem ditar os rumos de todas as outras? Porque seus representantes têm a totalidade dos cargos públicos nos órgãos decisórios do Ministério da Educação (MEC) e porque persiste a cultura retrógrada das autoridades educacionais que ainda creem que qualidade é sinônimo de formação em instituição estatal.

No corpo da Lei nº 5.540/68, que até 1996 era a lei máxima das diretrizes e bases da educação superior, encontram-se as definições fundamentais da tipologia das organizações do ensino superior: as entidades ditas mantenedoras, designação considerada confusa e imprópria, seriam as organizações que manteriam as unidades, os institutos, as faculdades, os centros universitários e as universidades, que, por sua vez, ofereceriam cursos superiores para a matrícula dos alunos interessados. Essas entidades mantenedoras – que deveriam manter, subsidiar e colocar recursos – poderiam ser públicas (autarquias, fundações) ou privadas (fundações de direito privado ou associações civis sem fins lucrativos).

Até a vigência da Lei nº 9.870/99, esta foi a prática do relacionamento entre entidades "mantenedoras" e instituições "mantidas". Essa lei, porém, ampliou os dispositivos da Lei nº 9.131/95, permitindo que as entidades mantenedoras particulares pudessem ter outra natureza além de "associações", ou seja, que se transformassem em organizações com fins lucrativos, como sociedade civil por quotas de responsabilidade, sociedade comercial e até como donos individuais.

Os artigos 19 e 20 da Lei nº 9.394/96, a nova Lei de Diretrizes e Bases da Educação Nacional (Brasil, 1996), tratam das entidades mantenedoras da seguinte maneira:

Art.19. As instituições de ensino dos diferentes níveis classificam-se nas seguintes categorias administrativas:
    I. públicas, assim entendidas as criadas ou incorporadas, mantidas e administradas pelo Poder Público;
    II. privadas, assim entendidas as mantidas e administradas por pessoas físicas ou jurídicas de direito privado.

Art.20. As instituições privadas de ensino se enquadrarão nas seguintes categorias:
    I. particulares em sentido estrito, assim entendidas as que são instituídas e mantidas por uma ou mais pessoas físicas ou jurídicas de direito privado que não apresentem as características dos incisos a seguir;
    II. comunitárias, assim entendidas as que são instituídas por grupos de pessoas físicas ou por uma ou mais pessoas jurídicas, inclusive cooperativas educacionais, sem fins lucrativos que incluam na sua entidade mantenedora representantes da comunidade (redação dada pela Lei nº 10.020/99);
    III. confeccionais, assim entendidas as que são instituídas por grupos de pessoas físicas ou por uma ou mais pessoas jurídicas atendem a orientação confessional e ideologia específicas e ao disposto no inciso anterior;
    IV. filantrópicas, na forma da lei.

O artigo 45 dessa mesma lei regula o processo de autorização, dispondo que: "a educação superior será ministrada em instituições de ensino superior, públicas ou privadas, com vários graus de abrangência ou especialização".

Já o artigo 46 estabelece que os atos autorizativos devem ser renovados periodicamente, além de criar mecanismos de correção para saneamento de deficiências identificadas nos processos avaliativos:

> Art.46. A autorização e o reconhecimento de cursos, bem como o credenciamento de instituições de educação superior, terão prazos limitados, sendo renovados, periodicamente, após processo regular de avaliação.
>
> §1° Após um prazo para saneamento de deficiências eventualmente identificadas pela avaliação a que se refere este artigo, haverá reavaliação, que poderá resultar, conforme o caso, em desativação de cursos e habilitações, em intervenção na instituição, em suspensão temporária de prerrogativas da autonomia, ou em descredenciamento.
>
> §2° No caso de instituição pública, o Poder Executivo responsável por sua manutenção acompanhará o processo de saneamento e fornecerá recursos adicionais, se necessários, para a superação das deficiências.

É importante reforçar que esses dispositivos garantem ao órgão público, supervisor e regulador das atividades do ensino superior, enquadrar as instituições que apresentam irregularidades ou deficiências, mesmo porque é possível não recredenciá-las ou não reconhecer os seus cursos superiores com o argumento de que se desviam de seus propósitos ou de suas normas.

Por essa afirmação, compreende-se que a avaliação feita nas instituições para apuração das deficiências verifica desvios causados por quaisquer agentes externos, inclusive os provenientes do capital estrangeiro – o que nunca aconteceu na história das avaliações oficiais.

Outros dispositivos legais em vigor, como os expressos na Lei n° 9.131/95 que alterou vários quesitos da Lei n° 4.024/61, também dão plena segurança de supervisão e até de fiscalização, conforme as alterações introduzidas pela Lei n° 9.870/99, que dispõe:

> Art.7°A – As pessoas jurídicas de direito privado, mantenedoras de instituições de ensino superior, previstas no inciso II do art. 19 da Lei n° 9.394/96 poderão assumir qualquer das formas admitidas em direito, de natureza civil ou comercial e, quando constituídas como fundações, serão regidas pelo disposto no art. 24 do Código Civil Brasileiro.
>
> Art. 7°B – As entidades mantenedoras de instituições de ensino superior, sem finalidade lucrativa, deverão:
>
> I. elaborar e publicar em cada exercício social demonstrações financeiras, com o parecer do conselho fiscal, ou órgão similar;

II. manter escrituração completa e regular de todos os livros fiscais, na forma da legislação pertinente, bem como de quaisquer outros atos ou operações que venham a modificar sua situação patrimonial, em livros revestidos de formalidades que assegurem a respectiva retidão;
III. conservar em boa ordem, pelo prazo de cinco anos, contado da data de emissão, os documentos que comprovem a origem das suas receitas e a efetivação de suas despesas, bem como a realização de quaisquer outros atos ou operações que venham a modificar sua situação patrimonial;
IV. submeter-se, a qualquer tempo, a auditoria pelo Poder Público;
V. destinar seu patrimônio a outra instituição congênere ou ao Poder Público, no caso de encerramento de suas atividades, promovendo, se necessário, a alteração estatutária correspondente;
VI. comprovar, sempre que solicitada pelo órgão competente:
  a. a aplicação dos seus excedentes financeiros para os fins da instituição de ensino;
  b. a não remuneração ou concessão de vantagens ou benefícios, por qualquer forma ou título, a seus instituidores, dirigentes, sócios, conselheiros ou equivalentes.
Parágrafo único. A comprovação do disposto neste artigo é indispensável, para fins de credenciamento e recredenciamento da instituição de ensino superior.

Art. 7ºC – As entidades mantenedoras de instituições privadas de ensino superior comunitárias, confessionais e filantrópicas ou constituídas como fundações não poderão ter finalidade lucrativa e deverão adotar os preceitos do art.14 do Código Tributário Nacional e do art.55 da Lei nº 8.212, de 24 de julho de 1991, além de atender ao disposto no art.7ºB.

Art.7ºD – As entidades mantenedoras de instituições de ensino superior, com finalidade lucrativa, ainda que de natureza civil, deverão elaborar, em cada exercício social, demonstrações financeiras atestadas por profissionais competentes.

É bem verdade que o legislador brasileiro cometeu um grande equívoco após 1996 com o advento da nova LDB: como entidades, as associações ou as sociedades comerciais, de capital fechado ou aberto, a partir desse ano passaram a ser não mais *mantenedoras*, mas sim controladoras, proprietárias, acionistas, etc. A norma, contudo, não acompanhou a nova terminologia e manteve o arcaico conceito de *mantenedora*. Os proprietários, acionistas ou controladores (aqui são incluídas as confessionais e comunitárias) não podem mais ser chamados de mantenedores.

Vale a pena lembrar ainda que o Título II do Código Civil trata das pessoas jurídicas com regras gerais para todos os tipos, em especial o artigo 44 o qual prevê as pessoas jurídicas que podem atuar no Brasil: associações, sociedades, fundações, organizações religiosas e partidos políticos. As pessoas jurídicas de direito privado podem ser associações, fundações e sociedades ou empresas.Todas essas organizações podem ser "entidades mantenedoras" de instituições de educação superior.

Em nenhum dispositivo legal existe qualquer limitação à atuação da livre iniciativa de capital estrangeiro para manter e desenvolver a educação superior no país. Não importa a origem do capital nem a nacionalidade dos mantenedores de instituições educacionais privadas.

Estas novas formas organizacionais ensejaram que organizações diversas, empresas, sindicatos, fundações e até pessoas físicas pudessem ser controladores e não "mantenedores" de instituições educacionais. A história mudou os conceitos, mas a Lei ainda não.

Como se depreende dessas normas gerais, em instante algum a legislação proibiu a diversidade de controle das instituições educacionais de prestação de serviços de ensino superior no Brasil nem o controle de sua administração.

Em todos os casos, as instituições mantidas – e seus cursos superiores de graduação e de pós-graduação – seguem a legislação nacional com seus projetos pedagógicos e currículos adequados às Diretrizes Curriculares Nacionais, dentro do Plano Nacional de Educação (Lei nº 10.172/01) e são avaliadas pelo poder público nos termos da Lei nº 10.861/04 – SINAES (Brasil, 2004).

Até o presente, não houve legislação restritiva ao capital nacional ou internacional nem controle de possível disseminação de novas ideologias nos currículos, com exceção das velhas ideologias estrangeiras, já conhecidas de todos e vivas desde a criação das antigas universidades estatais do país.

O que se vê nas novas entidades, com ou sem fins lucrativos, são as áreas acadêmicas e pedagógicas administradas por docentes especializados e as áreas administrativas e financeiras, adimisnistradas por profissionais competentes nesses assuntos. Não é mais possível, a pretexto de "autonomia", se fazer o que se quer com os recursos das entidades. Atualmente eles são orçados, controlados e aplicados em seus respectivos fins em função de um planejamento estratégico, de um plano de contas, de um programa de gastos eficientes com vistas a resultados e, acima de tudo, de uma prestação de contas aos seus controladores ou investidores, diferentemente dos detentores de posições meritocráticas e dos não preparados para uma gestão profissional. Quando há capital estrangeiro envolvido, o controle e a transparência devem ser rigorosamente expostos.

Os resultados da melhoria de *performance* dessas companhias (sobretudo as com fins lucrativos) podem ser vistos nos *sites* oficiais do Ministério de Educação (MEC), do Instituto Nacional de Estudos e Pesquisas Educacionais Anísio Teixeira (INEP) e da Coordenação de Aperfeiçoamento de Pessoal de Nível Superior (CAPES), principalmente aqueles relativos à avaliação oficial de qualidade: o Exame Nacional de Desempenho de Estudantes (Enade); o Indicador de Diferença dentre os Desempenhos Observado e Esperado (IDD), o Índice Geral de Cursos da Instituição (IGC) e a Avaliação Institucional, pois, se assim não fosse, não teriam inúmeros novos cursos superiores aprovados pelo MEC como parte de sua política de qualidade.

O Professor Edson Franco, da Associação Brasileira de Mantenedoras de Ensino Superior (ABMES), entre seus escritos de profunda qualidade de 2008, destaca:

> Esta ordem de entidades mantenedoras aos poucos foi se alterando. Surgiram as redes de escolas e instituições com independência ou não de entidades mantenedoras que as integram. Essa modalidade tem sido aceita em vários países, inclusive por instituições de natureza confessional. Despontaram, ainda, as sociedades anônimas de capital aberto, as quais disponibilizaram ações nas Bolsas de Valores, podendo tais ações serem adquiridas inclusive por estrangeiros ou outros, dado que as Bolsas de Valores não impedem aquisições de ações por quem quer que seja. Neste último caso, a injeção de capital estrangeiro tem sido muito benéfica e significativa. Bem-sucedidas nas Bolsas, essas entidades mantenedoras passaram a perseguir, com muito mais ênfase, as metas apresentadas no momento da colocação de suas ações à venda, des seus planos institucionais. Outras, porém, nem assumiram intrinsecamente a condição de redes e nem de sociedades anônimas de capital aberto. Simplesmente incluíram entre os associados primitivos novos associados nacionais ou estrangeiros e, neste caso, geralmente Fundos especiais de investimentos privados.
>
> [...] a Constituição Federal não efetuou nenhuma reserva de mercado quanto às instituições educacionais e suas entidades mantenedoras, podendo ser administradas nos termos da legislação, pela iniciativa privada.

As únicas exigências constitucionais a respeito das instituições particulares é que sejam autorizadas pelo Poder Público no que respeita ao cumprimento das normas gerais da educação e que se submetam à avaliação de qualidade pelo mesmo Poder Público. A confusão é evidente.

O inciso XVIII, do artigo 5º da Constituição Federal, é demais explícito, especialmente quando ajuntado ao Parágrafo único do artigo 170 da mesma Constituição que merece ser citado:

Art. 5º

XVIII – a criação de associações e, na forma da lei, a de cooperativas independem de autorização, sendo vedada a interferência estatal em seu funcionamento.

Art. 170

Parágrafo único. É assegurado a todos o livre exercício de qualquer atividade econômica, independentemente de autorização de órgãos públicos, salvo nos casos previstos em lei.

[...] A outra modalidade, mais recente, é a da admissão de sócios estrangeiros nas entidades mantenedoras, que assumem condição comercial ou de sociedade anônima. Nesse caso, por força da Constituição Federal, não há qualquer impedimento do direito de se associar e nem que seja possível, salvo alguma inconstitucionalidade, impedir o ingresso do capital estrangeiro, sob a forma de ações ou aquisições. Desta forma, é desprovida de constitucionalidade norma que venha a impedir a admissão de sócios estrangeiros nas entidades mantenedoras, livre e legalmente constituídas. A interferência ministerial pode alcançar as escolas, as faculdades, os centros universitários e as universidades, mas jamais suas entidades mantenedoras e esse alcance, nas instituições mantidas, somente poderá levar em conta as normas gerais da educação e a avaliação de qualidade.

Não encontra amparo constitucional uma norma para impedir a participação do capital estrangeiro nas entidades mantenedoras de ensino superior. Há, e não poderia deixar de ser referência também, uma outra modalidade de internacionalização mais recente ainda, fundada no Ensino a Distância, ministrado por entidade educacional estrangeira.

Na esteira da Constituição Federal não há limitação alguma para a presença do capital estrangeiro nas entidades mantenedoras de instituição de ensino superior no País.

A recepção, pois, de capital estrangeiro pode determinar o descumprimento, por parte das instituições mantidas, das normas gerais da educação e do que expressamente a Constituição Federal consagra?

Em assim ocorrendo conta o Poder Público com os instrumentos adequados, na Lei de Diretrizes e Bases vigente, de exigir o cumprimento dessas normas e, em não ocorrendo, concluir pelo descredenciamento da instituição educacional. Em consequência e apesar disso, persistirá a entidade mantenedora, mas desaparecerá a instituição mantida, o que significaria, na prática, uma empresa, uma sociedade, sem produtos e sem serviços a oferecer. É o máximo que poderá ocorrer, dada a legislação vigente.

Os recursos estrangeiros e os investimentos no Brasil

É fato que o país necessita de muitos investimentos estrangeiros não só para o sistema financeiro nacional e para seus capitais de giro, como também para empréstimos aos clientes internos e para as empresas, para a agricultura, em geral, e até mesmo para a capitalização do BNDES e da Petrobrás.

A própria dívida interna é financiada em grande parte pelo capital estrangeiro, que substitui os recursos próprios para a manutenção de todo o funcionalismo público e da máquina estatal.

Os recursos estrangeiros há muito fazem parte do financiamento da infraestrutura do país, dos investimentos em geral e dos grandes empréstimos que têm alavancado o desenvolvimento brasileiro. Em especial, no século XX, os processos de integração econômica entre regiões e a própria globalização dos mercados e das comunidades forçaram os processos de integração econômica e incentivaram os investimentos de outras fontes não nacionais.

Em contrapartida, merece crédito a boa lembrança de que, antes mesmo da independência do Brasil, os investimentos estrangeiros já estavam presentes. Em

[...] 1820 já chegavam ao país investimentos britânicos aplicados nos setores de mineração, transporte ferroviário, portos, serviços públicos, comércio, bancos e produção de matéria prima. Da mesma forma aportaram por aqui investimentos vindos da França, da Alemanha, da Bélgica e até mesmo de Portugal, que já se faziam presentes antes do Grito do Ipiranga (Prado Júnior, 1974).

Concordemos ou não, o capital estrangeiro sempre financiou o desenvolvimento do Brasil. O fenômeno da integração europeia com o Mercado Comum Europeu, a integração do cone sul da América Latina – o Mercosul e outros mercados regionais fortemente formados por capitais internacionais têm ensejado grandes investimentos de capitais estrangeiros em todos os países, inclusive o Brasil. Vale a pena recordar também que, além da natural globalização, os acordos bilaterais entre países movimentam recursos positivamente, e que foi após o final da Segunda Guerra Mundial, na metade do século XX, que, para a recuperação de muitos estados, muitos países fizeram grandes acordos bilaterais e regionais, instituindo uma nova ordem mundial.

Foi nesse cenário de necessidades de paz internacional, de busca de mecanismos de ajuda mútua e de integração econômica entre Estados que nasceu a Organização das Nações Unidas (ONU).

É legal e mandatório que se compreenda de vez que a legislação brasileira trata os investimentos internacionais como capitais estrangeiros. Para os efeitos da Lei nº 4.131/62, conforme seu art. 1º, consideram-se *capitais estrangeiros*.

> [...] os bens, as máquinas e os equipamentos entrados no Brasil sem dispêndio inicial de divisas, destinados à produção de bens e serviços, bem como os recursos financeiros ou monetários, introduzidos no País, para aplicação em atividades econômicas, desde que, em ambas as hipóteses, pertençam a pessoas físicas ou jurídicas residentes, domiciliados ou com sede no exterior.

O termo capital aparece aí, como ensina Marcheti (2009), mais abrangente que o conceito de "dinheiro", pois designa também outros bens, corpóreos e incorpóreos, necessários à geração de riquezas, aplicados em atividades econômicas, inclusive em patentes e marcas e no desenvolvimento nacional.

Os bens incorpóreos estão assim incluídos no conceito de capital estrangeiro, tendo em vista que a lei brasileira permite a subscrição do capital social sob a forma de qualquer espécie de bens suscetíveis de avaliação econômica (art.7º da Lei nº 6.404/76), e ainda a legislação pátria garante que será dispensado ao capital estrangeiro investido no país o mesmo tratamento jurídico dado ao capital nacional, em igualdade de condições (art. 2º da Lei nº 4.131/62).

Assim sendo, deve-se entender pela definição da legislação que *é legal qualquer investimento estrangeiro destinado à produção de bens ou serviços ou a atividades econômicas.* Em particular, investimentos ou capitais estrangeiros vindos para o país sob forma legal, além de necessários, são extremamente importantes para o desenvolvimento das organizações brasileiras de educação superior e para a melhoria de sua qualidade.

Os recursos financeiros nas escolas confessionais

Há muitos anos, as escolas confessionais têm obtido recursos financeiros por empréstimos, doações ou financiamento de projetos de suas respectivas matrizes estrangeiras – as igrejas católica, adventista, metodista, luterana, presbiteriana e outras. Elas sempre abasteceram suas instituições educacionais afiliadas ou mantidas por seus organismos financeiros e bancos próprios. Desde as escolas de ensino fundamental até o ensino médio ou superior, há inúmeras instituições que obtêm recursos de suas matrizes, sendo estes, na maioria das vezes, os únicos com os quais se mantêm.

As escolas de ensino fundamental, inclusive, estruturaram-se em *crenças e valores estrangeiros* de suas matrizes como forma de tentar manter suas culturas originais e seus princípios religiosos: escolas americanas metodistas, adventistas ou luteranas, escolas católicas, escolas portuguesas e espanholas, escolas judaicas, escolas alemãs. O mesmo ocorre com os seminários de formação de religiosos que sempre receberam investimentos estrangeiros, principalmente como forma de garantir a manutenção das suas culturas estrangeiras.

No Brasil, nunca houve restrições legais a estes credos e suas respectivas ideologias, e as escolas e seus programas de formação sempre trouxeram suas crenças e seus modelos culturais – ideologias estrangeiras, modernas ou não, inclusive as socialistas ou comunistas revolucionárias. Nossa cultura brasileira tem, portanto, muito das culturas estrangeiras e de suas ideologias.

Em poucos momentos, nos raros intervalos históricos ufanistas, os ditos brasileiros radicais se revoltaram contra o capital estrangeiro. Entretanto, esse capital auxiliou também de forma sensível o assentamento dos imigrantes que aqui aportaram em busca de uma nova vida para si e para os seus familiares. A imigração, que em muito auxiliou o desenvolvimento brasileiro, foi até mesmo fomentada pelo governo para substituir a vergonhosa e criminosa mão de obra escrava.

A formação dos filhos dos imigrantes, nessas diversas escolas, de diferentes características culturais e religiosas levou o Brasil à grande diversidade cultural tão admirada por todas as nações. Nós todos somos filhos e/ou netos dos imigrantes que aqui aportaram com suas crenças e ideologias estrangeiras. E com o merecido respeito, as escolas brasileiras sempre foram o reflexo das comunidades estrangeiras aqui radicadas.

Portanto, como uma grande fonte de auxílio, o capital estrangeiro, desde sua chegada, esteve sempre presente nas diversas formas permitidas pela legislação. Que sempre o permitiu.

É importante ainda lembrar o grande impacto do *capital humano estrangeiro* no desenvolvimento brasileiro, representado pelas famílias Rodrigues, Cury, Cardim, Haddad, Silva, Vieira, Alves, Paim, Matos, Houssef,

Serra, Alkmim, Valente, Ehrhardt, Picler, Hoffman, Grinberg, Petta, Ribeiro, Sousa, Braga, Matarazzo, Dutra, Genro, Carbonari, Diniz e Mantega, entre outras, que não foram impedidas de ingressar no país, quer por suas origens estrangeiras, quer por seus ideais de trabalho ou de lutas.

Por que agora alguns questionam a entrada do capital estrangeiro para investir no ensino superior? Questão de soberania? A origem dos recursos financeiros altera a formação de nossos jovens?

Importa ainda relembrar que, na prática do ensino superior, a internacionalização decorre dos convênios celebrados entre instituições de nações diversas que permitem que um estudante curse uma universidade brasileira e complete seus estudos em uma universidade estrangeira ou vice-versa, obtendo assim dois diplomas e podendo exercer a profissão no Brasil e na União Europeia, como é o caso da Engenharia da USP e de Nantes, entre outros. Há muitos convênios de dupla diplomação, que são importantes para uma formação globalizada.

Recursos internacionais na educação superior

Na educação superior, todos têm conhecimento dos grandes empréstimos que as universidades confessionais obtiveram do exterior por meio de suas igrejas-matrizes ou de seus organismos financiadores, que, de uma forma ou de outra, serviram para reafirmar suas crenças oficiais e seus valores religiosos – quando menos sua ideologia vigente.

Os jovens brasileiros que estudaram nessas instituições católicas, metodistas, luteranas, adventistas ou de outras denominações foram pouco influenciados pelas novas ideologias estrangeiras que elas traziam, a não ser, em pequena escala, por aquelas de cunho socialista revolucionário. Todas, sem exceção, usaram de sua estrutura para formar os jovens nas suas crenças e em seus valores e se valeram de capitais de empréstimos estrangeiros.

Certas universidades estatais, por meio de suas escolas de sociologia e de filosofia, formaram mais para as ideologias estrangeiras "de esquerda" do que as próprias confessionais, que sempre foram mais conservadoras. Em nenhum momento da história dessas instituições elas foram cerceadas de obter capital estrangeiro, a não ser quando foram irregulares na prestação de contas aos seus financiadores (muitos são os casos de calote e consequente falta de crédito futuro).

Quando se fala em empréstimos – e não em doações, que ocorrem com frequência, deve-se pensar também, em lucros dos juros auferidos pelo credor. Nunca houve um político que tenha elaborado um projeto de lei proibindo "capitais estrangeiros" nestas instituições, mesmo porque, como formadoras de formadores de opiniões, proporcionariam um desastre nas próximas eleições desse político.

Em todos os setores da academia empréstimos de recursos estrangeiros foram incorporados pelas instituições de ensino superior brasileiras. Nas décadas de 1970 e 1980, obras de infraestrutura, como construção de *campi* universitários, proliferaram em todas as regiões.

Universidades confessionais se expandiram fisicamente com recursos estrangeiros emprestados com aval das corporações internacionais – recursos que foram ou não pagos, e que levaram muitas delas a um grau de quase insolvência.Esses investimentos ampliaram suas fronteiras educacionais e a oferta de novos cursos superiores, sempre mantendo suas crenças religiosas, com disciplinas de cunho confessional ou ideológico. Elas nunca foram contestadas por "perda da soberania nacional", fato este que ocorre, quando se noticia a internalização de capitais estrangeiros para a área da educação superior, em especial, pelas instituições da rede particular.Com essa conduta discriminatória, vivenciamos a velha guerra da hipocrisia intelectual aristocrática de certos membros defensores das instituições estatais contra as instituições particulares.

A boa fase da economia brasileira dos últimos 12 anos, permitiu a volta dos investimentos sob a forma de aquisição de ações na Bolsa de Valores de São Paulo (Bovespa) com a compra de parte de instituições educacionais brasileiras ou até, aquisição total da organização.

A nova estruturação das entidades ditas mantenedoras

A partir da década de 1990, um grande número de organizações educacionais encontrou novas posições no mercado educacional (prestação de serviços educacionais, como preconizado na Lei). Com mais ou menos dívidas causadas pela inoperância dos administradores, estruturas arcaicas, currículos ineficazes para o moderno e globalizado mundo do trabalho, menor demanda de alunos e busca por cursos mais modernos, essas organizações precisaram de novos recursos financeiros para manter suas estruturas operacionais. Muitas já sucumbiram, outras estão em dificuldades perenes e outras tantas modificaram suas estruturas, passando a operar como sociedades com fins lucrativos, buscando investidores que visam a lucros.

Essas novas organizações, agora como sociedades comerciais, sociedades por quotas de responsabilidade, sociedades simples ou sociedades anônimas (fechadas ou abertas), buscaram novas formas de obtenção de recursos para o financiamento das suas finalidades e a melhoria de sua infraestrutura.

Os novos recursos vieram de várias fontes: poucos empréstimos, parceiros investidores muito novos, parceirização de cotas, venda de ações (quando de capital aberto), etc.

Nessas convenientes e até necessárias reestruturações das entidades mantenedoras da educação superior, aconteceram dois tipos de internalização de grandes recursos financeiros:

- o de venda parcial ou total da entidade para corporações estrangeiras (fundos privados, fundos de pensão ou empresas e sociedades educacionais) que fizeram grandes investimentos para a obtenção do controle da companhia ou de parte dela;
- o da oferta de ações na Bovespa, com internalização dos recursos para o desenvolvimento de suas atividades educacionais.

No primeiro caso, os grupos de investidores estrangeiros entraram no ramo educacional com a posse ou propriedade da organização, e, no segundo caso, com a aquisição de ações na Bolsa de Valores, sem o controle da companhia, mas apenas na busca de resultados positivos para seus investimentos.

Em ambos os casos, os novos recursos dos investidores provocaram inúmeros projetos de melhoria da qualidade nas novas organizações: gestão profissionalizada; infraestrutura renovada, principalmente em salas de aula, laboratórios e bibliotecas; regulamentos de planos de carreira; ampliação dos acervos; governança corporativa nas instituições que até então pouco tinham de gestão profissional.

Figuras organizacionais jamais vistas nas antigas "entidades mantenedoras" agora estão presentes e atuam: gerentes, supervisores, planejadores, supervisores de metas e resultados, vice-presidentes, presidentes, conselhos administrativos, conselhos fiscais e de auditorias. No entanto, elas coexistem ainda com estruturas conservadoras como colegiados de cursos, conselhos de ensino e pesquisa, reitorias, etc.

A questão e o viés ideológico dos opositores ao capital estrangeiro

A tese de defesa contrária à internalização do capital estrangeiro para as entidades educacionais leva à falácia da questão da defesa da soberania nacional, como querem alguns, mesmo tendo presente toda a legislação que dá respeito e proteção ao capital internacional.

A defesa da restrição ao capital estrangeiro se deve a duas vertentes primordiais:

- a primeira, de cunho estritamente ideológico, de defesa dos princípios socialistas, também estrangeiros e ultrapassados, gera-se da incompreensível e adversa posição de que, com o capital estrangeiro, vem uma ideologia conquistadora, imperialista, de usurpação dos valores nacionais. São aqueles que também são contrários à globalização que o mundo vive, ao livre mercado, à livre iniciativa como base dos interesses e da convivência social. São os que, se pudessem, ditariam novas normas de convivência para os indivíduos, para o país e para as suas condutas, como pretensos detentores da virtuosidade;
- a segunda, de base fortemente invejosa ou de incompetência, tem seus lastros na impossibilidade de obtenção de novos recursos financeiros para grandes investimentos em modernidade, em gestão profissionalizada, em novas tecnologias, em novas metodologias de aprendizagem e até daqueles que só acreditam no império e suas vontades, sem compartilhamento do poder de gestão. Aqui se inclui também a resistência da corporação docente que prega a não reengenharia dos processos de ensino e de aprendizagem, promovendo a manutenção dos antigos interesses e privilégios.

O mundo todo, após a derrubada do muro de Berlin, não acredita mais nos salvadores da pátria, em correntes ideológicas de pessoas que buscam o poder pela manobra das massas.

A sociedade acredita cada vez mais na liberdade das pessoas e das organizações que são capazes de promover eficiente prestação de serviços educacionais a uma parcela cada vez maior da sociedade – os jovens de classes menos abastadas, novos consumidores que chegam ao mercado pela estabilidade das políticas econômicas e sociais.

A capacidade das organizações da livre iniciativa, das associações ou sociedades com ou sem fins lucrativos e das companhias de capital fechado ou aberto tem sido testada a todo instante: ou modernizam-se, globalizam-se, profissionalizam-se, ou, então, serão substituídas por outras mais modernas e profissionalizadas. A modernização é uma questão de sobrevivência.

Nesses pressupostos, a atual liberdade de organização preconizada na Constituição Federal é a melhor proposta de futurização das organizações prestadoras de serviços educacionais. A atual legislação federal para a educação superior já é mais do que suficiente para a garantia da qualidade que se busca.

Nesses últimos anos, pela estabilidade da economia brasileira, pelos grandes programas de inclusão social dos estudantes, pelas facilidade de créditos educativos ou bancários, a classe média emergente acrescentou mais de 22 milhões de pessoas com poder de compra e de desejo de ascensão social. Por que não buscar mais recursos para a educação superior para que todos possam conquistá-lá?

Os recursos podem ser nacionais ou internacionais. O que importa é que venham para as organizações universitárias brasileiras para a melhoria de sua qualidade, para ampliar o acesso de alunos – acadêmicos emergentes que merecem também o que os filhos da aristocracia educacional sempre tiveram pelos privilégios da antiga legislação. Os recursos internacionais não trazem ideologia adversa, mas sim uma melhoria de qualidade das condições de oferta de educação superior para um maior número de jovens.

Além disso os projetos de lei hoje em tramitação na Câmara Federal, o PL 2183/03, o PL 6358/09 e o PL 7040/10, a não ser por interesses ideológicos contrários à livre iniciativa, não merecem prosperar, pois representam um grande retrocesso para a educação superior brasileira, tão necessitada de novos recursos e investimentos para a melhoria de sua qualidade.

Referências

BRASIL. Ministério da Educação. *Lei nº. 9.394.* Lei de diretrizes e bases da educação nacional, de 20 de dezembro de 1996. *Diário Oficial [da] República Federativa do Brasil,* Brasília, 23 dez. 1996. p. 27833. Disponível em: < http://portal.mec.gov.br/arquivos/pdf/ldb.pdf>. Acesso em: 23. ago. 2010.

_____. Sistema nacional de avaliação da educação superior – Sinaes, Lei nº. 10.861, de 14 de abril de 2004. *Diário Oficial [da] União,* Brasília, 15 abr. 2004. p.3.

FRANCO, E. *O capital estrangeiro na educação superior brasileira.* Brasília: Associação Brasileira de Mantenedoras de Ensino Superior (ABMES), jun. 2008.

MARCHETI, R.A. *Capital estrangeiro no Brasil.* São Paulo: Atlas, 2009.

PRADO JÚNIOR, C. *História econômica do Brasil.* São Paulo: Brasiliense, 1974.

12

Administração familiar *versus* administração profissional
fatores positivos e negativos

Eduardo Najjar

Em todos os mercados do mundo, podem ser encontradas empresas familiares: indústria, varejo, serviços, hospitais, bancos, instituições de ensino, entre tantas outras.
Salvo exceções, qualquer empresa nasce familiar, com um ou mais sócios, com um ou mais fundadores. Ao longo do tempo, por vários motivos, pode continuar sua trilha familiar ou tornar-se uma empresa não familiar.
As empresas são todas iguais em sua gestão. Podem se diferenciar no tipo, no nível e na qualidade de sua administração no entanto, as empresas familiares necessitam de alguns quesitos adicionais no que diz respeito à relação da família com a empresa. Nela, todos os familiares são da alta administração sejam quais forem os cargos que ocupem, realidade que contamina as relações internas da empresa e cria grandes possibilidades de conflitos na família.

Empresa familiar no mundo

A família é um fenômeno sociológico, encontrada nos lares das pequenas vilas da Polinésia Menor, nas casas dos arredores do Central Park em Nova York, nas ruas de qualquer cidade do Brasil.
As empresas familiares nascem, crescem e desenvolvem-se nos mercados mundiais todos os dias, mas também sofrem crises e desaparecem em volumes consideráveis. Uma estatística divulgada mundialmente e comprovada na prática por especialistas e empresários diz que um número razoável

de sobrevivência da empresa familiar é em torno de 15% entre aquelas que conseguem chegar até a terceira geração.

As famílias trabalham para o progresso de suas empresas e para a perpetuação de seu patrimônio. O importante, neste momento, é deixar claro que a empresa familiar dá certo, ou seja, é um empreendimento que gera milhões de empregos no mundo, que oferece sustento para milhões de famílias empresárias, que fornece produtos e serviços para o mercado nacional e internacional. É preciso salientar isso, já que se convive com famílias empresárias que receberam informações erradas a respeito da pouca expectativa de vida e do estigma da empresa familiar.

Empresa familiar na área de educação

As instituições de ensino superior (IES) são vistas pelos órgãos governamentais, pelo mercado e pela sociedade como organizações especiais, pois o *output* de sua operação é a formação educacional de pessoas.

Aquelas cujo controle pertence a uma ou mais famílias não se diferenciam de outras empresas familiares nos aspectos da qualidade da gestão e das relações entre as pessoas detentoras do controle acionário. Assim, todos os preceitos a serem observados por empresas familiares que atuam em outras áreas do mercado aplicam-se às IES.

A profissionalização da empresa familiar

A empresa familiar, ao longo de muitas décadas, foi sendo vinculada a um estigma negativo relativo a ser, ela, uma organização de menor importância no mercado, em cuja estrutura de cargos existem muitos casos de nepotismo. Sua operação e seus resultados estariam, então, subordinados ao humor e aos conflitos dos familiares proprietários. Assim como ocorre com estigmas em geral, este que atinge as empresas familiares não espelha a realidade da maior parte das organizações no Brasil e no mundo.

A empresa familiar apresenta indicadores de *performance* iguais ou superiores, em alguns casos, às empresas de controle não familiar. Um exemplo de indicador é a capacidade (e o apetite de seus controladores) de reinvestimento do resultado no próprio negócio.

Existem empresas familiares muito bem sucedidas em todo o mundo, fundadas há 200 anos ou mais. É comum conhecermos organizações com controle familiar – no Brasil e na América do Sul – fundadas há mais de 40 anos em plena vitalidade sob o ponto de vista econômico-financeiro.

O problema da falência dessas empresas não se refere à qualidade de sua gestão ou ao perfil econômico-financeiro, mas à relação – muitas vezes tóxica – entre os membros da família, o que acaba atingindo a operação e os resultados da empresa.

A solução para o dilema da profissionalização da empresa familiar é quase sempre diagnosticada como falta de competência técnica dos familiares-gestores. A indicação terapêutica aparece, então, com veemência: excluam-se os membros da família da estrutura da empresa.

O prof. John Davis (Family Business – Harvard Business School – EUA) indica há muitas décadas que a família empresária deve mesmo afastar-se da estrutura da empresa familiar. Seus membros devem desenvolver suas carreiras fora do âmbito dos negócios familiares e tê-los como um *plus* para assegurar o futuro do patrimônio individual. Por outro lado, esta não é a premissa de que partem os projetos desenvolvidos no Brasil e na América do Sul.

Na maioria das empresas familiares, é importante que membros da família estejam presentes no desenvolvimento da empresa familiar mais do que só o DNA da família ou das famílias fundadoras do negócio. Profissionalizar a empresa familiar, visando a sua perenização, significa, então, modificar o *mindset* – a forma de pensar – dos membros das famílias empresárias para que consigam enxergar a empresa sem emoção, como um item do patrimônio da família cujo futuro deva ser administrado corretamente por seus acionistas. Apenas um exemplo dessa mudança, mas talvez um dos mais significativos, é conscientizar os membros das famílias empresárias que eles devem servir à empresa, e não servir-se dela do ponto de vista de sua atuação como gestores, membros de conselhos ou apenas acionistas.

Complementando o nível de profissionalização, devem ser desenvolvidos e implantados (ou modernizados) modelos atuais de gestão corporativa e gestão familiar.

Características principais

As principais características da empresa familiar, do ponto de vista de observação da família empresária, são:

- Alta pressão entre os familiares e os núcleos familiares.
- Interesses conflitantes
  - alguns familiares desejam trabalhar na empresa controlada pela família; outros não desejam;
  - alguns familiares querem retirar o valor referente às suas quotas de capital (a situação básica é: "Quero a minha parte!").

- Sócios ou futuros sócios que não se escolheram com tal
  - caso típico vivenciado por irmãos e primos.
- Nível de comunicação entre os familiares (inclusos o fundador, sua esposa, filhos, primos, tios, agregados)
  - quase sempre insuficiente.
- Sócios e futuros sócios não preparados adequadamente para exercer esse papel.

Dinâmica familiar

Se fosse possível levantar a situação do total das empresas familiares no Brasil, chegaríamos à conclusão de que a maioria delas está em sua terceira geração ou tem o modelo familiar aproximando-se dessa situação.

Observando a dinâmica das famílias que controlam essas empresas, verificaríamos que o núcleo familiar principal – formado por pai, mãe e filhos (primeira e segunda gerações) – convive aproximadamente 20 anos morando no mesmo lar.

A partir do momento que os filhos atingem a fase de vida pós-adolescente, começam a se casar ou morar fora da casa dos pais, formando novos núcleos familiares.

Os conflitos

Conflitos são uma peça muito importante no quebra-cabeças familiar. Sua existência é um ponto positivo para o desenvolvimento da família. No entanto, situações conflituosas não são entendidas como positivas, principalmente por pais e mães. Para que tenham consequências positivas para o meio social em que se instalam, os conflitos devem ser detectados, reconhecidos, tratados e solucionados adequadamente.

Situações normais observadas em famílias são:

- os pais decidem (imaginam porque pode lhes ser mais conveniente) que naquela família não existem conflitos e que todos se dão muito bem;
- a família reconhece que existem conflitos, mas não toma providências para que sejam solucionados.

Na família empresária, não solucionar conflitos é ainda mais prejudicial para a família e para seus negócios, pois nelas os vínculos familiares e empresariais estão completamente ligados (razão e emoção).

A seguir, serão apresentados alguns tipos tradicionais de conflitos.

Encaminhamento profissional dos irmãos e dos primos: novas gerações

Observando o desenvolvimento das famílias empresárias, em sua média, é possível constatar a dinâmica descrita a seguir.

O fundador, empreendedor nato, a partir do momento que identifica um negócio com possibilidade de ser criado, ou que herda da família um negócio já iniciado, dedica de 10 a 15 anos (milhares de horas de trabalho) para fazê-lo crescer.

Enquanto isso, sua esposa fica com a responsabilidade não apenas de cuidar das crianças administrar a família, como também – e principalmente – de passar os valores dessa família para as crianças, futuros sócios do negócio.

A família e o negócio desenvolvem-se, e as crianças crescem.

O tempo passa rapidamente.

O *status* da família vai se modificando: nível social, nível de renda, visibilidade da família em seu meio social.

Os pais, ao longo desse processo, tomam duas decisões intuitivas (ou seja, não racionais):

- nossos filhos não passarão pelas agruras que enfrentamos quando tínhamos a idade deles. Terão todo o respaldo material que não tivemos em nossa juventude;
- a empresa da família será o projeto de trabalho de nossos filhos.

Os jovens irão se encontrar com a figura profissional do pai quando estiverem em idade produtiva, buscando o mercado de trabalho, momento em que aparecerão as diferenças entre o sonho do pai e os objetivos dos filhos.

Três forças podem estar envolvidas na relação entre pais e filhos: aspirações do pai em relação a si próprio; aspirações do pai em relação aos filhos; aspirações do filho em relação a si próprio.

A seguir, exemplos de situações de natureza antagônica que podem surgir e, às vezes, tornar-se fonte inesgotável de conflitos que podem perdurar por anos.

- O pai deseja que os filhos trabalhem na empresa; eles não têm essa vontade.
- O pai deseja que os filhos tenham experiência externa antes de trabalhar na empresa da família; os filhos querem ingressar na empresa rapidamente.

- Os filhos desejam uma carreira profissional em área diferente da que lhes é oferecida pela empresa da família (pelo pai).
- Os filhos preocupam-se demais em talvez não estarem atendendo às expectativas dos pais.

Crescimento dos núcleos familiares: entrada dos agregados

O núcleo familiar principal, formado por pais e filhos (primeira e segunda gerações) convive, em média, de 18 a 20 anos morando junto. A partir de determinado momento, inicia-se a saída dos filhos do convívio na mesma casa, ou seja, a montagem dos núcleos familiares secundários, seja por casamento, seja por outros projetos pessoais.

A convivência diária com outras pessoas fora da casa dos pais cria linhas de pensamento e de conduta diferentes daquela que existia até então. É mais uma fonte de conflitos, que podem ter as seguintes bases:

- entrada de terceiras pessoas, vindas de outras origens, no cenário familiar: amigos, cônjuges, etc;
- crescimento dos filhos em outra situação, fora dos parâmetros da convivência diária do núcleo familiar principal.

Conduta da nova geração no ambiente de trabalho

Finalmente o(a) filho(a) começa a trabalhar na empresa, via de regra, com pouco preparo para enfrentar o ambiente de negócios da família. Este pode ser mais um aspecto causador de conflitos com membros da família e com demais funcionários da empresa.

O herdeiro deve entender os seguintes aspectos:

- Saber posicionar-se frente ao estigma de ser filho(a) do(a) dono(a), que ele(ela) nunca deixará de ser. Cabe aos familiares aprenderem a assimilar essa realidade e comportarem-se de forma que não criem situações embaraçosas no ambiente de trabalho.
- Entender que está, assim como os demais familiares, "na mira" de todos os funcionários. Frente a essa situação, deve comportar-se da melhor forma possível e trabalhar adicionando valor ao negócio.
- Entender que, na posição de herdeiro, membro da família que controla acionariamente o negócio, sempre terá mais ônus do que bônus frente à estrutura da empresa e ao mercado.

- Preparar-se técnica e gerencialmente para desempenhar suas funções da melhor forma possível, motivando os demais funcionários da empresa.
- Preparar-se, ao lado de irmãos e primos, para, a médio prazo, assumir a posição de acionista da empresa.

Papéis vivenciados pela família empresária

Participar da estrutura de uma empresa familiar implica desempenhar um ou mais dos seguintes papéis:

- familiar
- familiar, gestor
- familiar, acionista
- familiar, gestor, acionista
- não familiar, gestor
- não familiar, gestor, acionista
- não familiar, não gestor, acionista

Entendê-los é importante para os membros da família empresária, sempre visando à redução dos conflitos. Desempenhá-los, com consciência do papel que está sendo vivenciado naquele momento, também é fundamental.

A forma mais produtiva de introjetar este tipo de atuação no papel profissional é treinar com os membros da família, observando qual papel é requerido em que tipos de situação. O ideal é que todos os familiares que estiverem tendo uma interação conscientizem-se de qual papel deve ser colocado em ação dependendo da situação.

Por exemplo, se o pai está conversando com o filho a respeito de uma situação vivenciada na empresa, ambos devem portar-se como fundador/presidente (o pai) e diretor ou gerente (o filho). Nessa interação, não é adequado que um dos dois atue como familiar ou como acionista, pois a conversa mudará de rumo.

Sucessão

O processo de sucessão é responsável pela perpetuação das empresas familiares. No entanto, se não for administrado corretamente, pode tornar-se uma fonte de conflitos.

Para melhor contextualizar o processo de sucessão, deve-se entender que a empresa familiar está atada ao ciclo biológico de um ou mais fundadores empreendedores. O ciclo naturalmente tem fases: inicial, crescimento, apogeu e queda.

O ditado popular, já consagrado pelo folclore, "pai rico, filho nobre e neto pobre" ilustra a situação que pode ser evitada se o processo de sucessão familiar for estrategicamente planejado e organizado. Este é um rito de transferência de poder e capital entre a geração de dirigentes atuais e a que virá a dirigir os negócios. Caso ocorra de forma gradativa e planejada, como acontece com todos os processos, serão grandes as chances de sucesso.

Chances de insucesso surgirão quando a sucessão acontecer por ocasião da falta de uma liderança da família causada por acidente ou doença, de forma repentina, por divergência entre sócios, pelo número excessivo de sucessores, pelo desinteresse dos sucessores pelo negócio, pelas diferenças muito marcantes na participação acionária, pelas divergências entre familiares e pela insegurança dos funcionários quanto ao futuro da empresa.

Conflitos aqui são, quase sempre, o resultado de problemas estruturais da família cujas raízes podem ser localizadas há 20 ou 30 anos, relacionados com a maneira como os pais constituíram e educaram a família, preparando-a para o poder e para a riqueza.

De Vries (1988), ao estudar as dificuldades que envolvem o processo sucessório nas empresas familiares, destacou que estão envolvidas em uma transição de lideranças uma série de forças psicológicas que emergem principalmente em três momentos:

- quando o executivo principal se dá conta da necessidade de sua aposentadoria;
- quando surge a necessidade de escolha de seu sucessor;
- quando seu sucessor assume a tarefa de gerenciar a empresa.

No primeiro caso, estaria envolvida a recusa à ideia de morte e medo da perda de poder. No segundo caso, há o medo da represália do grupo frente à escolha de um sucessor e o desejo de uma solução perfeita como sentimentos mais marcantes. Finalmente, no terceiro caso, quando o sucessor assume a tarefa de gerenciar a empresa, aparecem sentimentos como o apego ao passado e a não aceitação da realidade, ambos relacionados como ambiguidades próprias de um momento de mudanças, sendo o novo executivo o depositário das expectativas do grupo para resolver os problemas.

Governança na empresa familiar

O termo "governança corporativa" vem da expressão inglesa *corporate governance*. A OCDE define governança corporativa como o conjunto de relações entre a administração de uma empresa, seu Conselho de Administração, seus acionistas e outras partes interessadas. Também proporciona a estrutura que define os objetivos da empresa, como atingi-los e a fiscalização do desempenho.

Assim, os mecanismos de governança visam a diminuir os efeitos da falta de informações (quantidade e qualidade), atribuindo importância idêntica aos interesses de todas as partes da organização, consequentemente minimizando os problemas organizacionais.

Estes são os pontos positivos da implementação de processos de governança corporativa:

- atuação diferenciada e de mais alto nível do que a dos gestores da empresa;
- apoio ao principal executivo da empresa e à sua agenda de objetivos;
- apoio à instituição de uma perspectiva estratégica na empresa;
- apoio à identificação de oportunidades e tratamento de ameaças vindas do mercado;
- retomada da riqueza, do legado e dos negócios familiares;
- apoio ao encaminhamento de impasses na alta administração;
- aumento da objetividade em decisões nas quais a família se divide;
- restabelecimento da disciplina de negócios entre os familiares.

Governança corporativa

Deve-se estar atento à diferença entre a governança familiar e a corporativa. Quando uma instituição realiza a administração de seus negócios, com direcionamento estratégico, tem um efetivo posicionamento de governança corporativa. Os Conselhos Consultivo e de Administração são estruturas que surgem num processo de implementação da Governança Corporativa. Nesse cenário, ela passa a ser um instrumento de apoio à sucessão na empresa.

Governança familiar

O objetivo e os princípios que regem a governança familiar são especificamente voltados aos núcleos familiares que controlam acionariamente a empresa.

Já foi mencionada a importância da manutenção de um clima positivo e harmonioso entre os integrantes das famílias empresárias para que o futuro da empresa familiar possa estar preservado.

A criação e a implementação do Conselho de Família caminha nessa direção. Ele recebe um mandato de toda a família para tratar dos casos de conflitos familiares, encaminhamento pessoal e profissional de membros da família, bem como para tratar de eventos que envolvam a reunião de parte ou de toda a família. Essa necessidade torna-se mais premente face às intensas mudanças que estão ocorrendo na sociedade em todos os países.

Para maior eficácia da abordagem dos conflitos, o Conselho de Família discutirá os assuntos com isenção e sem emoção.

Considerações finais

Este capítulo procurou levar uma palavra de entusiasmo a proprietários e famílias controladoras do capital de empresas familiares.

Ainda que seja um caminho considerado árduo por mais de 80% das pessoas ouvidas nos últimos 14 anos – cerca de 60 famílias empresárias – deve-se considerar que existe um aspecto mais profundo que rege a relação entre os membros das famílias empresárias e seus negócios: uma missão. Ela está relacionada com a criação de empregos, com a inovação de produtos e serviços e com o desenvolvimento das riquezas de um país.

Um exemplo prático que sempre faz com que membros de famílias controladoras de negócios tenham momentos de reflexão é um cálculo aritmético. Seja qual for o tamanho da empresa:

- multiplique o número de funcionários por 4 (tamanho médio de uma família);
- some o número de famílias ligadas aos fornecedores da empresa;
- some o número de famílias de consumidores dos produtos e serviços produzidos por sua empresa.

Em tempos de divulgação maciça dos conceitos de responsabilidade social das pessoas e das empresas, o número resultante desse cálculo é o tamanho da responsabilidade social da família pela criação e manutenção de empregos relacionados ao negócio controlado pelos membros dessa família.

Os membros de famílias empresarias devem se deixar influenciar pela suave canção que embala os negócios familiares muito bem sucedidos em todo o mundo, considerando que toda regra tem exceções e que o negócio de sua família tem toda a chance de estar entre os mais bem sucedidos.

Referências

FINKELSTEIN, S. *Why smart executives fail and what you can learn from their mistakes.* New York: Portfolio, 2003.

KANITZ, S. *Família acima de tudo.* Rio de Janeiro: Thomas Nelson Brasil, 2009.

KETS DE VRIES, M.F.R.; MILLER, D. *The neurotic organization.* San Francisco: Jossey-Bass, 1984.

KETS DE VRIES, M.F.R.; CARLOCK, R.S.; FLORENT-TREACY, E. *A empresa familiar no divã:* uma perspectiva psicológica. Porto Alegre: Bookman, 2008.

KETS DE VRIES, M.F.R.; KOROTOV, K.; FLORENT-TREACY, E. *Coach and couch:* the psychology of making better leaders. London: Palgrave, 2006.

WARD, J. *Perpetuating the family business:* 50 lessons learned from long-lasting, successful families in business. Houndmills: Palgrave, 2004.

13

A avaliação institucional voltada às perspectivas estratégicas da instituição

Renato Casagrande

Até o final da década de 1990, as instituições de educação superior privadas navegavam em mar relativamente calmo e tranquilo, característico de mercados de fartas demandas. As instituições tinham condições de direcionar a maior parte de seu esforço para o processo acadêmico. Esse direcionamento de foco se dera muito mais por questões altruísticas de formar bons profissionais para o mercado e para a sociedade do que por exigência do negócio. Como havia um forte desequilíbrio entre oferta e demanda (esta muito maior que aquela), as instituições tinham poucas preocupações com a captação de alunos. Mesmo as instituições que apresentavam cursos de baixa qualidade tinham uma relação candidato/vaga favorável, ou seja, com mais pessoas interessadas em ingressar na instituição do que o número de vagas de que ela dispunha.

Com o aumento significativo no número de instituições educacionais privadas a partir do final da década de 1990, a competição entre elas tornou-se cada vez maior. Em pouco tempo, a oferta de vagas superou a demanda. As IES passaram a ter o dissabor da concorrência já experimentada pela quase totalidade dos demais segmentos de mercado. Devido a isso, temas como satisfação de clientes, estratégias de *marketing*, melhoria da comunicação institucional, relação oferta/demanda, entre outros assuntos, passaram a compor a agenda dos gestores educacionais, dividindo espaço com outros temas de cunho educacional.

Esse cenário competitivo exigiu das instituições maior conhecimento de seus serviços e do perfil de seus clientes. As necessidades mercadológicas de captação e retenção de alunos fizeram que algumas IES privadas investissem em sistemas de avaliação, mesmo que de forma pouco sistematizada ou profissional. Nasce, nesse momento, um embrião da autoavaliação. Até então, ouvir o aluno, o professor, o funcionário e os demais membros da comunidade acadêmica era pouco relevante. Esse fato remete à semelhante situação ocorrida no início da produção automobilística, quando Henry Ford dizia que o cliente podia escolher a cor do carro fabricado por ele, desde que fosse preto. Ou seja, a opinião do cliente tem pouca importância quando existe desequilíbrio na relação oferta/demanda a favor do fornecedor.

Paralelamente a esse cenário de mercado, os órgãos reguladores da educação nacional, à luz do que já acontecia em muitos países desenvolvidos, passaram a avaliar com mais propriedade e de forma sistematizada os cursos e os serviços oferecidos pelas IES. Esse fato teve como consequência a criação de diretrizes de avaliação e de indicadores de qualidade que hoje assombram as instituições. Essas diretrizes demandaram para as IES a criação de mecanismos de autoavaliação com o intuito de identificar suas potencialidades e suas limitações, possibilitando assim uma atuação mais efetiva nos processos de gestão.

A pressão mercadológica por conhecer mais o cliente da instituição e a percepção que ele tem sobre os serviços oferecidos, aliada às exigências legais da avaliação, fizeram que os gestores educacionais iniciassem o processo de avaliação institucional com ênfase na autoavaliação. A semente de avaliação encontrou terreno infértil nos ambientes acadêmicos das instituições. Docentes e gestores acadêmicos, desconsiderando a turbulência do setor e dando pouca importância às diretrizes legais, foram (e muitos ainda são) contrários a qualquer avaliação interna que não fosse a tradicional avaliação da aprendizagem. Muitos não concebiam (e ainda não concebem) ouvir as opiniões e identificar as necessidades – principalmente – dos alunos.

Porém, mesmo que alguns setores das instituições educacionais ainda apresentem forte resistência ao processo de avaliação, uma educação de qualidade e de competitividade das IES fizeram que se iniciassem mudanças, e a avaliação passou a ser considerada como um "mal necessário". Simultaneamente o Ministério de Educação passou a exigir das IES um plano de autoavaliação que sirva de base para o processo de recredenciamento e de reconhecimento dos cursos. No início, muitas IES implantaram processos de autoavaliação apenas para cumprir as exigências legais. Não conseguiram percebê-la como uma oportunidade para aprimorar seus processos e suas estratégias de gestão.

Atualmente, transcorridos alguns anos do marco legal de implantação do processo de autoavaliação das IES, percebe-se que pouco se avançou em termos de utilização da avaliação institucional como um diferencial competitivo. As IES ainda têm poucas informações a respeito do mercado em que estão inseridas. Observam-se montanhas de dados e informações internas disponibilizadas pelas comissões próprias de avaliação (CPA) que possibilitam, ainda que de forma superficial, uma análise dos pontos fortes e fracos da instituição. Os estudos mercadológicos sistematizados e periódicos ainda são raros.

Este capítulo tem por objetivo mostrar, ainda que de forma genérica, como as IES podem desenvolver um programa de avaliação institucional que atenda aos requisitos legais e, ao mesmo tempo, que as ajude no processo da gestão e na melhoria contínua da estratégia organizacional. A avaliação institucional é mais do que uma obrigação legal: é uma oportunidade singular para a IES se conhecer em detalhes e, a partir daí, redefinir objetivos e estratégias a fim de se tornar competitiva em condições de perpetuidade. Uma boa avaliação institucional faz que a IES passe a conhecer seus pontos fortes e fracos, além de perceber as ameaças e as oportunidades do mercado. Com essas informações, aliadas ao conhecimento do cenário nacional e internacional, torna-se possível identificar com mais clareza qual o posicionamento da instituição em relação ao mercado em que ela está inserida. Torna-se mais fácil também estabelecer uma visão de futuro com objetivos e metas claros.

Diante do exposto, é possível distinguir dois tipos de avaliação: uma focada no negócio, que requer superávit em suas contas a fim de se tornar competitiva no mercado, e outra no produto, que visa à formação de cidadãos e profissionais bem qualificados para exercerem seus papéis com competência na sociedade. Para realizá-las, deve-se empreender uma avaliação interna (autoavaliação), mais focada na análise do produto, e outra mercadológica (externa), focada na análise do negócio.

Avaliação mercadológica

A avaliação mercadológica (Kotler, 1998; Gracioso, 2007) tem como objetivo principal identificar as ameaças e as oportunidades que se apresentam para a instituição, bem como analisar a relação da instituição com o mercado. Visa também a analisar a instituição como negócio, na qual os cursos são entendidos como parte do portfólio de produtos oferecidos ao mercado. Embora seja de grande importância, ainda são poucas as instituições que realizam esse tipo de avaliação devido a alguns fatores:

- Existe um grupo de gestores de IES que ainda têm dificuldade de enxergá-las como um negócio, vendo-as somente como organizações destinadas a promover um bom ensino e, em alguns casos, uma pesquisa de qualidade para a sociedade. Percebe-se que, de certa forma, estão alheios aos movimentos do mercado. Nada contra essa visão, mas o que se considera um equívoco é não ter uma visão dissociada de produto e negócio, apesar de existir uma relação estreita entre ambos. Na medida em que o foco do gestor educacional é somente o processo educacional, a avaliação mercadológica passa a não ter importância ao apenas tangenciar esse tema.
- Existe outro grupo de gestores de IES que apresentam preocupação com a sustentabilidade do negócio, que estão sintonizados com a dinâmica do setor e percebem a dificuldade de se tornarem competitivos nesse mercado. Entretanto, esse grupo tem conhecimento limitado de ferramentas e técnicas de gestão estratégica de instituição educacional e não conseguem realizar uma gestão profissionalizada.
- Por fim, as diretrizes emanadas do Ministério da Educação exigem da instituição pouca avaliação de mercado. Os órgãos reguladores estão mais preocupados com a qualidade dos alunos egressos das instituições e com as pesquisas realizadas; assim, pouco importa à instância reguladora o sucesso financeiro alcançado pela instituição.

Existem várias estratégias e técnicas para se realizar uma avaliação mercadológica. Algumas fáceis e de baixo custo; outras complexas e de custo elevado. Serão apresentados nesse capítulo seis aspectos considerados imprescindíveis em uma avaliação com esse escopo.

Reconhecimento dos concorrentes

Uma parcela significativa de IES tem dificuldade em listar seus principais concorrentes. Geralmente, essa identificação é feita em uma análise subjetiva em que se colocam como concorrentes aquelas instituições que apresentam posicionamento, para o mercado, similar ao que a instituição acredita ser o dela.

A visão distorcida dos concorrentes de uma instituição fica mais evidente naquelas localizadas em grandes centros urbanos, onde o número de IES é elevado. Aquelas que ofertam os mesmos cursos ou estão localizadas próximas não são necessariamente concorrentes. Aspectos ligados ao perfil socioeconômico dos alunos, à vocação da IES e à imagem institucional são critérios de diferenciação concorrencial. Porém, a concorrência ocorre se instituições apresentam características semelhantes para o mercado e é geralmente definida pelas preferências e pelas escolhas dos alunos (clientes). Assim, a pesquisa de mercado torna-se um importante instrumento para o gestor realizar essa identificação. Os resultados da pesquisa geralmente surpreendem os gestores, pois suas percepções, muitas vezes, divergem da percepção do mercado.

Quando a instituição elabora uma pesquisa para conhecer seus concorrentes, ela está interessada em saber o porquê de os alunos escolherem uma instituição e não outra. Identificar os fatores positivos e os negativos nas escolhas dos alunos leva a identificar os perfis de alunos que frequentam as diferentes IES. A obtenção de resultados confiáveis com pesquisa não é fácil, pois muitos alunos não justificam com clareza o motivo de escolher ou não uma instituição. Entretanto, a partir do momento em que a instituição dispõe dessas informações, torna-se mais fácil elaborar estratégias assertivas de captação de novos alunos. Nessa etapa da avaliação mercadológica, a instituição pode perceber, de forma mais clara, seu posicionamento no mercado. Como diz o ditado popular: "Dize com quem andas e te direi quem és", ou seja, identifique seus concorrentes e verá seu posicionamento.

Geomarketing

O *geomarketing* ou *marketing* geográfico é uma estratégia de *marketing* utilizada há muito tempo por outros segmentos da economia e que permite à empresa conhecer melhor seu mercado e como ele se organiza no espaço. A visualização em mapas permite identificar variáveis relevantes para o *marketing*, pois outras formas de apresentação dificultariam a análise.

O *geomarketing* aplicado ao setor educacional procura relacionar a procedência dos alunos (localização da residência com as características das localidades de onde advêm). Quando é amostrado em anos distintos, permite também verificar a mobilidade geográfica de atratividade da instituição, ou seja, de que regiões a instituição passou a atrair mais alunos e para quais regiões perdeu atratividade.

O mapa geográfico facilita a visualização da localização de sua instituição e das IES concorrentes, como mostram as Figuras 13.1 e 13.2. Ele ajuda a instituição a compreender o motivo de certas regiões serem mais atrativas para a instituição do que outras. Apresenta os bairros da cidade

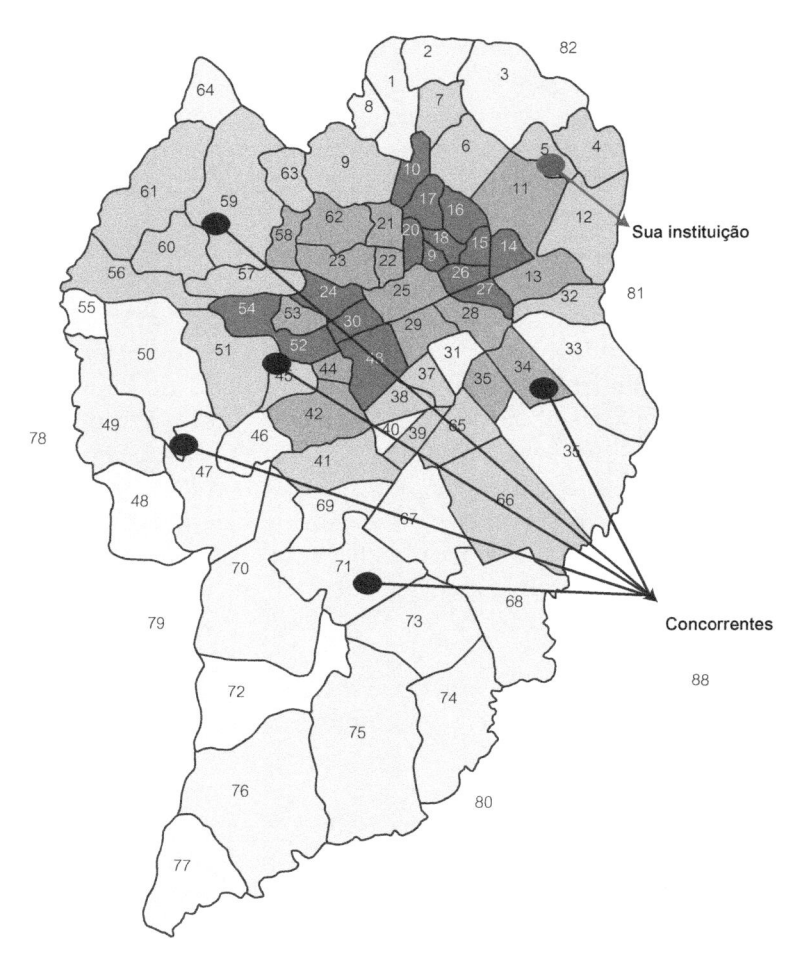

Figura 13.1 Mapa de *geomarketing* das IES.

onde se localiza a instituição, e as cores podem representar o perfil socioeconômico dessas regiões.

A finalidade principal do *geomarketing* é propiciar análise simplificada da procedência dos alunos (bairros ou regiões onde residem) e características socioeconômicas e demográficas dessa procedência. Cada ponto preto indica a localização de certo número de alunos.

A Figura 13.3 apresenta o *geomarketing* da instituição em dois anos distintos. A atratividade da instituição, no exemplo apresentado, mudou da primeira amostragem para a segunda. Novos bairros passaram a ser mais

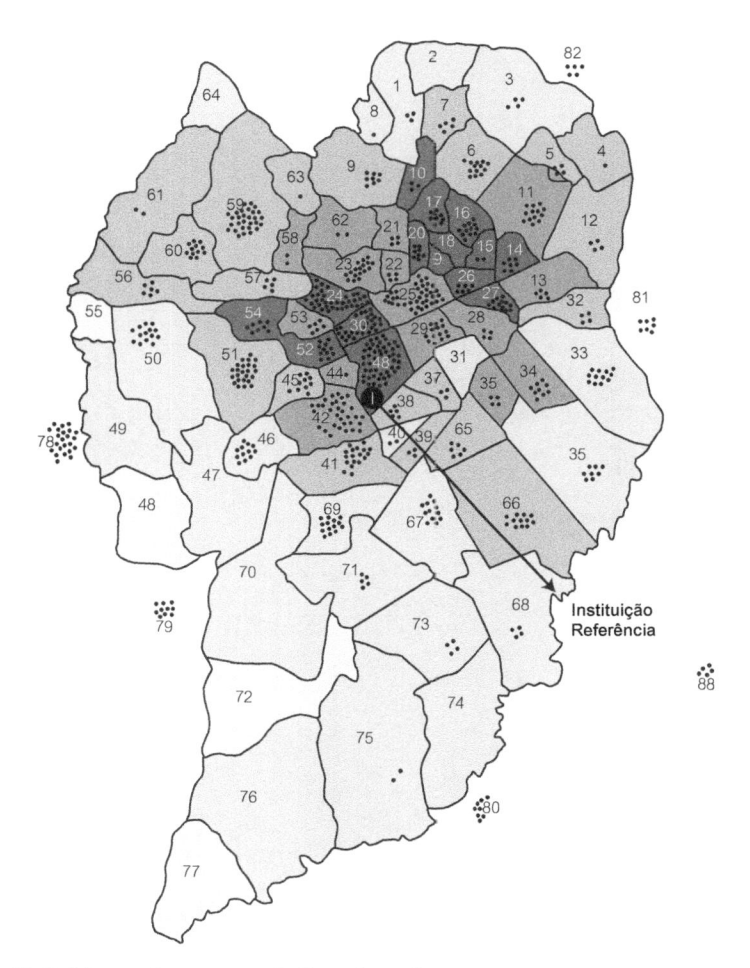

Figura 13.2 Mapa de *geomarketing* dos alunos.

atrativos para a instituição. Essa é outra finalidade da utilização do *geomarketing*. Estudos indicam que é importante haver diferença de tempo de aproximadamente quatro anos entre as amostragens, de forma a se perceberem claramente as diferenças.

Aliando informações da localização da instituição em análise e das instituições concorrentes, da procedência dos alunos, da característica socioeconômica dos bairros analisados e de outros dados fornecidos pelo *geomarketing*, a instituição passa a ter informações valiosas que ajudarão a compor a avaliação mercadológica. O *geomarketing* também pode ser utili-

Figura 13.3 *Geomarketing* da instituição: mapa de dois momentos distintos.

zado para facilitar a identificação e a análise da procedência dos alunos com relação ao endereço do local de trabalho.

Análise do corpo discente dos concorrentes

Conhecer o perfil dos alunos das instituições concorrentes, suas preferências e rejeições, seus valores, suas características socioeconômicas, suas procedências, seus históricos educacionais, suas formas de locomoção, entre outras informações, é necessário para compreender o motivo pelo qual os alunos escolheram outra instituição. Além de conhecer o perfil deles, é importante saber também quais são as instituições mais lembradas e rejeitadas por eles, o grau de exigência da formação que procuram, a relação percebida entre expectativa e experiência, o grau de indicação da instituição em que estudam, entre outras informações. Conhecer os alunos das instituições concorrentes e o que eles pensam é útil para conhecer seus pontos fortes e os fracos, e as ameaças e oportunidades que se apresentam.

É recomendável que a análise do corpo discente das instituições concorrentes seja precedida de uma pesquisa de mercado quantitativa e qualitativa, feita com grupos focais.

Análise dos alunos do ensino médio

Uma parcela significativa de alunos de uma instituição de ensino superior é oriunda do ensino médio logo após sua conclusão. Portanto, compreender as expectativas e os desejos desses alunos é necessário para tornar a instituição atrativa para eles. Saber quais cursos desejam fazer, o que esperam do ensino superior, qual o nível de conhecimento que têm das instituições, os pontos fortes e os fracos de cada uma, segundo suas percepções e suas pretensões futuras, são algumas das informações que a instituição deve deter. A análise do perfil socioeconômico desses alunos também é essencial para mapear as relações entre o perfil e as escolhas feitas. Além disso, os alunos que estão ingressando nas IES atualmente adotam padrões de comportamento e de consumo, os quais devem ser compreendidos pelos gestores das IES. Os diferentes perfis dos *prospects* acabam se tornando segmentos específicos de potenciais novos alunos.

Assim como ocorre com a análise do corpo discente das instituições concorrentes, é necessária também uma pesquisa de mercado quantitativa e qualitativa feita com grupos focais.

Análise dos indicadores educacionais

Os indicadores do setor da educação têm sido bastante utilizados na avaliação mercadológica, primeiro pela qualidade das informações que eles trazem para a instituição; segundo, pelos custos baixos, visto que as informações são disponibilizadas para consulta pública pelo INEP ou pelas próprias IES. Entre os muitos indicadores educacionais disponíveis para análise, sugere-se dar ênfase a seis deles: *market share*, demanda, precificação, reconhecimento de cenários, *benchmarking* e indicadores oficiais.

Market share

É a participação no mercado pela instituição em análise, ou seja, designa a fatia de mercado detida pela IES e por seus cursos individualmente. A medida quantifica percentualmente o mercado dominado pela IES. Os dados para calcular o *market share* de uma IES advêm dos censos educacionais divulgados pelo INEP. Assim, se uma IES detém 20% de *market share*, significa que, de cada cinco alunos que fazem um curso superior na região da instituição, um estuda nela.

Pode-se fazer a análise de quatro tipos distintos de *market share*:

- *Market share* de ingressantes no *target* (entre concorrentes). Refere-se à fatia de mercado detida por uma IES (ou por seus cursos), analisando somente os alunos que ingressaram no ensino superior em um dado ano. Nesse caso, entram no cálculo somente as instituições que são concorrentes daquela que está sendo analisada.
- *Market share* de ingressantes integral. Também se refere à fatia de mercado detida por uma IES (ou por seus cursos) entre os alunos que ingressaram no ensino superior em um dado ano. Porém, entram no cálculo todas as instituições existentes na região de abrangência daquela instituição que está sendo analisada, e não apenas as instituições concorrentes.
- *Market share* de matriculados no *target* (entre concorrentes). Refere-se à fatia de mercado detida por uma IES entre todos os alunos matriculados no ensino superior em um dado ano. Entram no cálculo somente as instituições concorrentes daquela que está sendo analisada.
- *Market share* de matriculados integral. Refere-se à fatia de mercado detida por uma IES entre todos os alunos matriculados no ensino superior em um dado ano. Porém, entram no cálculo todas as insti-

tuições existentes na região de abrangência daquela que está sendo analisada.

Geralmente as IES privadas dão pouca importância ou desconsideram o número de alunos matriculados nas IES públicas na hora de estabelecer o *market share* comparativo com seus concorrentes e consideram apenas o total de alunos matriculados nas IES privadas.

Outro ponto fundamental na análise do *market share* é sua evolução histórica. Analisar a fatia de mercado detida por uma IES em um único ano pode levar a conclusões precipitadas, pois não mostra a tendência que se apresenta à IES para os próximos anos. Na Figura 13.4, tem-se um exemplo de *market share* de matriculados no *target* de uma determinada IES.

Percebe-se pelo gráfico que a instituição de análise detém a maior fatia de mercado. Essa conclusão simples pode conduzir erroneamente a instituição a uma zona de conforto, na medida em que seu *market share* é muito superior aos dos concorrentes. Analise agora a mesma situação quando amostrada com dados históricos (Figura 13.5).

Pode-se perceber agora que, apesar de a instituição de análise deter ainda a maior fatia de mercado, essa liderança pode ser ameaçada em alguns anos, visto que ela vem perdendo espaço para outras instituições nos úl-

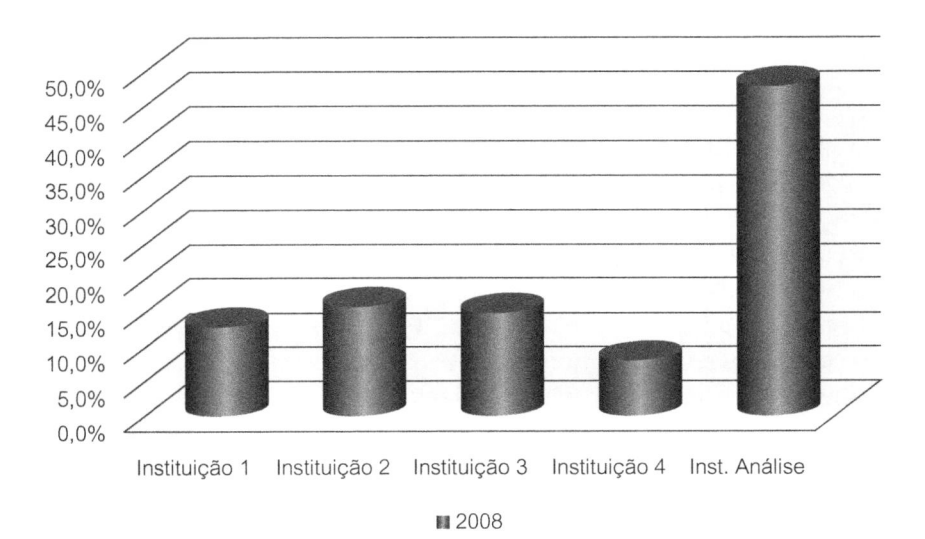

Figura 13.4 *Market share* das IES em um ano.

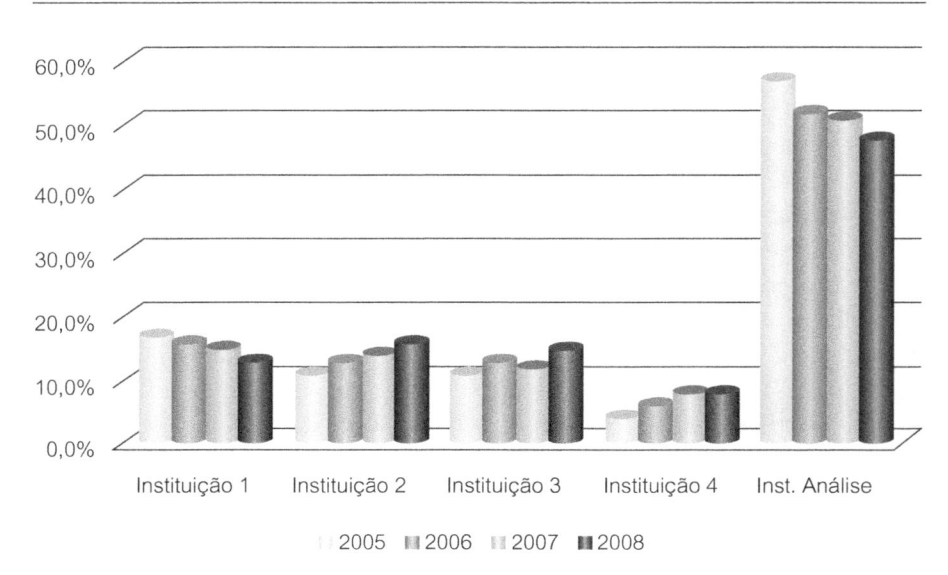

Figura 13.5 *Market share* das IES ao longo de quatro anos.

timos quatro anos. Por isso, a análise de dados históricos é útil quando se estuda o *market share* de uma IES.

Demanda

Realizar estudo de demanda é de grande valia para qualquer tipo de empresa. Quando a demanda por bens ou serviços fornecidos por uma determinada empresa está em declínio, é conveniente rever seu portfólio. O mesmo raciocínio vale para as instituições educacionais. A análise tem ainda mais valor quando feita por curso. Um exemplo disso é análise da demanda do curso de bacharel em Turismo no Brasil. Em 2002, ingressaram aproximadamente 27 mil novos alunos nos cursos de Turismo em todo o Brasil. Em 2008, esse número caiu para menos de 10 mil. Essa queda mostra que, por mais esforço que uma instituição faça para revitalizar seu curso de turismo, dificilmente conseguirá os mesmos êxitos obtidos no passado, já que o problema não é da instituição, e sim da demanda pela profissão de turismólogo, o que, segundo dados, está em baixa.

Outra análise que se deve fazer em termos de demanda diz respeito aos concluintes de ensino médio. Se, em uma determinada cidade ou região, estiver havendo decréscimo de concluintes de ensino médio entre o público-alvo de uma IES, esse fato possivelmente terá impacto nas matrículas da instituição. Portanto, o estudo da demanda permite que a IES alinhe seus objetivos e suas metas em função de dados reais, que, com certeza, afetarão os resultados da instituição a curto ou a médio prazo.

Precificação

Neste momento de concorrência acirrada, é importante monitorar o preço cobrado pelos concorrentes em suas mensalidades, bem como as estratégias de precificação utilizadas por eles para atrair alunos. Como existe uma parcela significativa de instituições posicionadas por preço, o monitoramento constante dessa variável passa a ser um requisito obrigatório. Da mesma forma como ocorre com o *market share*, recomenda-se analisar dados históricos de mensalidades. Algumas instituições obtiveram explicações para a queda significativa de *market share* em alguns de seus cursos quando analisaram a evolução histórica de mensalidade dos concorrentes. Observaram que alguns de seus concorrentes ampliaram sua fatia de mercado em determinado curso após terem congelado ou reduzido os valores das mensalidades.

Recomenda-se que as IES, ao fazerem a pesquisa dos preços cobrados ou do preço total de um curso, o façam sempre observando o valor líquido cobrado do aluno. Os valores brutos das mensalidades, geralmente divulgados nos *sites*, muitas vezes não representam o valor de fato cobrado pela instituição. Se a IES fizer uma análise pouco rigorosa nesse quesito, poderá errar na estratégia adotada de precificação.

Reconhecimento de cenário

A análise de cenários é valioso instrumento para compreender as realidades possíveis de serem concretizadas (Oliveira, 2007b). Simular situações que incorporam padrões possíveis ajuda o gestor a compreender quais são as prováveis ações a serem adotadas caso tais cenários se concretizem. Por exemplo, em termos de regulação, vários especialistas consideram três cenários possíveis em um futuro próximo: primeiro, a continuação do processo de regulação sobre o setor do ensino superior pelo Estado; segundo, a possibilidade da adoção de regulação a partir de agências reguladoras criadas pelo Estado; terceiro, a descentralização da regulação, total ou parcial, pelo Estado, atribuindo ao mercado e à sociedade o papel de estabelecer parâmetros para a educação superior. Do mesmo modo como foi apresentada a análise do cenário de regulação, mesmo que de forma bastante simplista nesta discussão, é recomendável que sejam realizados estudos de prospecção para outros cenários, como consolidação do setor, ascensão das classes sociais menos favorecidas ao ensino superior, incorporação das tecnologias de informação no processo educacional, além de outros.

Benchmarking

Ele indica a busca pelas melhores práticas realizadas no mercado tanto nacional como internacional. Cada instituição deve analisar as IES que obtêm resultados positivos nas diferentes variáveis de interesse. Essa análise permite que a IES aprimore suas estratégias e suas ações baseando-se em práticas de sucesso de outras IES. Sugere-se a análise das seguintes variáveis na realização de *benchmarking*: estratégias utilizadas para promover a qualidade do ensino; mecanismos de otimização e redução de custos; estratégias de captação, retenção e fidelização de alunos; filosofia e modelos de gestão; estruturas curriculares e extracurriculares; políticas e diretrizes de seleção, contratação e desenvolvimento de gestores, professores e funcionários; além de outros projetos e ações desenvolvidas. Para sistematizar as informações, sugere-se a criação de quadros comparativos no intuito de ajudar o gestor a perceber com mais clareza as diferenças entre as IES. O Quadro 13.1 mostra como essa comparação pode ser feita em relação à política de educação a distância (EAD).

Em síntese, o *benchmarking* permite ao gestor alinhar as estratégias de sua IES com as demais e com as melhores práticas do mercado. Ajuda-o ainda a adotar estratégias diferenciadas, sobretudo em regiões onde tais estratégias não foram ainda utilizadas, podendo, assim, gerar novas oportu-

Quadro 13.1
Benchmarking de estratégias de EAD

Instituição	Estratégias em termos de EAD
Instituição A	Adota EAD para atividades complementares.
Instituição B	Utiliza EAD para reforço das disciplinas presenciais.
Instituição C	Oferta todo o processo de ensino por meio da EAD.
Instituição D	Planejar introduzir a EAD para realização de algumas disciplianas.
Instituição E	Não pretende adotar a EAD a curto prazo.

nidades de negócios. Um *benchmarking* bem realizado permite estabelecer critérios de comparação entre IES e, por consequência, ter clareza do significado dos resultados a serem alcançados.

Indicadores oficiais

Atualmente existe grande quantidade de indicadores que procuram retratar a qualidade, de forma objetiva, das IES e de seus respectivos cursos. Esses indicadores têm gerado informações disponibilizadas pelo INEP aos interessados. Trabalhar com elas tem sido uma das novas atribuições dos gestores educacionais. Nesse caso, não basta apenas analisar os dados da própria IES, mas também compará-los com as IES concorrentes ou mesmo com as IES estudadas no *benchmarking*.

Questiona-se muito a forma como o INEP formula tais indicadores e os critérios para a geração dos índices. Não cabe aqui uma discussão sobre o assunto. O importante é esclarecer que, querendo ou não, tais indicadores são cada vez mais utilizados para promover ou denegrir cursos e instituições pelas mídias de massa. O próprio MEC tem-se utilizado desses indicadores para punir instituições e cursos que apresentam resultados insatisfatórios com a diminuição das vagas autorizadas ou mesmo com a suspensão do processo de entrada de novos alunos.

Os principais indicadores oficiais que devem ser considerados na avaliação mercadologia são Enade, IDD, CPC e IGC.

ENADE

Segundo a própria definição do MEC, o "Exame Nacional de Desempenho de Estudantes[1] (Enade) tem o objetivo de aferir o rendimento dos alunos dos cursos de graduação em relação aos conteúdos programáticos, suas habilidades e competências".

O INEP, a partir do Enade, fornece informações importantes sobre o nível de aprendizagem dos alunos na formação geral e específica de cada curso. A partir das informações disponibilizadas pelo INEP, também é possível analisar quais são os assuntos mais cobrados na prova, qual o grau de dificuldade das questões, quais as questões com o maior número de acertos e quais com menos acertos, comparando instituição por instituição.

Além disso, é possível realizar comparação entre os percentuais de acertos e erros entre os alunos das IES, o que auxilia o gestor na percep-

---

[1] Para consultar a base de dados sobre o Enade, acesse http://www.inep.gov.br/superior/enade/default.asp

ção de como cada IES está preparando seus alunos e quais seus reais desempenhos. Os dados fornecidos oportunizam ao gestor de curso realizar diagnóstico do desempenho da aprendizagem nas matérias específicas e na formação geral dos alunos e refletir sobre o projeto pedagógico do curso e o processo de ensino-aprendizagem. Com essas possibilidades, as IES podem identificar e comparar seu posicionamento levando em conta os resultados obtidos no Brasil, no estado, na região ou na cidade.

IDD

Segundo nota técnica do INEP[2], para o cálculo do Indicador de Diferença entre os Desempenhos Observados e Esperados (IDD), "considera-se o desempenho médio obtido no Enade pelos concluintes de cada curso e o desempenho médio que seria esperado ao final do curso para o perfil de ingressantes daquela instituição caso eles tivessem frequentado um curso de qualidade correspondente à média dos cursos que participaram do Enade na mesma área e possuam ingressantes com perfil similar".

A diferença entre o desempenho médio efetivamente observado quando um grupo de estudantes chega ao final do curso e o desempenho esperado para o mesmo grupo indica se o resultado obtido pelo curso está acima, abaixo ou na média do esperado.

CPC

O Conceito Preliminar de Curso (CPC) é elemento de referência nos processos de avaliação para subsidiar a renovação de reconhecimento dos cursos de graduação. A Portaria Normativa nº 40, de 12 de dezembro de 2007, define, em seu artigo 35, o seguinte: "Superada a fase de análise documental, o Processo do INEP se iniciará com a atribuição de conceito preliminar, gerado a partir de informações lançadas por instituições ou cursos no Censo da Educação Superior, nos resultados do Exame Nacional de Estudantes (Enade) e nos cadastros próprios do INEP".

O mesmo artigo, em seu parágrafo 1º, esclarece que "caso o conceito preliminar seja satisfatório, nos casos de renovação de reconhecimento, a partir dos parâmetros estabelecidos pelas CONAES (Comissão Nacional de Avaliação da Educação Superior), poderá ser dispensada a realização da visita *in loco*". O CPC combina diversas medidas relativas à qualidade do

---

[2] Disponível em http://enade.inep.gov/enaderesultado/pdfs/idd_nota_tecnica_enade2007.pdf. Acesso em 10/ago/2010.

curso: as informações de infraestrutura e instalações físicas, recursos didático-pedagógicos e corpo docente oferecidas por um curso, o desempenho obtido pelos estudantes concluintes e ingressantes no Enade e os resultados do (IDD). Esses componentes têm peso diferenciado na organização do CPC, conforme a Portaria nº 821, de 24/08/2009, do MEC (Figura 13.6).

IGC

O Índice Geral de Cursos (IGC) é um indicador de qualidade de instituições de educação superior, o qual considera, em sua composição, a qualidade dos cursos de graduação e de pós-graduação (mestrado e doutorado). Um dos objetivos do IGC é favorecer a integração e a troca de competências entre os níveis de formação do aluno. No que se refere à graduação, é utilizado o CPC e, na pós-graduação, é utilizada a Nota Capes.

Assim, a partir desses indicadores é possível para a IES traçar um diagnóstico de si mesma e das demais IES. A posição ocupada pela IES medida pelo IGC, ou a posição ocupada pelos seus cursos, medida por Enade, IDD ou CPC, no município, no estado ou país pode ser um grande diferencial na comunicação institucional.

Outro fator relevante com a implantação de tais indicadores é a possibilidade da criação de *rankings* de cursos e instituições. Os resultados dos *rankings* estão sendo utilizados pelas IES em suas campanhas publicitárias. As IES que obtêm resultados positivos acabam apresentando tais resultados para a sociedade. As IES que obtêm resultados negativos tentam escondê-los. Entretanto, a mídia faz o papel de informar os *rankings*, destacando os melhores e os piores resultados dos cursos e das IES. Além do resultado obtido a cada ano, ficam evidenciados os resultados dos cursos e das IES obtidos ao longo de uma série histórica, associados às avaliações anteriores. Isso implica a percepção de quais cursos e quais IES vêm melhorando ou piorando seus desempenhos ao longo do tempo. Dessa forma, a mídia gera publicidade espontânea positiva ou negativa para a IES, o que interfere diretamente na percepção das pessoas em relação à qualidade.

Avaliação interna

Qualquer IES precisa realizar avaliações internas periódicas. Sugere-se que elas o façam com a participação de alunos matriculados, egressos, profissionais de mercado, professores, funcionários e gestores da IES. Esses *stakeholders* ora avaliam, ora são avaliados. A avaliação periódica ajuda a

COMPOSIÇÃO DO CPC

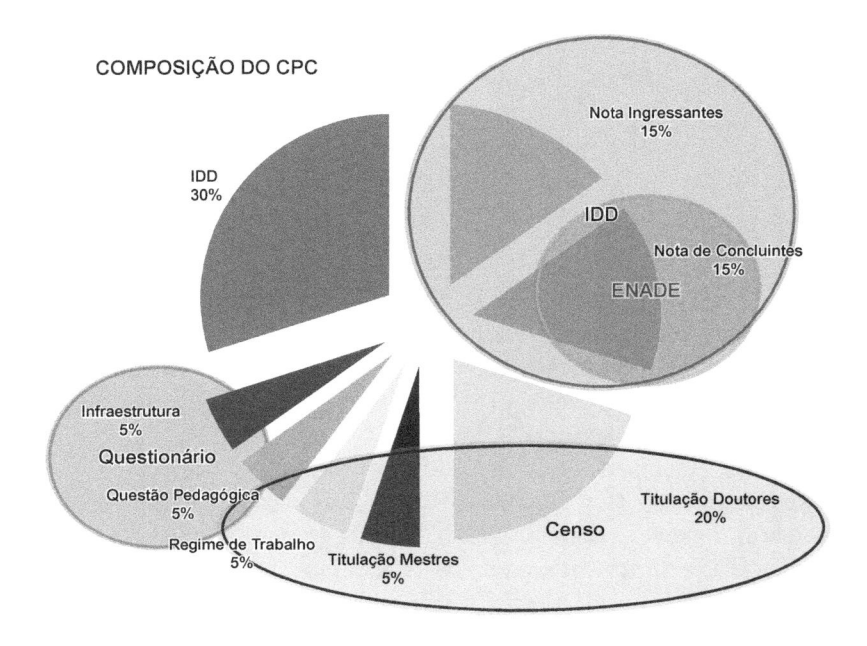

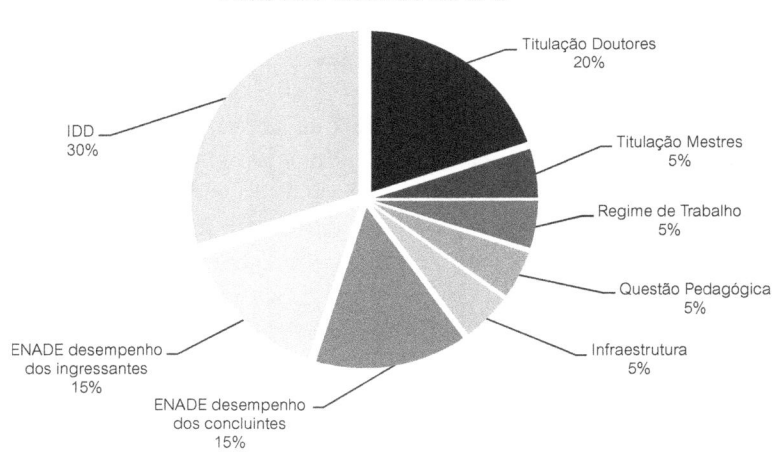

- IDD 30%
- Nota Ingressantes 15%
- Nota de Concluintes 15%
- IDD
- ENADE
- Infraestrutura 5%
- Questão Pedagógica 5%
- Regime de Trabalho 5%
- Titulação Mestres 5%
- Titulação Doutores 20%
- Questionário
- Censo

PESO DOS INSUMOS NO CPC

- Titulação Doutores 20%
- Titulação Mestres 5%
- Regime de Trabalho 5%
- Questão Pedagógica 5%
- Infraestrutura 5%
- ENADE desempenho dos concluintes 15%
- ENADE desempenho dos ingressantes 15%
- IDD 30%

Figura 13.6 Organização ddo CPC.

observar a evolução da IES ao longo de um período em comparação de seu desempenho com o dos concorrentes. Esse processo de avaliação interna precisa ser claro e sistematizado, e as principais variáveis devem ser:

- Infraestrutura. A avaliação da infraestrutura deve dar um panorama da satisfação dos alunos em relação aos serviços administrativos prestados (inclusive os terceirizados) e às condições de estrutura física e tecnológica da IES. É preciso estar atento também às novas tecnologias e à forma como elas são incorporadas à educação.
- Nível de aprendizagem do aluno. Além dos indicadores oficiais do MEC (Enade, IDD, CPC, etc.), a IES precisa estar atenta às outras formas de acompanhar o nível de aprendizagem dos alunos. Uma forma é criar indicadores a partir das avaliações de aprendizagem realizadas pelos professores e pela própria IES. Nesse caso, a IES pode elaborar provas que simulem as avaliações oficiais do MEC e comparar o desempenho de seus alunos com os próprios indicadores oficiais das demais IES. Tais indicadores permitem que a IES analise prováveis resultados que serão identificados na ocasião da avaliação oficial, possibilitando a realização de um trabalho de reforço nos conteúdos que os alunos apresentam maior deficiência. Sugere-se ainda que a IES crie formas sistematizadas de acompanhamento dos critérios de avaliações utilizados no curso, do desempenho quantitativo dos alunos (ao longo do curso), dos desníveis na cobrança das avaliações, etc.
- Programa de curso. A avaliação rigorosa de um programa de curso é essencial para a garantia de uma formação que atenda às necessidades e às demandas dos alunos, das exigências legais, do mercado e da sociedade. A avaliação do programa de curso deve cobrir a estrutura e a organização da matriz curricular, o trabalho de conclusão de curso – quando existir –, os temas transversais, as exigências legais, o sistema de avaliação de aprendizagem, os projetos interdisciplinares, entre outros.
- Relação do curso com o mercado. Uma maneira de monitorar a imagem do IES no mercado é pesquisar de forma continuada a taxa de empregabilidade (colocação e recolocação profissional) e do nível de empreendedorismo dos alunos egressos dos cursos. Outra é saber onde os egressos estão, o que fazem, a renda que recebem, o desenvolvimento educacional e como se desenvolveram profissionalmente. A inserção de opiniões de profissionais na mídia, a participação ativa em sua área de atuação, a visibilidade social e a quantidade de egressos que se tornaram formadores de opinião são outras formas de saber como se posiciona o curso em relação ao mercado.

- **Corpo docente.** Sugere-se que os professores sejam avaliados pelos alunos e pelos gestores dos cursos. Os principais itens que devem ser considerados na avaliação realizada pelos alunos e gestores de curso são: domínio de conteúdo, didática, metodologia de ensino, capacidade de relacionamento com os alunos, planejamento e organização das aulas. Além desses itens, é importante que o gestor considere outros aspectos na avaliação dos docentes, como cumprimento dos prazos dos resultados das avaliações, de planejamento de ensino e de diários de classe; assiduidade e pontualidade; participação em reuniões e eventos promovidos pela instituição; metodologia utilizada na avaliação de aprendizagem dos alunos; produção técnica e/ou científica. Também é necessário que o gestor do curso analise a aderência do perfil do professor em relação às disciplinas que ministra. Essa aderência pode ser verificada pelo exame de seu currículo, pontuado de acordo com a sua experiência profissional e acadêmica e com as suas formações realizadas na área.
- **Gestão do curso.** A avaliação dos cursos deve ser transparente, de forma a garantir que todos possam expor percepções e opiniões. A IES deve criar instrumentos de monitoramento da capacidade do gestor do curso na resolução de problemas, nos encaminhamentos estratégicos, em sua relação com o mercado, em sua produção científica e técnica, na forma como ele lida com conflitos, em suas relações interpessoais e no cumprimento de metas. Além disso, é preciso monitoramento constante do índice de satisfação de alunos e professores quanto ao trabalho do gestor do curso.
- **Atividades extraclasse promovidas pelo curso.** Sugere-se avaliação periódica das atividades extracurriculares, como estágio, atividades complementares, cursos de extensão, participação em eventos científicos e profissionais, etc. Essas atividades devem estar articuladas com a proposta pedagógica do curso.
- **Econômica.** A avaliação econômica dos cursos é importante para o estabelecimento de estratégias de sustentabilidade do curso e da própria IES. Dessa forma, os gestores precisam ter informações e acompanhar as variáveis econômicas, como faturamento do curso, custos de investimentos realizados e necessários para o futuro, índices de inadimplência, rentabilidade e margem de contribuição, índices de evasão, trancamento e transferências de alunos, número médio de alunos por turma, desdobramento de turmas, carga horária atribuída

a professores dentro e fora de sala, comprometimento da folha em relação ao faturamento, entre outras.

A seguir é apresentado o Quadro 13.2 com a síntese dos principais componentes da avaliação mercadológica e da avaliação interna de uma IES apresentada anteriormente.

A materialização das avaliações mercadológica e interna é realizada por medidas quantitativas e qualitativas que devem ser apresentadas de forma objetiva e capaz de estabelecer parâmetros de comparação em uma série histórica e com outras IES. Nesse sentido, a criação de indicadores é bastante útil.

Criação de indicadores

De acordo com o que foi exposto, o processo de avaliação institucional deve cobrir as dimensões legal, mercadológica e interna da IES. Ela precisa ser estabelecida com critérios objetivos que possam ser verificados de forma quantitativa, além de validada por meio de pesquisas qualitativas. A ob-

Quadro 13.2
Componentes da Avaliação Estratégica das IES

Avaliação mercadológica	Reconhecimento dos concorrentes
	Geomarketing
	Análise do corpo discente dos concorrentes
	Análise dos alunos do ensino médio
	Análise dos indicadores educacionais
Avaliação interna	Infraestrutura
	Nível de aprendizado dos alunos
	Programa de curso
	Relação do curso com o mercado (empregabilidade)
	Corpo Docente
	Gestão do curso
	Atividades extraclasse promovidas pelo curso
	Econômica

jetividade da avaliação é garantida pelo estabelecimento de indicadores quantitativos que precisam ser medidos periodicamente por meio de uma sistemática racional.

Um indicador não deve ser considerado uma medida absoluta. As ações estratégicas (Oliveira, 2007a; Oliveira, 2007b; Tavares, 2005), as tomadas de decisão (Gomes; Gomes Almeida, 2006) e os processos de mudanças não devem ser orientados com base somente em indicadores. Estes são referências importantes para decisões; todavia, os indicadores são meios, e não fins. Os valores de referências a partir de indicadores objetivos servem como critérios de comparação, mas não substituem a contextualização e a capacidade analítica do gestor. Como dizia o filósofo Bachelard, "é preciso pensar para quantificar, e não quantificar para pensar", ou seja, é preciso pensar para criar indicadores, e não tê-los como substitutos do processo de análise do gestor.

Uma IES pode ter notas no Enade inferiores às de seus concorrentes; entretanto, o gestor deve levar em consideração o perfil do aluno que recebe, o grau de dificuldade de aprendizagem dele, a tradição da IES no ensino superior, além de outros fatores. Ou seja, é necessário relativizar o resultado apontado pelos índices.

A partir da definição de quais indicadores a instituição passará a monitorar e ter como referência, é fundamental definir metas de curto, de médio e de longo prazo para cada um deles. A indefinição de metas prejudica a busca de visão clara de onde a instituição deseja chegar, ou seja, dificulta o estabelecimento de estratégias. É importante que as metas (que devem ser claras e viáveis) tenham caráter quantitativo e sejam mensuradas e de confrontadas com os índices apurados pelos indicadores.

Durante o processo de definição de metas, é necessário levantar dados históricos, quando existirem, e ter referências de mercado. É importante salientar que metas estipuladas de forma equivocada podem levar ao descrédito de todo o processo de gerenciamento, na medida em que passam a fornecer parâmetros distorcidos à instituição.

Analisando-se os itens das dimensões que compõem o processo de avaliação estratégica da IES, é possível estabelecer um ou mais indicadores para cada componente. Tem-se aqui uma relação entre a quantidade de indicadores e sua qualidade de análise. Muitos deles podem levar o gestor à falta de foco, ou seja, dar pouca importância a índices fundamentais à instituição. Poucos indicadores são insuficientes para municiar a instituição em alguns aspectos. Compete ao gestor ter um compromisso de selecionar os indicadores fundamentais para a instituição, de forma que possa acompanhá-los periodicamente para que sirvam na tomada de decisão.

O Quadro 13.3 apresenta uma sugestão de alguns indicadores que podem ser utilizados pelos gestores educacionais a partir dos itens apresentados na avaliação mercadológica e interna. Vale ressaltar que a instituição deve utilizar-se de outros indicadores alinhados à sua estratégia.

Quadro 13.3
Sugestão de Indicadores de Avaliação

Indicadores oriundos da avaliação mercadológica			
Indicador	Escopo	Periodicidade	Fonte de dados
Marketshare	Institucional e por curso	Anual	INEP
Enade	Curso	Anual	INEP
CPC	Curso	Anual	INEP
IGC	Institucional	Anual	INEP
Indicadores oriundos da avaliação interna			
Satisfação discente em relação à infraestrutura	Institucional e curso	Anual	Pesquisa de satisfação
Satisfação discente em relação aos professores	Curso	Semestral	Pesquisa de satisfação
Satisfação discente em relação ao curso	Curso	Semestral/anual	Pesquisa de satisfação
Inadimplência	Institucional e curso	Mensal	Controles internos
Evasão	Institucional e curso	Mensal	Controles internos
Rentabilidade	Institucional e curso	Mensal	Controles internos
Margem de contribuição	Curso	Mensal	Controles internos

Definidos os indicadores, deve-se ter um trabalho de detalhamento deles. Fórmula, periodicidade de apuração do índice, unidade de medida, variação e fonte de dados são alguns dos itens necessários no estabelecimento de um indicador.

Os indicadores devem ser conhecidos por todos na IES. Além dos índices gerados, é importante que se definam os critérios que foram considerados em sua elaboração, bem como os objetivos que se têm com aquela mensuração. A compreensão racional das metas e dos indicadores levam à aceitação e à cooperação dos envolvidos. A passagem de um modelo de poucas referências objetivas, baseadas apenas em critérios qualitativos, para um modelo de referências objetivas, por meio dos indicadores, requer forte mudança da cultura da organização. O fato é que atualmente existe uma pressão externa (legislação educacional do ensino superior) que usa indicadores (Enade, IDD, CPC, IGC, entre outros) para avaliar as instituições e seus cursos, e as IES devem aproveitar este momento para profissionalizar sua gestão. Acredita-se que aquelas que resistirem a esse processo de profissionalização terão dificuldades para concorrer em um ambiente cada vez mais competitivo.

Considerações finais

A avaliação institucional é uma forma de as IES conhecerem a si mesmas e a seus concorrentes. Todavia, avaliar e não realizar ações para melhorias dos itens deficientes constitui um problema para a instituição. Todos os que se sujeitam a avaliações precisam saber por que, como, para que, por quem, quando e de que forma serão avaliados. Além disso, os que avaliam esperam ações concretas após participarem do processo de avaliação. Sugere-se que as IES adotem planos de ação para sanarem ou reduzirem os problemas identificados na avaliação. Com isso, possibilita-se a criação de um ambiente de confiança entre todos os envolvidos no processo de avaliação.

Por fim, a avaliação institucional deve cobrir as dimensões legais, mercadológicas e internas das IES. Qualquer IES deve produzir indicadores que possam servir de parâmetro comparativo entre ela e seu contexto (e aos seus desempenhos históricos). No entanto, é importante ressaltar que as exigências legais estão embasadas em políticas de governo, e o gestor precisa ponderar as limitações que o próprio sistema institui. As limitações podem ser mais bem compreendidas quando a IES tem um sistema de avaliação maior do que o exigido pela legislação.

A IES não pode negar a importância da avaliação institucional e de seus benefícios para os aspectos pedagógicos e da gestão. Qualquer IES está sujeita a avaliações no contexto educacional atual. Elas devem aproveitar o momento para analisar a sua realidade e a do mercado e, a partir de informações consolidadas e seguras, propor mudanças para diferenciar-se em relação a seus concorrentes.

Referências

BRASIL. Ministério da Educação. *Portaria Normativa n. 40*, de 12 de dezembro de 2007. Brasília, 2007. Disponível em: <http://www2.mec.gov.br/sapiens/portarias/port40.pdf>. Acesso em: 12 ago. 2010.

_____. Portaria n. 821, de 24 de agosto de 2009. Define procedimentos para avaliação de instituições de educação superior e cursos de graduação no âmbito do 1º ciclo avaliativo do Sistema Nacional da Educação Superior e dá outras providências. *Diário Oficial [da] União*, Brasília, 25 ago. 2009. p.9-10.

GOMES, L.F.A.M.; GOMES, C.F.S.; ALMEIDA, A.T. *Tomada de decisão gerencial:* enfoque multicritério. 2. ed. São Paulo: Atlas, 2006.

GRACIOSO, F. *Marketing estratégico:* planejamento estratégico orientado para o mercado. 6. ed. São Paulo: Atlas, 2007.

KOTLER, P. *Administração de marketing:* análise, planejamento, implementação e controle. 5. ed. São Paulo: Atlas, 1998.

OLIVEIRA, D.P.R. *Estratégia empresarial & vantagem competitiva:* como estabelecer, implementar e avaliar. 5. ed. São Paulo: Atlas, 2007b.

_____. *Planejamento estratégico.* 24. ed. São Paulo: Atlas, 2007a.

TAVARES, M.C. *Gestão estratégica.* 2. ed. São Paulo: Atlas, 2005.

14

Processos de avaliação e de acreditação do ensino superior no Brasil

política educacional interventista, papel do mercado e alternativas a partir da comparação com outros países

Fábio Garcia Reis

Nos últimos anos, intensificou-se a discussão sobre processos de avaliação e acreditação. Há uma série de polêmicas, especialmente após a criação de indicadores como Conceito Preliminar de Curso (CPC) e Índice Geral de Cursos (IGC). A criação desses indicadores por parte do Ministério da Educação (MEC) nos dá uma referência sobre o modo como o Estado atua. O MEC, como instituição do Estado, publicou, em 2008, o primeiro *ranking* entre as instituições de ensino superior (IES) em que o parâmetro de classificação foram os indicadores do CPC e do IGC. Não houve discussão sobre eles. As associações representativas, que atuam no sistema de educação superior do Brasil, não foram consultadas. O MEC não dialogou com a sociedade.

A fragilidade do diálogo entre o MEC e as secretarias e comissões responsáveis pela elaboração da legislação educacional com as associações representativas é comum e histórica. Os empreendedores da educação no Brasil assumem o risco da mudança de rumo, conforme a concepção das pessoas que detêm o poder da decisão. Obviamente, essa situação tem conotações autoritárias e intervencionistas.

No Brasil, a postura no MEC tem gerado uma série de debates polêmicos. O presente capítulo tem como objetivo propor o debate sobre os temas referentes à política educacional, avaliação e acreditação a partir de algumas questões: o Estado brasileiro sempre teve característica intervencionista e foi o responsável direto pela consolidação do sistema de educação superior do Brasil? Foi com o avanço do mercado e dos negócios no sistema educacional que ocorreu a intensificação dos processos de avaliação e acreditação? Em que contexto esses temas passaram a ser relevantes e qual o papel das agências de avaliação e acreditação? Como acontece o processo de acreditação em outros países? Quais são as alternativas para melhorar o processo de avaliação?

Para responder à primeira pergunta, o livro de referência foi "A Universidade Temporã" de Luiz Antônio da Cunha (2007). Aliás, a primeira parte do artigo é quase que uma síntese da análise de Cunha. A intenção com esse tópico é apontar os diversos momentos de mudança na legislação ou dos rumos da educação superior no Brasil. Na segunda parte, trabalhamos com a perspectiva do avanço do mercado. Discutimos o avanço dos negócios na educação e a tendência dos governos em intensificar os processos de avaliação e acreditação. O texto tem como referência José Joaquim Brunner (2010), Claudio Rama (2009) e José Dias Sobrinho (2006, 2008).

Na terceira parte, o tema que norteou a discussão foi a postura do Estado no Brasil no que se refere à avaliação. Tratamos de um contexto em que o Estado avaliador intensifica suas ações e, no caso do Brasil, faz mudanças na legislação que regulamenta a avaliação. É apresentado nesse momento um panorama sobre o caso do Chile e dos Estados Unidos. O texto faz uma fotografia de uma situação, que serve de base para a argumentação geral do presente artigo. A última parte é uma síntese. É feita a defesa da ampliação dos parâmetros de qualidade e da criação de uma agência de avaliação autônoma do MEC e das demais associações de educação superior.

No Brasil, a acreditação não era um termo comum, mas tende a estar cada vez mais presente no ambiente da educação superior, assim como ocorre no Chile e nos Estados Unidos, referências de comparação.

Panorama da formação do sistema de educação no Brasil: uma longa história de intervenção do Estado

Foi com a Companhia de Jesus, a partir de 1549, que o Brasil teve as primeiras experiências de ensino superior no Brasil. O primeiro colégio dos jesuítas foi fundado em 1553. Somente no século XVI, iniciavam-se as primeiras experiências de ensino superior. Em 1759, os padres jesuítas foram expulsos do Brasil e, para Luiz Antônio Cunha (2007), houve uma "desarticulação do sistema educacional escolar da Colônia". Iniciava-se uma longa história de intervenção do Estado na dinâmica da educação do Brasil. Cunha cita Fernando de Azevedo para argumentar que não houve a substituição de um "sistema ou tipo pedagógico" por outro. Foram criadas as aulas régias, mas sem a mesma incidência do ensino proporcionado pelos jesuítas.

Os franciscanos criaram, em 1776, um curso superior no Convento Santo Antônio do Rio de Janeiro, que, para Cunha, representava uma faculdade organizada conforme a Universidade de Coimbra. Em Olinda, o bispo José Joaquim da Cunha Azeredo Coutinho, em fevereiro de 1800, foi o responsável pela fundação do Seminário Episcopal de Olinda. No século XIX, após 1808, foram criadas uma série de faculdades no Brasil, e o ensino superior começou a ganhar conotações de sistema. Para Cunha (2007, p. 71),

> o ensino superior atual nasceu, assim, com o Estado Nacional, gerado por ele e para cumprir, predominantemente, as funções próprias deste (...) seguindo a mesma lógica de promover a formação dos burocratas na medida em que eles se faziam necessários. O ensino superior permaneceu praticamente o mesmo em todo o império.

Considerando a Faculdade de Medicina no Rio de Janeiro e na Bahia, a Faculdade Politécnica do Rio de Janeiro, a Escola de Minas Gerais e a Faculdade de Direito de São Paulo e de Recife, o Brasil tinha, em 1888, 2.641 estudantes matriculados, segundo a pesquisa de Cunha. Ao longo do século XIX foram criadas leis específicas para o ensino superior. A legislação regulamentava os currículos, a contratação dos professores, a nomeação dos diretores e o reconhecimento dos diplomas, entre outros.

A Constituição de 1891 permitiu a expansão do ensino superior público e privado. O congresso nacional e as assembleias constituintes poderiam criar instituições e cursos de ensino superior. Naquele mesmo ano, dois decretos foram instituídos, mas o Decreto nº 1.232, de 1891, segundo Cunha criava o Conselho Superior de Instrução Superior:

> com a competência para aprovar os programas de ensino das escolas federais e das que lhe fossem equiparadas; de propor ao governo federal os regulamentos para a inspeção das faculdades livres; de criar novos estabelecimentos de ensino; de nomear as comissões e os delegados estaduais para a inspeção dos estabelecimentos federais e faculdades livres.

O Decreto n° 1.232-H, de 1891, permitiu que os governos estaduais e as instituições particulares fundassem escolas de direito, desde que o currículo fosse semelhante ao das faculdades federais. Além disso, o decreto determinava a inspeção periódica, com a visita de representantes do conselho superior. Ao mesmo tempo, surgiram faculdades independentes, que não solicitaram o reconhecimento do diploma do governo federal. A Escola de Engenharia do Mackenzie College e a Escola de Engenharia de Porto Alegre, ambas criadas em 1896, são as referências de instituições que nasceram independentes, nos primeiros anos da República. Em 1923, a Escola do Mackenzie começou a expedir diplomas validados nacionalmente. Segundo Cunha, até 1910 foram criadas 27 escolas superiores.

A Lei Orgânica do Ensino Superior e do Fundamental da República, elaborada pelo então ministro do interior, Ridavádia da Cunha Lima, deu autonomia às faculdades superiores criadas pelos governos estaduais e por instituições particulares ao determinar que não caberia ao governo federal o papel de fiscalizador. As próprias instituições federais ganharam autonomia pedagógica, administrativa e financeira. Houve muitas críticas à Lei Orgânica, fundamentadas na argumentação da proliferação das faculdades livres e no perigo da ausência de controle do Estado.

Em 1915, o Decreto n° 11.530 diminuiu a autonomia das instituições de ensino. Segundo a nova lei, caberia ao conselho superior de ensino fiscalizar "as escolas não mantidas pelos governos federais, as quais foram obrigadas a pagar uma 'taxa de fiscalização' para cobrir as visitas." (apud Cunha, 2007, p. 168). Segundo Cunha, caberia ao inspetor do conselho atestar o bom funcionamento da faculdade, a existência da moralidade acadêmica, a qualificação do corpo docente e a adequação do material didático. As faculdades particulares e livres deveriam solicitar a validação do diploma.

O decreto 16.782-A, de 1925, instituiu o Departamento Nacional de Ensino e substituiu o Conselho Superior de Ensino pelo Conselho Nacional de Ensino. A mudança foi realizada com o objetivo de intensificar o controle do governo federal sobre as instituições de ensino e "impedir a entrada da política e da ideologia não oficiais no ensino superior" (apud Cunha, 2007, p. 174).

Iniciava-se uma fase de tensão entre a iniciativa privada, que reivindicava autonomia diante do Estado federal, no sentido de poder fundar suas instituições, fazer a gestão e validar seus diplomas com o governo, o qual procurava intensificar o controle sobre as instituições de ensino. A iniciativa particular criou, em 1909, a Universidade de Manaus, dissolvida em 1926; a Universidade de São Paulo, em 1911, fechada em 1917; e a Universidade do Paraná, criada em 1912 e dissolvida em 1915, em função da exigência do decreto do mesmo ano, o qual estipulava que a equiparação nacional do diploma aconteceria somente para instituições de ensino que funcionassem em cidades com mais de 100 mil habitantes. Curitiba tinha apenas 66 mil habitantes (apud Cunha, 2007, p. 188). Somente em 1920, com a criação da Universidade do Rio de Janeiro, e em 1927, com a criação da Universidade de Minas Gerais, o Brasil iniciou sua experiência com a dinâmica das universidades.

Em 1931, a reforma de Francisco Campos, com o Decreto nº 19.851, instituiu a universidade como modelo de ensino superior. A Lei estabeleceu as formas de organização da instituição universitária e permitiu o funcionamento de instituições federais, estaduais e particulares. As instituições que não eram universidade seriam uma exceção. Porém, foi com a reforma de 1961, com a Lei nº 4.024, que ocorreu um avanço da iniciativa privada no Brasil. A Lei garantia liberdade de ensino aos estabelecimentos privados.

Em 1968, ocorreu a reforma universitária do ensino superior com a Lei nº 5.540. A nova lei caracterizou a universidade e os estabelecimentos de ensino superior livre, instituiu a indissociabilidade do ensino, da pesquisa e da extensão, reforçou o papel da extensão como instrumento de melhoria das condições de vida e determinou que a autorização ou o reconhecimento de universidade ou de estabelecimento de ensino superior isolado seria realizado por decreto do poder executivo federal, após o prévio parecer favorável do conselho de educação competente. Caberia ao conselho de educação federal o inquérito administrativo, o qual poderia resultar na suspensão de funcionamento da instituição. A norma instituía ainda a verificação periódica por parte do conselho de educação competente.

Em 1996, a Lei nº 9.394 estabeleceu as Diretrizes e Bases da Educação Nacional (LDB) e representou um avanço no sistema de educação do Brasil. A LDB permitiu a diversificação do sistema, tratou do ensino a distância e da graduação em tecnologia, criou os centros universitários, reforçou o papel social das instituições de ensino e flexibilizou a organização acadêmica. A lei estabeleceu que cabe ao Estado articular a política nacional de educação e instituir normas para os processos de autorização, credenciamento e recredenciamento de IES.

A LDB criou uma situação paradoxal: de um lado, a possibilidade da diversidade institucional, da flexibilização acadêmica; de outro, deu ao Estado o papel de articulador da política nacional. No caso do Brasil, o Estado confunde o papel de articulador com o de controlador. Em 2004, as discussões sobre a reforma universitária tinham como objetivo principal intensificar a atuação do Estado no sistema de ensino superior. O tema da educação como bem público passou a ser utilizado para reforçar a intervenção do Estado. As IES de iniciativa privada, em especial as com fins lucrativos, passaram a ser entendidas como perniciosas para o sistema. O MEC elegeu outro inimigo: o capital internacional. Nos últimos anos, a discussão sobre a presença do capital internacional nas IES é frequente.

A LDB reforçou a perspectiva da necessidade de instituir um processo de avaliação para as IES e para os cursos de graduação. Não há dúvidas de que a sociedade tem o direito de saber as condições de oferta do ensino superior pelas IES públicas e privadas. A expansão do sistema de educação exige processos consistentes de avaliação adequados à realidade das IES. As instituições de ensino são estratégicas para a sociedade, a qual precisa da produção do conhecimento para o desenvolvimento do país e do retorno de seu investimento em uma série de benefícios, pois paga os impostos. A avaliação também é necessária para os que empregam os egressos das IES. Eles precisam ter informações sobre as instituições. O monitoramento da qualidade tornou-se necessário para qualquer sistema educacional.

O Brasil teve experiências de avaliação que repercutiram de forma positiva. O Programa de Avaliação Institucional (PAIUB), criado em 1993, possibilitou que várias IES iniciassem o processo de autoavaliação e de prestação de contas para a sociedade. O PAIUB não tinha conotações punitivas e não significava um *ranking* entre IES. A iniciativa possibilitou o início do processo de criação da cultura da avaliação no sistema de educação superior do Brasil. Por outro lado, o Exame Nacional de Cursos (ENC-Provão), criado em 1996, foi uma iniciativa polêmica e muito contestada, pois media cursos com realidades diferentes; por outro lado, trouxe benefícios de melhoria da qualidade dos cursos de graduação.

O Sistema Nacional de Avaliação da Educação Superior (SINAES) foi instituído pela Lei nº 10.861, que representou um avanço no processo de avaliação das IES e dos cursos de graduação, pois previa um processo de avaliação institucional interna e externa, o caráter público de todos os procedimentos, o respeito à identidade institucional e a participação de setores das IES e da sociedade. Os princípios do SINAES (respeito à diversidade, avaliação como processo de aprendizado institucional, que permite a análise ampliada da instituição) foram elogiados por diversos especialistas em educação superior.

Em 2008, ocorreram mudanças no sistema de avaliação. Foram criados o Conceito Preliminar de Curso (CPC) e o Índice Geral de Cursos (IGC). Os dois indicadores foram criados sem qualquer debate com os atores que atuam no sistema educacional e distorceram o Exame Nacional de Avaliação do Desempenho dos Estudantes (ENADE). O MEC, como agente do Estado, colocou-se como agente único de elaboração da política educacional de avaliação.

O MEC confundiu seu papel de norteador, coordenador e supervisor com o papel de único controlador da política educacional. Os índices geraram confusão, pois poucos conseguiram explicar a composição de cada indicador. O SINAES previa um processo participativo, em que a Comissão Própria de Avaliação (CPA) exercia um papel relevante. Na opinião de José Dias Sobrinho (2008, p.820-821), que participou da elaboração do SINAES, os indicadores criados pelo MEC transformaram radicalmente a concepção inicial:

> O SINAES, ainda em processo de consolidar-se como cultura, pouco a pouco foi perdendo sua riqueza teórica e sua potencialidade ético-política e foi se reduzindo a ÍNDICES (não se trata de sigla para Índices Nacionais do Desempenho de Instituições e Cursos de Educação Superior) (...) A avaliação da educação superior brasileira, em razão das recentes medidas do INEP, está deixando de ser uma produção de significados, questionamento sobre a pertinência e a relevância científica e social da formação e dos conhecimentos, e passando a reduzir-se à medida e ao controle. Assim sendo, a educação (em sentido pleno) se reduz a ensino, os processos formativos se anulam ante os resultados quantificáveis, a valoração dá lugar a exames que medem desempenhos estudantis, estes servem de informação básica aos índices, que se transformam em classificações e *rankings* e representam numericamente a "qualidade" dos cursos e das instituições (...). O ENADE e o estudante passam a ser as principais fontes de informação para a formulação dos índices de qualidade. Os "proprietários" e destinatários principais são os órgãos do governo. Os principais conceitos são eficiência, competitividade, performatividade (...). Os objetivos mais importantes são controlar, hierarquizar, comparar, ranquear. Tudo isso com pretensa neutralidade e objetividade, como se a avaliação fosse isenta de valores e interesses, como se os números, as notas, os índices fossem a própria avaliação e pudessem dar conta da complexidade do fenômeno educativo.

O índice do CPC considera os indicadores da infraestrutura da IES, os recursos pedagógicos, os professores com titulação de mestre e doutor, o tempo de dedicação do professor, o resultado da avaliação do ENADE e o Índice de Diferença de Desempenho Observado e Esperado (IDD). Já o IGC (um índice institucional) é o resultado do conjunto de avaliações dos cursos. O MEC transformou o processo avaliativo em algo complexo, além de não respeitar a diversidade regional e a das IES. Não se pode exigir altos índice de professores doutores com tempo de dedicação em IES com perfis diferenciados. O SINAES, em sua concepção de 2004, não existe mais.

Nos últimos anos, o MEC tem instaurado processos administrativos em IES que possuem baixo desempenho no CPC e no IGC. Há IES que são impedidas de ofertar processos de seleção para alunos ingressantes ou que sofrem um processo de redução de vagas em determinados cursos. Tudo indica que não haverá uma mudança de rota do MEC e que os processos de intervenção tendem a se intensificar.

Com o panorama de formação do sistema universitário do Brasil, o país passou por uma série de mudanças na legislação educacional, as quais foram pontuais e corresponderam a uma concepção de governo ou de ministro. As reformas possuem nomes e são conceituais. O Brasil ainda não conseguiu implementar uma política educacional de Estado.

Sobre o Estado, ao longo da história, prevalece o intervencionismo. O SINAES, que poderia representar uma política de avaliação sistêmica e adequada para o conjunto das IES, foi descaracterizado. A atuação do Estado é um dos empecilhos para que o sistema de educação brasileiro possa apresentar melhores resultados.

Avanço do mercado universitário, privatização do sistema e necessidade de avaliação

Nos últimos anos, o mercado universitário avançou, fenômeno observado no Brasil, no Chile e em outros países da América Latina. Nos Estados Unidos, também ocorre a discussão sobre o mesmo fenômeno. O mercado universitário é caracterizado pela competição por prestígio, por alunos e professores, por captação de recursos financeiros, por imagem, pela comercialização de serviços educacionais, pelo impacto do retorno das pesquisas e pela privatização do sistema educacional.

É nesse ambiente competitivo que as IES aumentam os orçamentos com o *marketing* e intensificam suas campanhas para melhorar a imagem. O gestor universitário é instigado a diminuir os custos operacionais da IES e é desafiado a manter os resultados acadêmicos. Em muitos casos, ocorre a redução do preço da mensalidade paga pelos estudantes ou simplesmente uma "guerra de preço", além de um processo de redução dos salários dos professores. Os negócios da educação tornam-se cada vez mais comuns.

Para José Joaquim Brunner, é nesse contexto que ocorrem alguns fenômenos típicos do mercado universitário. O primeiro é o processo de criação de novas "sedes universitárias", ou seja, a expansão das IES pela abertura de novas unidades. No caso do Brasil e do Chile, a expansão ocorre pela autorização de abertura de novas sedes, pela aquisição de uma IES e pelo processo de fusão. Assim como ocorreu a consolidação de alguns mercados, como o bancário, o mercado universitário se encaminha para o mesmo processo.

O segundo fenômeno é o da estratificação social e acadêmica. As IES fazem a opção por atuar em um segmento social. No caso do Brasil, observa-se que a maioria dos grupos de educação optou por oferecer seus serviços educacionais para as classes C e D. Da mesma forma, o serviço educacional também é padronizado para essas classes. Não é objetivo dos grupos educacionais serem competitivos e atingirem resultados acadêmicos satisfatórios no que se refere aos processos de avaliação oficial e à formação acadêmica consistente.

O terceiro fenômeno consiste na diferenciação do valor econômico e de prestígio. De modo geral, as IES que têm um posicionamento para atender às classes C e D cobram mensalidades baixas e possuem pouco prestígio frente à sociedade e aos empregadores. Por outro lado, há IES que competem por prestígio, e geralmente suas mensalidades possuem um valor maior. Isso não significa que há uma relação direta entre prestígio e mensalidade, mas significa que, para manter a consistência acadêmica, é preciso assumir uma série de custos.

No Brasil, há um conjunto de IES de iniciativa privada que optaram pela expansão da oferta de cursos, que abriram novas sedes ou adquiriram outras IES, que fizeram a opção por classes sociais com menos recursos financeiros e, por conseguinte, possuem mensalidades com menor valor. É preciso deixar claro que as IES que não expandiram suas sedes, que atuam em segmentos sociais mais abastados e que possuem mensalidades com valores mais altos também competem no mercado universitário (Brunner, 2009, p. 16-19).

A competitividade tem se intensificado nos últimos anos, especialmente em função da privatização e da massificação das matrículas. Também os sistemas universitários passaram por um processo de massificação. Setores da sociedade, até então excluídos, passaram a frequentar as IES. Ao mesmo tempo, ocorre a expansão da oferta de vagas e o aumento do número de IES no Brasil e no Chile.

Com muita oferta de vagas e aumento do número de IES, o ensino superior perdeu a sua áurea, e seu valor passou a ser questionado. Isso acontece porque obter o diploma, mesmo com a pouca oferta de financiamento, como é o caso do Brasil, tornou-se mais fácil. Os interessados em estudar encontram mais oferta de vagas, próximimadade de suas residências e um preço acessível. O ensino superior passou de elitista para massificado.

Obviamente, é necessário pensar no aumento do número de estudantes matriculados no ensino superior; portanto, é preciso ter oferta de vagas e de opções para os estudantes se matricularem em uma IES de seu interesse. O que precisa ser discutido é a qualidade da oferta. A "inflação de certificados", como afirma Brunner, tem dois lados opostos: de um, pode representar a formação de pessoas qualificadas, necessárias para o país; do outro, a formação de pessoas com certificados, mas com dificuldades de conseguirem empregos ou de desenvolverem atividades profissionais como empreendedores. O debate sobre a validade dos diplomas e sobre a qualidade da formação nas IES tornou-se contemporâneo, sendo um tema de interesse mundial.

O debate tem demonstrado que há uma crise no modelo de IES e uma carência de políticas educacionais. Os modelos tradicionais de organização das IES já não se adaptam ao ambiente dinâmico da educação superior. Ao longo do século XX, ocorreu no Brasil um debate sobre o modelo de IES.

Tabela 14.1 Comparação de matrículas em instituições públicas e privadas entre os anos 2000-2008 no Brasil e no Chile

	Brasil		Chile	
	2000	2008	2000	2008
Matrículas privadas	1.807	3.806	215.284	295.158
Matrículas públicas	887	1.274	237.041	509.823
Total de matrículas	2.694	5.080	452.325	804.981
IES públicas	176	250	25*	25
IES privadas	1.004	2.201	215	171
Total de IES	1.180	2.451	240	196

* Inclui Universidades Estatais e Públicas com subsídio direto do Estado.
Fonte: Sistema Nacional de Informações da Educação Superior do Ministério da Educação do Chile.

Luiz Antônio Cunha (2007) faz referência ao Congresso de Ensino Superior, em 1927, no Rio de Janeiro. Uma de suas motivações foi a pesquisa de Fernando de Azevedo, que escrevia para o jornal *O Estado de São Paulo* e que se propôs a fazer um diagnóstico do ensino em São Paulo. Outro congresso aconteceu em Belo Horizonte em 1928. Nesses eventos já se discutiam o modelo ideal de educação superior no Brasil, o tipo de universidade que se deveria adotar e se o modelo universitário deveria ser o único.

No Brasil, sempre houve confusão sobre o modelo de universidade. Em diversas situações, a universidade assumiu modelos híbridos. Simon Schwartzman (2010b) refere-se à crise múltipla das universidades tradicionais e dos sistemas educacionais em função da crise de identidade das IES, da insuficiência de financiamento e da própria precariedade das políticas educacionais. A crise de identidade que ocorre nas IES tradicionais, federais, confessionais e comunitárias contrasta com o modelo homogêneo dos grupos educacionais.

O mercado universitário, a massificação e a expansão da oferta de vagas e do número de IES explicam a implementação de sistemas de avaliação e acreditação no sistema de educação superior. A própria mudança da dinâmica das IES (em função da crise de identidade) e a reorganização acadêmica e administrativa reforçam a necessidade de processos avaliativos.

Os critérios de avaliação do MEC/INEP têm sido questionados, porque são homogêneos, em um ambiente em que há uma diversidade de perfis de IES. Outro fator de crítica refere-se às dimensões e aos indicadores de avaliação, pois são considerados demasiadamente acadêmicos, em um ambiente em que a qualidade tem que ser medida por dimensões mais amplas, como, por exemplo, as taxas de empregabilidade, os indicadores de relacionamento com os empregadores e com a sociedade.

No dia 27 de abril de 2009, o jornal *New York Times* publicou uma matéria cujo título era *End the university as we know it*. Da mesma forma, os sistemas de educação são dinâmicos; portanto, os parâmetros de avaliação também precisam ser adaptados. No Brasil, o MEC e os legisladores, ao instituírem normas, precisarão ampliar a concepção de qualidade, compreender as novas dimensões de organização das IES, a diversidade do sistema e a crise do conceito tradicional de universidade.

O problema é que o sistema de educação do Brasil, conforme antes apresentado, é demasiadamente controlado pelo Estado. Entretanto, o avanço do mercado educacional trouxe consigo uma postura mais ativa e intervencionista do Estado.

Avaliação e acreditação: a supervisão sobre o mercado universitário

Para melhor compreensão dos termos avaliação e acreditação, recorreu-se a José Dias Sobrinho, que é, sem dúvida, o pesquisador de referência nesses temas no Brasil.

A avaliação é um processo de aprendizado institucional, de "verificação da situação real" ou de "fotografia do momento", com o objetivo de implementar melhorias na instituição e nos cursos de graduação. Ela não é simplesmente um conjunto de medidas e indicadores. A avaliação, conforme Sobrinho, produz significados e valores que precisam ser compreendidos pelos gestores institucionais. A avaliação tem que ser educativa, e não punitiva. Já a acreditação é "praticar um ato legal certificando que uma instituição, um curso, um programa tem qualidade; portanto, seus efeitos são legítimos e publicamente assegurados e validados pelo Estado. Seu principal objetivo consiste em um controle legal-burocrático-formal da qualidade".

Para o autor, a "testemunha de fé pública" certifica a qualidade da instituição e do curso. Nas últimas décadas, os governos nacionais entenderam que, para garantir a qualidade, era necessário avaliar e acreditar. Em alguns países da América Latina, esses processos são comuns. No Brasil, não há processos de acreditação. Em nossa realidade, as instituições e os cursos são reconhecidos, credenciados ou recredenciados. É um processo semelhante ao da acreditação. A diferença está na "fé pública" e na "certificação da qualidade."

Judith Scheele e José Joaquin Brunner (2009), publicaram o relatório que tem como tema *Procesos de acreditación: información e indicadores*. O estudo faz uma análise comparada dos processos e indicadores de acreditação em diversos países. O tema torna-se recorrente porque é preciso instituir parâmetros de qualidade que, segundo a autora, possam "proteger a los 'clientes' (estudiantes) y a los proveedores de educación superior de aquellas instituciones que mantienen prácticas de enseñanza y administración que no cumplen con las exigencias mínimas de calidad" (p. 4).

A importância da acreditação está na necessidade de proteger os "clientes" e a sociedade dos "atores perigosos" que não cumprem as exigências legais do sistema de educação superior. Porém, é preciso deixar claro que as exigências legais precisam ser previamente discutidas, além de respeitar a diversidade do sistema. As normas não podem nascer de uma decisão unilateral do Estado. Quando as regras são estabelecidas a partir de consensos e não são cumpridas pelas IES, o MEC e a sociedade podem e devem considerar essas IES como danosas ao sistema.

Ao longo do século XX, o tema da autonomia e do cogoverno estiveram presentes nos debates entre os gestores universitários. Eles são oriundos da reforma universitária de Córdoba de 1918. Na década de 1970 e 1980, entre os temas das reformas universitárias, destacam-se a privatização, o financiamento, a expansão do sistema, o modelo, o governo e a gestão da IES. Na década de 1980 e 1990, as reformas trataram de temas como diversificação do sistema, massificação, educação a distância, diferenciação das IES e regulamentação do sistema de educação superior, ou seja, da melhoria dos processos de avaliação.

É a partir da década de 1980 que, na América Latina, a avaliação e a acreditação passaram a ser relevantes em função da mercantilização do sistema. Aliás, o mercado tornou-se referência para muitos de seus defensores que acreditavam que o próprio mercado poderia ser o "ator regulador" (Rama, 2009, p. 168) do sistema.

A crise fiscal da década de 1980, aliada às teorias que defendiam a necessidade de rever o papel do Estado, especialmente de seus gastos, são fatores que colaboraram com a expansão do mercado universitário. A debilidade dos processos de avaliação e acreditação permitiram a fragilização do sistema de educação superior. As IES privadas, focadas no lucro, quando atuam no ambiente de mercado educacional, em que os processos de verificação da qualidade são frágeis, tendem a colaborar com a deteriorização dos padrões de qualidade, e dificilmente o sistema consegue ser competitivo sem exigências de qualidade.

Quadro 14.1
Relação de comissões de avaliações

País	Agência	Ano
Argentina	CONEAU – Consejo Nacional de Evaluación y Acreditación Universitaria	1996
Chile	CNA – Comisión Nacional de Acreditación	2006
Brasil	CONAES – Comissão Nacional de Avaliação da Educação Superior	2004

Fonte: Rama, 2009.

Na América Latina, para reagir ao mercado, foram criadas diversas agências de avaliação e acreditação, sobretudo ao longo da década de 1990. As agências representam uma nova perspectiva para a América Latina, pois o Estado reconhece que é preciso intensificar e melhorar os processos de avaliação e acreditação. No caso do Chile e do México, o Estado reconhece que não consegue ser o único agente responsável pela avaliação e pela acreditação; por isso, cria agências privadas, mas que são autorizadas e fiscalizadas pelo próprio Estado.

Para Claudio Rama, há um processo de "desautonomização" conforme o modelo do século XX e o nascimento de um novo modelo de autonomia. Rama refere-se especialmente às IES públicas federais. O modelo de autonomia e o governo colegiado defendido na reforma de Córdoba de 1918 deixam de ser o parâmetro em que as IES tinham liberdade de governo e de uso dos recursos financeiros. Esse tipo de autonomia e o governo colegiado colaboravam com o corporativismo, com o distanciamento entre IES e sociedade e com o uso inadequado dos recursos públicos. Na nova perspectiva de autonomia, as IES públicas e privadas precisam "prestar conta para a sociedade" de seus resultados acadêmicos, administrativos e de suas ações de responsabilidade social. O termo *accountability* é cada vez mais comum entre os gestores universitários.

Na nova perspectiva, "a autonomia é uma delegação do Estado" (Rama, 2009, p. 119), que pode ser garantida temporariamente por processos de avaliação e acreditação:

> a diferencia en este siglo XXI pareciera que los Estados están inmersos en un proceso de retoma y de renegociación de esa delegación de atribuciones, de hecho o de derecho, en el marco de las nuevas realidades de la diferenciación institucinoal, de la mercantilización de la educación, de la búsqueda de políticas de equidad en el acceso y de la necesidad de promover un mayor desarrollo econômico y un uso más eficiente de los recursos, así como del relaconocimiento de las múltiples carencias en la gestión y en la calidad de las Universidades em el contexto de las nuevas demandas sociales y econômicas.

A "desautonomização" representa a crise do modelo de autonomia do século XX. No novo paradigma de autonomia, o Estado está presente na medida em que exige eficiência, gestão e prestação de contas dos gastos dos recursos públicos.

Interessante apontar que esse processo no Brasil é barroco. O Estado faz o discurso em que defende esse novo paradigma, mas utiliza os recursos públicos na expansão de IES públicas federais com carências de professores e de infraestrutura. De qualquer forma, esse paradigma afeta as IES públicas federais e as privadas, pois o Estado combate a mercantilização e as fragilidades de qualidade nas IES com processos de avaliação mais consistentes, como foi o caso do SINAES.

José Dias Sobrinho (2008) também faz referência à relação entre avanço do mercado universitário e o fortalecimento dos processos de avaliação e acreditação. Para ele, o Estado cumpre sua função ao instituir processos de avaliação com o objetivo de assegurar a qualidade do sistema. Nesse sentido, o SINAES, em sua concepção original, permitia a análise global e sistêmica das IES e do curso.

Quando é considerado o tamanho do sistema de educação do Brasil, verifica-se que dificilmente o Estado conseguirá implementar processos de avaliação e acreditação consistentes que consigam realizar todo o processo em um sistema educacional com mais de 2.500 IES e mais de 25 mil cursos de graduação.

O caminho para o Brasil é a descentralização do sistema de avaliação e a permissão para a atuação de agências de avaliação públicas e privadas. Essa atitude representará uma mudança estratégica de posicionamento do Estado. Para comparar a postura do Estado brasileiro com outras realidades, será apresentado um panorama dos processos de avaliação e acreditação do Chile e dos Estados Unidos.

Panorama da acreditação no Chile

O Chile tem um sistema de educação superior que serve de parâmetro para as reformas no Brasil. Em dezembro de 2009, foi promulgada a nova Lei nº 20.370, que é a nova Lei Orgânica da Educação do Chile, responsável pela atual dinâmica da educação daquele país. A lei está em fase de implementação, mas serve de referência para nossa análise. Antes da abordagem do tema da avaliação e acreditação a partir da nova lei, será feita uma rápida caracterização da organização da educação superior.

O Ministério de Educação organiza-se em divisões por níveis de ensino. A Divisão de Educação Superior atua de uma forma muito bem definida, especialmente por declarar sua missão e seus objetivos: acesso, equidade, pertinência, aprendizagem e qualidade. São objetivos da Divisão: gerenciar o sistema de ajudas de financiamento, ter uma participação estratégica no sistema, desenvolver a gestão e coordenar o sistema nacional de educação superior. Não há na missão nem nos objetivos da Divisão uma perspectiva de controle do Estado.

Conforme a nova lei, a responsabilidade pelo asseguramento da qualidade no Chile está com o Ministério da Educação, com o Conselho Nacional de Educação, com a Agência de Qualidade da Educação e com a Superintendência da educação. Tanto a agência como a superintendência estão em fase de implementação. Há um aspecto que chama atenção: a agência irá avaliar o desempenho da aprendizagem dos alunos nos diversos níveis de ensino.

Para realizar os processos de avaliação e acreditação, o governo chileno instituiu a Lei nº 20.129 de *Asseguramiento de Calidad en la Educación Superior* em 2006. Ao implantar mecanismos para assegurar a qualidade, o governo criou a Comissão Nacional de Acreditação (CNA), responsável pelo processo de avaliação e acreditação dos cursos de graduação, especialização e pós-graduação.

A lei que assegura a qualidade permite que o Chile tenha agências de acreditação, nacionais ou internacionais, públicas ou privadas.

As agências precisam solicitar autorização ao CNA para poderem atuar no sistema de educação chileno. Caso não cumpram os objetivos, não sigam as normas legais ou cometam atos suspeito de fraude, as agências sofrem punição que pode variar da advertência por escrito até a suspensão da autorização para funcionar. As agências são especializadas; portanto, a tendência é que atuem em áreas diferentes. De toda forma, não há problema se duas ou mais agências atuarem na mesma área.

O processo de avaliação e acreditação é feito da seguinte forma: a) autoavaliação institucional, realizada a partir de um diagnóstico interno e externo da IES; b) avaliação externa, realizada por pares, que podem ser pessoas escolhidas no Chile ou em outros países; c) pronunciamento final da CNA, no sentido de acreditar ou não em uma instituição em um ou programa. A acreditação acontece por meio da autoavaliação e da avaliação externa.

O reconhecimento da qualidade por meio da acreditação pode ter uma duração de até sete anos. As IES terão que informar ao CNA anualmente as mudanças significativas realizadas na organização e na estrutura da IES, como, por exemplo, mudança no estatuto, abertura de cursos, novas sedes institucionais, entre outras. Uma IES acreditada pode abrir e/ou expandir suas sedes ou *campi*.

A CNA poderá não aceitar o relatório da comissão de avaliação externa. Nesse caso, a IES poderá solicitar, em um prazo de 30 dias, um novo processo avaliativo, a ser realizado por pares distintos da primeira avaliação.

Quadro 14.2
Agências acreditadoras no Chile

Agências	Data da autorização para o funcionamento
Acredita CI	14 de agosto de 2008
Acreditacción Agência	25 de junho de 2008
Akredita: agência acreditadorta	09 de julho de 2008
Qualis	23 de julho de 2008
AAD SA. Agência Acreditadora de arquitetura, arte e desenho	13 de agosto de 2008
APICE Chile	21 de janeiro de 2009
A&C Acreditacción e Calidad	13 de março de 2009
AACS Agência acreditadora em Ciência e Saúde	27 de janeiro de 2010

Fonte: CHILE, 2010b.

Em casos em que o relatório da comissão de avaliação não recomende a acreditação da IES e em que a CNA aceite o relatório, será encaminhado para a instituição um documento com observações e recomendações. A IES poderá continuar com suas atividades, mas terá que sanar os problemas apontados no "termo de compromisso" e, em um prazo de dois anos, solicitar nova acreditação.

O Conselho Nacional de Educação (CNE) é o responsável pela análise das solicitações de abertura de novas IES, pela verificação do desenvolvimento do projeto institucional e pela administração do processo de renovação do reconhecimento institucional, sendo uma instância de apelação das IES quando a instituição não aceita o parecer da Comissão Nacional de Acreditação, entre outras funções. Nesse sentido, no Chile, a CNA, o CNE e a Agência de Qualidade precisam trabalhar de forma articulada.

Na composição do CNE, não há um conotação política, como é o caso do Conselho Nacional de Educação do Brasil. O Chile tem definições objetivas do processo de acreditação. É possível questionar os critérios e o processo, mas ambos são muito bem definidos na legislação. O CNE trabalha com prazos estipulados por lei, o que é uma garantia para os gestores institucionais que solicitam a acreditação ou para aqueles que estão interessados em solicitar a abertura de uma universidade.

É importante destacar que os padrões de qualidade são diferentes quando comparados com o Brasil. Na legislação chilena não há no conceito de universidade a exigência de dois, três ou quatro programas de pós-graduação de mestrado e doutorado. Essa discussão é do Brasil. Somos nós que queremos estipular o número de programas de mestrado e doutorado que uma universidade precisa ter para poder ser autorizada pelo MEC.

Há parâmetros de qualidade em outros países que podem servir de referência para a organização do nosso sistema de educação superior. Nesse sentido, é uma boa política para o Brasil a intensificação da cooperação internacional.

Panorama da acreditação dos Estados Unidos

Nos Estados Unidos, não é um Ministério ou uma associação que coordena todo o sistema. Aliás, o próprio conceito de sistema não é adequado, pois prevalece a descentralização das políticas educacionais. Há, por parte do governo federal, uma atitude de coordenações, sobretudo no que se refere à política de financiamento.

No governo central, o departamento de educação é o responsável pela coordenação geral da política de educação, cujos objetivos são: a) melhorar o acesso; b) colaborar com os esforços dos Estados no que se refere à educação; c) promover a melhoria da qualidade; d) apoiar a pesquisa; e) melhorar a coordenação dos programas federais; f) melhorar a gestão; g) melhorar as políticas de financiamento.

O departamento não é o responsável pelas seguintes ações: a) abrir novas IES e financiá-las integralmente; b) desenvolver diretrizes de currículo; c) fixar normas de matrículas ou limites de vagas; d) determinar as normas de ensino nos Estados; e) desenvolver ou aplicar medidas de avaliação e acreditação. Essas responsabilidades são delegadas aos Estados e municípios.

O governo federal instituiu o Washington Higher Education Secretariat, um fórum de dirigentes da educação superior que congrega as associações que atuam no setor. A coordenação da secretaria é feita pelo American Council on Education (ACE). A secretaria é o elo entre os diferentes atores da educação superior e o departamento de educação.

O ACE é um órgão de articulação do ensino superior daquele país e representa o setor na arena pública. O conselho tem trabalhado com um plano de ação e de prioridades: a) monitorar e coordenar as políticas públicas para as faculdades e universidades; b) ampliar os esforços para melhorar o acesso; c) trabalhar para aumentar os recursos financeiros e os investimentos na educação superior; d) desenvolver as macroestratégias da educação superior. O Conselho é também o articulador das instituições e associações que atuam no ambiente da educação superior.

No que se refere à acreditação, o Council for Higher Education Accreditation (CHEA) é uma associação não governamental que foi constituída para combater e impedir a venda e a utilização de títulos fraudulentos (*degree mills*), para garantir a qualidade acadêmica das instituições e dos cursos de graduação e pós-graduação, para valorizar os processos de acreditação voluntária, para supervisionar a responsabilidade administrativa das IES, para ser uma instituicção de troca de informações e de experiências e para atuar de forma articulada com o departamento de educação e com o ACE.

Nos Estados Unidos existem associações ou agências de acreditação reconhecidas pelo CHEA. Elas são regionais, autônomas, mas se congregam no CHEA com o objetivo de fortalecer as políticas e a cultura da acreditação. São sete associações reconhecidas: Middle States Association of Colleges and Schools, New England Association of Schools and Colleges, North Central Association of Colleges and Schools, *Northwest* Commission on Colleges and Universities, Southern Association of Colleges and Schools, Western Association of Schools and Colleges (accrediting commission for community and junior colleges) e Western Association of Schools and Schools (accrediting commission for senior college and universities).

A região da Nova Inglaterra é talvez uma das mais importantes em educação superior. Em torno da cidade de Boston há universidades reconhecidas internacionalmente pela sua qualidade: Boston College, Boston University, Brandeis University, Havard University, Massachusetts Institute of Technology (MIT), Northeastern University e Tufts University.

É nessa região que atua o New England Association of Schools and Colleges (NEASC), que é a associação responsável pela acreditação regional. O NEASC é reconhecido pelo departamento de educação dos Estados Unidos e pelo CHEA, atuando em seis Estados (Maine, New Hampshire, Vermont, Massachusetts, Rhode Island e Connecticut). Está entre os objetivos do NEASC garantir que a educação oferecida pelas IES cumpra os níveis aceitáveis de qualidade. O NEASC é o órgão responsável pela acreditação na Nova Inglaterra. O interessante é que a associação atua em diferentes níveis de ensino. Para cada nível há uma coordenação geral e um conjunto de regras e avaliadores externos. Os Estados da região de atuação do NEASC não interferem nas políticas da associação, o que garante sua independência.

Para Louise Zak[1], uma das gestoras do NEASC, os processos de avaliação e acreditação precisam ser educativos e participativos. Nos manuais de avaliação do NEASC, não há indicadores objetivos, que são mensurados entre os conceitos 1 a 5 ou de A a E. As IES são ou não acreditadas. Não há *rankings* com pontuações. O resultado do relatório é de conhecimento único da IES avaliada. A partir do resultado, a IES pode recorrer e solicitar um novo processo de acreditação. Um dos indicadores de qualidade descrito no manual do NEASC refere-se à organização da governança. O avaliador precisa fazer sua análise a partir do seguinte preâmbulo:

> A instituição tem um sistema de governança que facilita realizar sua missão e seu propósito e que dá aporte à efetividade e à integridade da empresa. Por meio desse modelo organizacional e dessa estrutura de governança, a instituição cria e sustenta um ambiente que encoraja o ensino, pesquisa e a atividade criativa. Ele garante apoio adequado para o funcionamento apropriado de cada componente. (Standards, 2005, p.5)

O avaliador faz uma análise do processo acadêmico e da instituição a partir da realidade institucional. O princípio da relação entre missão e planejamento é respeitado. Os avaliadores estudam os documentos institucionais, fazem a visita *in loco* e escrevem o relatório. O processo de acreditação é voluntário.

Portanto, não há uma coordenação central que supervisiona e controla todo o processo de avaliação e acreditação nos Estados Unidos. A dinâmica de educação superior é diferente quando comparada ao Brasil; por isso, é necessário conhecer os melhores parâmetros, especialmente em um ambiente de expansão da internacionalização da educação superior.

---

[1] Nota fornecida por Louise Zak na palestra sobre "Accreditation in the United States. The case of Massachusettts", realizada no Centro Internacional de Educação Superior do Boston College, em 13 de outubro de 2009.

Rumo a uma solução: possíveis alternativas para o Brasil

Indicar alternativas é um exercício perigoso, pois parte de referências. Nesse caso, elas foram dadas nas reflexões anteriores. Talvez as alternativas apontadas não sejam as melhores, mas servem ao debate. E é isso que precisamos: debater nosso sistema de educação superior, em especial nosso processo de avaliação. Somente com o confronto das ideias será possível construir um sistema de educação melhor.

Uma primeira atitude é discutir o papel do Estado. Não há dúvida de que ele precisa exercer seu papel de supervisor. Cabe ao Estado, ou no caso brasileiro, ao MEC, instituir as diretrizes da educação superior; entretanto, elas precisam ser discutidas pelos atores do sistema e pelas associações representativas.

O Estado precisa assumir uma função estratégica, de soberania compartilhada, conforme a concepção de Manuel Castells (2008). Tem que ser capaz de normatizar, supervisionar e avaliar de forma dialogada. O Estado demasiadamente centralizador impede a dinâmica e a melhoria da qualidade do sistema educacional.

Outra mudança que precisa ocorrer no Brasil refere-se à necessidade de o país ter políticas educacionais duradouras que sejam monitoradas, avaliadas e, se necessário, revisadas. É preciso ter metas, mas elas precisam ser acompanhadas. O Plano Nacional de Educação (PNE) 2001-2010 é um exemplo. Várias metas do PNE não foram cumpridas. Simom Schwartzman é talvez um dos estudiosos da educação superior mais crítico em relação à carência de planos perenes. Há planos de governo, mas temos planos de Estado. O SINAES talvez seja o maior exemplo. De uma concepção inovadora, passou a uma situação de transformação não discutida e autoritária. O SINAES perdeu sua relevância em função das modificações quando comparado com sua concepção original.

No que se refere à avaliação, é indispensável entender o que acontece no mundo. O país tem que definitivamente se internacionalizar, e isso não significa incorporar modelos de avaliação estranhos à dinâmica e à realidade do Brasil. Internacionalizar significa cooperar, conhecer as melhores referências de educação superior.

Os padrões de qualidade não podem ser unicamente acadêmicos. A qualidade de uma IES não está no número de programas de mestrado ou doutorado ou no número de professores mestres e doutores, com tempo parcial e integral.

O professor Miguel Angel Quintanilla (1988, pag. 88), da Universidade de Salamanca, é um intelectual que tem uma trajetória política de esquerda. Ele foi senador e secretário da educação superior da Espanha, além de ter ocupado o cargo de pró-reitor acadêmico em Salamanca. Em 1998, ele escreveu que

> la gestión da la calidad de las universidades puenden considerarse como organizaciones complejas cuya gestión debe guiarse por principios de eficiencia y calidad equivalentes a los que se pueden a cualquer otra empresa de servicios.

Para medir qualidade, também é necessário verificar indicadores de eficiência, eficácia, resultados e metas. Quintanilla entende que a universidade é uma organização como qualquer outra empresa de serviço. Essa concepção pode ser considerada por determinados setores um sacrilégio. Provavelmente, Dias Sobrinho, o intelectual que mais estuda e escreve sobre avaliação no Brasil, não concorde, mas essa concepção é bem-vinda. Não é uma heresia entender que a universidade é uma organização que atende à sociedade e que necessita ser bem administrada. Isso não significa o abandono da avaliação como processo de aprendizagem institucional participativa nem exclui as propostas de Dias Sobrinho para a avaliação.

Foi na década de 1990 que a OCDE promoveu a discussão sobre as diretrizes do New Public Management (NPM). O NPM propõe uma série de ações para combater a burocracia e defender a profissionalização da gestão das instituições públicas em um ambiente de escassez de recursos, competitividade, liberalização da economia e desregulamentação. O NPM orienta o Estado para atuar em um ambiente de mercado competitivo, empreendedor e focado no gerenciamento, na eficiência e no resultado.

Os conceitos do NPM foram incorporados pelas universidades, as quais passaram a instituir indicadores de *performance*, a fortalecer as práticas de negócios, a comercializar serviços, a atender à demanda dos alunos, a dialogar com o mercado, a assumir uma postura empreendedora e a instituir a prestação de contas (*accountability*).

A Universidade Pública Estatal Miguel Hernadez (UMH), da Espanha, é um exemplo. A instituição incorporou as diretrizes do NPM. A universidade possui um Comitê e um conselho da qualidade e um plano diretor da qualidade. A UMH aderiu aos critérios de qualidade da *European Fouda-*

tion for Quality Management (EFQM) e tornou-se na Espanha a primeira universidade a ganhar o *selo de excelência europeia* em função da pontuação que atingiu no modelo EFQM; além disso, a UMH possui selos da qualidade total.

A UMH assumiu posturas empreendedoras, instituiu indicadores de *performance* e tornou-se uma universidade competitiva, empreendedora e respeitada na Espanha.

O Brasil precisa voltar-se a este cenário. É preciso rever os indicadores do IGC e ampliar o conceito de qualidade. Por outro lado, não se pode partir para uma perspectiva de que tudo é qualidade. A criação de uma agência autônoma do MEC e das associações que atuam no sistema de educação superior, assim como ocorre no modelo do Chile, talvez seja uma alternativa para que o Brasil avalie e acredite a IES com um enfoque contemporâneo.

A proposta de uma agência autônoma, que não compete com o processo de avaliação do MEC, foi apresentada em 2009, no Fórum Nacional do Ensino Superior Privado Brasileiro, por Claudio Rama e Fábio Reis. A proposta é que a agência se alinhe às tendências internacionais da educação superior. Seus enfoques principais são avaliação das competências profissionais, empregabilidade, diversidade, complexidade e pertinência. A proposta é que a agência tenha critérios alinhados com o mercado de trabalho e com as demandas sociais. No caso do Chile e dos Estados Unidos, verifica-se a diversidade das agências avaliadoras. Por que no Brasil não se pode fazer algo semelhante? Segundo Simon Schwartzman (2010b, p. 21):

> nenhuma agência nacional tem condições de desenvolver um sistema de avaliação que possa cobrir, de forma adequada e não burocrática, todas as 2.270 instituições e mais de 22 mil cursos superiores presenciais que existem no Brasil, sem falar nas novas modalidades de cursos a distância, semipresenciais, etc.

A agência tem que atuar conforme os melhores parâmetros internacionais. O Brasil pode ter inclusive agências regionais. A descentralização é necessária. Para Philip Altbach, do Center for International Higher Education do Boston College[2], os sistemas de educação superior tornaram-se mais competitivos. Essa perspectiva é a mesma de José Joaquim Brunner (2010). As IES no Brasil serão mais competitivas se aperfeiçoados os processos de avaliação e implementado o modelo da acreditação, sem os *rankings* que o

---

[2] Philip Altbach em palestra sobre *Trends Higher Education*, realizada no Centro Internacional de Educação Superior do Boston College, em 13 de outubro de 2009.

MEC instigou nos últimos anos. O Brasil reúne as condições de implementar em seu sistema de educação superior e os melhores parâmetros internacionais de qualidade e de gestão.

Referências

AMERICAN COUNCIL ON EDUCATION. 2010. Disponível em: <www.acenet.edu>. Acesso em: 26 jul. 2010a.

ASSOCIAÇÃO BRASILEIRA DE MANTENEDORES DE ENSINO SUPERIOR. *Considerações e recomendações sobre a versão preliminar do anteprojeto de reforma da educação superior*. Brasília: Athalaia, 2006. (Cadernos 15). Texto apresentado por Gabriel Mario Rodrigues.

BRASIL. Ministério da Educação. Lei nº. 9.394. Lei de diretrizes e bases da educação nacional, de 20 de dezembro de 1996. *Diário Oficial [da] República Federativa do Brasil*, Brasília, 23 dez. 1996. p. 27833. Disponível em: < http://portal.mec.gov.br/arquivos/pdf/ldb.pdf>. Acesso em: 2a. ago. 2010a.

_____. Sistema Nacional de Avaliação da Educação Superior. 2010. Disponível em: <www.inep.gov.br/superior/sinaes>. Acesso em: 22 ago. 2010b.

BRUNNER, J.J. *Sistema privatizado y mercados universitarios*: competencia reputacional y sus efectos. 2006. Disponível em: <http://www.flacsoandes.org/web/imagesFTP/12480.brunner_Ed_Superior_chilena_mercado_y_efectos.pdf>. Acesso em: 3 set. 2010.

CASTELLS, M. *Globalización, desarrollo y democracia*: Chile en el contexto mundial. Santiago: Fondo de Cultura Económica, 2008.

CHILE. Ministerio de Educación. 2010. Disponível em: <www.mineduc.cl>. Acesso em: 4 set. 2010a.

CHILE. Comissión Nacional de Acreditación. 2010. Disponível em: <www.cnachile.cl>. Acesso em: 4 set. 2010b.

CUNHA, L.A. *A universidade temporã*: o ensino superior, da colônia à era Vargas. 3. ed. rev. São Paulo: Ed. Unesp, 2007.

NEW ENGLAND ASSOCIATION OF SCHOOLS AND COLLEGES. 2010. Disponível em: <www.neasc.org>. Acesso em: 27 jul. 2010c.

QUINTANILLA, M.A. Em pos de la calidad: notas sobre una nueva frontera para el sistema universitário español. *Revista de Educacíon*, Madrid, n.315, p. 85-95, abr. 1998.

RAMA, C. *La universidad latinoamericana en la encrucijada de sus tendencias*. Santo Domingo: Unicaribe, 2009.

SCHEELE, J.; BRUNNER, J.J. *Procesos de acreditación*: información e indicadores: uma análisis de la literatura internacional. Santiago, 2009.

SOBRINHO, J.D. Qualidade, avaliação: do SINAES a índices. *Avaliação*, Campinas, v.13, n.3, p.817-825, nov. 2008.

SOBRINHO, J.D.; DIAS, R.B. Acreditação da educação superior E C&T: políticas e ideologias. *Avaliação*, v.11, n.4, p.9-26, dez. 2006.

SCHWARTZMAN, S. *Como a universidade brasileira está se pensando*. 1983. Disponível em: <http://www.schwartzman.org.br/simon/pensando.htm>. Acesso em: 4 set. 2010e.

_____. *Gustavo Capanema e a educação brasileira*: uma interpretação. 1985. Disponível em: <http://www.schwartzman.org.br/simon/capanema_interpretacao.htm>. Acesso em: 5 set. 2010d.

_____. *O "conceito preliminar" e as boas praticas de avaliação do ensino superior*. 2008. Disponível em: <http://www.schwartzman.org.br/simon/prelim.pdf>. Acesso em: 8 set. 2010a.

_____. *O ensino superior no Brasil*: a busca de alternativas. 1996. Disponível em: <http://www.schwartzman.org.br/simon/alternat.htm>. Acesso em: 7 set. 2010b.

_____. *Políticas de educação superior na América Latina*. 1990. Disponível em: <http://www.schwartzman.org.br/simon/pol_lat.htm>. Acesso em: 06 set. 2010c.

STANDARDS for Accreditation Commission on Institutions of Higher Education. NEASC. Bedford, 2005.

UNITED STATES. Department of Education. 2010. Disponível em: <www.ed.gov>. Acesso em: 26 jul. 2010.

15

Inteligência competitiva
tomada de decisão com menos riscos
e mais benefícios para o negócio

Luiz Rogério Saraiva dos Santos

Ao começar a ler este texto, talvez o leitor tenha a expectativa de que consiga entender amplamente o que seja inteligência competitiva. O tema *inteligência competitiva* está cada vez mais difundido em empresas em todo o mundo. Por essa razão, nos últimos anos, muitos profissionais e empresas estão investindo recursos nessa área com o objetivo de gerar mais negócios, aproveitar oportunidades e prevenir-se de possíveis ameaças. "Gerar mais negócios, aproveitar oportunidades e prevenir se de possíveis ameaças". O leitor deve guardar essa última frase, pois o significado dela tem tudo a ver com inteligência competitiva. A primeira coisa que podemos dizer sobre o tema é que muitas empresas sobreviveram (e ainda sobrevivem) na história com seus negócios sem saber o que é inteligência competitiva.Mais como é possível um assunto sobre o qual vem se falando cada vez mais no mundo dos negócios, considerado prioritário por empresas em todo o mundo, ter ficado até poucos anos sem ser abordado?

Existem muitas razões que explicam tal efeito; no entanto, algumas devem ajudar a entender esse contexto. A primeira é que o mundo dos negócios mudou muito nas últimas duas décadas. Agora vivemos em um mundo globalizado, e toda a decisão de negócios de uma determinada organização sofrerá efeitos (positivos ou negativos) com um acontecimento do outro lado do planeta. Um atentado ocorrido do outro lado do planeta pode fazer com que o preço dos alimentos em uma cidade distante sofra alterações (considerando que nem leitor nem a cidade têm alguma relação com o atentado, é claro). Esse é um dos aspectos mais presentes da globalização. Essa "conectividade" entre os acontecimentos faz com que cada vez mais as organizações necessitem entender os movimentos das variáveis do seu negócio para poder gerar mais negócios.

Além da globalização, outra característica que transformou o mundo foi o valor que o ser humano passou a dar à informação e ao conhecimento: ter boas informações e acesso ao conhecimento é fundamental, quando é necessário tomar uma decisão tanto na vida pessoal como na vida profissional. Hoje em dia, é possível buscar em diversos *sites* na internet uma lista de preços e fornecedores para um determinado produto ou serviço de interesse e tomar a decisão pela compra com mais segurança de ter feito um bom negócio, e ainda pode-se saber a opinião de pessoas que já consumiram o produto ou serviço para entender os seus pontos fortes e fracos. Ou seja, não é preciso muito tempo ou esforço para perceber que quem tem a informação realmente tem o poder. O mundo ficou mais fácil para quem compra e mais difícil para quem vende, já que os clientes têm cada vez mais opções (o que os torna muito exigentes), e as empresas precisam inovar em seus negócios com uma velocidade jamais vista.

Outra grande mudança é o rápido desenvolvimento de novas tecnologias da informação ou TI, termo conhecido no mercado. Os avanços tecnológicos estão tornando o mundo mais acessível a todos, diminuindo as distâncias entre as pessoas e, consequentemente, entre os mercados. As mudanças geradas com a globalização, o acesso à informação e ao conhecimento, e os avanços da tecnologia transformaram o mundo nos últimos anos, cujo movimento deverá ficar cada vez mais acelerado. Existem outros fatores (política, economia, entre outros) que também contribuíram para que o mundo sofresse tantas alterações.

Mas o que tudo isso tem a ver com inteligência competitiva? Acompanhando a história, o mundo sempre mudou, e o termo *inteligência competitiva* é relativamente novo. É verdade que o mundo sempre mudou, mas não com essa velocidade. A explicação de que as mudanças do mundo servem para esclarecer a presença do tema "inteligência competitiva" não é uma justificativa. Há um efeito curioso no mundo dos negócios que é importante conhecer. As empresas – na realidade, as pessoas, pois as empresas não inventam nada – costumam reinventar alguns conceitos atribuindo a eles novos nomes, geralmente mais bonitos e com mais *status*. Ou seja, elas sempre utilizaram os conceitos de inteligência competitiva em seu negócios.

Geralmente essa estratégia não acontece de forma intencional. Por diversas razões, o mercado (resumidamente, quem compra, vende, fornece e o governo) busca em alguma outra área de atuação um termo que resuma um determinado tipo de atividade executada no mundo dos negócios. No final do século XX, por exemplo, surgiram conceitos que se tornaram verdadeiros "modismos", como *marketing*, reengenharia, qualidade total, entre outros. Alguns deles se perpetuaram, enquanto outros simplesmente foram substituídos por outras atividades. No caso da inteligência competitiva, organizar informações no mercado e analisá-las de forma a ajudar a tomar decisões era uma atividade que, de certa forma, já existia. A questão é que de repente as empresas começaram a se interessar muito pelo assunto e criar áreas de inteligência competitiva em suas estruturas.

As grandes mudanças de tecnologia, a globalização, a relação com o conhecimento e o comportamento de consumo tornaram o mundo um lugar muito mais competitivo para as empresas. Elas, que aconteceram em especial após a Segunda Guerra Mundial, transformaram a forma de fazer negócios: a economia baseada na produção voltou-se para uma economia baseada no conhecimento e na informação. As empresas passaram a produzir mais em razão das novas tecnologias, e o nível de consumo do mundo aumentou um patamar nunca visto. A relação de oferta e demanda extraída da economia passou a ser um dos principais eixos na discussão nas empresas, já que, em alguns mercados, o número de concorrentes aumentou de tal forma, que a oferta passou a ser maior que a demanda. Esse é o principal motivo para as empresas no mundo passarem a procurar entender as oscilações dos mercados em que atuam. Cada vez mais, a oferta é maior que a demanda em quase todos os mercados capitalistas. Além disso, as empresas passaram a ter cada vez mais concorrentes.

Foi à sombra da Segunda Guerra Mundial que o termo *inteligência competitiva* surgiu nas empresas, em especial dos Estados Unidos, na Europa e no Japão. Muitos ex-militares da época com conhecimento sobre estratégias de guerra utilizavam técnicas de inteligência para decidir sobre formas de atacar, monitorar o comportamento para invadir o território ou se defender dos inimigos. A convivência dos ex-militares e os homens e as mulheres de negócios fez com que os "inimigos" passassem a ser os "concorrentes", o "território" passasse a ser o "mercado" e os "objetivos" passassem a ser chamados de "clientes". Foi no período do Pós-Guerra que se iniciaram as discussões sobre inteligência competitiva nas empresas. O tema começou a ser mais difundido nos Estados Unidos durante a década de 1980. Em 1986, é criada a *Society for Competitive Intelligence Professionals* (SCIP), entidade que busca reunir os profissionais e organizar os conhecimentos acerca das atividades de inteligência competitiva. No Brasil, esse processo começou no meio da década de 1990 com a abertura econômica e com o processo de globalização. A criação, em 2000, da Associação Brasileira dos Analistas de Inteligência Competitiva (ABRAIC), eleita como representante nacional da Scip, foi o principal marco. A Figura 15.1 indica a evolução do tema no tempo.

A prática de inteligência competitiva não é necessariamente uma novidade, mas sim uma atividade que as empresas já realizavam, mas em um ritmo menos intenso e com uma competitividade muito menor se comparado com o início do século XXI.

Definida sua origem, surge a pergunta: afinal de contas, o que é inteligência competitiva? Para que serve? Qualquer um pode usá-la? Quando saber o momento de usá-la? Como usá-la? É preciso ser "inteligente" para aplicá-la? A partir de então, será possível conhecer um pouco mais sobre o assunto e responder a essas perguntas. Mas um outro detalhe é muito importante: inteligência competitiva exige aplicação prática. Os exemplos a seguir mostrarão que é pouco provável que se saiba verdadeiramente os conceitos de inteligência sem aplicá-los várias vezes.

Inteligência competitiva

Ao acessar qualquer publicação sobre *marketing* ou negócios, qualquer um perceberá que ainda não existe uma definição uniforme para explicar o que é inteligência competitiva. A discussão está em desenvolvimento, mas um conceito com boa aceitação diz que é um processo no qual uma organiza-

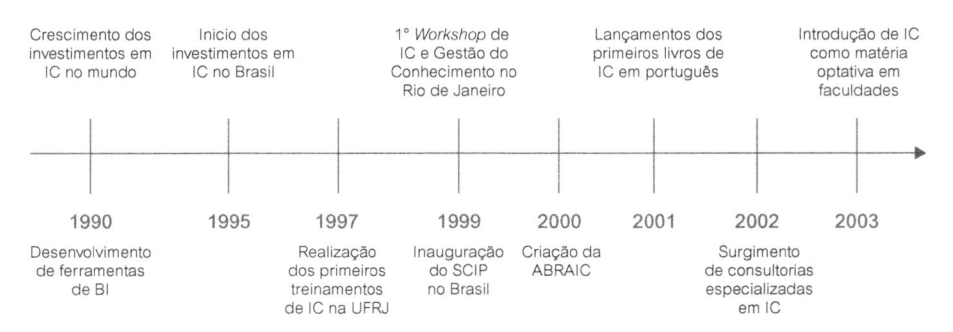

Figura 15.1 História da inteligência competitiva no Brasil.
Fonte: SCIP/Kaiser Associates.

ção estrutura dados, informações e conhecimento, gerando e construindo análises baseadas nessa estruturação, sempre com o objetivo de tomar decisões relacionadas ao negócio. A Figura 15.2, construída por Davenport e Prusak, demonstra tal processo. O Quadro 15.1 detalha o conceito para um melhor entendimento dele:

O processo de inteligência competitiva acontece considerando duas variáveis importantes que normalmente definem o foco e as responsabilidades. As variáveis internas são os acontecimentos que estão ocorrendo dentro da organização (indicadores como gestão do negócio, volume de vendas, produção, investimentos, pesquisa e desenvolvimento de produtos, relatórios financeiros, oferta, preços, decisões da diretoria e quaisquer outros fatos).

As variáveis externas têm como principal característica o não controle sobre as mudanças nesse ambiente. Elas são também conhecidas como ambiente externo ou, como é mais comum, mercado. Certamente, as variáveis de mercado são as mais complexas para avaliar e as que mais impactam os resultados da empresa. Para falar em detalhes sobre como essas variáveis funcionam, é necessário utilizar o modelo das Cinco Forças de Porter, aplicado por boa parte dos analistas. *Michael E. Porter*, professor da *Harvard Business School* e ganhador do Prêmio da Fundação *McKinsey* pelo melhor artigo da *Harvard Business Review*, é um renomado conferencista

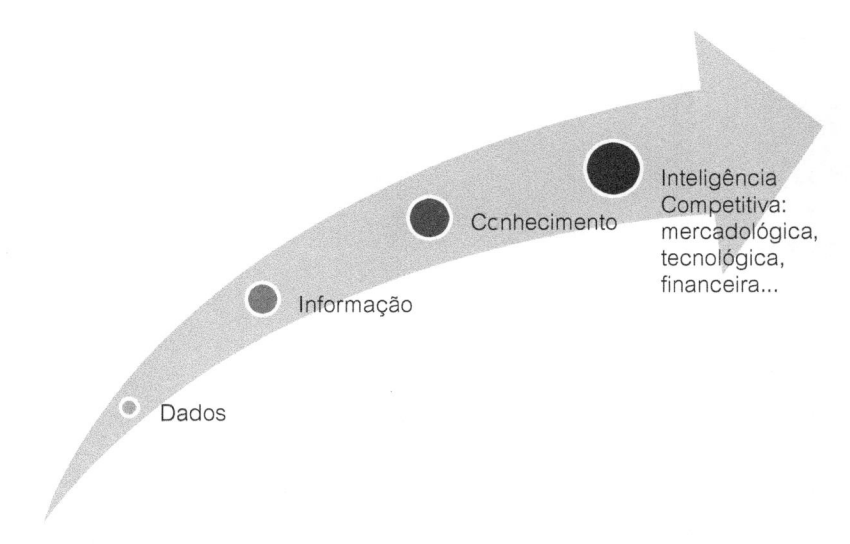

Figura 15.2 Tomada de decisão.
Fonte: Adaptado de Davenport e Prusak (1998).

Quadro 15.1
Partes integrantes da inteligência competitiva

	Definição	Características	Exemplo
Dados	Conjunto de fatos distintos e objetivos, relativos a eventos que nas organizações são normalmente descritos como registros estruturados de transações internas ou externas.	Não têm relevância ou propósito definido e apenas descrevem fatos passados.	Uma planilha de Excel com uma lista de números e nomes de clientes. São dados, pois ainda não existe significado algum no conteúdo.
Informação	É o dado com um valor agregado que está organizado para uma finalidade.	É um dado com formato, objetivo e finalidade definidos.	A mesma planilha de Excel com os mesmos dados, porém classificados de acordo com o perfil dos clientes e seu comportamento de compra, é uma base de informações.
Conhecimento	A mistura de experiência, valores, informação contextual e novas ideias que gera um raciocínio e incorporação de novas experiências e informações.	Difíceis de identificar, pois não é uma estrutura tangível e está presente na mente das pessoas que organizam informações, experiências e *insights* para gerar valor.	As informações da planilha de Excel codificadas pela mente de um analista que, com base em suas experiências, analisa e chega a conclusões ou ações.

(continua)

Quadro 15.1 (*continuação*)
Partes integarntes da inteligência competitiva

	Definição	Características	Exemplo
Inteligência Competitiva	Processo no qual uma organização estrutura conhecimento, dados e informações, constrói análises baseadas nessa estruturação, sempre com o objetivo de tomar decisões relacionadas ao negócio.	É um processo informal e proativo que visa sempre a auxiliar uma tomada de decisão (tático-operacional ou estratégica) com o menor risco possível	As análises e as conclusões (conhecimento) construídas pelo analista utilizando a planilha servirão para auxiliar uma tomada de decisão

internacional que atua como consultor em organizações em todo o mundo. Ele desenvolveu em 1979 um modelo para analisar a competição entre as empresas, o qual auxilia na identificação do que comumente chamamos de mercado, conforme Figura 15.3.

Como se busca entender como a inteligência competitiva age nas variáveis de mercado (ou variáveis externas incontroláveis), não será necessária uma análise profunda sobre o modelo de Porter. Por enquanto, basta saber que existem forças que são exercidas pelos participantes do mercado. Elas também são chamadas de poder de barganha e podem variar de acordo com o mercado de atuação.

Com as premissas que caracterizam o mercado, pode-se dizer que a inteligência competitiva atua tanto para auxiliar nas tomadas de decisão no ambiente interno (variáveis controláveis) como no ambiente externo (variáveis incontroláveis): os dois estão, de alguma forma, ligados. A questão é que a maior parte das decisões de uma empresa está voltada às variáveis incontroláveis, isto é, a organização está à mercê das intempéries do mercado (concorrentes, demanda, fornecedores e governo) e precisa ficar atenta a elas para entender sua dinâmica e tomar as decisões antes dos concorrentes.

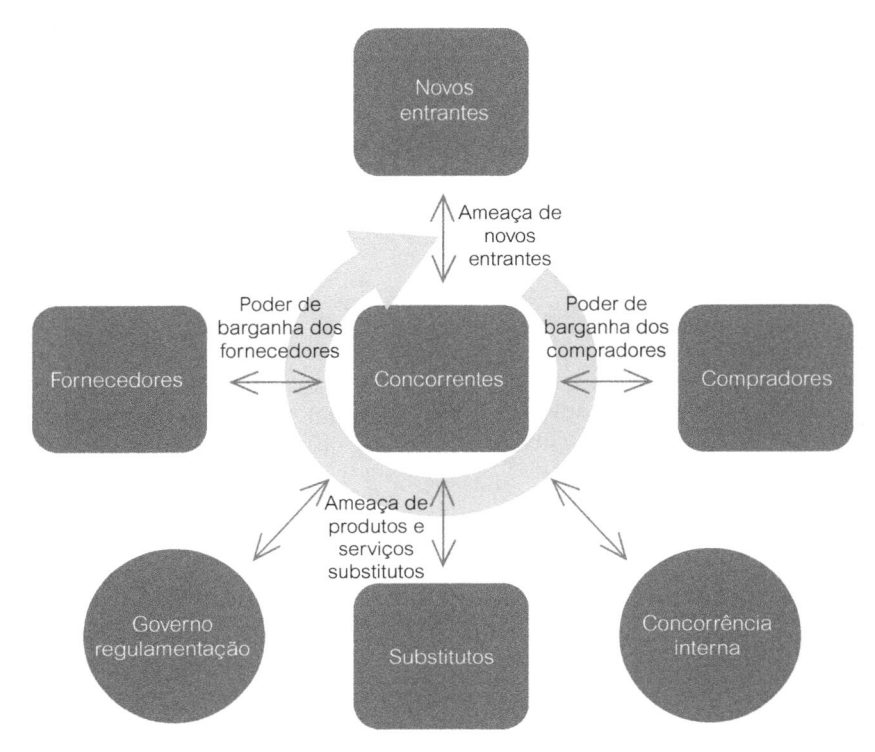

Figura 15.3 Modelo para análise de competidores (mercado).
Fonte: Michael Porter (2005).

O presidente da *Fuld Company*, Leonard Fuld, uma das maiores consultorias do mundo em inteligência competitiva, publicou em seu *site* a experiência de 20 anos prestando serviços e treinando executivos das principais organizações do mundo na área de inteligência competitiva. O resultado foi um guia que certamente ajudará a eliminar os desentendimentos que existem sobre inteligência competitiva. A publicação é uma tradução adaptada e tem como objetivo exemplificar, na visão de *Fuld,* o que é e o que não é inteligência competitiva.

A aplicação das técnicas de inteligência competitiva

A inteligência competitiva trata, resumidamente, de um processo para auxiliar as empresas a tomar decisões de mercado. No entanto, existe uma

Quadro 15.2
O que é e o que não é inteligência competitiva

O que é inteligência competitiva	O que não é inteligência competitiva
1. Informações que foram analisadas de forma que seja possível tomar uma decisão.	Espionagem industrial é uma atividade ilegal e antiética do ponto de vista empresarial. Ela normalmente acontece em instituições e pode ser encontrada em filmes de espionagem, mas não em um ambiente de negócios.
2. Uma ferramenta para gerenciar pontos de alerta para oportunidades e/ou ameaças.	Não existe bola de cristal em inteligência competitiva, mas a criação de cenários próximos à realidade utilizando análise de dados com certa margem de erro. Não há previsão do futuro.
3. Meio para entregar avaliações para a tomada de decisão. A inteligência competitiva gera novas perspectivas e aproximações para avaliar um determinado mercado e os competidores. Não é uma avaliação com a exatidão financeira, mas um documento que empreendedores como Richard Branson, Bill Gates e Michael Dell precisam, querem e usam para tomar suas decisões. Eles não esperam todos os detalhes, apenas uma avaliação geral na hora certa.	A base de dados oferece apenas isso: dados. É evidente que ter boas bases de dados é importante, mas certamente não substitui os seres humanos que precisam tomar suas decisões examinando os dados e aplicando o seu conhecimento, sua experiência, suas análises e sua intuição.

(continua)

Quadro 15.2 (*continuação*)
O que é e o que não é inteligência competitiva

O que é inteligência competitiva	O que não é inteligência competitiva
4. Os significados de inteligência competitiva podem variar muito de acordo com cada nível da empresa. Um profissional de P&D sabe como entender áreas de P&D dos concorrentes; uma pessoa da área de vendas considera como alternativa verificar como ganhar uma conta na disputa com o concorrente. Um gerente acredita que inteligência competitiva seja uma maneira de analisar o mercado.	A internet é fonte de boa informação e também de boatos. É primeiramente um veículo de comunicação, não um distribuidor da inteligência. É possível encontrar dicas sobre a estratégia do competidor, mas há fatos disfarçados, boatos ou apenas especulações disfarçadas de informações confiáveis. É preciso ser cuidadoso quanto ao uso da rede. Seu alcance é grande, mas é preciso qualificar os números encontrados.
5. Uma maneira de as companhias obterem mais ganhos é identificando oportunidades e ameaças no mercado antes dos competidores.	Documentos e apresentações são terríveis para a boa inteligência competitiva. Um bom profissional não precisa de arquivos, mas de uma conversa rápida por telefone ou por contato direto, fazendo anotações. O conhecimento e a visão crítica devem estar na mente do analista. Infelizmente, muitos gerentes pensam que, passando horas incontáveis em gráficos, tabelas e apresentações, entregaram a "inteligência". Isso tudo pode atrasar a entrega da informação realmente mais importante. O ideal é ter mais informações na mente do que no papel.

6.	É uma forma de atuar, um processo. Se uma empresa utiliza corretamente a inteligência competitiva, a atividade torna-se uma rotina para todos, e não apenas para a equipe de *marketing* ou planejamento estratégico. É um processo em que as informações devem estar disponíveis para todos que precisarem dela. Os sistemas de informática podem ajudar, mas a chave do sucesso é a habilidade que as pessoas terão ao usar a informação.	Um trabalho para apenas uma pessoa: o inteligente. Deve existir uma pessoa ou uma equipe responsável pelo processo de inteligência competitiva, mas somente essa equipe não pode garantir que o processo aconteça.
7.	Existe nas empresas que geram os melhores resultados. Em 20 anos de experiência com consultoria em várias empresas de todo o mundo, Fuld percebeu que a maior parte das empresas do mundo conta com áreas de inteligência competitiva atuando de forma consistente.	Uma invenção do século XX. Inteligência competitiva sempre esteve presente nos negócios. Muitas vezes, com nomes diferentes, administrada de outras maneiras.
8.	Direcionamento da liderança da organização. Os melhores exemplos de experiências práticas em inteligência competitiva acontecem quando a liderança da organização determina as diretrizes da área. Enquanto o presidente da empresa não estiver utilizando os insumos e os resultados de inteligência competitiva, a área ainda não se estabeleceu.	*Software* não é inteligência competitiva. Analisar o mercado é uma atividade extremamente dinâmica, e os *softwares* servem para auxiliar a entender essa dinâmica. Muitas empresas investem milhões em recursos para trocar seus programas de computador – em especial para gerenciamento de informações – a fim de atuar em inteligência competitiva, mas ainda não têm processos definidos. Os programas de computador são excelentes armas para enfrentar os desafios, mas não fazem análise. Eles são ótimos para coletar e cruzar dados, mas analisar é um processo que necessita de pessoas que reflitam sobre esses cruzamentos e produzam conhecimento.

(continua)

Quadro 15.2 (continuação)
O que é e o que não é inteligência competitiva

O que é inteligência competitiva	O que não é inteligência competitiva
9. Enxergar fora da caixa: empresas que agregam valor com inteligência competitiva precisam fazer a organização enxergar fora de seu negócio para gerar mais resultados.	Normalmente, notícias de jornais e televisão são para a massa e estão atrasadas. Se a pessoa está vendo a notícia pela televisão significa que deveria ter visto antes, pois está vendo junto com os concorrentes. A premissa é que a empresa verifique as oportunidades ou ameaças antes de os concorrentes fazê-lo. Informações dessas fontes servem apenas para confirmar situações que a área de inteligência competitiva já deveria ter analisado.
10. Decisões de curto e de longo prazo: uma empresa pode utilizar inteligência competitiva para diversos tipos de decisões de curto prazo, como precificação de produtos e serviços, *marketing* e comunicação. Ao mesmo tempo, é possível utilizar o mesmo processo para auxiliar decisões de longo prazo, como posicionamento estratégico.	O vício nos números. "Se não é um número, não é inteligência competitiva". Essa afirmação está incorreta, mas é muito comum entre os gerentes das organizações. "Se você não pode multiplicar, então não é válido para uma decisão". Inteligência competitiva pode ser realizada de diversas maneiras. Utilizar números é uma das formas de obter resultados, sendo somente um aspecto do problema. Gerenciar opiniões de especialistas, definir estratégias e inovar são formas mais subjetivas. No entanto, podem ser mais úteis para tomar alguns tipos de decisão.

Fonte: Adaptado de "What competitive intellingence is and is not" – www.fuldcompany.com

característica importante sobre o assunto: saber fazer perguntas que ninguém pensou e que, de alguma maneira, irão auxiliar a tomar uma decisão. Uma pergunta que servirá como referência é: se não existisse inteligência competitiva, o que aconteceria com as empresas? Ela auxilia a avaliar, com certa isenção, por que empresas do mundo inteiro – incluindo as 500 maiores do mundo eleitas pela revista *Forbes* – estão investindo recursos em tempo, dinheiro, pessoal, entre outros, para construir áreas de inteligência competitiva. A seguir, serão listados os principais motivos de atuar com inteligência competitiva e os possíveis reflexos de não monitorar o mercado em um contexto de alta competitividade.

Decidir melhor

Possivelmente esse seja o principal motivo para construir uma área de inteligência competitiva. Tomar decisões é uma atividade que todos precisam fazer. Ao comprar um apartamento ou ao decidir sobre o lançamento de um produto na empresa, sempre é necessária uma tomada de decisão. Mas essa atividade não é muito confortável para a maioria das pessoas, pois envolve subjetividade, inferências de personalidade e paixão. Além disso, fazer escolhas quase sempre coloca as pessoas em uma situação que vão ter que perder algo para obter o objetivo esperado.

Um exemplo bastante comentado na década de 1990 foi o advento da tecnologia digital nas câmeras fotográficas. Apenas para esclarecer, o mercado de câmeras fotográficas era focado na indústria química em razão da tecnologia para revelação e ampliação. A Polaroid, então uma das marcas mais reconhecidas do mundo no segmento de máquinas fotográficas, provavelmente não identificou que uma nova tecnologia estava surgindo e que poderia ser uma grande ameaça ao negócio. Se a Polaroid não percebeu, ou se percebeu, mas não deu importância, não se sabe. O fato é que a empresa demorou para decidir investir em máquinas com tecnologia digital e não conseguiu sobreviver. Em contrapartida, a Kodak, na ocasião, fez uma grande mudança em toda a empresa e praticamente reinventou o negócio que estava baseado na indústria química e passou a atuar com tecnologia.

Após alguns anos, a Kodak acabou perdendo mercado para outras empresas do setor, mas conseguiu sobreviver a uma grande mudança, pois a percebeu e tomou decisões. Analisando o passado, é simples avaliar, mas é preciso ponderar sobre os riscos e sobre as consequências que as duas empresas assumiram. Portanto, a inteligência competitiva pode ajudar em decisões como o que fazer com a informação de uma nova tecnologia ou até mesmo com o investimento de uma pessoa física.

Identificar e entender o que o futuro pode trazer

Para tomar as decisões no presente, é necessário olhar o que o futuro tem a dizer. Conforme comentado, a inteligência competitiva não é uma bola de cristal; no entanto, o futuro, ao contrário do que a maioria das pessoas acredita, não chega de repente. Ele geralmente oferece pequenos sinais, e há diversas técnicas para prospectar o futuro e identificá-lo. Existem técnicas mais intuitivas e subjetivas, e outras que utilizam ferramentas estatísticas. Uma técnica muito conhecida é a montagem de cenários prospectivos que, em resumo, trata-se da construção de três ou quatro situações para o futuro de um determinado setor com base em informações coletadas em diversas fontes, projetando possíveis decisões que a organização poderia tomar caso cada um desses cenários se concretizasse.

Entender o futuro não é premonição, mas uma investigação sobre fatos no presente que devem ser projetados para o futuro. Um pouco de curiosidade e conhecimento ajuda muito a entender sinais que o futuro oferece. Nos filmes, uma figura que pode inspirar o leitor seria o investigador Sherlock Holmes, personagem da literatura britânica, que ficou famoso por utilizar, na resolução de seus mistérios, o método científico e a lógica dedutiva. Claro que é apenas uma analogia; porém, método e lógica de raciocínio são características imprescindíveis para um profissional de inteligência competitiva.

Com um pouco de apuro técnico e curiosidade, pode-se identificar os sinais do futuro. Eles talvez permitam que ninguém seja pego de surpresa – quase todas as pessoas de negócio não gostam muito de surpresa, pois nem sempre são boas – e a conseguir reagir a uma situação de pressão ou de instabilidade. Essa é a principal razão de muitas empresas investirem em monitorar as ações dos concorrentes, por exemplo. A empresa precisa se antecipar; caso contrário, o concorrente poderá roubar seus clientes e, quando ela decidir reagir, pode ser tarde.

Enxergar novas oportunidades de mercado: esse é um dos motivos mais comuns para investir-se em uma área de inteligência competitiva. Oportunidade de mercado é uma dessas expressões que todos citam no mundo dos negócios, e, às vezes, não existe consenso sobre seu significado. Pensado de maneira bem rápida, diz-se que oportunidade de mercado é quando ocorrem determinadas situações que criam espaços para trazer resultados positivos para a companhia, geralmente diferentes dos caminhos antes traçados. A oportunidade de mercado geralmente tem um prazo de validade, pois outros podem aproveitar a situação ou apenas ela deixa de existir. Aproveitar boas oportunidades é uma tarefa complexa porque é mais fácil identificá-las depois que acontecem. Analisar se determinada situação é ou não uma boa oportunidade dentro do seu prazo de validade envolve questões como análise, intuição, conhecimento e consciência dos riscos envolvidos.

Saber apenas o mais importante

Conforme comentado, o final dos anos de 1990 foi marcado por mudanças profundas na história da humanidade, como tecnologia, ciências, entre outras. Porém, a forma como as pessoas começaram a lidar com a informação e com o conhecimento foi uma das mudanças mais marcantes. O alto desenvolvimento de tecnologias de informação transformou a vida de todos, mudando hábitos e relações. Um dos exemplos mais evidentes são a internet e os *sites* de busca, como Google, Yahoo, etc. Com essas ferramentas, são acessadas informações de todo o mundo *online*, 24 horas por dia, todos os dias da semana. Em teoria, é possível encontrar quase tudo na rede de informações e ainda conversar com pessoas no mundo inteiro, com ferramentas como o *Skype*, programa distribuído gratuitamente na internet, o qual, com alguns cliques, pode ser instalado. De acordo com um estudo realizado pela Universidade de Berkeley, da Califórnia, o mundo produziu, no ano de 2002, a mesma quantidade de informação gerada entre 25.000 a.C e 2000 d.C. Isso quer dizer que o mundo está menor e o acesso à informação é cada vez maior. Segundo o *site* Google, a empresa pretende digitalizar todos os livros do mundo em poucos anos. Ou seja, acesso a toda a informação do mundo em apenas um local e *online*.

Isso tem tudo a ver com inteligência competitiva. Ao mesmo tempo em que o mundo tem muito mais informações disponíveis e o acesso é cada vez maior, a capacidade do ser humano de gerenciar volumes de informação não aumenta na mesma proporção em razão de limitações. Esse fato explica a sensação cada vez maior que temos de não conseguirmos ler tudo que deveríamos ou ficarmos atualizados com todas as informações que nos são passadas. Esse fenômeno que tanto incomoda no dia a dia, e por vezes, causa frustrações por "não estarmos sabendo de tudo" também acontece com as empresas. Elas precisam de informações para tomarem suas decisões com menor risco, mas existe um número de dados e informações quase impossível de ser gerenciado em um curto espaço de tempo. A sensação é a de que precisamos "encontrar uma agulha no palheiro", como diz o ditado popular. A pergunta que muitas empresas se fazem hoje é: como selecionar as informações que devo saber, já que é impossível saber tudo?

Na verdade, as empresas não precisam saber tudo. Mesmo se fosse possível ter todas as informações sobre um determinado mercado, seria desnecessário. Como a quantidade de informações é desproporcional à capacidade de absorção, é essencial determinar o que é mais importante e imprescindível para tomar decisões. Essa não costuma ser uma tarefa muito fácil, porque exige fazer escolhas e descartar informações; exige análise e dedicação para decidir e isso não é natural do ser humano. Para isso, muitas empresas utilizam uma regra construída por um matemático nascido na Itália, chamado Vilfredo Pareto, que criou, após muitos estudos práticos, uma teoria que diz que "para muitos fenômenos, 80% das consequências advêm de 20% das causas".

Gerir o conhecimento

Além de determinar quais informações são as mais importantes, a inteligência competitiva é uma disciplina que está inserida em um conceito que vem sendo muito difundido nas empresas: a gestão do conhecimento. Considerando que o tema é de alta complexidade e novo na maioria das organizações, a gestão do conhecimento é uma atividade que ocorre com o objetivo de extrair, de cada colaborador, conhecimento tácito e guardá-lo em suas bases corporativas de conhecimento. A principal motivação das empresas em investir em gestão do conhecimento é existir a possibilidade de reduzir a dependência em relação ao capital humano utilizando processos e sistemas de tecnologia para armazenar o conhecimento. A premissa é utilizar esse conhecimento para tomar decisões no futuro.

A Figura 15.4 demonstra o contexto da inteligência competitiva dentro da gestão do conhecimento.

Na prática, ainda há poucos exemplos de empresas com sucesso, de alguma maneira, em implantar processos de gestão do conhecimento realmente estruturados que satisfaçam as necessidades dos usuários, pois o processo é bastante complexo por envolver:

- a determinação da liderança da organização;
- toda a empresa no processo;
- organização de todo o conhecimento produzido por todas as áreas do negócio;
- o fomento de armazenamento de informações novas;

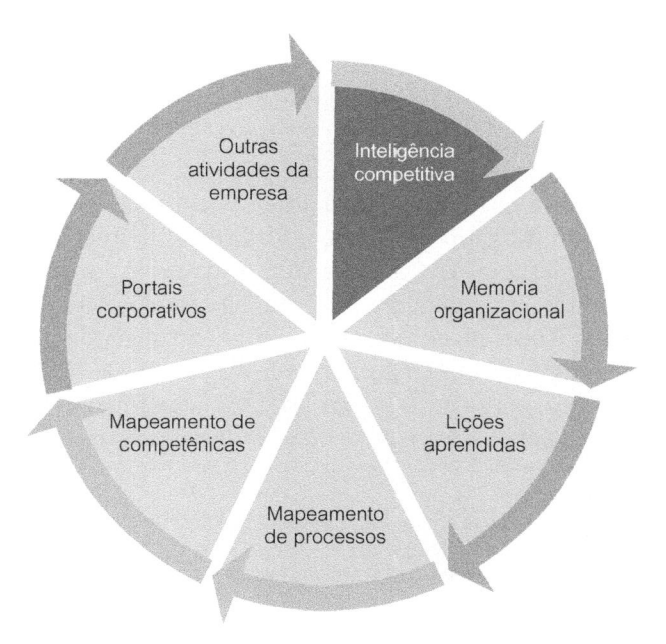

Figura 15.4 Inteligência competitiva e gestão do conhecimento.

- o mapeamento de quem irá usar o conhecimento e para qual finalidade;
- a comunicação com eficiência da importância do processo;
- o desenvolvimento de sistemas de tecnologia da informação para organizar o conhecimento com base no acesso de acordo com perfil dos usuários;
- o investimento na captação de novas fontes de conhecimento.

Além do alto nível de complexidade, os investimentos são grandes, em especial, na aquisição de sistemas de tecnologia da informação. Isto é, a atividade de gestão do conhecimento é relativamente recente, e as empresas estão se adaptando a essa realidade para serem mais competitivas. Isso tem tudo a ver com inteligência competitiva, pois a área, além de ser grande usuária de informações e conhecimento, gera muitos insumos que precisam ser organizados para auxiliar em decisões futuras. Portanto, investir em inteligência competitiva é uma das alternativas para promover o uso de um programa de gestão do conhecimento em razão da sintonia existente para que uma organização seja mais eficiente.

Quando usar a inteligência competitiva

Uma das perguntas mais comuns sobre inteligência competitiva é justa e bastante prática: qual é o momento de utilizar essas técnicas ou até mesmo sugerir a criação da área na empresa? Em primeiro lugar, as empresas e os profissionais de todo o mundo já aplicam técnicas de inteligência competitiva, mesmo não utilizando o termo. Lembre-se de que apenas o nome "inteligência competitiva" é recente e traz "uma nova roupagem", mas as organizações sempre demandaram informações e análises para tomar decisões. A diferença é que, nos últimos anos, a necessidade de informações e análises vem sendo cada vez maior. As técnicas de inteligência podem ser utilizadas em inúmeras situações; porém, para facilitar o entendimento e provocar o leitor a pesquisar mais sobre o assunto, as situações a seguir são as mais comuns.

Decisões de mercado

As decisões de mercado são relacionadas ao entendimento do ambiente competitivo que envolve concorrentes, novos entrantes, substitutos, clientes (demanda), fornecedores, governo ou regulamentações do setor e concorrência interna. Na maioria das situações, é nesse momento que o profissional de inteligência competitiva atua, monitorando todas as partes do mercado – pode variar de acordo com as características do setor – e buscando entender os movimentos e identificar possíveis oportunidades ou ameaças. É importante lembrar que, apesar de o mercado ser uma variável incontrolável externa, as decisões são da empresa, e os impactos dependem dos movimentos do mercado.

Por exemplo, imagine-se um proprietário de uma usina de açúcar no interior de São Paulo, região conhecida pelo cultivo de cana-de-açúcar que conta com diversas usinas que produzem açúcar ou álcool. O setor está vivendo um bom momento, há previsão de aumento da demanda internacional por açúcar e álcool e, por essa razão, o proprietário tem interesse em expandir a produção, mas tem dúvida se deve ou não fazê-lo. Qual a melhor decisão? Parece óbvio que a decisão de aumentar a produção é a melhor. Será mesmo? É exatamente nesse momento que a inteligência competitiva atua. Considere-se que o proprietário conhece razoavelmente esse mercado, identificou que a demanda vai aumentar, mas, ao mesmo tempo, de acordo com algumas informações levantadas, verificou que o aquecimento da demanda não deverá durar muito tempo. Além disso, para aumentar a produção, é preciso investir em mais máquinas e contratar novos funcionários. Após essa análise e algumas estimativas sobre os investimentos necessários, concluiu que, após o período de alta da demanda, os equipamentos e as equipes contratadas ficariam ociosos, prejudicando os lucros. Soube também por meio de um relatório do setor que todos os concorrentes (outras usinas) estão interessados em aumentar a produção, e isso deve fazer os preços do álcool e do açúcar despencarem, o que certamente irá fazer com que todos ganhem menos.

Apesar de se tratar de uma situação fictícia, esse fenômeno acontece todos os dias nas empresas e, em boa parte das vezes, é preciso tomar decisões que terão implicações nos negócios. Nesse momento, é válido estabelecer um olhar constante para o mercado para identificar quais são os cenários prováveis a fim de avaliar qual a decisão deve ser tomada e qual trará mais benefícios para a empresa.

Decisões de *marketing*

A inteligência competitiva é também muito utilizada para auxiliar na tomada de decisões de *marketing*. Mas o que é *marketing*? E uma decisão de *marketing*? De acordo com a AMA (American Marketing Association), uma organização internacional reconhecida como referência para profissionais da área, *marketing* é uma função organizacional e um conjunto de processos que envolvem a criação, a comunicação e a entrega de valor para os clientes, bem como a administração de seu relacionamento, de modo que beneficie a organização e seu público interessado. É importante destacar que *marketing* é uma atividade realizada por toda a empresa – e não apenas pela área de *marketing* – e que tem como principal objetivo promover troca de valores entre organização e clientes. No conceito de *marketing* existem fatores que o definem e que normalmente são chamados de 4 Ps: produto, preço, praça e promoção. Os 4 Ps também são chamados de "composto de *marketing*" ou "*marketing mix*". Esses quatro fatores são os mais conhecidos em termos de *marketing*; porém, para serviços, por exemplo, existem outras considerações, como atendimento (pessoas), intangibilidade, entre outros.

É claro que não será tratado em profundidade o assunto *marketing*, já que o foco é inteligência competitiva. Entretanto, os dois temas estão muito ligados e, em algumas empresas, essa ligação é muito forte. Qualquer organização que comercializa produtos ou serviços de alguma maneira precisa tomar decisões relacionadas a alguns desses fatores ou a todos de uma só vez. As decisões de *marketing* são importantes, pois definem o sucesso ou o fracasso de um produto ou serviço que deverá impactar os resultados da empresa. Por exemplo, um erro na precificação ou distribuição de um produto ou serviço pode simplesmente acabar com as chances de sucesso de um bom produto, mesmo com uma comunicação muito eficiente.

Utiliza-se a inteligência competitiva para ajudar a tomar as decisões de *marketing*. Em algumas empresas mundiais, inclusive, esse é o foco de atuação da área. Nesses casos, a inteligência competitiva é responsável por auxiliar em tomadas de decisão, como produto, precificação, distribuição (praça), comunicação (promoção).

Tendências e incertezas

De acordo com estudos realizados por consultorias em todo o mundo, boa parte das empresas atua com áreas de inteligência competitiva focada em auxiliar em decisões de mercado e de *marketing*, pensando no presente e no futuro em curto ou médio prazo. Evidentemente que curto, médio ou longo prazo são grandezas que variam de acordo com cada setor. Por exemplo, para as empresas farmacêuticas, curto prazo significa cinco anos e longo prazo, quinze anos. Para facilitar o entendimento, estabeleceu-se aleatoriamente um ano (curto prazo), três anos (médio prazo) e cinco anos (longo prazo). Pensando na escala de prazo definida, será que mudanças que poderão acontecer em cinco ou mais anos podem vir a ser uma ameaça ou uma oportunidade para o negócio da empresa? É possível conseguir fazer previsões com alguma margem de confiança a partir dessa escala de prazo? E se a empresa tivesse esse tipo de informações com previsibilidade seria possível tomar decisões hoje que podem ter impactos apenas em dez anos?

Além de ser possível, a empresa pode estar atrasada em decisões que já deveria ter tomado, mas os impactos do futuro de longo prazo (ainda) não foram identificados. Também é possível fazer previsões para acontecimentos que deverão ocorrer apenas no longo prazo e que trarão impactos (positivos, negativos ou ambos) organização. É exatamente nesse momento que uma área de inteligência competitiva ajuda, pois, em alguns setores da economia, dar atenção apenas para o médio e para o longo prazos talvez não seja suficiente para manter a empresa competitiva e continuar remunerando os acionistas. De acordo com estudo realizado pela organização norte-americana *Corporate Strategy Board* e adaptado pela *Scip Brazil Chapter* (*Society of Competitive Intelligence Professionals*), empresas com dinâmica de preços, com lançamentos de produtos com ciclos mais longos e nas quais as mudanças no ambiente competitivo – tecnologia, demografia, regulamentações e consolidação dos concorrentes – são mais lentas geralmente direcionam seus investimentos em áreas de inteligência competitiva para objetivos estratégicos de longo prazo.

A Figura 15.5 demonstra a relação entre os tipos de inteligência competitiva.

O nível tático ou estratégico refere-se às questões mais operacionais, como acompanhamento contínuo dos preços dos concorrentes (tático) e envolvimento da área de inteligência competitiva para auxiliar em decisões de médio e longo prazos da organização. A escala de escopo "específico" ou "amplo" demonstra o nível de privilégios para informações específicas de um produto ou serviço (específico) ou o nível de envolvimento da área de inteligência competitiva em tendências, estratégias e dinâmica do setor. Não existe um nível certo ou errado na avaliação proposta, mas as empresas que sofrem impactos diretos com as mudanças sociais, políticas ou tecnológicas, por exemplo, procuram ter áreas de inteligência competitiva mais direcionadas para a parte superior direita da figura, com escopo mais amplo e foco mais estratégico.

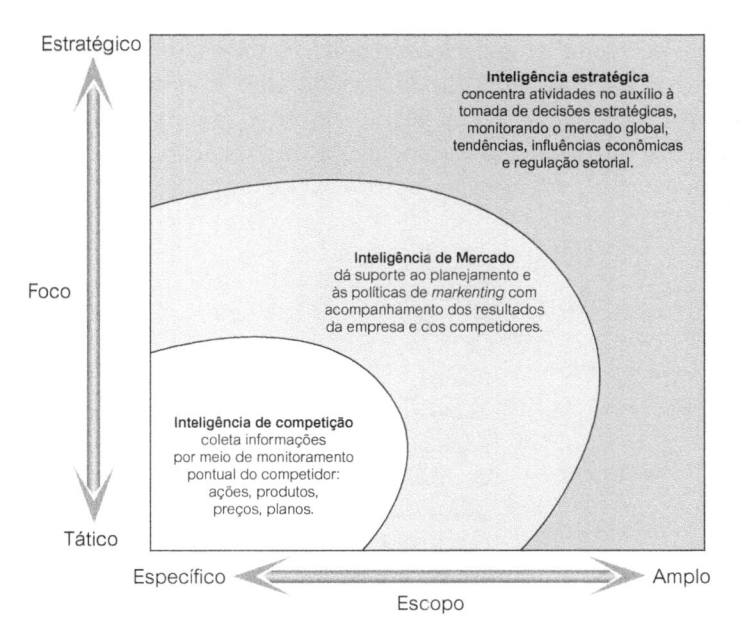

Figura 15.5 Prática de inteligência: escopo e foco.
Fonte: Corporate Strategy Board e adaptado pela SCIP Brazil Chapter.

Inteligência competitiva pode ser usada em qualquer tipo de empresa?

Por se tratar de uma área relativamente nova, as equipes de inteligência competitiva atuam em diversos departamentos e formatos dentro de uma empresa. De acordo com estudo realizado pelo *Strategic and Competitive Intelligence Professionals* (SCIP), a maior parte das organizações no mundo pratica atividades de auxílio na tomada de decisão utilizando áreas de inteligência competitiva (32%) ou *marketing* (21,9%). No entanto, existem empresas que utilizam a inteligência competitiva, apesar de ser a menor parte, em áreas como finanças (1,7%) e jurídica (0,8%). Esse efeito ocorre em razão de, em alguns setores, as áreas de inteligência competitiva precisarem estar ligadas diretamente ao principal negócio da organização. O setor bancário é um exemplo evidente. As áreas de inteligência competitiva são mais focadas em questões financeiras e, por isso, em alguns casos, estão dentro do departamento de finanças.

Conforme comentado, existem áreas de inteligência competitiva com foco maior em questões de longo prazo, identificando possíveis ameaças e oportunidades para a empresa. Nesses casos, a área de inteligência competitiva fica ligada diretamente ao planejamento estratégico, e não à área de *marketing*. Esse efeito varia de acordo com o setor e com o tipo de organização, não existindo uma regra rígida. Independentemente da diretoria a que está vinculada, a área de inteligência competitiva deve se articular e buscar conhecimento em todas as instâncias da organização, pois trabalha com várias informações para auxiliar na tomada de decisão.

Área	%
Jurídico	1%
Finanças	2%
Tecnologia da informação	2%
Desenvolvimento de produtos	5%
Desenvolvimento de negócios	6%
Serviços de informação	7%
Planejamento estratégico	8%
Consultoria	8%
Outros	8%
Marketing	22%
Inteligência competitiva	32%

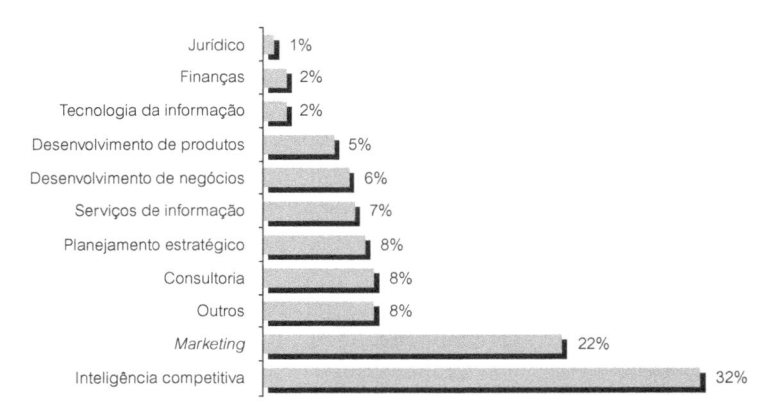

Figura 15.6 Áreas que desenvolvem inteligência competitiva no mundo.
Fonte: SCIP/Kaiser Associates

A atividade formal de inteligência competitiva é bastante recente no Brasil e no mundo. De acordo com estudo realizado pela Global Intelligence Aliance (GIA) e pela Tampere University of Technology, ambas da Finlândia, que entrevistou profissionais de inteligência competitiva das 100 maiores empresas do mundo em volume de vendas, em oito países mais Ásia-Pacífico (Figura 15.7), na média, 86,6% das empresas atuam com práticas de inteligência competitiva. O Brasil está um pouco acima da média, com 90,9% das empresas.

De acordo com o estudo, as empresas brasileiras de grande porte investem em inteligência competitiva, e os recursos são proporcionais aos de países como Canadá e Ásia-Pacífico. Mas não são apenas as empresas de grande porte que investem em inteligência competitiva. Organizações de pequeno e médio portes estão investindo na área em todo o mundo em razão da forte concorrência e da necessidade de tomar decisões em um tempo cada vez menor. Uma avaliação realizada pela consultoria *Kaiser Associates* demonstra que, nos Estados Unidos, a maior parte das empresas investe menos de US$ 100 mil/ano em inteligência competitiva. As estimativas para esse número no Brasil ainda são preliminares, porém não devem fugir muito a essa proporção.

Os números remetem a uma pergunta importante que muitas empresas estão se fazendo. Existe um porte de empresa que pode usar técnicas de

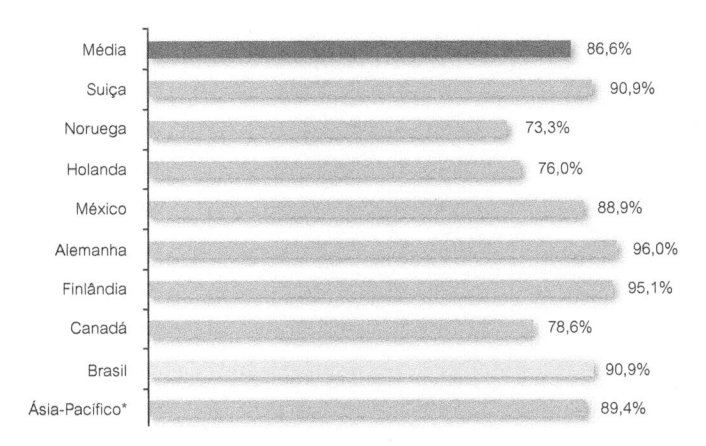

País	%
Média	86,6%
Suíça	90,9%
Noruega	73,3%
Holanda	76,0%
México	88,9%
Alemanha	96,0%
Finlândia	95,1%
Canadá	78,6%
Brasil	90,9%
Ásia-Pacífico*	89,4%

Figura 15.7 Áreas que desenvolvem inteligência competitiva no mundo.
* Ásia-Pacífico inclui os seguintes países: China, Hong Kong, Índia, Japão, Cingapura, Coreia, Malásia, Taiwan e Tailândia
Fonte: Institute for International Research – Estado da Disciplina de Inteligência

Orçamento de inteligência competitiva pelo tamanho da empresa (Receita anual em US$)

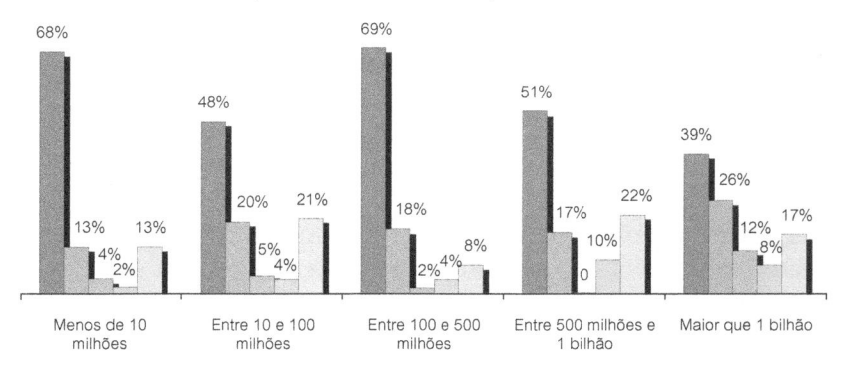

[Gráfico de barras mostrando:
- Menos de 10 milhões: 68%, 13%, 13%, 4%, 2%
- Entre 10 e 100 milhões: 48%, 20%, 21%, 5%, 4%
- Entre 100 e 500 milhões: 69%, 18%, 2%, 4%, 8%
- Entre 500 milhões e 1 bilhão: 51%, 17%, 22%, 10%, 0
- Maior que 1 bilhão: 39%, 26%, 12%, 8%, 17%]

■ Menos de $100 mil ■ Entre $100 mil e $500 mil ■ Entre $500 mil e $1 milhão □ Acima de $1 milhão □ Não sabe

Figura 15.8 Orçamento de inteligência competitiva pelo tamanho da empresa (Receita anual em US$).
Fonte: Kaiser Associates.

inteligência competitiva? As micro e pequenas empresas podem atuar com essas ferramentas ou apenas as organizações globais com grandes investimentos? Essa regra não existe. Os estudos e as análises para entender como as empresas atuam com inteligência competitiva são geralmente realizados com mais profundidade junto a organizações de grande porte, já que há uma grande concentração de investimentos. Porém, uma empresa de pequeno porte pode utilizar as técnicas e os conceitos de inteligência competitiva, mas evidentemente devendo considerar a proporcionalidade. Não é necessário, por exemplo, contratações de fornecedores para fazer pesquisas de campo, porque o número de concorrentes é menor. O que de fato muda são os tipos e o tamanho das decisões, e isso deve provocar ajustes na forma de trabalho.

Quem está envolvido no processo de inteligência competitiva

Para abordar os atores envolvidos no processo de inteligência competitiva, é fundamental destacar um ponto específico. A inteligência competitiva é uma atividade que requer trabalho em equipe, e os relacionamentos com outras áreas envolvidas no processo são fundamentais para o sucesso. No mundo dos negócios, o fator relacionamento é essencial, e na inteligência competitiva a regra vale muito, pois, para auxiliar na tomada de decisão, é necessário conversar com as pessoas para entender seus problemas. Portanto, é quase impossível utilizar inteligência competitiva de forma solitária ou isolada. Existe um dito que normalmente as outras áreas – por total desconhecimento – costumam utilizar quando encontram um profissional de inteligência competitiva: "Lá vêm os inteligentes da empresa". Não devem existir muitos estudos sobre esse assunto, mas a experiência profissional demonstra que esse efeito ocorre, na maior parte das vezes, por falta de conhecimento ou por certa arrogância das áreas de inteligência competitiva, as quais, erroneamente, acreditam que a "inteligência" de uma organização pode estar em um departamento. Esse efeito é nocivo e um dos pontos fracos da área de inteligência competitiva. Por isso, é sempre bom lembrar que essa é uma atividade de quem gosta de entender os problemas da empresa, propor soluções, e, acima de tudo, saber ouvir todas as pessoas envolvidas em um problema.

A experiência profissional também demonstra que o processo de inteligência competitiva varia de acordo com o tipo de organização. Depende muito do nível de envolvimento da liderança e da autonomia oferecida às equipes de trabalho para recomendar decisões. Não existe uma fórmula para ser utilizada, e os profissionais de inteligência competitiva devem, de alguma forma, estudar qual é o desenho mais adequado para sua realidade. Para refletir sobre o assunto, segue um modelo (Figura 15.9) utilizado na prática por uma área de inteligência competitiva. O modelo é adequado para auxiliar em decisões que envolvem várias áreas da organização.

Esse simples diagrama tem papel fundamental no processo de inteligência competitiva, porque contempla as partes interessadas na solução de um determinado problema ou decisão. Cada um deles tem uma responsabilidade específica e deve garantir que a decisão seja tomada com o menor risco possível. Vale destacar que o processo de inteligência competitiva não é apenas uma pesquisa de mercado (ferramenta de trabalho), e sim uma sequência de acontecimentos que devem culminar em uma decisão. Decisões ou problemas mal identificados geram projetos que podem ter um alto nível de eficiência: impecáveis, do ponto de vista técnico, mas não eficazes. Diz-se que a etapa mais crítica do processo de inteligência competitiva é o entendimento do problema ou da decisão.

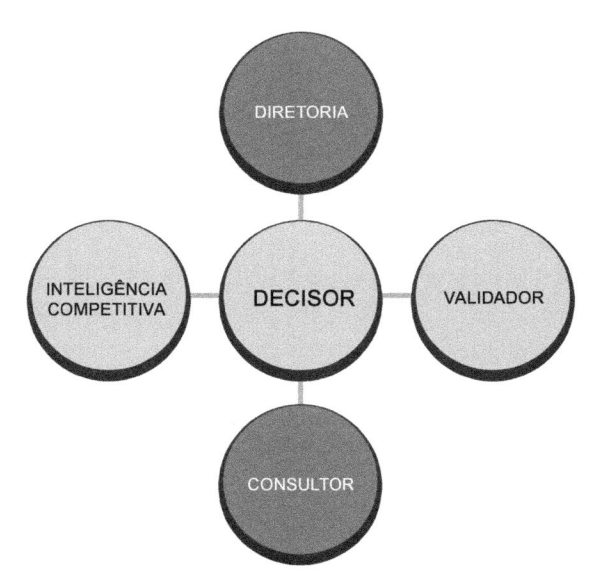

Figura 15.9 Participantes do processo de inteligência competitiva.

Perfil do profissional de inteligência competitiva

Como se trata de uma disciplina recente, os profissionais de inteligência competitiva não têm, do ponto de vista acadêmico, um perfil específico, mas uma formação multidisciplinar. Observando o perfil das pessoas que atuam na área, há jornalistas, administradores, economistas, engenheiros, bibliotecários e, claro, estatísticos, visto que a habilidade com análises e projeções de resultados é sempre bem-vinda. Essa interdisciplinaridade de conhecimentos é uma das grandes características de uma boa equipe de inteligência competitiva em virtude de a área atuar com situações que precisam de diversos conhecimentos para auxiliar na tomada de decisão.

A variedade de formações é uma ótima estratégia para quem pretende montar um setor e uma boa oportunidade para quem se interessa pelo assunto em razão das inúmeras possibilidades. Ainda não existem muitos dados estruturados sobre o tema; no entanto, de maneira empírica e generalizada, podemos dizer que um bom profissional de inteligência competitiva precisa dos seguintes atributos:

- Habilidades
  - saber estruturar dados e informações;
  - construir análises e recomendações;
  - sintetizar conteúdo em pouco tempo e espaço;
  - conhecer *softwares* para construção de planilhas, tabelas, matrizes e gráficos;
  - construir apresentações e formas criativas de comunicar conteúdos.
- Competências
  - apresentar pensamento analítico e estratégico;
  - gostar de investigar situações novas;
  - ter bom relacionamento com todas as áreas da empresa;
  - ser comunicativo e proativo;
  - demonstrar interesse por entender o futuro.

Essas não são todas as competências ou habilidades que um profissional de inteligência competitiva precisa ter para desempenhar suas atividades, mas são imprescindíveis para iniciar um trabalho de qualidade. Para alguns setores, outras habilidades ou competências poderão ser exigidas, como conhecimento de análises financeiras para as áreas de inteligência competitiva no segmento de bancos. Certamente, com o tempo, as características e o perfil dos profissionais de inteligência competitiva ficarão mais claros. Entretanto, a multidisciplinaridade será a tônica.

Considerações finais

A inteligência competitiva é uma disciplina que vem se desenvolvendo nas organizações em todo o mundo. A tendência é que esse conceito seja perpetuado, o que deverá ajudar os profissionais e as organizações a tomarem suas decisões com menos riscos. A gestão do conhecimento é fundamental para o desenvolvimento de práticas de inteligência competitiva, porque atualmente as empresas precisam investir boa parte dos recursos para organizar dados, informações e conhecimento para realizar seus estudos. Com práticas de gestão do conhecimento bem desenvolvidas, é possível focar os esforços em análises, e não em montagem e estruturação de dados. Muitas empresas estão investindo na gestão do conhecimento e certamente isso será um diferencial para as áreas de inteligência competitiva.

Para implantar a gestão do conhecimento, são necessários investimentos em tecnologia da informação. As empresas estão atentas e procuram investir em novas TIs para terem mais controle sobre o desempenho dos seus negócios. As ferramentas de BI, *softwares* que integram as informações de toda a empresa e facilitam o trabalho de inteligência competitiva, também devem receber mais investimentos. A utilização de ferramentas de BI agiliza o trabalho de levantamento de dados e informações em virtude de o acesso a esses conteúdos ser instantâneo. A implantação dessas ferramentas não é uma tarefa fácil. Muitas empresas adquirem as ferramentas sem mapear de fato suas necessidades de informação, e por isso é muito comum verificar organizações que não aproveitam os recursos de uma ferramenta de BI. O principal motivo?

As áreas de inteligência competitiva precisam dedicar investimentos para mapear o processo de decisão na empresa. Esse fenômeno muda de acordo com a organização. Entender como a organização decide, identificar os principais decisores e influenciadores na decisão é uma tarefa que não pode ser deixada de lado. As implicações de um mau mapeamento do processo decisório podem ser a aquisição de uma ferramenta de BI que não será utilizada com eficiência ou o desenvolvimento de estudos e projetos que não geram decisões. Esse efeito acontece na prática e certamente é um dos pontos fracos na área de inteligência competitiva.

A identificação de oportunidades e ameaças é e sempre será o papel de uma área de inteligência competitiva. No entanto, o olhar para o futuro deve ser mais focado no longo prazo em muitas organizações, à medida que o nível de concorrência é bastante forte. Esse fato implica a busca por cenários e oportunidades mais à frente para garantir a sobrevivência.

Muito se fala sobre o uso de técnicas de inteligência competitiva ser de exclusividade das grandes corporações, mas isso não é verdade. Em termos conceituais, é possível utilizar ferramentas de inteligência competitiva em organizações de todos os portes. É evidente que algumas adequações devem ser feitas, pois os níveis de decisão, investimentos e implicações são diferentes. No entanto, trata-se, na realidade, de um mito corporativo, já que uma pequena empresa também precisa tomar decisões em relação aos concorrentes, à demanda, às oportunidades ou às ameaças no mercado em que atua. Se uma empresa precisa fazer isso para sobreviver, é certo que terá que aplicar técnicas de inteligência competitiva, mesmo não usando esse nome.

Referências

ASSOCIAÇÃO NACIONAL DE EMPRESAS DE PESQUISA. *Código de Ética ANEP – ICC/ESOMAR*. São Paulo, 1994.

DAVENPORT, T.H.; PRUSAK, L. *Working knowledge*. Boston: Harvard Business School Press, 1998.

DECAUP, A. et. al. *Estado da disciplina de inteligência competitiva*. São Paulo: IIR TRAINNING – Desenvolvimento e Performance Empresarial, 1994.

FULD, L.M. *Administrando a concorrência*. Rio de Janeiro: Record, 1998.

_____. *What competitive intelligence is and is not!* [20--]. Disponível em: <http://www.fuld.com/Company/CI.html>. Acesso em: 7 out. 2008.

KAHANER, L. *Competitive intelligence:* how to gather, analyze, and use information to move your business to the top. Nova York: Touchstone, 1996.

KASSAI, J.R. et al. *Retorno de investimento:* abordagem matemática e contábil do lucro empresarial: cálculos financeiros, contabilidade. São Paulo: Atlas, 1995.

KIM, W.C.; MAUBORGNE, R. *A estratégia do oceano azul:* como criar novos mercados e tornar a concorrência irrelevante. Rio de Janeiro: Elsevier, 2005.

KOTLER, P. *Administração de marketing:* análise, planejamento, implementação e controle. São Paulo: Atlas, 1998.

NAPOLE, A. *Inteligência competitiva*. [12 mar. 2008]. Entrevistador: L. R. Santos. VP – Kaiser Associates.

PINTO, M.R.; SILVA, M.A.; CHOWDHURY, R.P. *TCC:* inteligência competitiva: métodos e processos de localização e obtenção de informações para o processo de inteligência competitiva tecnológica. FIA – Fundação Instituto de Administração, MBA – Conhecimento Tecnologia e Inovação (CTI). São Paulo: Grupo de Trabalho, 2008.

PORTER, M. et. al. *Estratégia competitiva:* técnicas para análise de indústrias e da concorrência. Rio de Janeiro: Elsevier, 2005.

SOCIETY OF COMPETITIVE INTELLIGENCE PROFESSIONALS. 2008. Disponível em: <http://www.scip.org/>. Acesso em: 7 out. 2008.

16

Comunicação para o mercado educacional

Tório Barbosa

Por que escolher uma IES?

Acreditamos que começar um capítulo com uma pergunta não seja muito adequado, mas nosso trabalho vem sendo permeado por esse tipo de questionamento desde que fundamos a nossa agência. Eis aqui uma pergunta cuja resposta é extremamente valiosa.

Depois de conversarmos com clientes, especialistas, debater e estudar, resolvemos praticar o exercício para entender como fazer escolhas, começando a pensar que talvez a nossa dificuldade em encontrar uma resposta se deva à inexistência dela.

Como decidimos pela compra ou uso de determinado serviço? O objetivo não é o de entrar em um debate de correntes de pensamentos sobre o assunto, mas apenas fazer um exercício de causa. Hoje em dia, acredita-se que, na verdade, em sua maioria, as escolhas não são nossas, mas dos indivíduos com os quais temos algum tipo de relação.

No mercado educacional, quando um estudante decide por uma IES, ele conversa com parentes, pais, professores de ensino médio e de pré-vestibulares, namorado ou namorada ou um conhecido que frequente uma IES.

Na verdade, quem escolhe não é ele, mas a rede social da qual faz parte, com contatos reais que lhe transmitem uma imagem de credibilidade. Se isso for verdade, a comunicação passa por uma mudança profunda. Afinal, não se trata somente de descobrir como se dá a escolha, mas como a rede social da qual faz parte influencia sua decisão.

Assim, a comunicação não atinge somente o público-alvo: alcança também a rede de relacionamentos do estudante, fazendo com que o responsável pela comunicação administre essa rede. O problema é que ela não pode ser administrada, como percebe-se nas ciências das redes – nova disciplina que estuda justamente esses movimentos e procura compreender como funciona a sua dinâmica.

Ciências das redes

"Kevin Bacon vai achar a cura do câncer." Por mais absurda que essa frase possa parecer, ela tem total sentido e foi o dínamo da ciências das redes. Na década de 1990, alunos da Universidade de Virgínia criaram um jogo simples, baseado no grande número de atores e filmes rodados em Hollywood. A brincadeira era achar qual o grau de separação de cada ator para Kevin Bacon.

Um ator que participa de um filme também atua com outros profissionais de sua área, que trabalharam em outros filmes. Em um deles, Kevin Bacon estava escalado. Descobriram que todos os atores estavam no máximo a três graus de separação de Kevin Bacon. Mas isso ainda não é a cura para o câncer.

Um aluno chamado Brad Shaden criou um programa de computador para esse jogo chamado Oráculo de Bacon (*The Oracle of Bacon*), que foi a base para que cientistas como Strogates e Watts conseguissem provar a teoria do *small world*, a qual identifica que todas as pessoas no mundo estão a seis graus de separação de qualquer outra. Quando essas conexões acontecem, o mundo fica menor, diminuindo a distância entre as pessoas. Com base no compartilhamento de experiências, acredita-se que seja possível encontrar mais facilmente a cura para o câncer. Com a colaboração dos cientistas, esse jogo virou uma grande ferramenta de conexão e de arrecadação de fundos para pesquisas pela internet.

Esse estudo ajuda a compreender alguns fatores na comunicação na IES, entre eles os chamados *hubs*. Segundo Barabasi (2003), algumas pessoas têm mais contatos que outras, disseminando mais as informações. O objetivo do estudo de Barabasi, na verdade, era provar que o controle mundial de epidemias deveria ser fortalecido em alguns aeroportos do mundo, pois esses são lugares de grande movimentação.

Com os estudos de Barabasi, pode-se identificar que na rede social dos futuros alunos existe uma pessoa com maior número de contatos que os outros, o aluno atual. Sua rede pode ser formada por um ex-professor do ensino médio e, principalmente, por alunos e professores da IES. Sua influência é maior do que a de qualquer outro. Um exemplo bem prático disso, levantado pela maior parte das pesquisas sobre fatores de escolha, é a indicação como o fator de maior incidência. Por isso, a comunicação da IES deve sempre passar pelo aluno atual.

Em uma unidade de IES, desenvolve-se uma pesquisa para identificar quais seriam os alunos que mais influenciam os outros, e com eles se testa e dissemina-se a comunicação.

Seguindo essa linha, Strogatz (2004) percebeu que nas redes existem laços fortes (formados por parentes consanguíneos ou por hierarquia) e laços fracos. Porém, a opinião dos laços fracos são mais importantes que a dos laços fortes, porque esses não são carregados de juízo de valor. É bem comum que um professor de pré-vestibular tenha mais influência na escolha de um curso ou de uma IES do que o próprio pai. Até mesmo a informação de um colega de sala é mais importante que a de um professor em uma IES.

Watts (2004) demonstrou que as redes são dinâmicas, e pequenas mudanças em sua ordem podem gerar grandes transformações. Veja-se um exemplo bem comum do dia a dia de quem administra uma campanha da IES. Por que uma campanha dá muito certo em um vestibular e no seguinte ela se torna um fracasso? Porque muda muito. Nesse entendimento, algum ou mais fatores podem ter influenciado esse processo, seja uma nota ruim no IGC, seja uma ameaça de greve dos professores. Isso tudo pode impactar a rede de alguma forma. Estes são fatores que, às vezes, não têm impacto para o público-alvo, futuro aluno, mas que mudam a dinâmica de como a rede dele percebe sua marca.

Comunicação na rede

É difícil compreender que não se cria uma rede. Quando se consegue mapeá-la é porque já existia. Se o aluno atual é o principal *hub* de uma rede de escolha de uma IES, é nele que a comunicação deve ser concentrada inicialmente. Tal compreensão muda muito a forma de como se deve pensar em uma campanha de vestibular, por exemplo, pois isso implica fazer a divulgação sempre pelos alunos atuais, e não pelos futuros alunos.

Mesmo que isso possa parecer bastante racional, é complicado comunicar-se com alunos. Talvez a primeira dificuldade seja que eles normalmente não estejam nem um pouco interessados em como se divulga um vestibular. Até mesmo quando o assunto é de interesse do aluno, ele dispensa pouca atenção. Mas, sendo um empecilho, a comunicação com o aluno deve ser fortalecida.

Existe ainda outro ponto nesse estudo de redes, elaborado pelo educador colombiano Bernardo Toro, que discorre sobre como armá-las.

Outras pessoas podem e devem ter importância no processo de escolha do futuro aluno, e todas devem ser impactadas de alguma forma. A questão é que, independentemente da verba da IES, usar a publicidade como ferramenta para cada um desses canais de divulgação ficaria muito dispendioso e até mesmo ineficaz. A formação de imagem de credibilidade vai muito além do poder de convencimento da publicidade.

Nesse quesito, a assessoria de imprensa tem papel preponderante na formação da imagem, contribuindo para a sua construção. Tal trabalho gera menor resistência em grande parte dos canais. A IES que tem uma boa relação com a imprensa deve sempre ter uma imagem bem avaliada na rede, mesmo que ainda boa parte das IES não tenham sequer um guia de fontes e referências.

Não se descarta a publicidade para esse papel, já que ela pode ser também muito contributiva. IES que adoram, por exemplo, o *marketing* editorial também conseguem vantagem, seja em uma revista científica restrita, seja até mesmo em uma revista de comportamento cuidadosamente preparada. As grandes editoras hoje em dia têm departamentos de revistas customizadas, que conseguem extrair exatamente o que a IES necessita.

Outra ferramenta que se destaca nesse cenário é a publicidade baseada em interesse, ferramenta do *Google* que facilita a comunicação com a rede. Ela parte do princípio de que todas as máquinas têm um hábito de navegação, e usa-se seu IP para verificar e aproximar-se de seu perfil. Evidentemente que não se tem acesso às pessoas, pois os dados de privacidade são respeitados.

Por isso, as campanhas devem ser divididas em rede: campanhas para os *stakeholders*, de desempenho e para o público-alvo. Independentemente de qual seja, na verdade elas estão sempre paralelas. Portanto, alguns itens devem ser considerados.

Entendendo o problema

Mapeando ou não as redes, qualquer empresa, seja ou não educacional, tem problemas de comunicação a resolver, os quais são naturais e sempre vão existir. O que se deve fazer é definir e entender com clareza quais são e hierarquizá-los de acordo com sua importância.

Em instituições de ensino, os problemas de comunicação mais comuns incluem a instituição ser pouco conhecida; ser percebida como muito cara;

ser muito nova; ser muito velha; ser distante; ser conhecida, mas os cursos não; carecer de posicionamento; estar com uma imagem desgastada; ter a comunicação muito jovem; estar muito careta; ter procura alta, mas a conversão baixa; ter muitos inscritos e poucos matriculados; criar barreira de entrada para concorrentes; ter cursos muito concorridos e cursos quase sem procura na mesma IES. Há um infinito número de problemas a serem resolvidos, e a diferença se faz em como e quando enfrentá-los.

Definir qual problema deve ser tratado em primeiro lugar é essencial. Quando uma instituição de ensino se propõe a fazer qualquer tipo de pesquisa, de diagnóstico ou análise de mercado, depara-se com adversidades a serem resolvidas pela comunicação. Nessa hora, cabe ao gestor de *marketing*, com ajuda da agência, definir qual deve ser resolvida primeiro. Deve-se sempre tentar resolver apenas um problema por ano, pois a experiência tem mostrado que, ao tentar resolver dois ou três, não se soluciona nenhum deles.

Por isso, por mais dolorido que seja, deve-se resolver primeiro o mais sério: aquele que ficou mais claro na pesquisa ou no diagnóstico feito pela consultoria deve ser trabalhado imediatamente. A questão principal é que, em geral, o grande problema não se limita à esfera de competência do *marketing*. Em geral requer uma mudança de postura da instituição em relação à política de preços ou de mudanças físicas. O responsável pelo *marketing* deve não somente aceitar o problema e traçar táticas para resolvê-lo, como também criar estratégias e táticas para convencer a direção a fazer a sua parte. Afinal, se o departamento de comunicação tentar resolver o problema sozinho, fracassará.

Um plano de comunicação completo é aquele que estabelece com clareza qual o ponto a ser trabalhado ao longo do ano, qual será trabalhado no ano seguinte e, quem sabe, até no outro ano.

Linha estética

Na época dos vestibulares, há um bombardeio por uma infinidade de ações publicitárias produzidas por diferentes IES, quase todas com as mesmas mídias e com os mesmos apelos. Nessa selva de anúncios, uma das soluções para escapar do lugar-comum é construir uma identidade visual, de forma a consolidar definitivamente a marca por meio do reconhecimento realizado pelo público.

Daí a importância de sempre manter a mesma linha estética de uma campanha. Afinal, assim é fortalecida a marca e contribui-se de forma incisiva para o posicionamento proposto por qualquer instituição.

É natural pensar que, ao usar a mesma identidade visual em diversas campanhas, ter-se-à uma comunicação repetitiva, sob a pena de "cansar" os receptores. Mas está aí o real desafio para os profissionais responsáveis pela direção das IES: criar soluções para que a comunicação se mantenha alinhada e interessante, mesmo se, para isso, tenha que seguir alguns guias estéticos que irão manter um uníssono entre as diversas campanhas lançadas durante o ano.

Para isso, começa-se com a padronização de cores. Esse é o primeiro ponto a ser trabalhado para alcançar um resultado interessante. É incrível que as instituições não estabeleçam uma identidade visual a ser seguida na medida em que seus objetivos sejam comunicados, tanto na forma institucional quanto na promoção de seus serviços.

O padrão de cores tem, por princípio, a obrigação de possuir uma identificação com a instituição e com a marca. Algumas instituições levam tão a sério este quesito que, além de pintarem fachadas, passarelas, portas de salas, corrimãos e laboratórios com as mesmas cores, ainda adotam esse padrão em seu material pedagógico.

O manual de identidade corporativa estabelece limites para o padrão estético e não se resume apenas às cores. É imprescindível a produção de um "manual de identidade corporativa" que irá guiar a construção de peças institucionais e delinear o desenvolvimento de campanhas.

Um exemplo clássico para ilustrar a necessidade dos manuais é a definição do tipo de fonte utilizada pela IES, o que é mais complexo do que parece. Em primeiro lugar, deve-se definir a fonte ou as fontes a serem utilizadas e, principalmente, quais suas implicações. A relação entre a fonte utilizada e a IES é um dos quesitos de maior importância. Afinal, uma fonte moderna utilizada em uma IES que tenha um posicionamento de tradição vai provocar incômodo e uma sensação de estranhamento na leitura. Isso não se aplica apenas à escolha da fonte, mas de todos os elementos gráficos que representam a instituição.

Quanto mais criativas e interessantes são as campanhas, mais resultados as marcas obtêm. No entanto, deve-se pensar em alguns limites. Trabalha-se com campanhas que promovem um serviço muito específico e que possuem uma exposição de anos ao público a que se destina. Por isso, investe-se em criatividade e inteligência na comunicação, mas sempre com muita coerência e discernimento.

O manual de identidade corporativa ainda não se configura como *branding*. Para chegar a esse ponto, é necessário muita pesquisa e muito trabalho profundo para mapear a percepção de sua marca e de seus objetivos futuros junto ao público.

Independentemente da mídia utilizada, o mesmo padrão deve ser seguido. Tudo o que tiver sido afirmado até o momento estará atrelado à imagem que a rede social do futuro ou o estudante atual constrói sobre a marca, seja qual for a faixa etária em que se encaixe. Por isso, pensar na comunicação como um conjunto diverso, o qual necessariamente não tem que falar somente com o jovem, mas que necessita de identificação, é um objetivo a ser alcançado a qualquer preço. Dessa forma, o que se utiliza em peças impressas em uma campanha deve migrar para outros ambientes.

Se o foco for somente no público-alvo, deve-se saber se ele passa mais horas na internet do que vendo TV ou em outra mídia. Sendo esse o caso, o padrão visual a que ele está acostumado deve migrar da web e de outras plataformas de maneira interessante e instigante e, mesmo assim, lembrar a ele que tudo faz parte do mesmo trabalho e que pertence a uma determinada marca.

Cientes da percepção do profissional de *marketing* da IES e da agência frente ao público-alvo, a experiência tem mostrado que, depois de acertado o padrão de comunicação entre ambos, com o tempo, impreterivelmente, eles apresentam sinais de saturação com a linha aprovada. Nesse momento, vale lembrar que qualquer mudança deve estar apoiada por conceitos ligados à marca e que as partes ligadas ao processo de comunicação devem ter em mente que, por estarem expostos de forma incessante com o que é diariamente criado, é natural que se cansem dos mesmos padrões. Mas a exposição a qual o setor de *marketing* está vinculado não tem relação alguma com o que o público-alvo, por meio de diferentes pontos de contato, receberá no decorrer do ano em que é realizado.

Uma comunicação padronizada de forma correta possibilitará a criação de uma identidade para a instituição. Com isso, o público-alvo de sua campanha não ficará enjoado; pelo contrário, vai fazer o reconhecimento imediato de sua marca.

Ainda pensando no conceito de rede, deve-se ter muito cuidado para não criar uma linha muito *pop*. Na comunicação, estabelece-se um diálogo com pais, gestores de RH das empresas, etc. E eles, às vezes, podem não entender com clareza a mensagem. Nesse caso, o melhor é ter algumas peças de rede (comunicação com todos os *stakeholders*) e peças de *performance* ou conversão para o público-alvo.

Muito além do óbvio

Definido o problema, é chegado o momento de se comunicar com as redes. Mas itens como qualidade no ensino, professores qualificados, laboratórios equipados e biblioteca com muitos livros são ainda bastante comuns. Se ainda se usa algum desses argumentos ou todos eles para convencer o *prospect* a estudar em determinada instituição, é sinal de que, provavelmente, ela esteja bem estruturada, mas defasada na comunicação. Acontece que esses não são argumentos ou diferenciais da instituição. Afinal, não seriam esses os pré-requisitos para o funcionamento de uma IES? Embora existam várias instituições que funcionam sem a mínima estrutura, isso é um problema delas. O que interessa é criar, descobrir ou potencializar o que a instituição tem de melhor. Não se quer dizer que não se deva fazer uso desses argumentos, ainda mais se a comunicação for com a rede social do futuro aluno.

Procurar por um diferencial para o público-alvo é mais que elencar o que há na sua instituição: é criar um conceito que permeie o imaginário do jovem, que ultrapasse o senso comum, que fisgue o potencial estudante pela emoção, que realmente mereça a palavra diferencial. Isso, na verdade, é uma tarefa difícil e, talvez por isso, traga resultados melhores que a já batida fórmula criada por Guillermo Tângari: QE + PQ + LE (qualidade no ensino, professores qualificados, laboratórios equipados).

Geralmente, as instituições entregam suas contas às agências convencionais que, por sua vez, preparam campanhas convencionais. No entanto, a culpa não é só das agências. Todos têm culpa, e às vezes são as próprias IES que assistem passivas ao processo de planejamento das campanhas, deixando para participar apenas na fase da criação.

Quando acaba a campanha

A campanha de vestibular acaba na matrícula, e não na inscrição.

Depois de encerrado o processo de inscrição, normalmente o departamento de vendas da IES ou mesmo a central de relacionamento usa uma série de outras ações de venda com os futuros alunos. Nesse período, a comunicação pode e deve ser uma grande parceira. Por isso, é importante que a campanha vá até a matrícula, e não somente até a inscrição.

Por exemplo, em 2007, depois dos prazos normais de inscrição, foi proposta uma peça de *marketing* direto inusitada. Ao todo, 1.500 pizzas foram entregues nas casas dos que, até então, não haviam se matriculado. Essa peça (caixa da pizza) funcionou como um complemento da campanha de vestibular. Tinha o mesmo padrão estético, com a chamada: "Não deixe essa oportunidade esfriar. Faça sua matrícula". Do número total de peças enviadas, houve um retorno de 28% de matrículas em janeiro. Depois de comprovar, por experiência, que dá resultado a fase "captação de matrículas", o ato virou padrão.

Isso aponta para a possibilidade de que ações pós-vestibular, desde que muito bem feitas, agregam simpatia e uma relação diferente do futuro aluno com sua marca. Em contrapartida, nada disso tira o efeito do trabalho da equipe de vendas; afinal, como muito bem já definiram, "*marketing* está para venda assim como quem planta está para quem colhe. A ação do *marketing* é preparar e semear o terreno, e a função de vendas é colher os frutos". Nesse caso, a comunicação semeou, plantou e assistiu, satisfeita, a uma farta colheita.

Site da IES

Cada dia mais as instituições buscam adaptar suas instalações às novas realidades. São fachadas modernas, salas de aula com ar condicionado, *data show*, lousa eletrônica e muito mais. Mas quando é lançada a pergunta sobre como está o *site* da instituição, quase sempre a resposta é vaga e evasiva.

A verdade é que a grande maioria dos *sites* de IES ou dos colégios no Brasil são de qualidade duvidosa. Os mantenedores ainda não acordaram para a era da informação digital e vêm perdendo muito com isso. Afinal, a principal entrada – ou pelo menos a busca da primeira informação – se dá pelo *site* da instituição. E quem perde com isso são as próprias instituições.

Um *site* de IES deve, em primeiro lugar, primar pela facilidade na busca de informação. Uma navegação simples e linear que possua definição de padrão nos elementos visuais é apenas um dos recursos indispensáveis para o desenvolvimento de um bom projeto *web*. Os *sites* de IES, principalmente os portais, concentram um grande volume de conteúdo e, por isso, a importância de um estudo prévio para que as informações relevantes ao usuário sejam imediatas.

Quando a internet começou a se popularizar no Brasil e descobria-se como navegar, os *sites* de provedores de acesso (por exemplo, UOL) serviam como porta de entrada ao mundo virtual (daí o nome "portal"). Os mais experientes iam ao Cadê, *Yahoo*, e Altavista para filtrar *sites* classificados em seus diretórios.

Atualmente, muitos usuários, antes de arriscarem digitar "www.site.com" no *browser*, preferem procurar o próprio endereço diretamente no *Google*, que dá a resposta correta e direta com apenas um clique. A primeira opção é o *Google* tanto para encontrar o que esteja relacionado a palavras--chave específicas como "Vestibular 2009 São Paulo" como para encontrar as marcas específicas como "Universidade Católica de Brasília".

Muitas empresas acham que estão bem posicionadas se seus *sites* aparecem assim que alguém busca por sua marca. Porém, se um usuário procura por uma determinada marca, ele já está decidido. Por outro lado, se a busca for pelo serviço que sua empresa presta ou pelo produto que vende, caso a marca de seu concorrente apareça, um cliente foi perdido.

O *Search Engine Optimization* (SEO) e o *Search Engine Marketing* (SEM) é fazer com que a marca esteja presente sempre que usuários estejam buscando por termos que de alguma maneira estão relacionados a determinado negócio; é fazer com que a empresa ofereça um produto/serviço no momento em que o usuário precisa dele. E não se consegue isso simplesmente tendo um *site* no ar: é preciso metodologia e estratégia para conquistar esse espaço precioso.

É claro que trocar um *site* não é fácil nem rápido; porém, já se pode começar um exercício com o *hotsite* de vestibular, onde devem constar as informações de que o aluno necessita para se inscrever. Dessa forma, a relação dos cursos, suas informações, seus preços, o dia final da inscrição, a data da prova e o edital devem estar explícitos assim que o futuro aluno abrir a página, de preferência sem um menu tradicional (o que se denomina de *site* geográfico). Depois de observarmos, aprendermos, errarmos e testarmos, evoluímos para o *hotsite*, que foca o conteúdo de interesse do aluno. Consegue-se assim melhorar bastante a relação de acessos ao *site*/inscritos no vestibular, além de a economia para a IES ser muito grande.

Se a percepção da rede é importante, deve-se criar no *site* áreas específicas para os *stakeholders*. Por exemplo, os pais: deve haver um lugar em que o pai do futuro aluno possa buscar informações, seja sobre IGC, seja sobre outra forma qualquer que exista na época, seja até mesmo sobre a política de pagamentos. O importante é ter conteúdo relevante para ele.

Experiência

Quando o foco da comunicação é o público-alvo, a experiência é, sem dúvida, uma das melhores formas de captação de novos alunos para uma instituição de ensino, e esse artifício tem sido cada vez mais comum no mercado da educação.

Nada disso é novo. No ensino básico, a maioria dos pais, antes de matricular seus filhos, se preocupa em conhecer, conversar com a coordenação e "sentir o clima" na própria escola. Porém, no ensino superior isso é muito raro.

Não se quer dizer com isso que as visitas, hoje em dia muito presentes nas IES, não sejam uma realidade. Todas as IES possuem algum programa de coordenação de visitas, mas a grande questão é que, em sua maioria, elas não passam mesmo de uma simples visita, na qual os futuros alunos não têm a possibilidade de experimentar ou mesmo conhecer melhor a IES.

Ao longo de alguns anos promovendo e organizando mostras que, em sua maioria, apresentaram bons resultados, enfrentamos diversas situações e aprendemos que algumas ações são indispensáveis para o sucesso de um evento desse tipo:

- Coordenar a visita durante o período normal de aulas. Nada pior para um futuro aluno do que conhecer uma instituição vazia. É muito comum serem agendadas visitas na parte da tarde para não atrapalhar as aulas, mas para ver um prédio ou um laboratório o aluno não necessita conhecer uma IES.
- Não tentar "maquiar" a IES. É bastante comum a criação de verdadeiros cenários, caminhos, tapumes, etc. Aluno sabe o que é verdadeiro e o que é "maquiado", e sabe que tudo tem defeito.
- Não tratar aluno de ensino médio como aluno de ensino médio. Ele está entrando em uma faculdade e tem em sua mente que aquele lugar é diferente da escola. Deixe-o livre para conhecer o que quiser e experimentar o ambiente.
- Cuidar com o excesso de formalidade. Nas mostras que coordenamos, todo o contato com o futuro aluno é feito por estudantes da própria instituição. Sem apresentação formal de reitoria ou algo do tipo. O contato e a conversa devem ser realizados por estudantes, e, nesse momento, a palavra deles tem muito mais valor para um vestibulando do que a de um coordenador de curso. Ou seja, seu aluno vende sua instituição melhor que você.
- Evitar a tentação dos laboratórios. É comum, nas visitas à IES, concentrar a atenção nos laboratórios, como se isso fosse realmente novo para o futuro aluno. Laboratórios são quase todos iguais, e, quando de fato há uma diferença, o futuro aluno não conseguirá percebê-la.

- Abrir realmente as portas da IES. Quando, em uma instituição que atendíamos conseguimos convencê-los a realmente abrir as portas, obtivemos um dos nossos melhores resultados. Nessa ação, o futuro aluno pode assistir a uma aula real. No *site*, ele tinha acesso à grade de horários, aparecendo na faculdade para a aula desejada. É claro que para isso tivemos que fazer toda uma campanha interna com os alunos da faculdade para que os recebessem bem. Resultado: as inscrições tiveram um aumento de mais de 50%.
- Preparar-se para aproveitar oportunidade de receber bem os professores dos alunos do ensino médio e até mesmo os pais. Em algumas mostras, é bastante comum a visita de professores e até mesmo dos pais que acompanham os alunos. Aproveite essa oportunidade para causar uma boa impressão criando um ambiente agradável para eles. É interessante reservar um espaço vip onde eles podem ficar enquanto os alunos visitam a IES.

Confessionais

Acertar na comunicação de uma instituição confessional é um grande desafio, porque elas sempre ficam no meio termo entre uma formação tradicional, às vezes secular, e a preocupação em estar atenta à competição dos dias atuais. Também a percepção de imagem e credibilidade da rede é bem mais forte nas confessionais.

O detalhe está justamente no equilíbrio. As instituições não podem abrir mão de seus valores; afinal, são reconhecidas e admiradas por isso. Nas primeiras reuniões com clientes de IES confessionais, é muito comum gastar um bom tempo discutindo sobre esse ponto de equilíbrio, sem, portanto, alcançá-lo. Quando isso acontece, a campanha é lançada e só depois será analisada (se foi séria demais, muito agressiva, etc.) Nesse caso, o acerto é feito paulatinamente, e, de acordo com o que foi analisado, busca-se o tão almejado equilíbrio.

As instituições confessionais devem ser tradicionais na forma e agressivas no meio, ou melhor: é muito comum, nas estratégias usadas pela agência, utilizar uma linha de comunicação tradicional, mas não ultrapassada, e principalmente novos meios de comunicação. O uso de *link* patrocinado, *MSN*, anúncios e gráficos no *Orkut*, canais no *Youtube*, *Twitter*, monitoramento e comunicação em redes sociais já são realidade presente de muitos clientes confessionais.

Com essa postura e com uma série de esforços internos – pois não adianta comunicar o que não é verdade; e, como se sabe, a comunicação sozinha não funciona, é necessário um bom entendimento de mercado e o uso de métricas, – a Universidade Católica de Brasília conseguiu dobrar o número de novos matriculados em relação ao ano anterior e teve o melhor resultado de sua história. Tudo isso sem perder a causa, seus valores e sua função social.

Métricas

Nos últimos anos, são desenvolvidas, renovadas e aperfeiçoadas novas formas de controlar as campanhas. Em cada campanha de vestibular, por exemplo, os processos vão se afinando. Para isso, há a consciência de que as métricas hoje funcionam bem para verificar a comunicação em termos de público-alvo, mas ainda são muito insipientes para a rede.

O primeiro passo para desenvolver uma métrica foi concentrar o máximo possível das inscrições para o vestibular na *web*, pois assim o controle é bastante facilitado; afinal, ferramentas gratuitas como *Google Analytics* começaram a dar uma verdadeira noção do impacto de uma campanha. Isso só foi possível quando a cultura da web foi, de fato, assimilada pelas IES com as quais trabalhamos. Assim, ao criar um *hotsite* específico para cada campanha, foi possivel isolar o acesso de estudantes da instituição que consultam o portal do futuro aluno que busca especificamente informações sobre o processo seletivo. Com a simples adoção desse procedimento junto ao *Google Analytics*, é possível saber de onde vêm os candidatos, o tempo que eles ficaram no *site*, qual o *site* de origem, a taxa de futuros alunos que entraram no *site* e logo desistiram, dias de maior acesso, e assim por diante.

O segundo passo é cruzar os acessos ao *site* com o número de inscritos por dia em um gráfico simples de duas linhas. Com isso, verifica-se se a curva de inscrição segue a curva de acessos. Já de posse desses dados, sabe-se qual mídia entrou no ar naquele dia, e tal artifício permite conhecer quais foram as que geraram mais acesso. Isso não vale só para mídias na internet, mas também para toda campanha *off-line*, uma vez que se usa a nomenclatura "vestibular" em todos os anúncios. Assim tornou-se possível verificar que, no dia em que o *outdoor* entrava na mídia, os acessos ao site subiam em x%, quando entrava TV, subia em mais y%. Consequentemente foi possível verificar quando as inscrições cresciam na mesma proporção, pois descobrimos que diversas mídias conseguiam gerar muitos acessos ao site, mas com poucas inscrições efetivadas. Por isso, nas campanhas subsequentes, determinadas mídias foram eliminadas.

À medida que adotávamos ferramentas de controle de campanhas na *web*, sabíamos quantos boletos de inscrição tinham sido gerados em determinado anúncio de determinada página. Para cada peça criada, um código era inserido para ser depois rastreado até o ato da inscrição. Isso tornou possível o acompanhamento da origem, do trajeto, do tempo e dos cliques de cada candidato inscrito. Mais uma vez, muitos sites que nos davam um número de acessos gigantesco, mas geravam muito poucos boletos, foram retirados da campanha de mídia.

Paralelamente, intensificamos a compra de *links* patrocinados e, após implementar as ferramentas de controle e novas formas de se fazer esse tipo de campanha, conseguimos chegar a números incríveis, principalmente de quanto custa a conversão de cada aluno individualmente.

Ao final desses processos, foi possível verificar o custo da captação de um aluno impactado por meio da mídia *off-line*, de anúncios na *web*, de *messenger* e *link* patrocinado. Pois, de forma simultânea, trabalhávamos com dois gráficos de pizza: um de como tinha sido investida a verba daquela campanha, *off-line*, *on-line*, *messenger* e *link* no *Google* e, no outro gráfico, quantos boletos foram emitidos por cada uma das contas. Neste momento houve mais uma readequação da mídia, pois tínhamos um grupo que detinha apenas 3% da verba investida, mas do qual obtivemos 27% dos boletos emitidos.

E as ferramentas continuam evoluindo, bem como nossa curva de aprendizagem; com muita colaboração do cliente, conseguimos rastrear até mesmo a matrícula do aluno. Então, em um processo inverso, conseguimos identificar que, por exemplo, um aluno matriculado em dezembro no curso de Direito fez sua inscrição em 16 de outubro quando clicou no verbete "vestibular de direito", em uma comunidade de Direito no *Orkut*. Nessa nova métrica, conseguimos rastrear a origem de 89% dos alunos matriculados.

Evidente que nos desdobramos, junto dos clientes, para criar essas métricas, porque ninguém quer nem pode jogar dinheiro fora. Essa intensa busca do acerto de mídia, junto a outras táticas, nos proporcionou até o dobro do número de alunos matriculados em relação ao mesmo período do ano anterior, e uma redução em até quatro vezes do custo do aluno matriculado.

Redes sociais na internet

Em reação às redes socias, a quantidade de informações atualmente é vasta. Mas cabe listar alguns de seus usos na comunicação das IES:

- Hoje em dia, a principal fonte de pesquisa sobre uma marca é o que está postado sobre ela em *blogs, Twitter* e *Orkut*, por exemplo. Por isso, o acompanhamento do que está postado deve ser diário.
- Segundo uma pesquisa do Ibope, 56% dos brasileiros das classes ABC consultam opiniões de outras pessoas em redes sociais antes de comprar determinado produto ou serviço. É importante, então, não contaminar a mostra, evitando criar discussões no *Orkut*, por exemplo. Quer-se descobrir se aparecem informações espontâneas, e não geradas. Por exemplo, quando sai a nota da avaliação da OAB, deve-se observar se os alunos vão comentar a nota da instituição.
- Se a pesquisa for diária, depois de algum tempo, é possível entender padrões de comportamento de alunos na rede em relação à marca.
- Recomenda-se que a IES só tenha perfis oficiais em redes sociais se tiver alguém para abastecer esse conteúdo, o que é muito difícil.
- Em contrapartida, incentivar alunos a terem perfil no *Linkedin* e no *Facebook*, por exemplo, ajuda a acompanhar a vida egressa deles e, quem sabe, até mesmo criar programas de relacionamento.
- Outro uso das redes na internet é avaliar qual a percepção que alguém teria de sua marca e de seus concorrentes: escolha cinco concorrentes e avalie quais são os pontos que deve trabalhar.
- Outro bom uso acontece na orientação da comunicação na fusão. Por exemplo, uma empresa que venha a comprar outra pode avaliar se a IES a ser comprada tinha compatibilidade. Isso orienta a comunicação, pois se conhecem os pontos fracos da comprada e sabe-se como isso será minimizado com a nova mantenedora.

Novas ferramentas vão aparecer o tempo todo, mas o uso delas depende muito da aceitação pelos usuários e sua compatibilidade com o negócio da educação. O fundamental é testar e verificar se há afinidades entre a proposta educacional ou o posicionamento e a rede social na internet.

Retenção

Novo foco na comunicação.

O grande foco dos departamentos de *marketing* das IES tem sido a captação de novos estudantes. Por esse motivo, atualmente, todas as medidas de desempenho são calculadas de acordo com o número de inscritos e matriculados nos processos seletivos, o que tem servido inclusive de parâmetro para avaliar o trabalho do departamento e da agência de publicidade.

Em contrapartida, os números apontados no INEP/2009 desmotivam quem pretendia continuar com a mesma estratégia que vinha dando resultado até então. Ao analisar os números anteriores (2006, 2007 e 2008), ficou claro que o mercado se estabilizou e que o crescimento foi muito menor que o dos anos anteriores. Ou seja, por mais competente e assertiva a campanha, os números do processo de captação tendem a cair pouco a pouco.

Tendo em vista o novo cenário, o foco do *marketing* deverá se dividir em captação e retenção. De acordo com os números do INEP/2009, o mercado de ensino superior privado no Brasil tem uma taxa de evasão de 45% até o final do ciclo de quatro anos, argumento mais que suficiente para focar também a retenção.

Tal acontecimento é uma evolução natural do setor, uma vez que quase todos os setores da economia estão ou já passaram por isso: mudança da captação para retenção. No caso das IES, o desafio é, em primeiro lugar, entender o porquê de uma evasão tão alta. O segundo desafio é aprender o que fazer para evitá-la e, por fim, qual o papel do departamento de *marketing* e comunicação nessa nova etapa.

Algumas IES já criaram departamentos de retenção. Por exemplo, São Camilo, em São Paulo, que, com um departamento montado e estruturado, conseguiu reduzir o número de desistências em mais de 50% dos casos.

Em contrapartida, uma campanha de retenção não resolve a questão. Na pior das hipóteses, o aluno que frequentou determinada instituição do início até a metade do ano já esteve, no caso de aulas presenciais, mais de 120 vezes na escola ou na faculdade. Por isso, se ele quer sair, algo não está satisfazendo suas expectativas. Se isso for verdade, um ajuste deve ser feito no produto, mas uma campanha não deve ser realizada. É claro que o aluno não vai gostar de tudo, que vai reclamar que não tem condições de pagar ou que o curso escolhido não era o que pensava. Isso acontece mesmo, e não há como mudar muito. No entanto, acreditar que uma campanha de *marketing* por duas semanas no final do semestre, normalmente com forte apelo financeiro, vai mudar a opinião do aluno sobre a instituição é ilusão. Se o índice de evasão está muito alto, não é uma campanha que resolverá isso. A solução será alcançada por meio de mudanças no produto. Nessa hora, um diagnóstico de como fazer as mudanças necessárias para segurar o aluno será primordial.

Há um limite de competência na instituição de ensino. O dirigente ou mantenedor, antes de usar o artifício de criar uma campanha de retenção para segurar alunos deve pelo menos discutir com seu corpo diretivo o porquê de isso estar acontecendo. Se providências estratégicas não forem imediatamente tomadas, então no semestre seguinte a grande maioria dos alunos já terá ido embora.

Armando a rede

No início do capítulo dissemos que concluiríamos com as descobertas das ciências das redes de Bernardo Toro, educador colombiano, que tem em seu foco de trabalho a recuperação de comunidades degradadas. Seu questionamento principal era como algumas comunidades floresciam enquanto outras, com os mesmo recursos, com mesmas pessoas, às vezes não conseguiam os mesmos resultados.

Depois de muito observar, ele chegou à conclusão de que, para uma rede social, no caso de escolas de favelas, é necessário armar uma rede antes de armar a rede de interesse.

As pessoas que querem armar uma rede têm que ter entendimento, clareza, criatividade, força de vontade e principalmente ausência de hierarquia para que sua rede consiga armar uma rede maior.

No caso de IES, ainda é muito comum que a decisão sobre uma campanha passe pela escolha individual do gestor de *marketing* ou comunicação, ou até mesmo do mantenedor.

Por experiência, os melhores resultados foram sempre obtidos quando uma rede foi armada antes, quando sentam na mesma sala mantenedor, gestor de *marketing* ou comunicação, pró-reitores de graduação, pessoal da área financeira, coordenadores de curso, agência e assessoria de imprensa. Todos possuem o mesmo objetivo, alinham o mesmo pensamento e principalmente a tomada de decisão. Quando essa rede arma-se, os resultados são da IES.

É bem comum termos reuniões de 5 ou 6 horas, em que todos os pontos de vista são esclarecidos, os *briefings* são passados para todos e, quando a agência apresenta suas ideias, todos estão presentes, todos dão opiniões, todos se envolvem realmente na solução do problema. Quando essa rede se arma, os resultados são da IES, e não do *marketing*, ou da agência ou do mantenedor.

Referências

BARABÁSI, A.-L. *Linked:* how everything is connected to everything else and what it means. New York: Plume, 2003.

STROGATZ, S.H. *Sync:* how order emerges from chaos in the universe, nature, and daily life. Nova York: Hyperion, 2004.

WATTS, D.J. *Six degrees:* the science of a connected age. New York: W.W. Norton, 2004.

17

Área financeira
o desafio das mudanças no setor e no papel do gestor

F. Solano Portela Neto

A área financeira e os seus executivos em uma década de mudanças

A melhor coisa sobre o futuro é que ele chega um dia de cada vez.

Abraham Lincoln

Doris Day estava errada! Ela foi a estrela principal do filme clássico de Alfred Hitchock – "*O homem que sabia demais*" (1956). Lá pelas tantas, Doris cantarola "Que será, será. Aquilo que for será. O futuro não se vê. Que será, será". Não podemos ver o futuro, é verdade, mas ela estava 100% errada (Fraser, 2007)![1] Não fomos colocados nesse mundo para ter uma visão fatalista do futuro, ficando impassíveis ao curso e ao contexto da história, fazendo o que sempre fizemos, insensíveis às mudanças que estão a ocorrer, clamando por modificações nas pessoas e nas instituições das quais fazemos parte. Precisamos de iniciativa para enfrentar o desafio das mudanças, procurando formatar o futuro com as escolhas que fizermos no presente.

---

[1] O livro traz um tratamento leve, mas pertinente, de mitos empresariais que deveriam ser demolidos, ressaltando a necessidade de sensibilidade à necessidade de mudanças institucionais.

Um dos maiores desafios na gestão das instituições de ensino superior (IES) contemporâneas é a ocorrência de grandes mudanças em sua administração. Elas foram provocadas pela globalização, pelo desenvolvimento de novas tecnologias de informação, pelo surgimento de novas IES, acirrando a concorrência, e, mais recentemente, por crises financeiras conjunturais e sistêmicas. Com efeito, desde que adentramos o século XXI somos testemunhas dessas grandes mudanças no papel dos altos executivos e de suas respectivas áreas, não somente nas IES, como também no mundo empresarial como um todo.

As crises financeiras, especialmente a de 2008-2009, cobraram um pesado preço do mundo empresarial e das IES. Deixaram, nestas, nenhuma outra alternativa a não ser a necessidade de repensar não somente a competência e a qualidade de seus processos acadêmicos, como também a estrutura de sua administração. Na área acadêmica, a busca pela excelência revelou-se um requisito mínimo para manter um corpo discente estável ou crescente. Na administração das IES, em todas as suas facetas, aflorou igualmente a necessidade de reformulações. A letargia ou a mera continuidade dos processos e das divisões estanques que têm caracterizado as áreas de apoio das IES têm comprometido e continuarão a comprometer a sustentabilidade econômico-financeira das instituições. O antídoto é estar em sintonia com as mudanças que têm ocorrido: de onde procedem; como identificá-las; como se enquadrar nelas com naturalidade; e como se certificar de que as ações e as reações corretas chegam à ponta, afetando positivamente o resultado global da instituição. Afinal, todos querem ser protagonistas, e não meros espectadores do futuro.

Seguramente é na área financeira que as mudanças têm sido mais impactantes, visão quase unânime no meio de analistas e de executivos do setor. Um veterano da área, Sal Rinela, ex-presidente da Austin Peay State University,[2] no Tennessee, resume isso da seguinte maneira: "Gestores da área financeira, hoje em dia, têm que ser muito mais do que nas décadas passadas. Isso inclui envolvimento no planejamento das instalações e edificações, sem comprometimento dos ativos financeiros, sendo tanto estrategistas como empreendedores, bem como levantadores de recursos e catalisadores do todo".

---

[2] *The Role of the Chief Financial Officer Expands*, artigo de 12/02/2009. Sal Rinella é atual presidente da Sociedade para o Planejamento de Faculdades e Universidades (*Society for College and University Planning*), nos Estados Unidos e consultor da Stratus Heery International Inc. – empresa atuante junto a IES. Vide: http://chronicle.com/blogPost/Sal-Rinela-The-Role-of-the/5418/, acessado em 11.08.2010.

Empresas de consultoria de renome, como a KPMG,[3] a Ernst & Young[4] e outras têm promovido ou divulgado pesquisas e publicado relatórios que enfatizam as mudanças no papel da área e do gestor financeiro. Estudos acadêmicos sérios[5] ou promovidos por entidades governamentais[6] demonstram preocupação em destacar essa centralidade do gestor financeiro nas mudanças das organizações e instituições. Destes, também foram extraídos alguns *insights* valiosos para o tratamento das mudanças na área financeira e de seus impactos na vida e na função dos gestores.

Nesse quadro, o gestor financeiro maior, qualquer que seja seu rótulo funcional – será utilizado Chief Financial Officer (CFO), pela ampla aceitabilidade do termo no mundo dos negócios –, recebe a carga maior para modernização e atualização da gestão econômico-financeira de suas áreas. Essa modernização, junto das mudanças, envolve um consequente entrelaçamento crescente com as demais áreas da instituição.

Portanto, o CFO de uma IES deve ser um conhecedor do passado, um analista das tendências e um arquiteto do futuro, interagindo com todas as demais áreas da IES, especialmente no assessoramento e no apoio à gestão maior. Além disso, deve ser um bom comunicador, transmitindo esse papel dentro das limitações de cada cargo a todos os seus colaboradores. Esse papel e a missão têm que ser desempenhados em paralelo a uma supervisão rotineira, na qual se certifica que a estrutura operacional rotineira funciona transparente e eficientemente. As mudanças no setor e no papel do gestor financeiro certamente representam grandes desafios para esta segunda década do século XXI.

A década 2000-2010 também consolidou a expansão e a proeminência da tecnologia de informação (TI). Os sistemas de informação tornaram-se não apenas mais sofisticados, mas sobretudo integrados. Deixaram a fun-

---

[3] *A Evolução da Função Contábil Financeira*, de Peter Van Dijk. Artigo publicado na Revista: *KPMG Business Magazine* (07), p. 45-50, no qual o autor divulga resultado de pesquisa realizada pela *The Economist Intelligence Unit*, realizada com mais de 280 executivos financeiros de topo.

[4] *The Changing Role of the Financial Controller* – relatório de pesquisa realizada com gestores financeiros e consultores da área, elaborado e distribuído pela Ernst & Young – UK, publicado na Inglaterra em 2008.

[5] Como exemplo, leiam *The Role of the CFO in Organizational Transformation*, estudo promovido pelo Perth Leadership Institute, disponível em www.perthleadership.org, acessado em 10/08/2010.

[6] Como exemplo, apresentamos o estudo australiano publicado pela Auditoria Geral do Estado de *Victoria: Chief Finance Officer: Role and Responsibilities* (Ego Press: Victoria. ISBN: 0 9750755 3 5)

ção de registros, arquivos e processamento básico para a de poderosos bancos de dados relacionais, nos quais a inteligência dos negócios pode ser avaliada. As tomadas de decisões passaram a ser respaldadas em análises profundas do ambiente empresarial, e as simulações e as análises de risco têm sido possibilitadas com precisão nunca antes alcançada.

Certamente, o CFO e suas áreas passaram a ter maior interatividade com o setor de TI e com o seu gestor maior – Chief Information Officer (CIO). Em alguns casos, o próprio setor de TI tem sido conjugado ou subordinado à área financeira. Em outros, ocorre o que a consultoria *Smallcart, Innovation and Technology* aponta. Em uma Newsletter intitulada Os Papéis Mutantes dos CIOs e dos CFOs: Responsabilidades Compartilhadas, ela indica que as instituições, tanto as pequenas como as grandes,

> lutam para incrementar a lucratividade total re-examinando seus modelos de negócios, bem como contestando e atualizando os conceitos tradicionais e responsabilidades bem definidas de seus principais executivos (...) não é mais suficiente para os CFOs terem o domínio das finanças; estabelecer objetivos financeiros que se encaixem nos objetivos do negócio; elaborar orçamentos de despesas e possibilidades de fluxos de caixa; nem procurar conhecer os caminhos financeiros mais saudáveis dos seus negócios (...) Muitos dos CFOs contemporâneos precisam participar ativamente de decisões tecnológicas em seus negócios....por outro lado, não é mais suficiente para os CIOs permanecerem focados no desenvolvimento de soluções eficazes e eficientes. Nos dias atuais os CIOs devem se concentrar nos custos (...) as instituições modernas, para progredirem, não podem se dar ao luxo de terem os CFOs e os CIOs operando seus setores independentemente (...) Precisam trabalhar juntos em um meio ambiente compartilhado.[7]

As instituições que confrontam seriamente os desafios que as levarão a 2020 reconhecem a necessidade destas mudanças, bem como do exercício da criatividade, em seus processos e produtos. Chegou-se ao ponto em que algumas estão criando um novo tipo de executivo de topo cujo escopo de trabalho é gerar inovações nos processos e nos negócios cerne (*core business*) – o Chief Innovation Officer. A sigla CIO se confunde com a do res-

---

[7] *Changing Roles of CIOs and CFOs: Shared Responsibilities*, por Meg Chiang, em: http://www.smallcart.com/extremesm/it-financial/changing-roles-of-cios-and-cfos-shared-responsibilities/ acessado em 11/08/2010.

ponsável pela TI, e muitas instituições até conjugam as duas funções neste último por sua necessidade de estar atualizado com a tecnologia de ponta, sempre pensando no futuro. Aos que contestam a necessidade de uma atividade tão especifica, algumas consultorias[3] têm replicado que o debate dos anos de 1970 era sobre a necessidade do CFO – não bastavam os contadores e os nascentes *comptrollers*?

Nas décadas de 1980 e 1990, o debate deslocou-se para a necessidade de CIOs (da TI) – eram mesmo necessários? Não havia as grandes fornecedoras de equipamentos e programas suprindo as necessidades das empresas? Pois bem, o debate atual é sobre a necessidade da inovação, até com um CIO próprio. A contenção e o alerta são que o CFO deve ser o ponto central da instituição, aglutinando em si tais mudanças e agindo como o catalisador das inovações. Em suas interações com todos os setores, desenvolverá uma visão dos negócios e do futuro que proverá assessoria eficiente e um trabalho de parceria eficaz com o CEO e com a alta administração estratégica da instituição, o conselho maior.

Mesmo que o futuro chegue paulatinamente, como encará-lo e preparar-se para ele? *Quais são*, exatamente, algumas das mudanças e movimentações nas áreas financeiras que já vêm acontecendo e que podem ser esperadas para os próximos anos? Diante de tais mudanças, quais os impactos que elas terão *na função do gestor* financeiro? Ainda, compreendendo-se que o escopo das funções apresente mudanças, quais as modificações resultantes nas *ações* do gestor financeiro? E, em todo esse quadro de mudanças, o *poder* do gestor financeiro nas instituições aumenta ou diminui? São essas as questões tratadas a partir de agora.

Movimentações em andamento e outras que são esperadas na *área* financeira

Mudança é o processo pelo qual o futuro invade nossa vida.

Alvin Tofler

A área financeira sempre foi identificada com o registro de transações históricas (eventos passados) e com controles. Uma grande ênfase foi aplicada

---

[8] Ver, por exemplo, *Is a Chief Innovation Officer Necessary?*, por David Silverstain da Real Innovation.com, em: http://www.realinnovation.com/forum/showmessage.asp?messageID=433, acessado em 13/08/2010.

no sentido de que os registros fossem corretos e confiáveis. A otimização do processamento sempre foi uma preocupação – diminuição do percurso no fluxo documental, a eliminação das duplicidades de lançamentos, entre outras medidas, sempre visando a encurtar o prazo de fechamento dos relatórios. Eles forneciam o alicerce para as análises iniciais e resultavam em relatórios adicionais para as instâncias superiores, mas sempre com a concentração no que aconteceu.

Preparando-se para o futuro, a área financeira já deve atuar de maneira diferente. Nenhum dos aspectos anteriores deixou de ser importante; no entanto, a utilização de sistemas de informação de última geração automatiza e unifica a maior parte dos registros. Somado a isso, quando o modelo de gestão esperado e objetivado para a instituição é alimentado adequadamente nesses sistemas, em módulos apropriados, há a geração de poderosos relatórios analíticos em um ambiente de *inteligência dos negócios* (*Business Intelligence – BI*), que servem para aferir a estratégia aplicada e aquela a ser empregada no futuro. O que muda? O foco da área financeira não é apenas o registro histórico, mas a elaboração de relatórios associados às tomadas de decisões estratégicas. Ela passa de registradora de dados para criadora de valores.

Historicamente, a área financeira tem dedicado considerável tempo harmonizando sistemas informatizados que foram desenvolvidos por um dado período. Isso seria tarefa óbvia do departamento de TI, mas o setor financeiro, como um dos principais usuários, termina "pegando" a maioria dos problemas e das inconsistências, agindo como mola mestre das solicitações de adequação aos profissionais de TI. Uma grande IES que se encontra em processo de implantação de um sistema integrado após anos de utilização de sistemas modulares e próprios fez um levantamento e verificou a existência de 140 módulos ou sistemas que procuravam "conversar entre si" para atender às necessidades da instituição. A cada necessidade de processamento, um novo programa era desenvolvido, alguns bastante básicos e com interface canhestra; outros utilizando linguagens e recursos de ponta. É desnecessário frisar as inconsistências geradas entre esses sistemas, as ocorrências de cadastros múltiplos, as necessidades de dupla digitação ou de processamentos em lotes em um ambiente complexo dessa natureza. Grande parte dos problemas aflorava na área financeira, que perdia tempo considerável em interatividade com a TI, além das conciliações repetidas e necessárias realizadas a cada fechamento de mês.

A grande mudança providenciada por um sistema integrado, com um único banco de dados relacional, afeta direta e positivamente a área financeira, pavimentando o percurso para o futuro. As IES que querem se situar competitivamente procurarão soluções integradas que venham a liberar tempo para a área financeira (entre as demais outras) que será dedicado à otimização das análises e à estruturação de relatórios. A integração dos setores em um único banco de dados, que impede os efeitos conturbadores da dupla digitação, não somente traz precisão comprovada ao processamento, como também possibilita que os relatórios básicos de avaliação e controle sejam apresentados dentro dos prazos, e mais ainda: com a possibilidade da consulta em tempo real até o fechamento.

A área financeira sempre foi conhecida como uma área de visão intrínseca, interna, rotineira, que está preocupada com as operações circunscritas aos limites da instituição, aquela que procurar aferir todos os aspectos financeiros internos e que olha externamente apenas para captação ou aplicação de recursos. No entanto, ela está mudando, e não há alternativa para que não passe a adotar uma visão extrínseca. A área financeira, enquanto mantém e não se descuida dos registros e dos controles internos, passa a levantar e se preocupar cada vez mais externamente com o ambiente de negócios, com o cenário educacional, com a realização de *benchmarkings* (aferição do desempenho da instituição com outras que lideram e se destacam) e com o suprimento de informações que formularão estratégias institucionais.

Em vez de mera despenseira de recursos financeiros, a área financeira ficará conhecida gradativamente como prospectora de oportunidades valiosas, tanto pela familiaridade e interação com o ambiente de negócios como pela maior aproximação com os setores comerciais da instituição e com sua gestão maior.

Em resumo, a IES que procura se situar na vanguarda, sabendo que com certeza vai invadir nossa vida, terá sua área financeira em franca movimentação do Quadro 17.1 da esquerda para o da direita:

Impactos das mudanças da área financeira na *função* do gestor financeiro

Estude o passado, se você vai definir o futuro.

Confúcius

Obviamente, se a área financeira encontra-se em movimentação e mudanças, o gestor financeiro, quer seja o CFO, quer sejam aqueles que se encontram em níveis gerenciais nas IES, atravessa diversas modificações em

Quadro 17.1
Previsão para o caso das IES

De (Agora)	Para (2020)
1. Processamento, compilação, correção e análise de relatórios de transações históricas 2. Tempo gasto na harmonização de sistemas de TI 3. Visão intrínseca (interna, rotineira) 4. Despenseira de recursos financeiros	1. Relatórios associados às tomadas de decisões estratégicas, à criação de valor 2. Tempo ganho com a integração e com o processamento imediato de sistemas de TI 3. Visão extrínseca (ambiente e estratégia) 4. Prospectora de oportunidades valiosas

suas funções. Aqueles que não quiserem perder o "avião da história" (pela velocidade com que as coisas estão acontecendo, não dá para utilizar a expressão "bonde da história") não terão outra opção que não seja procurar o enquadramento no perfil do gestor financeiro do futuro.

Uma observação fundamental é que as funções básicas continuarão as mesmas. O CFO terá que continuar exercendo a gestão dos controles da instituição. Não há substitutos para os registros sistemáticos, periódicos e confiáveis que devem fazer parte da rotina de todos os setores com a convergência na área financeira. A diferença, como já tratado, está na utilização consciente de ferramentas tecnológicas de ponta que racionalizam o tempo e permitem níveis de relatórios, análises e simulações com um relativo grau de facilidade. Isso permite que novas facetas, nuances e funções sejam agregadas de forma natural, na medida em que a centralidade das finanças e a sustentabilidade financeira recebem o foco principal da alta administração.

Assim, o CFO migrará de um detalhador e pulverizador de dados para alguém que procurará pinçar e destacar os dados realmente relevantes à alta administração. A gestão moderna dos conselhos e do CEO, ao mesmo tempo em que está preocupada com que os diversos setores da IES tenham acesso a seus dados específicos setoriais, concentrar-se-á cada dia mais nos dados consolidados ou nos cruciais, de importância estratégica ao planejamento delineado para a instituição.

O CFO deixa seu papel primordial de concentração nos números *registrados*, para concentração nos números *projetados*. Isso não significa apenas um interesse na melhor elaboração do orçamento para o exercício seguinte – tarefa básica que continuará –, mas na projeção do percurso de sustentabilidade financeira para os anos à frente, considerando todas as interseções possíveis com o ambiente, a conjuntura e o planejamento estratégico da instituição.

O CFO deixa de ser aquela pessoa que tem constantemente o *olhar retroativo* para exercer um *olhar proativo*, no qual conserva um olho no passado e o outro voltado ao futuro. Seus relatórios deixam de ser apenas *relatórios de desempenhos*, mas se apresentam muito mais como *relatórios de possibilidades*. Nesses, cria-se um foro de ampla discussão sobre os diversos cenários que aguardam a IES, se este ou aquele curso de ação for seguido, com amplo respaldo numérico às decisões, em vez de seguimento de meros "sentimentos" ou opiniões subjetivas e improváveis de um ou de outro conselheiro.

No papel tradicional, o CFO era um *relator das mudanças* que haviam ocorrido na instituição, quer por força maior das circunstâncias e da conjuntura, quer por decisões arbitrárias tomadas intuitivamente. Agora e nos anos à frente, ele deve ser um *antecipador de mudanças*, ou seja, fornecerá os subsídios para as modificações que precisam ser implementadas, avaliará os perigos e as oportunidades à frente, com a manutenção do curso corrente, e não terá receios em sugerir as alternativas necessárias que podem representar a diferença entre sobrevida e progresso e a morte prematura da instituição.

Pessoalmente, os gestores financeiros sempre foram vistos como *sombrios e frios*, aqueles sujeitos totalmente concentrados em seus cálculos, sempre falando em corte de custos, com pouca ou reduzida capacidade de comunicação, portadores de HP12C[9], dispositivo fora do alcance operacional dos meros mortais que os rodeiam. A tendência, entretanto, é a mudança desse perfil. O CFO do futuro tem que ser *empolgante e excitante*. Deve ser bom comunicador, pronto a apresentar e a discutir os relatórios e os demonstrativos, convencendo pelos dados aqueles que precisam decidir o futuro da instituição. Ou seja, o CFO não pode mais ficar

---

[9] A calculadora mais utilizada no mundo das finanças, considerada o modelo de equipamento eletrônico mais resistente à passagem do tempo. Lançada em 1981, apesar de sua peculiar lógica de digitação, permanece por 30 anos praticamente sem variação do modelo original, ainda com ampla aceitabilidade.

confinado aos limites tradicionais do seu papel anterior e deve cuidar da imagem que projeta.

Com relação aos subordinados, o CFO deve conscientizar-se de que ele não é mais o senhor de um feudo. Nem deve encontrar relacionamento apenas entre seus pares, nas reuniões setoriais financeiras, como se fosse o grão mestre de uma confraria. Sua visão deve encontrar maior amplitude: ele passa a cooperador, junto com seus subordinados, do processo de transformação que inexoravelmente atinge a instituição da qual faz parte. E, em vez de participante de uma sociedade secreta e impenetrável, passa a ser reconhecido como líder que transpira respeito, exatamente por respeitar e se interessar por todos os demais aspectos do negócio.

Em resumo, as *funções* do CFO que quer definir o futuro mudam. Conforme o Quadro 17.2, ele deve passar a ser reconhecido não somente como o "cara que gosta de números", mas como aquele que "gosta do negócio".

Mudanças nas *funções* geram modificações nas *ações* do gestor financeiro

> *Mudança é a lei da vida. Aqueles que olham apenas para o passado ou para o presente vão perder o futuro.*
>
> John Fitzgerald Kennedy

Quadro 17.2
Qualidades a serem desenvolvidas pelos CFO

De (Agora)	Para (2020)
1. Gestão dos controles	1. Gestão dos controles
2. Detalhador	2. Eliminador de detalhes
3. Concentração em números registrados	3. Concentração em números projetados
4. Olhar retroativo – dois olhos no passado	4. Visão proativa – um olho no passado e outro no futuro
5. Relatórios de desempenho	5. Relatórios de possibilidades
6. Relator de mudanças	6. Antecipador de mudanças
7. Sombrio e frio	7. Empolgante e excitante
8. Senhor de um feudo – grão mestre de uma confraria	8. Cooperador – Líder que transpira respeito mútuo
9. Gosta de números	9. Gosta do negócio

Se a IES tem uma área financeira típica, ela possui uma controladoria, que pode ser conjugada à contabilidade. Toda a gestão de registros e controles financeiros e numéricos do negócio possivelmente está concentrada em uma dessas áreas. Considerando os sistemas de tecnologia atuais que continuam a ser aperfeiçoados, não há qualquer razão para a convergência dos registros em apenas uma área ou setor da instituição. Portanto, a primeira ação a ser tomada é a descentralização e a automatização dos registros nos pontos mais próximos do lugar onde os eventos ocorrem. Se são relacionados com o setor de compras, que se processe tudo no recebimento ou no almoxarifado; se são registros pertinentes à área acadêmica, que as contrapartidas contábeis dos processos acadêmicos fluam da secretaria geral, e assim por diante. Mais ainda: deve-se democratizar a informação financeira, fazendo com que os que registram tenham também os resultados setoriais bem abertos, para que possam tomar ações de racionalização e ser cobrados com conhecimento de causa. Foi-se o tempo em que a "confidencialidade" dos dados financeiros impelia relatórios apenas à alta administração. Os setores de ponta, os departamentos e as coordenadorias acadêmicas detêm o poder de imprimir lucratividade ou prejuízo à operação. Descentralizar, departamentalizar e democratizar as informações leva à gestão eficiente.

Muito tempo do CFO é gasto na verificação detalhada dos relatórios analíticos periódicos. O fechamento contábil-gerencial de uma IES de grande porte, elaborado mensalmente, pode chegar facilmente a um "livro" de 100 ou mais páginas. Para acomodar as novas funções e as mudanças de papel que já se apresentam ao CFO do futuro, as verificações detalhadas devem igualmente ser delegadas aos setores que terão maior proveito com as análises e maior condição de realizar a sintonia fina de seus processos, alinhando-os com os objetivos maiores da Instituição. Ao CFO caberá descobrir maneiras de aflorar os pontos decisórios que clamam por ações do CFO e do conselho, aqueles que gravitam no percurso estratégico da instituição e os que representam decisões maiores, impossíveis de serem delegadas.

Por outro lado, às vezes, em função exatamente do excessivo detalhamento dos relatórios, eles são olhados superficialmente e remetidos de imediato ao CEO ou ao conselho, com comentários triviais. Enquanto se defende que o CFO não precisa se deter em minúcias e detalhamentos, isso não significa que o olhar não deva ser penetrante. A mente deve ser exercitada para discernir os pontos relevantes. Mas a questão principal é que a última palavra sobre os relatórios financeiros *tem* que ser do CFO, e não apenas um repasse das observações da controladoria ou da contabilidade. Na medida em que há ascendência na importância do CFO na instituição, ele precisa falar com domínio total dos pontos-chave e estar pronto a pontuar em todos os objetivos que se identificam ou se sobrepõem às questões financeiras – e esses serão sempre a maioria.

O planejamento estratégico (PE) de uma instituição não é uma questão operacional. Ele não é estabelecido ou formulado pelos executivos da alta administração – os CEOs, CFOs, COOs ou CIOs – nem pelos reitores ou gestores maiores da área acadêmica. Deve surgir de profundas reflexões do conselho de administração, no bojo da política institucional, dos ambientes internos e externos, sob as qualificações da missão, da visão, dos valores e dos princípios da instituição. No entanto, a maioria dos objetivos e das diretrizes que emanam de uma planejamento estratégico é de caráter econômico-financeiro. Nesse sentido, o CFO não pode mais ter uma atitude passiva perante o PE, de mero seguidor; não pode ter com este um mero relacionamento intermitente ou esporádico. A interatividade do CFO com o PE deve ser constante, periódica, sistemática – pelo menos semanal, com o envolvimento de todos os seus subordinados. Na realidade, no novo papel do gestor financeiro, defende-se o acompanhamento do PE para toda instituição, além da certificação de que todos os setores que estão executando suas tarefas e perseguindo os objetivos subdivididos em diretrizes e ações (inclusive os setores acadêmicos) estejam debaixo do CFO. Tal medida maximizará sua utilidade institucional e não permitirá aventuras e devaneios que, por conta de ações estratégicas, venham a comprometer a saúde financeira da IES.

A pouca interatividade do CFO com a área acadêmica da IES também deve ser coisa do passado. No ápice da crise financeira 2008-2009, diversos consultores voltaram a enfatizar a necessidade de o gestor acadêmico maior pensar com a mente do financeiro, enquanto o gestor financeiro deveria pensar finanças com uma mente acadêmica. No meio dessa intersecção, além de a academia representar o *core business* da IES, a fonte geradora de recursos, existe um aspecto eminentemente financeiro na área acadêmica: as captações de recursos relacionados com pesquisas que estão cada vez mais acessíveis nas agências governamentais de fomento, na iniciativa empresarial privada e até de fontes internacionais. Se no passado essa atividade ficou segregada à área acadêmica, com pouco seguimento ou com pouca ênfase, chegou a hora do CFO absorver e desenvolver mecanismos de controle e, por vezes, trabalhar com a academia para liderar e promover as ações de captação de recursos para pesquisas. Tais fontes poderão representar a diferença de sustentabilidade, na medida em que a IES expande e tem que trazer seus quadros um número cada vez mais crescente de doutores e pesquisadores, por vezes excedendo os parâmetros traçados pelo próprio MEC.

O Quadro 17.3 resume as mudanças esperadas nas ações do gestor financeiro que, ciente do passado e do presente, não fixa os olhos apenas nessas épocas, pois não quer perder o futuro:

Mudanças esperadas no *poder* do gestor financeiro

> *Nunca fique suplicando pelo poder que você tem o direito de conquistar.*
>
> Cervantes

Desde o excelente artigo acadêmico que Dirk Zorn, da Universidade de Princeton, publicou no American Sociological Review na virada do século, destacando a crescente importância do CFO nas empresas norte-americanas, o assunto vem ganhando impulso e repercussão em outras publicações. Zorn fez um estudo corporativo detalhado, cobrindo várias instituições, de 1963 a 2000, substanciando esse deslocamento de poder de outras

Quadro 17.3
Mudanças esperadas do setor financeiro

De (Agora)	Para (2020)
1. Gestão de registros e controles em um só lugar	1. Departamentalizar os registros e controles
2. Verificação detalhada de relatórios analíticos	2. Fazer aflorar os pontos decisórios
3. Aferição superficial dos relatórios, remessa apressada à frente	3. Olhar todos os relatórios financeiros e ter a última palavra
4. Relacionamento esporádico e intermitente com planejamento e estratégia – apenas um seguidor	4. Dedicar meio dia por semana às ações relacionadas com o planejamento estratégico e acompanhamento deste
5. Acompanha de longe captações da área acadêmica	5. Administrar as ações de captação de recursos

áreas para a área financeira e seu executivo máximo. De certa maneira, testemunhamos não apenas um deslocamento do centro de gravidade, como também um compartilhamento de poder, até do CEO com o CFO. O artigo aponta o CFO como uma criação da pressão recebida pelo incremento das regulamentações governamentais. No entanto, sua popularidade foi crescendo em função da concentração de conhecimento sobre a organização, pela forma sistemática como a área financeira foi obrigada a ser organizada e por sua constante interatividade com a administração maior (o conselho) e/ou acionistas.

Podemos também verificar que todas as mudanças tratadas até agora (na área financeira, na função e nas ações do gestor) conduzem em seu bojo o CFO a uma situação de maior poder na instituição em que atua. Esse poder tem que ser administrado de maneira consciente para que não seja desgastado ou mal utilizado. É bastante provável que o CFO, em sua instituição, exatamente por esse poder herdado, tome decisões importantes com relação a diversos assuntos de uma maneira subjetiva. Isso não quer dizer que tais decisões careçam de fundamentos, mas elas podem ser arriscadas e nem sempre perceptíveis à estrutura hierárquica inferior e superior. Espera-se, na verdade, que os CFOs sejam confiáveis, mas isso não tem que levar a um personalismo desregrado e a decisões que não são compartilhadas no processo decisório com outras pessoas. Por exemplo, na administração dos ativos financeiros (onde ou como captar ou aplicar? Com que critérios?), em vez de exercer em plenitude seu poder, o CFO irá canalizá-lo para estabelecer e aprovar políticas que sistematizem e substituam a aleatoriedade das decisões pessoais, imprimindo transparência e tranquilidade à estrutura superior. Como benefício adicional, trabalhará com menos ansiedade e exercitará seu poder mais adequadamente em vias que têm parâmetros e limites conhecidos, ainda que autoestabelecidos.

Historicamente a área financeira e o próprio CFO sempre foram alvo constante de auditorias. Nenhum poder pessoal, institucional ou empresarial os livrará delas. A própria confiabilidade dos negócios demandada pelos investidores perpetuará as auditorias, e é bom que assim seja. No entanto, acredita-se que a forma mais produtiva e racional de encaminhar os negócios é considerar a auditoria interna e a externa com papéis distintos, e, nessa questão, o poder crescente do CFO o qualifica para essa proposição.

- A auditoria externa, contratada junto a firmas de alta reputação no mercado e de comprovada competência, deve responder à mais alta administração (conselho), atendendo às necessidades dela, bem como à certificação requerida pelo mercado e pelo público externo (sejam bancos, instituições governamentais, investidores, etc.).

- A auditoria interna, por sua vez, que tradicionalmente replica e duplica o trabalho da externa, reauditando os mesmos setores, apresentando observações genéricas em seus levantamentos sobre riscos e vulnerabilidades, gerando atividades sem fim de respostas e posicionamentos, deve ter tanto seu escopo como suas linhas hierárquicas modificadas.
- Uma transformação em auditoria-consultiva deve ocorrer. Nesse escopo, continuaria a realizar seu trabalho de levantamento e apontamento de irregularidades ou ausência de adequação de procedimentos e práticas, setor por setor. No entanto, seu trabalho não estaria completo apenas no levantamento e no apontamento das eventuais vulnerabilidades. Cabe à auditoria interna, após cada verificação, reunir-se com a área envolvida e traçar um plano realista e eficaz de correção do problema verificado. A ela caberia, igualmente, o seguimento desse plano e a realização de ações conjuntas até que o problema fosse sanado.
- A auditoria *interna*, trabalhando consultivamente, deve estar subordinada ao CFO pelo próprio entrelaçamento que a área financeira tem com os demais setores e pelas oportunidades que o trabalho dela geraria na racionalização de processos e na diminuição de custos. Uma estrutura assim montada dará um grande salto em modernidade e canalizará o poder do CFO de uma forma altamente produtiva à instituição.

Portanto, há uma migração do conceito do CFO, que sempre foi visto como mais um executivo do *staff* do CEO, tendo poder exatamente pela especificidade das informações que detém, para um estágio em que se apresenta como o assessor principal do CEO. Nessa capacidade, seu poder deriva muito mais do fato de exercitar um compartilhamento inteligível da informação. Com todas as mudanças que estão ocorrendo, o CFO não precisa pleitear poder. Além de já tê-lo, ele precisa simplesmente administrar os incrementos que naturalmente convergirão para sua função.

O Quadro 17.4 resume o registro da situação presente e a movimentação do poder na função dos gestores maiores da área financeira.

Quadro 17.4
Mudanças esperadas na função dos gestores das áreas financeiras

De (Agora)	Para (2020)
1. Decisões pessoais, fundamentadas, mas arriscadas e nem sempre perceptíveis à estrutura inferior e superior – por exemplo, nas aplicações 2. Auditado 3. Executivo do CEO; poder pela especificidade da informação	1. Estabelecimento de políticas que sistematizem e substituam a aleatoriedade das decisões pessoais, imprimindo transparência e tranquilidade à estrutura superior 2. Auditor–gestor da auditoria 3. Assessor principal do CEO, poder pelo compartilhamento inteligível da informação

As instituições de futuro precisam de CFOs do futuro

De seus erros e falhas os inteligentes e bons aprendem sabedoria para o futuro.

Plutarco

A área financeira de instituições vencedoras, daquelas que encararão o futuro com otimismo e segurança, terá todos os controles em ordem e investirá na unificação dos dados e na otimização e confiabilidade dos relatórios. Acolherá de bom grado as mudanças para que se encaixe na classificação almejada de *world-class companies* – aquelas que são referenciais não necessariamente em tamanho, mas na qualidade e na sustentabilidade financeira que conseguiram imprimir a seus negócios.

Nesse clima dinâmico de movimentações e mudanças, o CFO e todos os demais gestores financeiros emergem com novos perfis e papéis. Irão se apoiar em uma sólida formação técnica, mas compreendem e envolvem-se integralmente na estratégia da instituição. Apresentam-se como confiáveis parceiros de negócios ao CEO. Serão reconhecidos por talento, confiabilidade e comunicabilidade.

O Quadro 17.5 resume a dinâmica daqueles que se mostram inteligentes, pois absorvem as mudanças procurando aprender com erros e falhas.

Quadro 17.5
Mudanças esperadas de um CFO de confiança

De (Agora)	Para (2020)
Passa a maior parte do tempo lutando com o sistema de TI, avaliando a qualidade dos dados históricos (coleta e análise de informações, controle de custos), revisando ou solicitando planilhas e levantamentos, elaborando relatórios para o conselho de administração, respondendo relatórios de auditoria; é controlador de custos. Mr. No!	Utiliza a plena integração de um sistema de BI (cada dia mais disponível e mais aperfeiçoado) para relatórios *on-line*; libera-se do tempo pela simplificação dos relatórios para aplicá-lo em funções mais estratégicas e de assessoramento. Fomenta uma estrutura em que os custos são controlados nas unidades geradoras deles. Mr. Maybe!

Vamos adentrar o futuro encarando as mudanças e as oportunidades que elas trarão com entusiasmo redobrado? Certamente não há monotonia nem falta de emoção nesse percurso.

Referências

DIJK, P.V. A evolução da função contábil financeira. *KPMG Business Magazine*, [São Paulo], n.7, p.45-50.

ERNST & YOUNG. *The changing role of the financial controller*: research report. [London, 2008].

FRASER, B.; BERNSTEIN, D.; SCHWAB, B. *Death tc all sacred cows*. New York: Hyperion, 2007.

GLADWELL, M. *O ponto da virada*. Rio de Janeiro: Sextante, 2009.

GODIN, S. *The dip*: a little book that teaches you when to quit (and when to stick). New York: Portfolio, 2007.

HOPE, J. *Gestão financeira moderna:* reinventando o CFO: como a área de finanças pode realmente agregar valor nas empresas. Rio de Janeiro: Elsevier, 2007.

PENN, M.J.; ZALESNE, E.K. *Microtrends:* the small forces behind tomorrow's big changes. New York: Twelve, 2007.

ZORN, D.M. Here a chief, there a chief: the rise of the CFO in the American firm. *American Sociological Review*, Aliso Viejo, v.69, p.345-364, 2004.

18

Gestão da responsabilidade social

Maria Elisa Ehrhardt Carbonari

A responsabilidade social é hoje tema obrigatório para todos aqueles que atuam na gestão de setores que, em alguma medida, promovem o desenvolvimento econômico, social e ambiental dos países. Essa realidade, que se aplica às nações, também se verifica nas corporações, nas empresas e nas instituições ligadas à educação. Em 2000, o mundo vivia um momento de celebração em função da virada do milênio. As metas, traçadas para a promoção de mudanças necessárias no combate das desigualdades sociais e para a preservação do meio ambiente, não se apresentavam tão difíceis de alcançar.

Em setembro do mesmo ano, os representantes de 189 países, reunidos na sede da Organização das Nações Unidas (ONU), aprovaram a "Declaração do Milênio", com oito objetivos básicos que deveriam ser atendidos até 2015 por meio de ações efetivas dos governos e da sociedade em geral. No entanto, as medidas práticas para promover as mudanças necessárias sofreram impacto negativo por falta de articulação e, principalmente, integração entre governos, organizações, empresas e da sociedade civil organizada.

Vale ressaltar que os oito objetivos básicos da Declaração do Milênio são:

1. Erradicar a miséria e a fome.
2. Universalizar o ensino básico.
3. Promover a igualdade de gênero e a autonomia das mulheres.
4. Reduzir a mortalidade infantil.
5. Melhorar a saúde materna.
6. Combater o HIV/Aids, a malária e outras doenças.
7. Garantir a sustentabilidade ambiental.

8. Estabelecer uma parceria mundial para o desenvolvimento.

Especialistas entendem que estes objetivos não são de fácil realização pelas camadas menos favorecidas dos países, sendo muito difícil de atingir os estágios de desenvolvimento humano estabelecidos e os níveis de degradação ambiental aceitáveis.

Esses parâmetros estabelecidos precisam ser atingidos em um cenário onde os processos são extremamente dinâmicos e dependentes de uma infinidade de variáveis sociais, econômicas e ambientais. Felizmente, existem iniciativas governamentais no sentido de estabelecer leis e políticas públicas que determinam procedimentos e ações de responsabilidade social, promovendo uma cultura de comprometimento entre os indivíduos e tornando possível chegarmos ao final da primeira década com uma posição e com um cenário mais favoráveis.

Observa-se claramente uma mudança de atitude no mercado em favor das competências para questionar legalmente as injustiças sociais e a falta de responsabilidade com o meio ambiente. O Grupo Santander é um exemplo concreto de instituição comprometida com estes e outros valores. Assim, o comprometimento aumenta a credibilidade das empresas, repercutindo diretamente nas comunidades beneficiadas com o trabalho realizado.

O fato é que, indiscutivelmente, vive-se o prenúncio de um novo ciclo, no qual a economia acompanha as tendências mundiais de colocar em primeiro plano o crescimento sustentável e o atendimento das necessidades básicas da sociedade.

Nesse contexto, não se pode deixar de apresentar como ponto de partida o conceito de responsabilidade social no qual estão fundamentadas todas as colocações referentes ao tema aqui tratado. Após longa investigação, chegou-se à conclusão de que, em se tratando da responsabilidade social das instituições de ensino superior (IES), é preciso considerar o perfil e a missão educacional acima de qualquer coisa.

Para entender a importância desta definição, é preciso olhar um pouco mais para trás e considerar a Constituição da República Federativa do Brasil (Brasil, 1988), Capítulo III – Da Educação, da Cultura e do Desporto; Seção I – Da Educação: Art. 205:

> A educação, direito de todos e dever do Estado e da família, será promovida e incentivada com a colaboração da sociedade, visando ao pleno desenvolvimento da pessoa, seu preparo para o exercício da cidadania e sua qualificação para o trabalho.

Diante dessas premissas, não há como fugir à evidente característica de prestação de serviços que envolve a área de educação superior, considerando que, na forma da legislação em vigor, as IES são efetivamente entidades prestadoras de serviços educacionais. Estabelecidas tais premissas, incumbe apresentar a questão da responsabilidade social das IES remetendo às Leis de Diretrizes e Bases da Educação Nacional (LDB) (Brasil, 1996), no Capítulo IV, Art. 43.

A educação superior tem por finalidades os seguintes aspectos:

[...] VI estimular o conhecimento dos problemas do mundo presente, em particular os nacionais e regionais, prestar serviços especializados à comunidade e estabelecer com esta uma relação de reciprocidade; VII – promover a extensão, aberta à participação da população, visando à difusão das conquistas e benefícios resultantes da criação cultural e da pesquisa científica e tecnológica geradas na Instituição. [...]

Esses aspectos apontam para uma conceituação de responsabilidade social das IES definida como:

ações de prestação de serviço à comunidade do entorno, oferecendo atendimento relacionado aos seus cursos, laboratórios, clínicas e demais órgãos afetos a IES como um todo, contribuindo para a melhoria da qualidade de vida dos cidadãos, de acordo com a missão, crenças e valores estabelecidos.

No entanto, vale ressaltar que a responsabilidade social das IES não pode ser confundida apenas com a execução de projetos socioambientais, muito menos com estratégias de *marketing* ou apresentação de relatórios especialmente preparados para os avaliadores do Ministério da Educação (MEC).

Segundo Calderón, Pessanha e Soares (2007),

[...] as IES, na sua maioria, são empreendimentos educacionais com a missão de se tornarem espaços de formação e capacitação dos recursos humanos necessários para o desenvolvimento do país.

A partir desta colocação, percebe-se claramente que a responsabilidade social das IES está diretamente ligada ao compromisso de cumprimento de sua missão, no sentido de garantir uma boa qualidade de ensino por meio dos serviços educacionais ofertados.

Nesse sentido, será apresentada como sugestão para reflexão uma das crenças e dos valores institucionais apontadas por Carbonari Netto, Carbonari e Demo (2009, p.25, grifo dos autores), destacando:

que a *responsabilidade social* da Instituição, promovida constantemente pela *extensão universitária* e *atividades comunitárias*, compreende e visa a promoção da inclusão social e da igualdade de direitos e oportunidades, com vistas à *ascensão dos indivíduos na sociedade globalizada.*

Gestão responsável no ensino superior: ética e cidadania na formação de valores da cultura organizacional

As questões de responsabilidade social não poderiam deixar de fazer parte da missão das IES, considerando o papel social que a elas é atribuído. Mas antes é importante colocar a diferença entre ser uma *IES socialmente responsável*, desenvolver projetos de extensão comunitária envolvendo professores, supervisores, alunos, estagiários, voluntários, funcionários e indivíduos da comunidade, e ser uma *IES que exerce uma gestão responsável*.

As atividades e as ações de extensão comunitária acontecem paralelamente às atividades pedagógicas, agregando um valor prático à formação do futuro profissional, ao mesmo tempo em que as pessoas da comunidade usufruem de serviços e atendimentos. A gestão responsável dos processos acadêmicos e administrativos de uma IES compreendem atitudes e procedimentos de seus gestores que vão além das ações de extensão, envolvendo planejamento, acompanhamento e avaliação de resultados no sentido de atingir metas e objetivos estabelecidos em seu Plano de Desenvolvimento Institucional (PDI).

Quando falamos em gestão do ensino superior, é preciso considerar alguns aspectos da moderna administração no sentido de facilitar a compreensão dos fatos. Entre os inúmeros ensinamentos, destacam-se duas regras básicas para a boa execução da estratégia da gestão responsável no ensino superior. A primeira está atrelada ao cumprimento dos princípios estabelecidos em seu estatuto, regimento e principalmente às propostas que fazem parte do PDI. A segunda refere-se à filosofia gerencial entendida no sentido de delegar autoridade e responsabilidade aos diretores, coordenadores e professores, para que possam alcançar as metas, os objetivos e os planos institucionais aprovados, com incentivo ao trabalho sério e comprometido com resultados. Esses compromissos institucionais devem ser assumidos por todos os integrantes do corpo técnico-administrativo e do corpo docente, além de outros agentes educacionais envolvidos, com vistas a atingir todas as metas do planejamento estratégico.

Além das colocações sobre a gestão responsável das IES frente aos desafios do mundo contemporâneo, vale ressaltar que a ética e a cidadania têm um papel fundamental na formação de valores da cultura organizacional. Para que seus *stakeholders* desenvolvam atitudes coerentes com esses princípios, a IES, além de divulgar sua missão e seus objetivos, também deve divulgar suas crenças e seus valores.

A cultura organizacional funciona como pilar de sustentação para a gestão responsável, e a ética e a cidadania permeiam todo o processo. Hoje em dia, as empresas estão cada vez mais preocupadas em estabelecer códigos de conduta, incluindo a ética em suas estratégias de gestão. Para La Taille e Cortela (2005, apud Pereira, 2010b), ética é a palavra mágica da respeitabilidade, sendo atualmente impossível alguém não se apresentar como uma pessoa ética. No entanto, são frequentes as queixas sobre o comportamento humano, principalmente nas esferas do poder político envoltas na corrupção, na violência urbana e no desrespeito ao cidadão. Muitas reflexões e muitos estudos têm sido feitos sobre a questão da ética; porém, na formação de educadores e gestores, é indispensável que se aborde o tema.

Segundo La Taille e Cortela (2005, apud Pereira, 2010b), a ética na educação é muito mais uma preocupação derivada de uma queixa de comportamento, ligada a aspectos disciplinares e de respeito, do que uma preocupação ética propriamente dita com a formação do cidadão. A ética e a cidadania, definidas como bons princípios de atitude e conduta do gestor educacional responsável, devem estar muito bem colocadas nos princípios da cultura da organização. Mas não basta elaborar planejamento estratégico contendo questões éticas de responsabilidade para os dirigentes se eles não assumirem o compromisso de fazer uma gestão no sentido de promover as crenças e os valores definidos e aprovados pelo conselho de administração superior.

Nesse sentido, as IES, e principalmente os professores e os gestores, atuando como facilitadores na construção do projeto de vida dos estudantes, podem auxiliar na formação de um cidadão ético que se preocupe com a construção do coletivo, com o respeito ao semelhante e com a solidariedade. A ética deve estar presente nos projetos políticos pedagógicos como um eixo transversal de todo o processo educativo.

Dessa forma, a educação para a cidadania não pode se limitar ao conhecimento de leis e regras ou à formação de indivíduos que aprendam a participar da vida coletiva de forma consciente. É um trabalho para a construção de personalidades morais, de cidadãos autônomos que buscam de maneira consciente fazer a gestão do ensino superior dentro dos princípios da responsabilidade social com ética e cidadania.

Vale ressaltar, como exemplo de iniciativa de formação da cidadania dos jovens profissionais universitários, o Programa UniÉtica, promovido pelo Instituto Brasileiro de Ética nos Negócios. Ele tem o objetivo de envolver e mobilizar os alunos nos principais temas tocantes à atuação empresarial responsável, por serem eles os futuros executivos e gestores de empresas, e principalmente por acreditar que "a ética nos negócios é a base da atuação responsável e o passaporte para a sustentabilidade". Outro exemplo a ser citado está ligado ao Instituto Ethos, por meio do Prêmio Ethos-Valor: Concurso para Professores e Estudantes Universitários sobre a Responsabilidade Social Empresarial e Desenvolvimento Sustentável (Instituto Ethos, 2006).

Além destas iniciativas, inúmeras outras estão sendo implementadas por IES, criando universidades corporativas, cursos de capacitação e reciclagem para seus dirigentes e contribuindo para a promoção de uma cultura organizacional com ênfase na ética, na cidadania, nas crenças e nos valores da IES para realizar uma gestão responsável no ensino superior.

A sustentabilidade como modelo de gestão: conceitos e indicadores

Os dirigentes executivos das IES estão conscientes do papel que desempenham no processo de gerir o presente para garantir o futuro envolvendo as diversas áreas do conhecimento. Ao ter como meta fundamental formar para a cidadania, a educação ultrapassa os limites de tempo e espaço. Em se tratando do ensino superior, essa missão torna-se cada vez mais difícil. O acesso à universidade faz com que o indivíduo receba os instrumentos intelectuais necessários ao aprofundamento do senso crítico e à confrontação de realidade na qual está inserido, despertando nele a busca para uma melhoria da sua qualidade de vida.

Isso leva as IES a implantar uma gestão moldada por princípios de sustentabilidade que extrapolam os compromissos estabelecidos em sua missão educacional. A LDB estabelece em seu Art. 1º:

> A educação abrange os processos formativos que se desenvolvem na vida familiar, na convivência humana, no trabalho, nas instituições de ensino e pesquisa, nos movimentos sociais e organizações da sociedade civil e nas manifestações culturais.

Não há menção sobre a questão da sustentabilidade das empresas por se tratar de um tema que faz parte do mundo contemporâneo, das inovações e principalmente da globalização.

De acordo com as Diretrizes para Relatório de Sustentabilidade 2000-2006 (Global Reporting Initiative, 2006), o objetivo do desenvolvimento sustentável é "satisfazer as necessidades do presente sem comprometer a capacidade das gerações futuras de suprir suas próprias necessidades". Isso significa que todas as organizações, incluindo as de ensino superior, pelo papel social fundamental na formação do cidadão, devem percorrer esse caminho na busca de alcançar tais metas. Estamos diante de um grande desafio para atingir o desenvolvimento sustentável em um cenário em que as economias globalizadas geram inúmeras oportunidades, considerando o compartilhamento do conhecimento e do acesso à tecnologia. O desafio da sustentabilidade está focado na exigência de escolhas inovadoras e principalmente em novas formas de pensar.

No entanto, não se pode deixar de alertar para o fato de que, ao mesmo tempo em que as estatísticas apontam para um crescimento da população mundial, constata-se uma melhoria na condição de vida de muitos; além disso, em função do aumento do consumo, conjuntamente verifica-se um aumento nos riscos de degradação ao meio ambiente, permanecendo a miséria e a fome para milhões de pessoas. Esse cenário impõe às organizações fazer novas escolhas relacionadas ao impacto de suas operações, de seus produtos, de seus serviços e de suas atividades sobre os indivíduos e sobre o planeta. Segundo Marcondes (2008):

> As organizações que atuam com educação superior no Brasil têm pela frente o desafio de formar profissionais que estejam tecnicamente preparados para a inovação necessária aos novos paradigmas tecnológicos econômicos e sociais, mas também com fundamentos éticos sólidos.

Será que as IES estão preparadas para o cumprimento da missão? Nesse contexto, a sustentabilidade deve ser encarada como um compromisso com o futuro e como uma alternativa para que as organizações encontrem melhores soluções para os problemas que afligem o homem e o meio ambiente. Diversas são as maneiras pelas quais as IES podem manifestar seu compromisso com a sustentabilidade; no entanto, a questão da igualdade de oportunidade e o acesso ao ensino superior devem permear todo o processo.

Um exemplo da realização destes preceitos pode ser observado no relato do caso em Marcondes (2008, p. 22):

A sustentabilidade faz parte do modelo de gestão da Anhanguera Educacional, que acredita que a responsabilidade social da instituição compreende os preceitos da inclusão social, promoção da igualdade de direitos e oportunidades com vistas à ascensão dos indivíduos na sociedade globalizada, e que é dever da Instituição e de seus estudantes o respeito, a promoção e a defesa dos direitos humanos, da qualidade de vida e do meio ambiente, como valores praticados nas suas ações educacionais.

Esses compromissos refletem o modelo de gestão sustentável da IES no sentido de construir uma relação ética, transparente e de qualidade com os diversos públicos envolvidos no processo de gestão educacional: alunos, professores, funcionários técnico-administrativos, fornecedores, comunidade e governo.

Segundo Rogers, Jalal e Boyd (2009, p.42), o conceito de sustentabilidade "explora as relações entre desenvolvimento econômico, qualidade ambiental e equidade social". O conceito vem sendo desenvolvido desde 1972, quando a ONU promoveu a Conferência das Nações Unidas sobre o Meio Ambiente Humano, em Estocolmo, na Suécia. A conferência levou à criação do Programa das Nações Unidas para o Meio Ambiente (PNUMA).

Em 1983, a ONU criou a Comissão Mundial de Meio Ambiente e Desenvolvimento (UNCED), conhecida por Comissão Brundtland. Em 1987, publicou o relatório "Nosso Futuro Comum", com a definição do termo desenvolvimento sustentável. Para a Comissão Bruntland, o conceito de desenvolvimento sustentável deve fundamentar as políticas públicas. "A definição estabeleceu a necessidade de as organizações tomarem decisões a partir do equilíbrio entre os aspectos econômicos, as necessidades das pessoas e a capacidade de regeneração do ambiente natural."

Considerando tais colocações, observa-se que o desenvolvimento sustentável é um processo dinâmico de mudanças no modelo de exploração dos recursos naturais, no direcionamento dos investimentos, na orientação do desenvolvimento tecnológico e dos valores institucionais, de acordo com as necessidades atuais e das gerações futuras.

São muitas as definições e os conceitos de desenvolvimento sustentável encontrados na literatura. Será apresentada como exemplo a que mais atende à questão da gestão educacional. As definições mais reconhecidas são todas desenvolvidas a partir do conceito estabelecido pela ONU.

O desenvolvimento sustentável está fundamentado em três dimensões: econômica, ambiental e social. Elas são conhecidas como *Triple Bottom Line* (ou tripé da sustentabilidade). Para que o resultado seja sustentável, cada dimensão deve receber a mesma atenção. O equilíbrio torna-se óbvio quando cada componente é examinado individualmente.

Entende-se a sustentabilidade como um compromisso com o futuro: não se trata de apenas atingir uma meta, mas se seguir um caminho que as IES devem trilhar na busca de melhores soluções para os problemas da humanidade, sejam eles econômicos, sociais ou ambientais, sem perder de vista sua missão social de inclusão e a ascensão dos indivíduos na sociedade.

Projeto pedagógico institucional: integração da extensão com a pesquisa e com o ensino

As IES, em seu Projeto Pedagógico Institucional (PPI), traçam um perfil próprio e as relações que mantêm com o contexto social e econômico em que a instituição está inserida, integrando ensino, extensão e pesquisa em conformidade com a missão e com os objetivos da instituição. A IES apresenta ao MEC, por meio de documentos oficiais, suas finalidades, objetivos, políticas, estratégias, recursos e compromissos da instituição para com a formação de cidadãos éticos e autônomos aptos a promoverem o desenvolvimento socioeconômico, cultural, local, regional e nacional, capacitando-os a atuarem na solução de problemas sociais e de desenvolvimento sustentável.

Para a concretização dos objetivos apontados no PPI, a instituição volta-se ao planejamento e à execução de programas integrados, formando um tripé ensino – pesquisa – extensão, utilizando-se de estratégias, critérios e políticas institucionais adotadas pela IES e pelos atores envolvidos.

A articulação entre as atividades de pesquisa e extensão com o ensino está diretamente relacionada com as necessidades e com as demandas do entorno social contribuindo para o desenvolvimento local/regional e para a formação e capacitação de discentes e docentes.

Em termos de legislação, na Constituição Federal de 1988 (Brasil, 1988), a extensão universitária no Brasil é apresentada como atividade do artigo 207. Observa-se o seguinte: "As Universidades gozam de autonomia didático-científica, administrativa, de gestão financeira e patrimonial, e obedecerão ao princípio da indissociabilidade entre ensino, pesquisa e extensão".

Vale destacar que o artigo mencionado da Constituição refere-se especificamente às universidades. O ensino superior está dividido em três tipos de IES (LDB, art. 45. Decreto n° 5773/2006, art.12.) a) faculdades são IES não universitárias ou isoladas; b) centros universitários são centros de excelência de ensino; c) Universidades são centros de ensino, pesquisa e extensão. No entanto, todos os tipos de IES devem desenvolver atividades de extensão de acordo com a LDB (art. 46, inciso 7): "Promover a extensão, aberta à participação da população, visando à difusão das conquistas e dos benefícios resultantes da criação cultural e da pesquisa científica e tecnológica geradas na instituição".

Nesse sentido, é importante observar que a questão do ensino, da pesquisa e da extensão está fundamentada no termo usado para cada tipo de IES. Para as universidades, o termo é indissociabilidade; para os centros universitários e faculdades, o mais adequado é integração. A articulação entre ensino, pesquisa e extensão deve ser desenvolvida por todas as IES, observados a missão, as crenças e os valores de cada uma de acordo com as necessidades de cada região onde estão inseridas, definidas no projeto pedagógico institucional.

Ação social e extensão comunitária (prática social com objetivo educativo): ações e atendimento para a comunidade

A extensão comunitária entendida como prática social, com objetivo educativo, beneficiando os futuros profissionais ao mesmo tempo em que presta serviços à comunidade, tem um papel fundamental na construção de um novo paradigma da gestão do ensino superior e na ampliação de seus vínculos com a sociedade.

Ela deve ser entendida como uma via de mão dupla, além de estar fundamentada no desenvolvimento sustentável da comunidade e de ser uma possibilidade de aplicação prática do conhecimento acadêmico e de conscientização da cidadania. As IES, por suas características e por sua função social, podem causar um impacto maior do que as outras empresas na questão da responsabilidade social, exatamente pelo fato de serem um campo favorável ao desenvolvimento dessa prática social com objetivo educativo. A dimensão formadora da educação superior ultrapassa o aspecto acadêmico, profissional e informativo. O ensino superior deve contribuir para que o estudante aprenda a pensar e agir por si mesmo, ajudando-o a construir seu projeto de vida, a realizar seus sonhos, mostrando a realidade de um mundo com muitos problemas sociais, econômicos e ambientais, mas sobretudo a responsabilidade de cada um de nós como profissionais diante desses desafios.

A extensão comunitária tem um papel de integrar as IES ao contexto regional, vinculando o ensino e a pesquisa às necessidades sociais e contribuindo para o desenvolvimento de uma cultura de responsabilidade ao aprofundar a questão da cidadania. Os projetos de extensão permitem que a IES se aproxime dos governos municipal, estadual e federal, além de empresas em diversos setores da economia, por meio de convênios e parcerias, com soluções para os problemas sociais constatados pelas partes.

Uma análise mais consistente sobre a questão deve propor um projeto para as IES comprometido com uma sociedade mais justa, pautado nas crenças e nos valores que representem a missão de cada instituição, com destaque aos princípios éticos e a uma cultura de responsabilidades.

Nesse sentido, vale destacar a posição de Soares (2004) no Fórum de Extensão das Instituições de Ensino Superior Brasileiras, referente aos princípios que norteiam as seguintes ações de extensão:

- respeito à diversidade, levando em conta que o Brasil é marcado por peculiaridades físicas/naturais, biológicas, culturais, econômicas e sociais;
- resgate da consciência do cidadão sobre as questões coletivas como agente disseminador do bem-estar social, respeitadas suas preferências político-partidárias;
- valorização do indivíduo como transformador da célula social, independentemente de suas crenças.

A partir das ações realizadas pelos projetos de extensão comunitária, é possível identificar as potenciais áreas da academia e aproximar as IES da realidade social do seu entorno, transformando-se em uma instituição construtora de uma nova perspectiva e colaborando para o desenvolvimento da região onde está inserida.

A extensão comunitária não acontece apenas nos cursos e serviços oferecidos pela IES, mas também na observação do contexto social em que está inserida, diretamente ligada aos outros setores que compõem a instituição sem se confundir com o ensino e com a pesquisa, priorizando as necessidades da região para o qual a IES vai contribuir. Essa compreensão será responsável pelo impacto social causado na comunidade de acordo com a qualidade dos serviços oferecidos e do atendimento às necessidades da população.

As IES devem procurar desenvolver projetos de extensão comunitária nas áreas de direitos humanos e justiça, educação, saúde, trabalho, esporte, cultura e meio ambiente (Pereira, 2010a). Essas atividades integram a universidade com a comunidade, uma oportunidade valiosa ao colocar alunos e professores de diferentes cursos e áreas em contato com a realidade daquela sociedade, a qual recebe de forma imediata os benefícios da produção do conhecimento e vislumbra alternativas de transformação e principalmente de melhorias da qualidade de vida.

Assim, a extensão pode ser concebida com o objetivo de intensificar relações transformadoras da realidade entre a universidade e a sociedade por meio de um processo educativo, social, cultural e científico, cuja atuação permite a formação de pessoas emancipadas nas relações sociais, com ações que possibilitem a reconstrução de crenças e valores do mundo contemporâneo, comprometidos com a comunidade a que pertencem e com a sociedade em geral.

A responsabilidade social e a Lei do Sinaes – inclusão e ascensão social, desenvolvimento econômico e social, defesa do meio ambiente, da memória e da produção cultural

Antes de falar sobre a responsabilidade social e sobre a Lei do Sistema Nacional de Avaliação da Educação Superior (SINAES) (Brasil, 2004a), há que se fazer uma colocação no sentido de ressaltar seus benefícios, independentemente das críticas a seu sistema de regulação e supervisão.

A Lei do Sinaes é resultado de um trabalho de longo prazo elaborado por renomados pesquisadores brasileiros com um único objetivo: "estabelecer parâmetros e indicadores de qualidade da educação superior, ao mesmo tempo em que proporciona o desenvolvimento da cultura da avaliação criando um ambiente favorável ao controle da qualidade e expansão". Tanto a avaliação interna como a externa ganharam espaço, e hoje em dia pode-se dizer que estão amplamente consolidadas entre o órgão regulador MEC/INEP e os próprios gestores da IES.

A Lei do Sinaes foi a precursora do sistema de controle do ensino superior, com o objetivo de assegurar o processo nacional de avaliação das IES, dos cursos de graduação e do desempenho de seus estudantes, principalmente nos anos de 1990 a 2000, período de expansão do ensino superior particular. Esse fato necessitava de uma política de orientação e controle preocupada em estabelecer parâmetros da qualidade muito prementes, e não propriamente do número de IES, cursos ou vagas.

Indiscutivelmente, o percentual de alunos com acesso ao ensino superior naquela época, e ainda hoje, está longe do ideal se comparado aos países da América Latina. Comparando-se os dados da Tabela 18.1 que apresenta o crescimento das IES particulares dessa década, pode-se observar um significativo aumento, chegando a representar 74,92% do alunado brasileiro.

Tabela 18.1 Representativo da evolução de instituições de ensino superior: categoria administrativa – Brasil, 1991 a 2008

Ano	1991	1992	1993	1994	1995	1996	1997	1998	1999	2000
Total	893	893	873	851	894	922	900	973	1097	1180
Privada	671	666	652	633	684	711	689	764	905	1004
Pública	222	227	221	218	210	211	211	209	192	176

Ano	2001	2002	2003	2004	2005	2006	2007	2008
Total	1391	1637	1859	2013	2165	2270	2281	2252
Privada	1208	1442	1652	1789	1934	2022	2032	2016
Pública	183	195	207	224	231	248	249	236

Fonte: INEP.

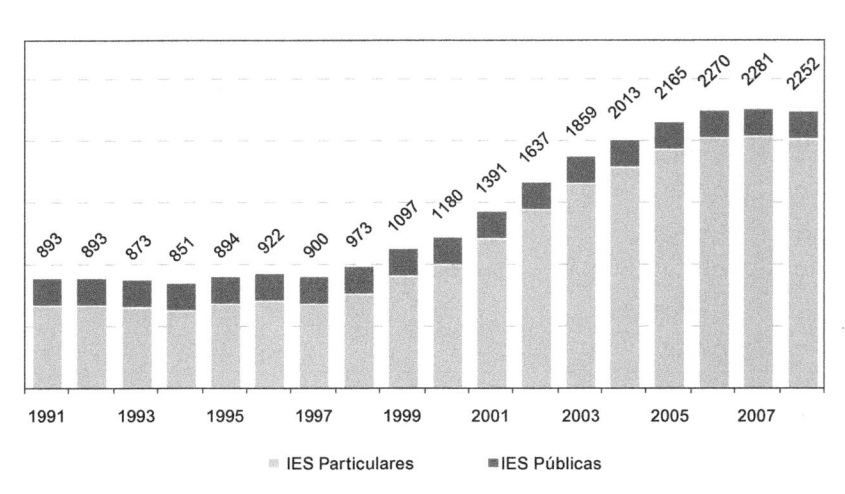

Figura 18.1 Gráfico da evolução do número de IES de 1991 a 2008.
Fonte: INEP

Os dados comprovam os benefícios da expansão do ensino superior particular como inclusão social, de acordo com as finalidades do Sinaes (Brasil, 2004b):

[...] de melhoria da qualidade da educação superior, a orientação da expansão da sua oferta, o aumento permanente da sua eficácia institucional e efetividade acadêmica e social e, especialmente, a promoção do aprofundamento dos compromissos e responsabilidades sociais das IES, por meio da valorização de sua missão pública, da promoção dos valores democráticos, do respeito a diferença e à diversidade, da afirmação da autonomia e da identidade institucional.

A responsabilidade social ocupa um espaço significativo nas finalidades da Lei do Sinaes intimamente ligadas de acordo com sua concepção expressa nos referenciais básicos dos processos de regulação e supervisão da educação superior cujas dez dimensões institucionais obrigatórias estão compreendidas, entre as quais:

[...] III – a responsabilidade social da instituição, considerada especialmente no que se refere à sua contribuição em relação à inclusão social, ao desenvolvimento econômico e social, à defesa do meio ambiente, da memória cultural, da produção artística e do patrimônio cultural; [...]

Como as avaliações das IES e dos cursos estão obrigadas a atender a estas dimensões do Sinaes, a responsabilidade social ganha espaço para crescimento e consolidação como parte do planejamento estratégico das IES. São inúmeros os exemplos de ações e projetos desenvolvidos sob essa perspectiva mencionada. No entanto, vale ressaltar a publicação de Marcondes (2008), apontando como o maior desafio para o ensino superior a democratização do acesso. O livro tem como objetivo despertar o debate sobre as questões de responsabilidade social apontadas na terceira dimensão do Sinaes e revelar experiências bem sucedidas no caminho da sustentabilidade relatadas por seus dirigentes, totalizando uma amostra de 18 instituições, como a Anhanguera Educacional (AESA), a Fundação Armando Alvares Penteado (FAAP), a Universidade de Ribeirão Preto (UNAERP), a Universidade Cidade de São Paulo (UNICID), as Faculdades Integradas Rio Branco, o Instituto de Educação Superior de Brasília (IESB), a Universidade de Franca (UNIFAN) e a Universidade Potiguar, por exemplo.

Contudo, há controvérsias apresentadas como críticas ao exagero das atitudes normativas da Comissão Nacional de Avaliação da Educação do Ensino Superior (Conaes), conforme aponta Frauches (2010), ao colocar que a Conaes não tem poder deliberativo para impor a criação de órgãos na estrutura acadêmico-administrativa das IES, como, por exemplo, o Núcleo Docente Estruturante (NDE). No entanto, no que se refere à responsabilidade social, isso não acontece. Inversamente, a Conaes está sendo cada vez mais incentivada pelas IES e reconhecida pelas comissões de especialistas do MEC como importante tema. Assim, ganha forças e inicia-se a partir da Lei do Sinaes um processo de consolidação da responsabilidade social por meio de ações e projetos das IES, promovendo a inclusão e a ascensão social, o desenvolvimento econômico e social do Brasil, bem como defesa do meio ambiente, da memória e da produção cultural.

Políticas públicas emergentes – políticas do setor educacional privado: um estudo do "Dia da Responsabilidade Social do Ensino Superior"

A responsabilidade social, resultado de políticas públicas, é obrigatória de acordo com a Lei do Sinaes, e por isso as IES estão planejando formas e estratégias de implementação de ações e projetos na comunidade. O Dia do Ensino Responsável, instituído pela Associação Brasileira de

Mantenedores do Ensino Superior (ABMES) desde 2005, pode ser citado como um exemplo de sucesso da política emergente do setor educacional privado, a qual vem ganhando força à medida que, a cada ano, observa--se o aumento da adesão das IES ao projeto. As IES estão cada vez mais conscientes da importância da realização dessas atividades de extensão, principalmente porque a responsabilidade social faz parte de uma das dimensões avaliadas pelo MEC por ocasião da avaliação das IES e de seus cursos.

A educação, como um bem social, tem o compromisso com a formação e com o desenvolvimento dos cidadãos. Ao contemplar em seu projeto pedagógico a responsabilidade social, as IES assumem o compromisso para além da instrução, sendo corresponsáveis pelas transformações necessárias e exigidas pela sociedade globalizada e comprometida com os valores da responsabilidade social e da sustentabilidade.

O presidente da ABMES, Prof. Gabriel Mario Rodrigues, instituiu em 2005 o "Dia da Responsabilidade Social do Ensino Superior". Desde então, anualmente, no último sábado de setembro, as IES brasileiras mobilizam-se para apresentar em um único dia uma mostra de suas ações de responsabilidade social resultantes de projetos sociais nas áreas de ensino, pesquisa e extensão.

As IES definem os espaços e desenvolvem, com a colaboração de docentes e discentes, as atividades oferecidas à comunidade. Essa iniciativa promove paralelamente a participação da população nas conquistas e nos benefícios gerados na instituição e a aplicação na prática do que o aluno aprendeu em sala de aula. Os comparativos de 2005 a 2009 (Figuras 18.2 e 18.3) demonstram um crescimento expressivo do número de instituições brasileiras participantes, bem como do número de atendimentos realizados desde o primeiro ano. Isso comprova o interesse, o envolvimento e o compromisso das instituições de ensino superior ao projeto e os esforços da ABMES na divulgação do Dia.

Os dados apresentados nas Figuras 18.2 e 18.3 apontam o aumento de IES que participam desse projeto, incentivando cada vez mais a realização de atividades de atendimento e de busca na solução dos principais problemas enfrentados pela comunidade.

Por exemplo, o planejamento do Dia da Responsabilidade Social da Anhanguera Educacional mobiliza suas unidades espalhadas por todo o Brasil com o objetivo de organizar um dia voltado à inclusão, à ascensão e à responsabilidade social (Carbonari e Pereira, 2007). Dessa forma, a institui-

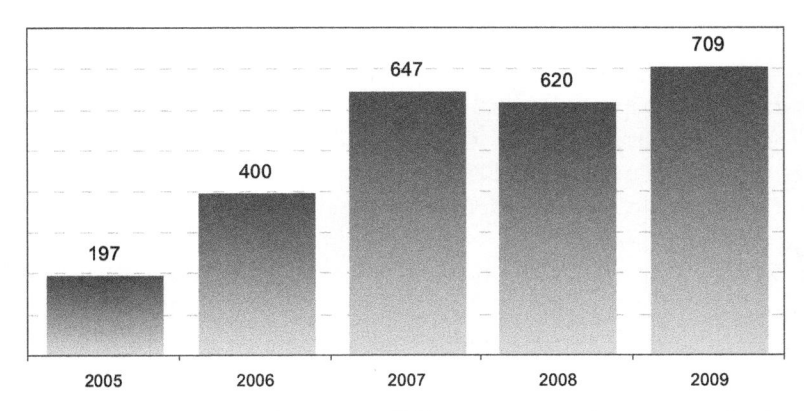

Figura 18.2 Evolução do número de IES comprometidas com o dia da Responsabilidade Social.
Fonte: Adaptado do site da ABMES (http://www.abmes.org.br)

ção abre suas portas à comunidade e expõe os projetos de extensão comunitária que desenvolve durante todo o ano, além de realizar apresentações culturais e artísticas, feiras sobre tecnologia, engenharia, empregabilidade e profissões em geral.

Isso propicia aos alunos a oportunidade de aliarem o conhecimento teórico adquirido na sala de aula à prática da profissão. As atividades de responsabilidade social da instituição estão relacionadas ao processo de in-

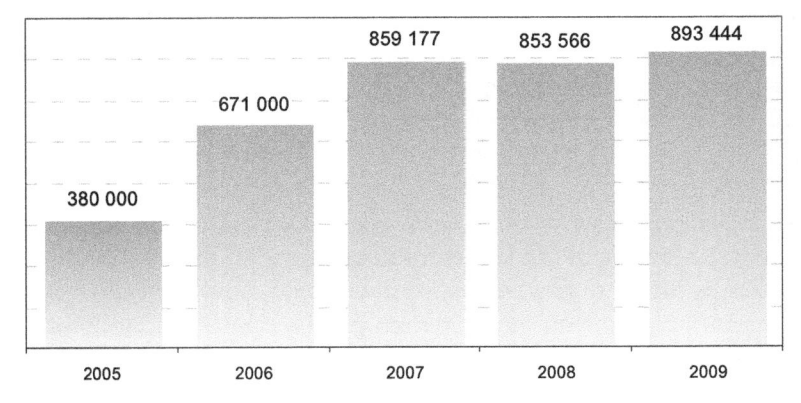

Figura 18.3 Evolução do número de atendimentos no ensino responsável.
Fonte: Adaptado do site da ABMES (http://www.abmes.org.br)

tegração com seu público e conta com o apoio e comprometimento de seus diretores, coordenadores, professores, alunos e demais colaboradores.

No Dia da Responsabilidade Social de 2009 na Anhanguera Educacional, foram realizadas cerca de 400 atividades distribuídas pelas unidades, beneficiando assim mais de 118 mil pessoas. Nelas, os presentes tiveram a oportunidade de receber orientações profissionais, financeiras, jurídicas e digitais com orientações básicas de informática e uso da internet. A instituição disponibilizou ainda serviços voltados à saúde e ao bem-estar da comunidade.

As atividades são desenvolvidas com o intuito de atingir todos os públicos, da criança até a terceira idade, promovendo oficinas com temas variados como arte, fotografia, culinária, maquiagem, informática, desenho, pintura, recreação, brinquedoteca, gincana cultural, jogos educativos, cinema, música, teatro, entre outras.

O tema "meio ambiente" foi abordado pela educação ambiental, com plantio de árvores nativas e orientações sobre os principais cuidados com os animais.

O Dia da Responsabilidade Social pode ser considerado um exemplo de sucesso que vem trazendo efeitos positivos para as IES ao serem consideradas organizações socialmente responsáveis, fortalecendo sua imagem e sua marca. Para o aluno, o maior benefício reside no fato de ter a oportunidade de colocar em prática seus conhecimentos adquiridos e de poder trocar experiências com profissionais da área. Finalmente, para a comunidade, há o atendimento às suas necessidades visando à qualidade de vida.

A iniciativas é desenvolvida em quase todas as IES, de acordo com seus cursos e projetos. As declarações do professor Gabriel Mario Rodrigues, em sua entrevista no relatório do Dia do Ensino Responsável de 2007 (Associação Brasileira de Mantenedoras do Ensino Superior, 2007), apontam que esse dia passou a ser um marco de todo o trabalho social realizado pelas IES particulares e tornou-se um grande evento de repercussão nacional, capaz de dar visibilidade aos milhões de atendimentos comunitários realizados por ano em todo o país. A divulgação tanto no meio acadêmico como na mídia para a comunidade em geral é ponto fundamental para a consolidação e a conquista da visibilidade esperada. Para isso, é preciso que, além da adesão, as IES busquem parcerias que viabilizem a ampliação da divulgação dos projetos e, principalmente, dos atendimentos. Afinal, é formando cidadãos socialmente responsáveis que as IES fortalecem os vínculos com a sociedade.

Relatório de responsabilidade social: transparência no relacionamento com os diversos públicos

A elaboração e a publicação do relatório de responsabilidade social (RRS) tem um papel preponderante na importância da divulgação das ações, tornando transparente o relacionamento com os diversos públicos envolvidos no processo. Trata-se de um procedimento que depende, em grande parte, dos dirigentes das IES, por meio do incentivo e do apoio para que todos na comunidade participem das ações e principalmente para que seja feito o relato sistemático dos projetos contendo todas as informações necessárias à sua consolidação.

Uma das dificuldades encontradas para a elaboração dos relatórios é que ações e projetos acontecem sem que seus responsáveis registrem dados e fatos ocorridos. Daí a importância de os dirigentes motivá-los a elaborar registro das atividades, criando uma cultura de elaboração de ações supervisionadas pelos professores, valorizando-as com a publicação de relatórios de responsabilidade social com o nome dos participantes e com os resultados obtidos.

Em contrapartida, não basta incentivar, responsabilizar, e publicar os resultados: é preciso promover o lançamento e a divulgação desse documento, conforme o valor social que lhe é devido. Dessa forma, a comunidade acadêmica interna e a comunidade social externa percebem os benefícios para todos os envolvidos: IES, alunos, professores, funcionários, parceiros e fundamentalmente a sociedade. Os públicos interno e externo só perceberão o valor desse trabalho se a própria IES reconhecê-lo com a divulgação dos resultados. Ainda nesse sentido, não se pode deixar de observar o poder do impacto positivo que isso representa a aluno e professor: haverá um sentimento de orgulho e satisfação por fazer parte de ações sociais transformadoras e dignificantes.

A publicação do RRS traz muitos benefícios para a IES, inclusive na qualidade do ensino oferecido aos alunos, porque permite que a instituição identifique, desenvolva e avalie quais são os projetos de maior relevância para os diversos públicos nas diversas regiões, nunca perdendo de vista a atuação dos alunos, o desenvolvimento do projeto pedagógico dos cursos e o enriquecimento de sua formação profissional.

Nesse contexto, a elaboração do RRS representa a transparência no relacionamento com os diversos públicos à medida que as economias tornam-se cada vez mais globalizadas. Surgem oportunidades nunca vistas para gerar prosperidade e qualidade de vida por meio do compartilhamento do conhecimento, do acesso à tecnologia e da sustentabilidade. O relatório deve ser elaborado após estabelecer um plano de trabalho que contemple objetivos, justificativa e orientações apresentadas pela Conaes no sentido de:

- transparência de conhecimento e importância social das ações universitárias e impactos das atividades científicas, técnicas e culturais para o desenvolvimento regional e nacional;
- natureza das relações com o setor público, produtivo e com o mercado de trabalho; com instituições sociais, culturais e educativas de todos os níveis;
- ações voltadas ao desenvolvimento da democracia, da promoção da cidadania e de atenção a setores sociais excluídos.

A orientação sugere como temas opcionais a informação sobre a existência de ampliação do acesso aos portadores de necessidades especiais, inclusão e assistência a grupos sociais discriminados, atividades de interação com o meio ambiente, políticas institucionais de inclusão dos estudantes em situação econômica desfavorecida, ações de promoção da cidadania, políticas de contratação de pessoal, formação de docentes, entre outras. O atendimento a essas questões, de forma geral, realiza-se pelo desenvolvimento de projetos de extensão comunitária com atividades pedagógicas em sala de aula, práticas de laboratórios, estágios e com a realização dos convênios e parcerias.

No entanto, cabe a cada IES adotar alternativas criativas em seus modelos operacionais e acadêmicos, desenvolvendo um ensino cada vez mais prático, com metodologias inovadoras via satélite, *web*, atividades práticas supervisionadas e interativas.

Como exemplo de inovação e criatividade, a inclusão da disciplina de responsabilidade social e meio ambiente (RSMA) como obrigatória em todos os currículos como parte do conjunto de disciplinas do núcleo de formação humanística. De acordo com o Relatório de Responsabilidade Social de 2008 (Pereira, 2009), a disciplina, além da exposição de dados e opiniões de especialistas, propõe um diálogo entre as comunidades interna e externa. O desafio é trabalhar para a construção de uma liderança transformadora com clara percepção da urgência das transformações pessoais e profissionais. Ela oferece oportunidade para os discentes avaliarem o quanto suas ações são ecologicamente corretas a fim de se adequar às modernas exigências ambientais. Além disso, preparam-se para trabalhar conforme acordos internacionais aprendem a estabelecer metas para conciliar desenvolvimento econômico e redução de impactos socioambientais.

Na elaboração e publicação do RRS, é importante observar a natureza das IES: as sem e as com fins lucrativos. As primeiras, que são a grande maioria, devem atender às normas e aos princípios estabelecidos na Lei do Sinaes, mais especificamente a dimensão III do Sinaes. É importante notar que esse RRS da unidade deve ser apresentado à comissão de avaliação por ocasião das visitas *in loco* para avaliação. As IES com fins lucrativos, em número bem menor, devem seguir as diretrizes para relatório de sustentabilidade do modelo Global Reporting Initiative (GRI) (2006) desenvolvidos por meio de um processo de busca de consenso entre os *stakeholders*, empresas, investidores, trabalhadores, sociedade civil, comunidade acadêmica e científica.

A estrutura de relatório da GRI serve como um modelo amplamente aceito sobre o desempenho econômico, ambiental e social de uma organização. As diretrizes são constituídas de princípios para a definição do conteúdo do relatório e para a garantia da qualidade das informações relatadas, bem como para os indicadores de desempenho.

De acordo com GRI (2006), todas as organizações públicas ou privadas, com ou sem fins lucrativos, independentemente de porte, setor ou localidade, são incentivadas a elaborar relatórios segundo as diretrizes da GRI, iniciantes ou experientes. O primeiro passo é determinar o conteúdo, mas todas deverão descrever o escopo de seu relatório, indicando planos de ampliação ao longo do tempo.

Um modelo de relatório GRI para IES com fins lucrativos e IES com abertura de capital na bolsa de valores IPO pode ser encontrado na publicação da quinta edição do RRS da Anhanguera Educacional (2010) que adotou a versão G3 das diretrizes da GRI no nível de aplicação C, respondendo aos itens de indicadores de desempenho da área social, econômica e ambiental.

As considerações apresentadas até então levam a algumas conclusões:

- responsabilidade social das IES tratada sob a concepção de sustentabilidade é assunto que ganha força e espaço a partir da Lei do Sinaes;
- as IES já assumiram a importância da responsabilidade social pela extensão comunitária e pelos atendimentos à comunidade;
- os dirigentes estão conscientes de que é fundamental o apoio e incentivo ao desenvolvimento de projetos, parcerias e convênios;
- as IES estão providenciando sistemas que favoreçam o registro sistemático das atividades;
- as IES perceberam a importância de elaborar o RRS de acordo com orientações e modelos;

- iniciativas inovadoras e criativas são consideradas fundamentais para desenvolver ainda mais as competências e as habilidades dos alunos.

O caminho da sustentabilidade social, ambiental e econômica: desafios para a sociedade moderna

Em uma retrospectiva do início do século XX até hoje, percebe-se que surgem novas tecnologias de maneira muito rápida e extremamente fortes, desencadeando transformações na economia e consequentemente em toda a sociedade. Elas, por sua vez, são cumulativas, criando um novo mundo regido por parâmetros tecnológicos, econômicos e sociais, com forte impacto em todos os demais subsistemas da sociedade mundial. A internacionalização do ensino superior é uma das consequências desse processo de globalização, e a tecnologia da informação e da comunicação passam a ser o instrumento facilitador dessa integração.

A ideia central da sustentabilidade é de que as decisões atuais não devem prejudicar as perspectivas de qualidade de vida futura. Isto significa que a gestão do nosso sistema econômico deve ser feita a partir dos dividendos dos nossos recursos. (Repetto, 1986, apud Rogers, Jalal, Boyd, 2009, p. 43)

Segundo o Banco Mundial,

[...] desenvolvimento sustentável significa basear as políticas de desenvolvimento e ambientais numa comparação entre custos e benefícios e uma cuidadosa análise econômica que fortaleça a proteção ambiental e aumente de forma sustentável os níveis de bem-estar. (World Bank, 1992, apud Rogers, Jalal, Boyd, 2009, p. 44)

Essas definições trazem uma preocupação com o presente e com o futuro em termos de estoque de recursos e de ativos. A dimensão social é explorada de uma forma não muito clara quando se refere ao bem-estar.

Segundo as Diretrizes para Relatório de Sustentabilidade (Global Reporting Initiative, 2006), um dos principais desafios do desenvolvimento sustentável é a exigência de escolhas inovadoras e novas formas de pensar. Se, por um lado, o desenvolvimento de conhecimento e tecnologia contribui para o crescimento econômico, por outro, também pode contribuir para solucionar os riscos e os danos que esse crescimento traz à sustentabilidade das relações sociais e do meio ambiente. Os novos conhecimentos em gestão e políticas públicas desafiam cada vez mais as instituições a fazerem novas escolhas em relação ao impacto de operações, produtos, serviços e atividades sobre as economias, sobre as pessoas e sobre o planeta.

O desafio para a sociedade moderna, sem dúvida, está centrado no desenvolvimento de inovações consideradas sustentáveis nas três dimensões: social, econômica e ambiental.

A *dimensão ambiental* da sustentabilidade refere-se aos impactos da instituição sobre sistemas naturais vivos e não vivos, incluindo ecossistemas, terra, ar e água. Os indicadores ambientais compreendem uma análise das questões ligadas aos insumos – materiais e energia – e à produção –emissões, efluentes e resíduos. Há ainda o desempenho relativo à biodiversidade, à conformidade ambiental e a outras informações relevantes; por exemplo, o gasto com o meio ambiente e os impactos de produtos e serviços.

A *dimensão social* da sustentabilidade se refere aos impactos das instituições nos sistemas sociais nos quais opera. Os indicadores de desempenho social identificam aspectos de desempenho fundamentais referentes a práticas trabalhistas, direitos humanos, sociedade em geral e responsabilidade pelo produto.

A *dimensão econômica* da sustentabilidade refere-se aos impactos das instituições sobre as condições econômicas de seus *stakeholders* e sobre os sistemas econômicos nas dimensões local, nacional e global. Os indicadores econômicos identificam o fluxo de capital e os principais impactos econômicos da instituição como um todo. O desempenho financeiro é peça fundamental para compreender uma instituição e sua própria sustentabilidade.

> A sustentabilidade das organizações está fundamentada na harmonia do relacionamento com toda a sociedade e no respeito ao meio ambiente, visando a um mundo melhor e mais sustentável para as futuras gerações. (Pereira, 2010a, p.9)

Para que a visão de sustentabilidade aconteça, a Anhanguera Educacional estabeleceu princípios denominados de Pilares de Sustentação apresentados em seu Relatório de Responsabilidade Social de 2009 (Pereira, 2010a, p. 15):

- plataforma de aprendizagem diversificada;
- educação superior de qualidade;
- currículo focado no aluno;
- professores atuantes no mercado de trabalho;
- gestores experientes e qualificados;
- unidades localizadas em bairros populosos com cursos noturnos;

- processos acadêmicos e administrativos padronizados;
- avaliação da qualidade percebida e certificada;
- modelo administrativo integrado.

Tendo em vista os princípios propostos, as IES devem estabelecer que eles estejam intimamente ligados à missão, à visão, às crenças e aos valores, para atender aos desafios da sociedade moderna, por meio de um planejamento estratégico que permita a gestão da instituição moldada pelos princípios da sustentabilidade. Os profissionais à frente da gestão do ensino superior estão cada vez mais conscientes da necessidade da inovação e do desafio de criar oportunidades de maior acesso ao ensino superior de qualidade, com inclusão e ascensão social.

Foi citada a experiência da Anhanguera Educacional, inúmeras outras IES estariam aptas a fazer parte desse contexto. Há informações de que experiências realizadas por IES em todo o país, nos mais diversos setores, comprovam a busca por caminhos que levam a uma educação sustentável.

Referências

ALMEIDA, F. *Experiências empresariais em sustentabilidade*: avanços, dificuldades e motivações de gestores e empresas. Rio de Janeiro: Elsevier, 2009.

_____. *Os desafios da sustentabilidade*. Rio de Janeiro: Elsevier, 2008.

ANHANGUERA EDUCACIONAL. Ações de responsabilidade social. *Catálogo de Extensão*, n.1, 2005.

_____. *Relatório do Dia do Ensino Responsável de 2009*, 2009.

ASSOCIAÇÃO BRASILEIRA DE MANTENEDORAS DO ENSINO SUPERIOR. *Responsabilidade social*. Ano 2, Brasília, 2007.

_____. *Responsabilidade social*. Ano 3, Brasília, 2008.

_____. *Responsabilidade social*. Ano 4, Brasília, 2009.

BRASIL. Casa Civil. Constituição da República Federativa do Brasil de 1988. *Diário Oficial [da] União*, Brasília, 05 out. 1988. Disponível em: <http://www.planalto.gov.br/ccivil_03/constituicao/constitui%C3%A7ao.htm>. Acesso em: 01 ago. 2010.

_____. Ministério da Educação. *Lei nº. 9.394*. Lei de diretrizes e bases da educação nacional, de 20 de dezembro de 1996. *Diário Oficial [da] República Federativa do Brasil*, Brasília, 23 dez. 1996.

_____. Ministério da Educação. *Lei nº. 10.861*. Sistema Nacional de Avaliação da Educação Superior – Sinaes, de 14 de abril de 2004. *Diário Oficial [da] União*, Brasília, 15 abr. 2004a. p.3.

_____. Ministério da Educação. *Sinaes*: Sistema Nacional de Avaliação da Educação Superior: da concepção à regulamentação. 2.ed. ampl. Brasília: INEP, 2004b.

CALDERÓN, A.I.; PESSANHA, J.A.O.; SOARES, V.L.P.C. (Coord.). *Educação superior:* construindo a extensão universitária nas IES particulares. São Paulo: Xamã, 2007.

CARBONARI, M.E.E.; PEREIRA, A.C. A extensão universitária no Brasil, do assistencialismo à sustentabilidade. *Revista de Educação*, Valinhos, v. 10, n. 10, p. 23-28, 2007. Disponível em: <http://sare.unianhanguera.edu.br/index.php/reduc/article/view/207/205>. Acesso em: 20 ago. 2010.

CARBONARI NETTO, A.; CARBONARI, M.E.E ; DEMO, P. *A cultura da Anhanguera Educacional:* as crenças e valores, o bom professor, a pesquisa e a avaliação institucional como instrumento de melhoria da qualidade. Valinhos: Anhanguera Publicações, 2009.

FRAUCHES, C.C. *Sobre a Conaes, o NDE e outras siglas que descumprem o Sinaes.* 18 ago. 2010. Disponível em: <http://www.abmeseduca.com/p=443>. Acesso em: 19 jul. 2010.

FRAUCHES, C.C.; FAGUNDES, G.M. *LDB anotada e comentada e reflexões sobre a educação superior.* 2. ed. atual. Brasília: ILAPE, 2007.

GLOBAL REPORTING INITIATIVE. *Diretrizes para relatório de sustentabilidade.* [São Paulo], 2006.

INSTITUTO ETHOS. *O compromisso das empresas com as metas do milênio.* São Paulo, 2006. v.2.

MARCONDES, A.W. (Coord.). *Educação sustentável:* a contribuição de instituições de ensino superior particular para a construção de um país socialmente responsável. São Paulo: Segmento, 2008.

PEREIRA, A.C. O professor na formação do sujeito ético. *Anuário da Produção Acadêmica Docente*, Valinhos, v.3, n.6, p.211-217, 2010b. Disponível em: <http://sare.unianhanguera.edu.br/index.php/anudo/article/view/1865/832>. Acesso em: 19 ago. 2010.

_____. *Relatório social 2006:* ações de responsabilidade social. Valinhos: Anhanguera Educacional, 2007.

_____. *Relatório 2007 de responsabilidade social.* Valinhos: Anhanguera Educacional, 2008.

PEREIRA, A.C. (Org.). *Relatório de responsabilidade social 2008.* 4.ed. Valinhos: Anhanguera, 2009.

PEREIRA, A.C. (Org.). *Relatório de responsabilidade social 2009.* 5.ed. Valinhos: Anhanguera, 2010a.

ROGERS, P.P.; JALAL, K.F.; BOYD, J.A. *An introduction to sustainable development.* London: Earthscan, 2009.

SAVITZ, A.W.; WEBER, K. *A empresa sustentável:* o verdadeiro sucesso é o lucro com responsabilidade social e ambiental. Rio de Janeiro: Elsevier, 2007.

SOARES, V.L. Bases conceituais da extensão: construindo os caminhos. In: FÓRUM DE EXTENSÃO DAS IES BRASILEIRAS. *Institucionalização de extensão*: passo a passo. Brasília: Fórum, 2004. p.7-11.

Apêndice
Amostra de estudo que define perfil do estudante universitário da classe C

Paulo Stephan

O mundo está mudando rapidamente, e o Brasil acompanha essa tendência. As mudanças no cenário brasileiro são profundas e significativas, e abrangem não apenas a economia, mas principalmente a sociedade. Assim, podemos concluir que um novo perfil de sociedade está surgindo.

Mas quem são essas pessoas que estamos formando para o futuro? Como será essa nova sociedade, que está se transformando em um curto espaço de tempo?

Perguntas como essas começam a surgir, e as respostas que tínhamos no nosso repertório passam a não ser mais eficientes, pois perguntas novas exigem respostas novas e satisfatórias.

Foi pensando em todas as transformações que estamos vivenciando que desenvolvemos esse estudo.

Ingresso na universidade: como o mundo vem se comportando?

Conforme dados da Unesco (2009), em 2007, havia 152,5 milhões de estudantes universitários no mundo. Um crescimento de aproximadamente 26% se compararmos com os dados do ano de 2006. Estimativas apontam que o número de estudantes universitários deve chegar a mais de 210 milhões até o final de 2011.

A mesma pesquisa ainda aponta que 71% dos jovens em idade de ingressar na universidade estão localizados na América do Norte e na Europa Ocidental; 26% na Ásia Oriental, incluindo o Pacífico; 23% nos Países Árabes; 11% na Ásia do Sul e Ocidental e apenas 6% na África (apesar de um recente e rápido crescimento).

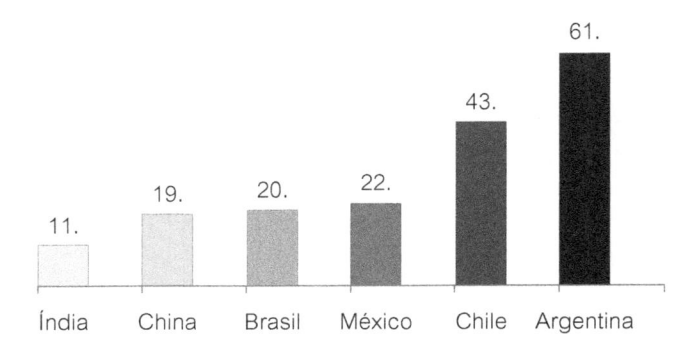

Figura 1 Taxa de matrícula em cursos de ensino superior (%).
Fonte: Unesco (2009).

Existem aproximadamente 17 mil universidades em todo o mundo, sendo que a mais antiga foi fundada em 859, no Marrocos. No Brasil, entre os anos de 1991 e 2000, o número de instituições de ensino superior passou de 893 para 1.180. Uma década depois, esse número quase triplicou, sendo de aproximadamente 3.000 instituições em 2010.

As instituições privadas representam 30% das matrículas na escala planetária; no Brasil esse número chega a 90%, sendo elas as principais responsáveis pelo rápido crescimento da taxa de matrículas em países como Brasil, Chile e vários Estados africanos.

No Brasil, o número de alunos matriculados em universidades brasileiras cresceu 46% em seis anos, alcançando o significativo número de 6,5 milhões de estudantes. Esse cenário de crescimento não é passageiro, é uma tendência que veio para ficar, e o grande propulsor desse crescimento é o ingresso de estudantes universitários provenientes da classe C.

A nova classe média

Cenário mundial

Segundo estudo da OCDE (2009), a classe média está aumentando rapidamente e pode mais do que dobrar nos próximos 20 anos, chegando a aproximadamente 4,9 bilhões de habitantes. A maioria dos novos membros dessa camada social está concentrada em países emergentes, principalmente entre os membros do BRIC (Brasil, Rússia, Índia e China).

Um dos critérios de classificação dessa nova classe média é a capacidade de gastar um terço da renda em qualquer coisa que não esteja relacionada com alimentação e moradia. Dessa forma, a classe média torna-se um público consumidor economicamente ativo, que passa a pensar no futuro e almejar melhorias constantes em seu padrão de vida.

As Figuras 2 e 3 demonstram a projeção de crescimento da população e do consumo da classe média mundial.

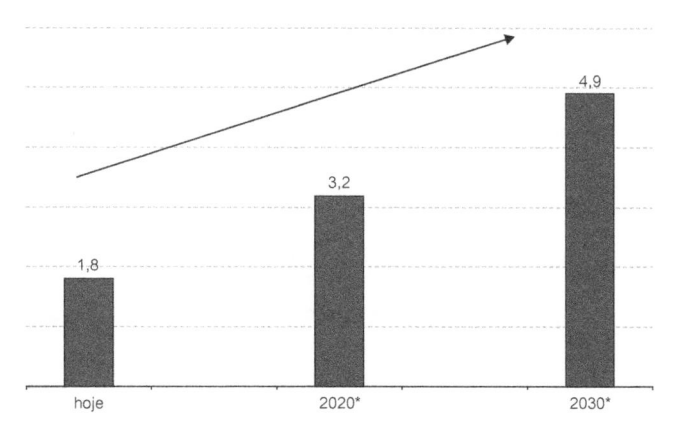

Figura 2 Projeção de crescimento da classe média mundial.
Fonte: OECD (2009)
* Estimativa em milhões

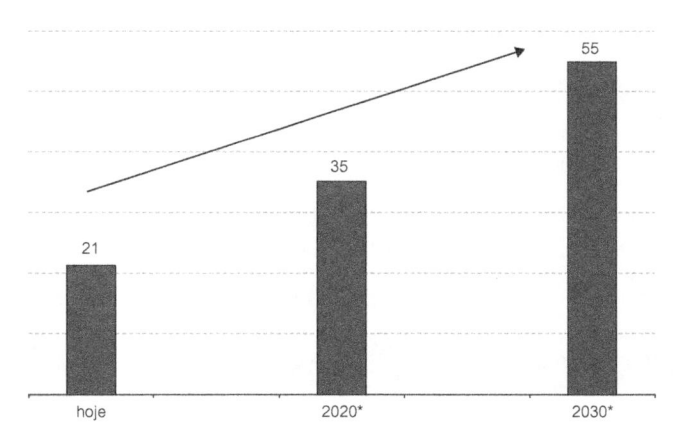

Figura 3 Projeção de consumo da classe média mundial.
Fonte: OECD (2009).
*Estimativa em trilhões de dólares

Cenário brasileiro

Com a forte aceleração econômica a partir de 2006, cerca de 20 milhões de brasileiros passaram a pertencer à classe C. Em 2008, pela primeira vez na história do país, a renda dos 91 milhões de brasileiros que fazem parte da classe C foi maior que a soma da renda de integrantes das classes A e B.

Esse crescimento proporcionou poder de compra à classe C, que se tornou uma classe dominante. Conforme pesquisa realizada pela Folha de São de Paulo (2010), o Brasil ganhou 30,15 milhões de novos consumidores, sendo que 1,8 milhão está concentrado na grande São Paulo.

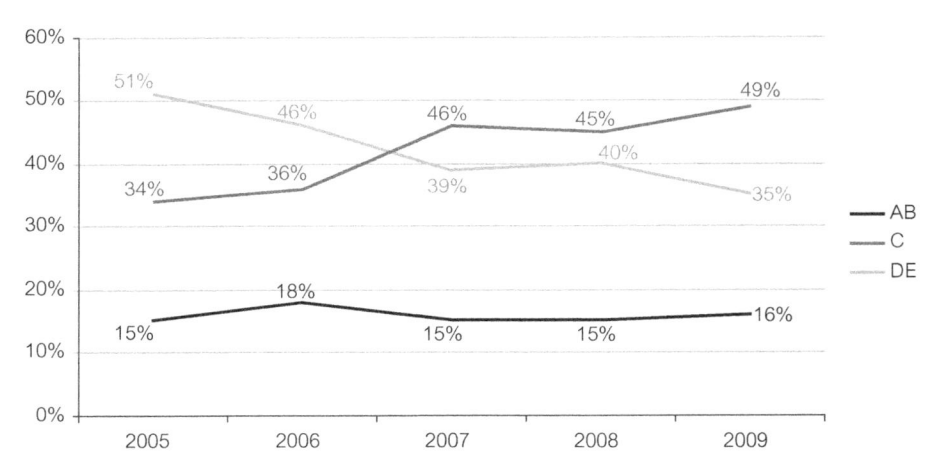

Figura 4 Participação das classes A,B,C no mercado consumidor entre 2005 e 2009.

Fonte: Folha de São Paulo (2010).

O crescimento do poder de compra da classe C é um assunto latente, conforme podemos constatar nos recortes abaixo veiculados pela mídia impressa.

Novos consumidores

A classe dominante

Grupo CD turbina a economia brasileira

Setores econômicos voltam seus olhos para essa faixa da população que ganha entre R$ 804 e R$ 4.807, tem poucos bens, algum dinheiro extra e muita vontade de consumir, além de ser responsável por minimizar os efeitos da crise

Fonte: Jornal da Tarde (2010, p. 14).

Dinheiro da nova classe C chega à pequena empresa

Nada menos do que 1,8 milhão de pessoas da Grande SP entraram, nos últimos 5 anos, na camada que está turbinando a economia

Eles fazem parte de um grupo de 14,7 milhões de pessoas na Grande São Paulo com renda mensal entre R$ 804 e R$ 4.807. A nova classe dominante, a CD, agora se apresenta como principal aposta para o crescimento das empresas, em especial das micro e pequenas. E ao mesmo tempo em que as oportunidades se multiplicam com a ascensão, cresce também a disputa por esse público. As grandes empresas, como montadoras, varejistas e de turismo, já estão de olho na classe CD. Para ocupar o mercado enquanto o espaço ainda não foi totalmente preenchido pelas grandes, os micro e pequenos empresários devem acelerar seu crescimento. Para especialistas, esse grupo exige ser bem atendido, quer prazos de pagamentos longos e transparência nas negociações. Na lista de desejos estão os bens considerados essenciais, como casa própria, carro, eletrodomésticos e eletrônicos.

76% da população da Grande São Paulo pertencem à classe CD. Os outros 15% são da classe AB e 9%, da E

Fonte: Jornal da Tarde (2010, capa).

53,5% dos negros brasileiros já estão na classe média

Pesquisa do economista da FGV Marcelo Neri também mostra que 47,3% dos mestiços pertenciam às classes A, B e C em 2008

Fonte: O Estado de São Paulo (2010).

O valor do conhecimento para a classe C

Nos últimos oito anos, a participação de alunos da classe C nas instituições de ensino superior passou de 16 para 23%. Isso representa um acréscimo de 2,1 milhões novos alunos e consumidores, principalmente se levarmos em consideração que 24% da população brasileira é formada por pessoas entre 18 e 30 anos, ou seja, 40 milhões de pessoas com potencial de consumo.

Dois fatores podem ser considerados determinantes para o crescimento do número de matrículas de alunos oriundos da classe C. Primeiro, os programas de financiamento estudantil (Prouni e Fies) e segundo, a competitividade provocada pela consolidação do mercado, forçando a redução do tíquete médio das mensalidades, de R$ 860 em 1996 para R$ 467 em 2009.

No Brasil, possuir um diploma de curso superior proporciona um aumento salarial de 171% na renda média do indivíduo. A necessidade de garantir um futuro melhor, de ascender no emprego e na colocação social e a busca crescente por conhecimento e por mão de obra qualificada impulsiona o crescimento da demanda por cursos de ensino superior, fazendo com que a classe trabalhadora invista em maior qualificação.

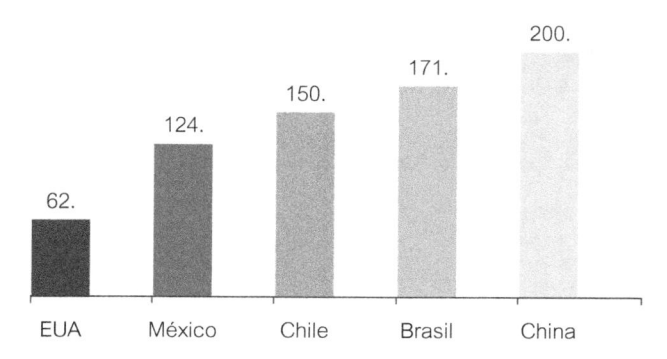

Figura 5 O aumento salarial para trabalhadores com curso superior (%).
Fonte: Hoper Educacional.

EUA 62. México 124. Chile 150. Brasil 171. China 200.

O modelo de instituição de ensino no Brasil

O modelo das universidades brasileiras mudou, elas passaram a se adaptar à nova necessidade da demanda. As universidades antigas estavam focadas no conhecimento, nos grandes *campi*, na oferta de poucos cursos qualificados. Hoje, as universidades estão voltadas às necessidades dos novos públicos, que demandam localização, flexibilidade de horário, foco no mercado e preços acessíveis. Sem contar que 2,6 milhões de brasileiros optaram pela educação a distância em 2008, e que esse número deve crescer ainda mais nos próximos anos, uma vez que a demanda pelo ensino a distância saltou de 5,2 mil em 2002 para 760 mil em 2008.

Enquanto o retorno esperado do universitário das classes A e B é "ter mais do que os meus pais me deram", a classe C tem a oportunidade de "ter o que os meus pais não tiveram", e isso faz toda a diferença.

Dessa forma, as instituições de ensino superior contam com um novo perfil de aluno: 6,5 milhões de estudantes de graduação no país (31,4%) têm renda familiar entre 1 e 5 salários mínimos; 51% são mulheres, tanto em instituições públicas quanto privadas (Figura 6).

Os novos alunos
Sexo

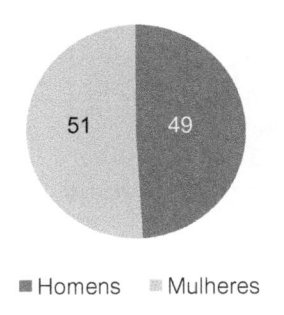

Figura 6 Perfil dos novos alunos nas IES.
Fonte: IPSOS MARPLAN: Sisem Suite (2009).

A maioria dos alunos de classe C que ingressa nas IES compõem a faixa etária dos 20 aos 24 anos, e geralmente são os primeiros membros da família a chegar à universidade.

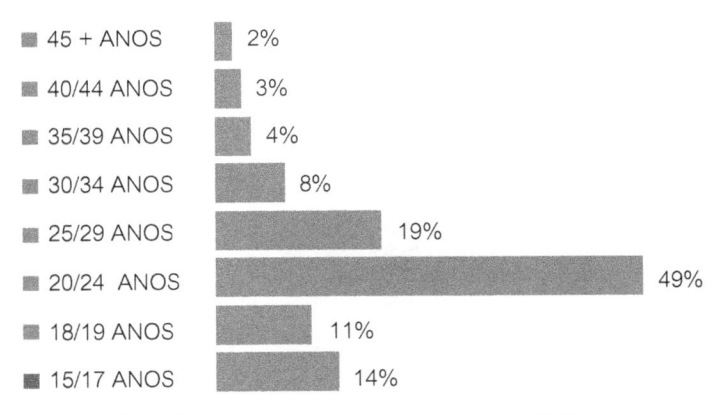

- 45 + ANOS: 2%
- 40/44 ANOS: 3%
- 35/39 ANOS: 4%
- 30/34 ANOS: 8%
- 25/29 ANOS: 19%
- 20/24 ANOS: 49%
- 18/19 ANOS: 11%
- 15/17 ANOS: 14%

Figura 7 Faixa etária dos alunos que ingressam nas IES.
Fonte: IPSOS MARPLAN – Sisem Suite, 2000/2009.

É importante ressaltar que, com a acessibilidade das mensalidades, as pessoas que tinham o sonho de ingressar em uma universidade, mas não conseguiram isso logo após a conclusão do ensino médio, podem, enfim, realizar esse objetivo. Aproximadamente 70% dos alunos que tinham esse sonho e que ingressaram na universidade, o fizeram quatro anos depois da conclusão do ensino médio.

Hábitos de consumo dos jovens da classe C

Conforme a presidente da Shopper Experience, Stella Kochen, "Quem pensa que o consumidor de classe média se orienta pelo preço, buscando sempre as opções mais baratas, está muito enganado".

De acordo com os dados da TGI Brasil (2009), estudos socioeconômicos confirmaram o poder de compra da classe c no Brasil. Entre os diversos sonhos de consumo da classe C, computadores e acesso à Internet seguem como prioridades, tanto que a classe C impulsionou a venda de computadores no país, atingindo 11 milhões de unidades em 2009 e um crescimento de 16% em 2010.

O Brasil hoje possui 13 milhões de habitantes com acesso à internet banda larga, e a venda de notebooks de uso doméstico aumentou em 20%

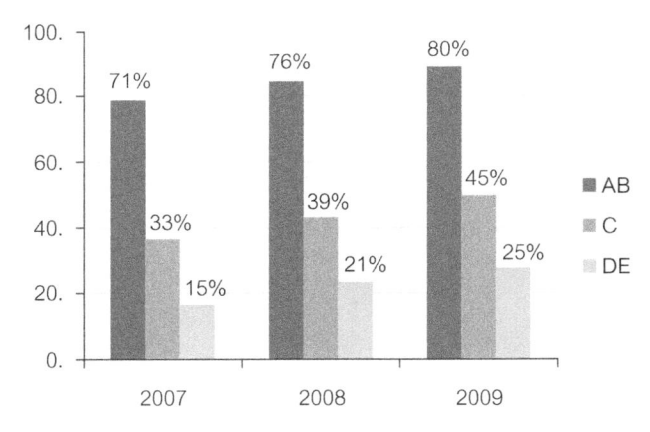

Figura 8 Acesso à internet.
Fonte: TGI Brasil.

O acesso às novas tecnologias da informação e da comunicação faz com que a classe C seja um consumidor tanto de equipamentos eletrônicos quanto de serviços. Conforme podemos verificar na Figura 9, os membros da classe C são grandes consumidores de mídia, da TV a cabo à Internet, e buscam estar sempre bem-informados.

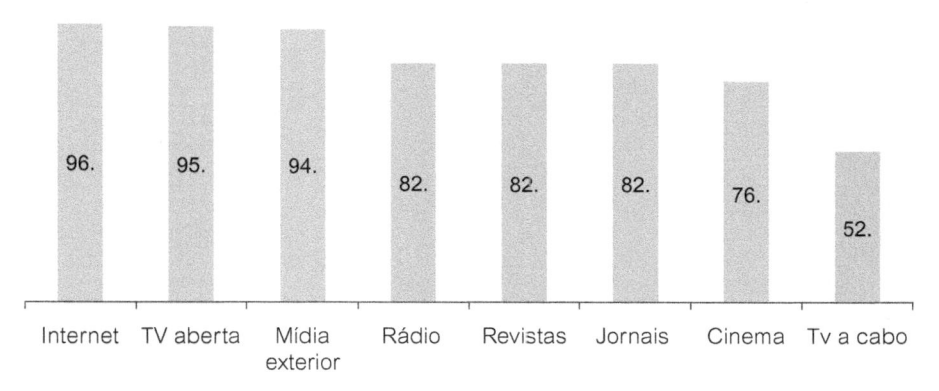

Internet	TV aberta	Mídia exterior	Rádio	Revistas	Jornais	Cinema	Tv a cabo
96.	95.	94.	82.	82.	82.	76.	52.

Figura 9 Principais serviços de mídia consumidos.
Fonte: IPSOS MARPLAN – Sisem Suite, 2009.

A TV a cabo não é mais um sonho distante e ainda existem novas possibilidades de crescimento devido aos canais segmentados e pacotes mais acessíveis, o que formam uma combinação poderosa para o consumo.

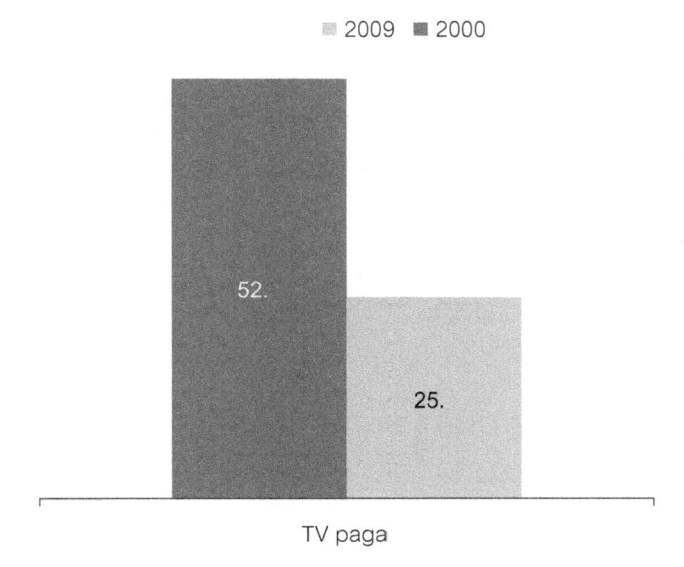

2009 ■ 2000

TV paga
52. / 25.

Figura 10 Crescimento da TV fechada no Brasil
Fonte: IPSOS MARPLAN – Sisem Suite, 2002/2009.

As Figuras 11 e 12 mostram quais são os principais bens de consumo dos jovens estudantes da classe C.

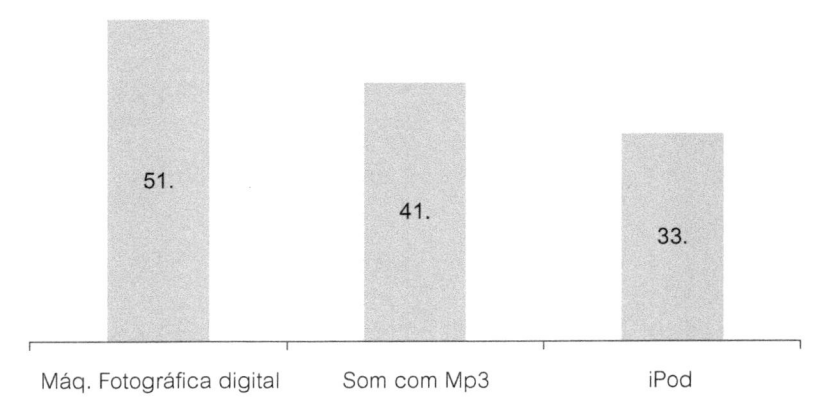

Máq. Fotográfica digital: 51.
Som com Mp3: 41.
iPod: 33.

Figura 11 Bens de consumo 1.
Fonte: IPSOS MARPLAN – Sisem Suite, 2002/2009.

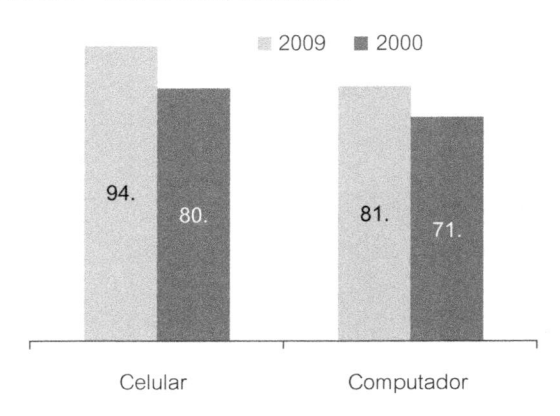

2009 | 2000

Celular: 94. / 80.
Computador: 81. / 71.

Figura 12 Bens de consumo 2.
Fonte: IPSOS MARPLAN – Sisem Suite, 2002/2009.

Hábitos de lazer dos jovens da classe C

De acordo com pesquisas realizadas pela IPSOS MARPLAN (2009), os jovens da atualidade gostam de viajar, ouvir músicas, frequentar restaurantes e, grande maioria, gosta de consumir bebidas alcoólicas.

O resultado dessa pesquisa poderá ser encontrado nas Figuras 13 a 17.

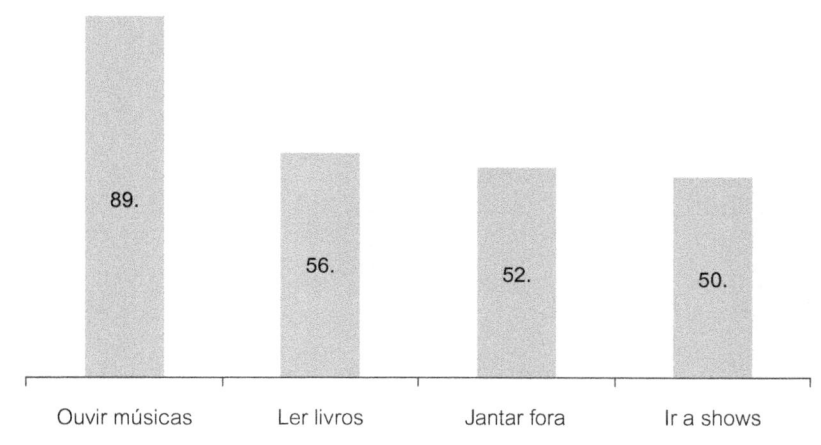

Ouvir músicas	Ler livros	Jantar fora	Ir a shows
89.	56.	52.	50.

Figura 13 Principais hábitos de lazer.
Fonte: IPSOS MARPLAN – Sisem Suite, 2009

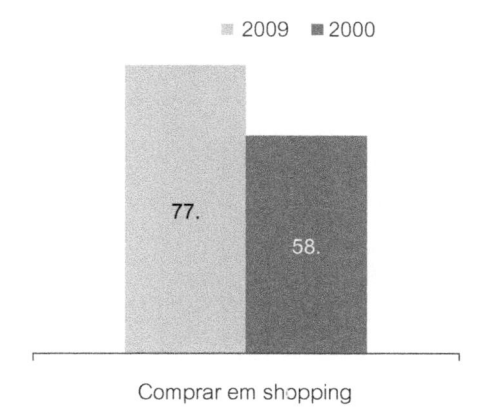

■ 2009 ■ 2000

Comprar em shopping	
77.	58.

Figura 14 Frequência a shopping center.
Fonte: IPSOS MARPLAN – Sisem Suite, 2009

■ 2009 ■ 2000

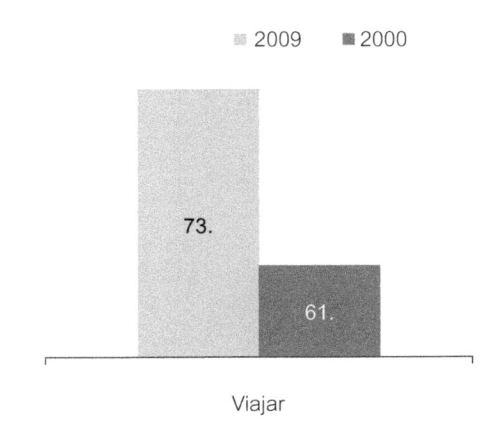

73.

61.

Viajar

Figura 15 Crescimento do hábito de viajar.
Fonte: IPSOS MARPLAN – Sisem Suite, 2009

54.

47.

23.

20.

15.

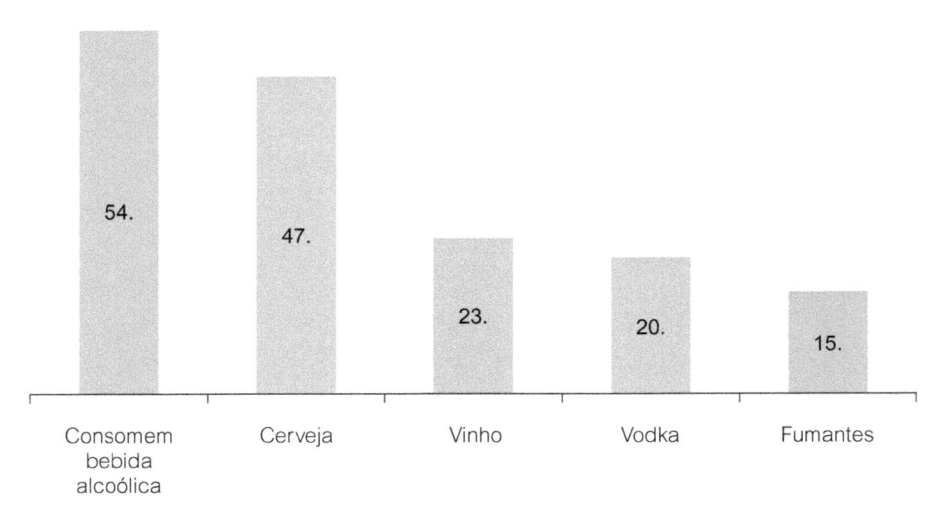

| Consomem bebida alcoólica | Cerveja | Vinho | Vodka | Fumantes |

Figura 16 Preferência por bebida alcoólica.
Fonte: IPSOS MARPLAN – Sisem Suite, 2009

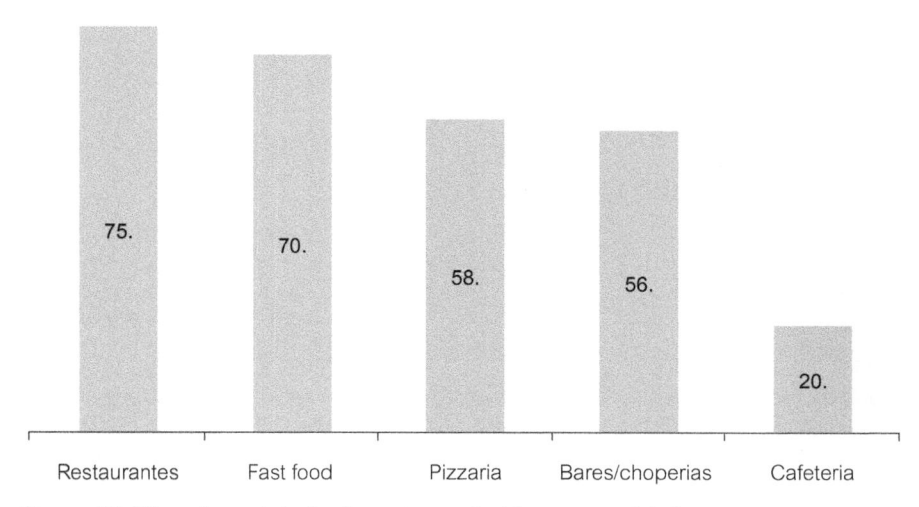

Figura 17 Tipo de estabelecimento preferido para refeições.
Fonte: IPSOS MARPLAN – Sisem Suite, 2009

Como os jovens da classe C lidam com as finanças

A pesquisa da Ipson Marplan (2009) apontou que 70% dos jovens da classe C possuem conta bancária e 55% deles possuem cartões de crédito com limites que variam de R$200 a mais de R$ 500,00.

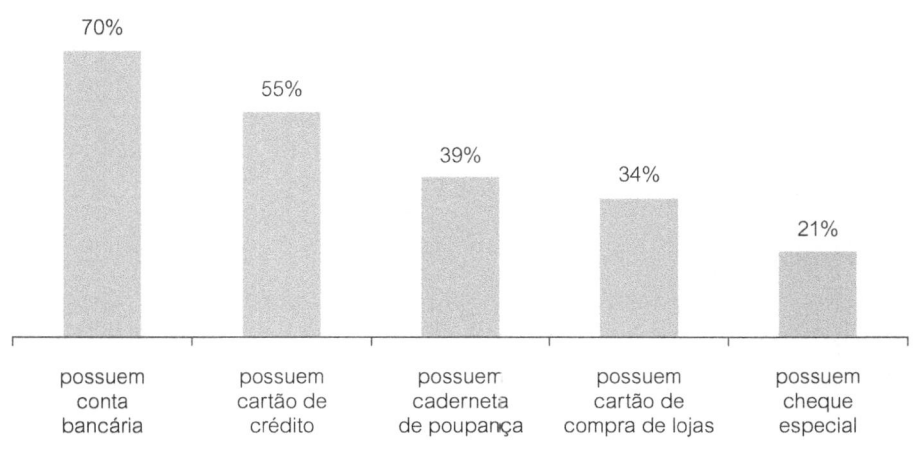

Figura 18 Os jovens e os gastos.
Fonte: IPSOS MARPLAN – Sisem Suite, 2009

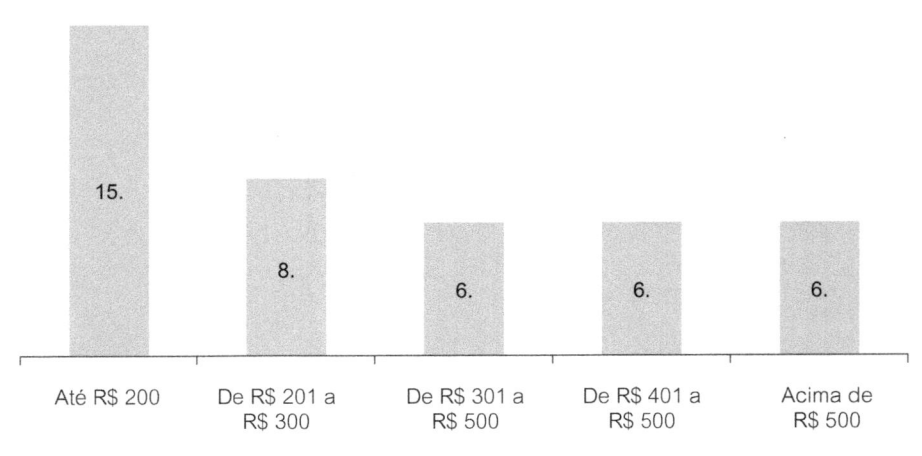

Figura 19 Gastos com cartão de crédito
Fonte: IPSOS MARPLAN – Sisem Suite, 2009

Até R$ 200	De R$ 201 a R$ 300	De R$ 301 a R$ 500	De R$ 401 a R$ 500	Acima de R$ 500
15.	8.	6.	6.	6.

Considerações finais

Ao todo, estamos falando de mais de 2 milhões de novos alunos, número esse que não para de crescer. Uma população de jovens consumidores com desejo e poder de consumo, além de preparo para saber o que querem e como querem.

Estamos falando da primeira de geração de estudantes universitários provenientes da classe C com real poder de compra. Jovens que consomem mídia, marcas e produtos cada vez mais qualificados. Um mercado que teve um crescimento inicial datado, mas que não tem data para acabar.

Portanto, conhecer esse nicho é fundamental, pois ele será maioria e terá uma grande poder de decisão nas mãos. O fato é passamos a viver uma nova realidade na qual o acesso ao ensino não é mais exclusividades das classes A e B.

Referências

IPSOS MARPLAN: MEDIA RESEARCH. *SISEM Suíte Integrada*. São Paulo: Ipsos, 2009. Software de consulta e tabulação de dados.